寒地休闲农业与乡村旅游规划设计实践

The Planning and
Practice of Leisure Agriculture and Rural
Tourism in Cold Area

王崑　编著

中国建筑工业出版社

图书在版编目（CIP）数据

寒地休闲农业与乡村旅游规划设计实践 / 王崑编著. —北京：中国建筑工业出版社，2017.11
ISBN 978-7-112-21470-9

Ⅰ. ①寒… Ⅱ. ①王… Ⅲ. ①寒冷地区—观光农业—研究—中国②寒冷地区—乡村旅游—研究—中国 Ⅳ. ① F592.3

中国版本图书馆CIP数据核字（2017）第268688号

本书包括休闲农业旅游发展规划类、科技与示范园区规划与设计类、美丽乡村旅游规划与设计类、农家乐景区旅游规划与设计类、农庄规划与设计类、现代化农场旅游规划类、休闲农场旅游规划类七部分共计22个休闲农业与乡村旅游规划设计实践项目，每个项目在基本概况、市场分析、设计理念、总体布局规划与设计、旅游服务设施规划、投资估算等方面都作了详细的介绍。本书每个项目均可扫描二维码看彩图。

责任编辑：杨　琪
版式设计：京点制版
责任校对：焦　乐　王雪竹

寒地休闲农业与乡村旅游规划设计实践
王　崑　编著
*
中国建筑工业出版社出版、发行（北京海淀三里河路9号）
各地新华书店、建筑书店经销
北京京点图文设计有限公司制版
北京市密东印刷有限公司印刷
*
开本：787×1092毫米　1/16　印张：19¼　字数：396千字
2018年1月第一版　2018年1月第一次印刷
定价：69.00元
ISBN 978-7-112-21470-9
（30767）

前言

本书为作者及团队成员十余年在黑龙江省进行休闲农业与乡村旅游规划设计实践成果的总结。根据书中所列 22 个项目特点，将黑龙江省休闲农业与乡村旅游实践划分为休闲农业旅游发展规划类、科技与示范园区规划与设计类、美丽乡村旅游规划与设计类、农家乐景区旅游规划与设计类、农庄规划与设计类、现代化农场旅游规划类与休闲农场旅游规划类 7 个类型，每个类型由 1 ~ 6 个典型案例组成。每个案例正文前，均对该项目特色、规划时间、团队成员和相关成果（如发表的硕士论文、学术论文、支撑课题及获奖情况等）进行介绍，表达出成果既是不同时间、不同团队成员集体智慧的结晶，又突出了产学研相结合的特征。

本书从整理到交稿，再到出版历时近两年的时间，期间我的研究生们及责任编辑杨琪女士均付出诸多心力，在此一并表示感谢。

目录

第一部分

休闲农业旅游发展规划类

案例1 哈尔滨市阿城区休闲农业与乡村旅游发展规划

项目特色：休闲农业与乡村旅游发展规划

规划时间：2013

团队成员：王崑、孟祥庄、王超、朱琳、李诗佳等

相关成果：1. 哈尔滨市阿城区乡村旅游规划研究，朱琳，2013，东北农业大学硕士论文。

2. 哈尔滨市阿城区乡村景观多样性研究，王崑，袁维，朱春福，黑龙江农业科学，2012，9：75 ~ 79。

3. 哈尔滨市阿城区森莓园景观规划设计，管志鑫，王崑（通讯作者），黑龙江省生态工程职业学院学报，2012，25（4），12 ~ 14。

扫一扫看彩图

一、开发条件分析

（一）规划背景

基于全国休闲农业与乡村旅游示范县、示范点创建活动。作为哈尔滨市8区、7县、3个县级市之一的阿城区（2006年撤市建区），拟结合自身区位优势、农业资源优势及地域特色文化优势等，进行全国休闲农业与乡村旅游示范县的申报与创建活动。因此，制订本发展规划。

（二）自然地理概况

阿城区位于哈尔滨市城镇群的中心地带，距离哈尔滨市中心23.5km。301国道穿境而过，滨绥铁路横贯东西，地理区位优势明显。地处东经126° 40′ ~ 127° 39′，北纬45° 10′ ~ 45° 50′之间，东北与宾县相邻，东南与尚志市相接，西南与五常市相连，西与双城市相邻，西北与哈尔滨市的香坊区、道外区相接。“七山一水二分田”是其基本地貌的真实写照，东部的山区峰峦叠起，西部的平原广阔无垠。阿城总面积2452km^2，南北长的最大距离约为84km；东西宽的最大距离约为75km，其中城区面积28.85km^2。阿城区的平均海拔为400m，有阿什河、海沟河、蜚克图河等大小十几条河流，最后汇入松花江。随着季节的变化而产生不同的天气和天气现象，从而形成两种不同的气候特点：山区冷凉多雨，秋早霜；平原区温暖少雨，易干旱。年平均气温为3.3℃（山区2.5 ~ 2.7℃，平原区3.3 ~ 3.5℃），年平均降水量为518.4mm，年平均日照时数为2657.8h。

（三）社会经济概况

阿城区是黑龙江省最早有人类活动的地区之一，阿什河流域是阿城的发祥地，在小岭地区曾发现过距今近万年的旧石器时代晚期的人类遗迹。阿城区是中国北方的历史名城，具有丰厚文化积淀，大量的金代遗迹和文物在此遗存，而它产生的金源文化更是在中华民族的历史长河中独具特色。目前,在阿城境内发现的文化遗存多达 35 处，金上京历史博物馆现有馆藏文物也多达 4000 余件。1988 年，金代齐国王墓在小城子村发掘，并有百余件珍贵文物出土，被誉为“塞北马王堆”。1993 年，首届金史国际研讨会在阿城成功召开。2000 年 6 月 18 日，“中国·阿城首届金源文化节”的举办在国内外引起很大轰动。

阿城区现辖 2 乡 8 镇 9 个街道办事处，共有 101 个居委会、108 个村委会、808 个自然屯，总人口共计 58 万人，其中，农村人口为 34.2 万人，农业户有 10.9 万户。2 个乡为杨树、料甸满族乡；8 个镇分别为蜚克图、亚沟、交界、小岭、平山、松峰山、红星、金龙山;9 个街道办事处分别为金城、金都、通城、河东、阿什河、玉泉、新利、双丰、舍利。

（四）休闲农业与乡村旅游发展现状 SWOT 分析

1. 优势分析（Strengths）

（1）交通区位优势明显

哈尔滨与国内外其他省市的交通联系便利，穿越阿城区的铁路、公路有滨绥铁路、301 国道、GZ301 国道、宾哈辅线、黑大公路，区内还有 70 条铁路专用线，形成了四通八达的交通网。近年来，哈红公路的修建使哈尔滨市区人群能更方便更快速地到达阿城区乡村。阿城区区位优势明显，可进入性强（图 1-1）。

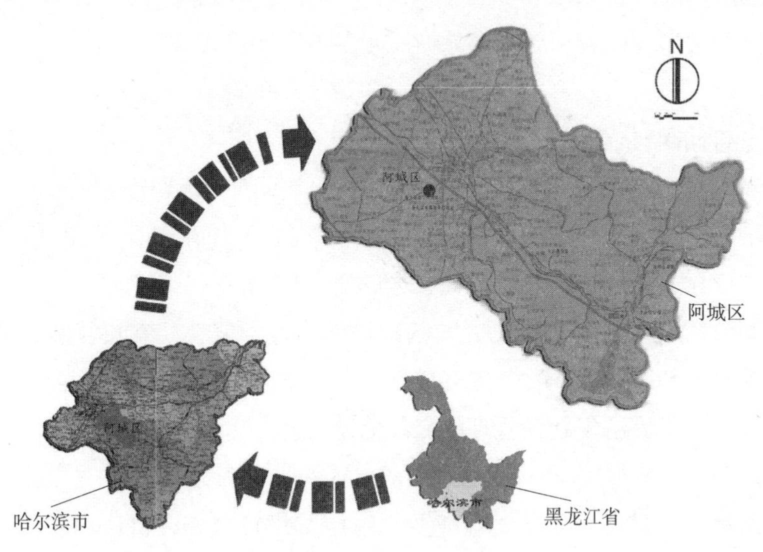

图 1-1　阿城区区位图

（2）休闲农业和乡村旅游资源丰富

阿城区乡村旅游资源得天独厚，许多村屯位置紧邻重要景区。如头道河子屯在金龙山国家森林公园入口处；战家屯是通往郡王山景区的必经之路等。每个村屯因所处的地理位置与人文背景的不同，都具有各自的特点。如红新新村以朝鲜族传统饮食为特色；海古寨以金源文化及满族风情为特色；范喜围子屯以道教文化为特色等。此外，阿城众多的农业园区、基地等也为其乡村旅游的发展奠定了坚实的物质基础。

（3）金源文化历史悠久

阿城是一座有着丰厚文化积淀的历史名城，是女真的发源地，创造了辉煌的金源文化，也是金代开国都城金上京会宁府所在地，虽然历经沧桑巨变，但仍保留着大量的金代历史文化遗存。以女真族传统文化为底蕴，广泛吸纳和融汇了中原文化及其他民族、部落文化中的优秀部分，形成了独具时代和特定地域特点的文化。

2. 劣势分析（Weakness）

（1）乡村资源开发规划相对滞后，主导产品开发不够，精品不精，尚未形成独具特色的乡村旅游形象，市场知名度低，绝大多数乡村景区还没有完成景区的总体规划。

（2）部分基础配套设施简陋，水电、交通、接待设施相对落后，通往部分景区的路面还存在一些砂石路，影响景区的进入性，整体优势还比较单薄，未形成食、住、行、游、购、娱的乡村旅游产业链条。

（3）管理水平有待提高，专业人才匮乏，服务质量跟不上发展需要。特别是受管理体制约束，多头管理矛盾突出，未能形成协调联动的格局。乡村旅游市场的管理有待于进一步规范。

（4）宣传力度不够，开发市场意识淡薄，一些乡村缺乏必要的旅游宣传品。

3. 机遇（Opportunities）

（1）国家关于休闲农业与乡村旅游示范县及示范点活动的开展。

（2）阿城区委、区政府对农业及乡村旅游发展的高度重视。

（3）乡村休闲时代的到来。

4. 挑战（Threats）

（1）哈尔滨市周边地市如五常（凤凰山）、尚志（帽儿山）等，近年来乡村旅游业发展较快，乡村旅游逐步兴起，造成较大的竞争压力。

（2）制约阿城区乡村旅游发展的基础设施建设不完善，有接待能力的乡村旅游景区不多，管理水平不高的问题仍然突出。

（3）缺少乡村旅游规划与管理的专门人才。

5. 结论

综上所述，阿城区发展休闲农业及乡村旅游优势突出，机遇明显，可以克服劣势与挑战，做大做强乡村旅游产品。

二、旅游资源分析与评价

（一）休闲农业与乡村旅游资源分类与调查

对阿城区休闲农业及乡村旅游资源进行全面考察，根据《旅游资源分类、调查与评价》国家标准 GB/T18972—2003，结合阿城区休闲农业与乡村旅游资源的属性、特征和赋存状况，可将阿城区休闲农业与乡村旅游资源划分为地文景观、水域风光、生物景观、天象与气候景观、建筑与设施、旅游商品和人文活动 7 个主类、13 个亚类和 33 个基本类型，详见表 1-1。其中，主类占全国标准数目的 87.5%，亚类占全国标准数目的 41.9%，基本类型占全国标准数目的 21.3%。

阿城区休闲农业与乡村旅游资源主类较为齐全，其中，地文景观有 1 个亚类，1 个基本类型；水域风光有 1 个亚类，1 个基本类型；生物景观有 4 个亚类，9 个基本类型；天气与物候景观有 1 个亚类，2 个基本类型；建筑与设施有 3 个亚类，8 个基本类型；旅游商品有 1 个亚类，4 个基本类型；人文活动有 2 个亚类，8 个基本类型（图 1-2）。

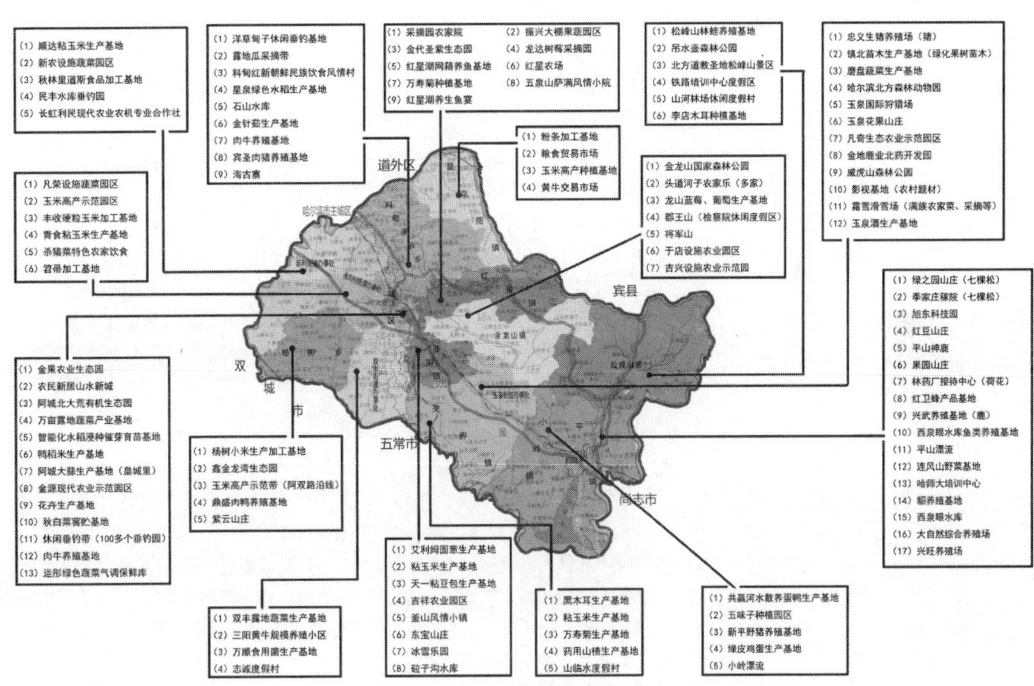

图 1-2　阿城区休闲农业与乡村旅游资源现状图

阿城区休闲农业与乡村旅游资源分类表　　表1-1

主类	亚类	基本类型	名称
地文景观	综合自然旅游地	山丘型旅游地	金龙山、松峰山、威虎山、胡凯山、神鹰岭、郡王山、将军山等
水域风光	河段	观光游憩河段	海沟河、阿什河

续表

主类	亚类	基本类型	名称
生物景观	树木	林地	水曲柳、黄菠萝、色木槭、白妞槭、紫椴、糠椴、白桦、榆树、落叶松等
		丛树	水曲柳、黄菠萝、色木槭、白妞槭、紫椴、糠椴、白桦、榆树、暴马丁香、鸡树条荚蒾、金银忍冬等
	草原与草地	草地	草地早熟禾、小叶樟等
		疏林草地	榆树等落叶树
	花卉地	草场花卉地	湿地内的五花草塘、园林内的花卉地等
		林间花卉	白头翁、紫斑风铃草等
	野生动物栖息地	水生动物栖息地	海沟河、阿什河、红星湖、砬子沟水库、西泉眼水库
		陆地动物栖息地	金龙山、松峰山、威虎山、胡凯山、神鹰岭、郡王山、将军山、平山旅游区、玉泉旅游区
		鸟类栖息地	海沟河、阿什河、红星湖、砬子沟水库、西泉眼水库、金龙山、松峰山、威虎山、胡凯山、神鹰岭、郡王山、将军山、平山旅游区、玉泉旅游区
天气与物候景观	天气与气候现象	避暑气候地	各种类型度假村
		物候景观	植被一年四季季相变化
建筑与设施	综合人文旅游地	教学科研实验场所	凡荣设施蔬菜园区、玉米高产示范园区、玉米高产示范带、凡奇生态农业示范园区、金地鹿业北药开发园、新农设施蔬菜园区、于店设施农业园区、吉兴设施农业示范园、吉祥农业园区、金果农业生态园、智能化水稻浸种催芽育苗基地、金源现代农业示范园区
建筑与设施	综合人文旅游地	康体游乐休闲度假地	民丰水库垂钓园、鑫金龙湾生态园、紫云山庄、志诚度假村、玉泉国际狩猎场、玉泉花果山庄、影视基地（农村题材）、霜雪滑雪场、山临水度假村、小岭漂流、绿之园山庄、纪家庄稼院、旭东科技园、红豆山庄、平山神鹿、果园山庄、林药厂接待中心（荷花）、平山漂流、哈师大培训中心、西泉眼水库、松峰山林蛙养殖基地、铁路培训中心度假区、山河林场休闲度假村、头道河子农家乐（多家）、郡王山（检察院休闲度假区）、采摘园农家院；振兴大棚果蔬园区、金代圣紫生态园、龙达树莓采摘园、五泉山萨满风情小院、洋草甸子休闲垂钓基地、露地瓜采摘带、东宝山庄、冰雪乐园、阿城北大荒有机生态园、休闲垂钓带（100 多个垂钓园）
		宗教与祭祀活动场所	北方道教圣地松峰山景区
		建设工程与生产地	顺达粘玉米生产基地、秋林里道斯食品加工基地、长虹利民现代农业农机专业合作社、丰收硬粒玉米加工基地；青食粘玉米生产基地；笤帚加工基地、杨树小米生产加工基地、鼎盛肉鸭养殖基地、双丰露地蔬菜生产基地、三阳黄牛规模养殖小区、万顺食用菌生产基地、忠义生猪养殖场（猪）、镇北苗木生产基地、磨盘蔬菜生产基地；玉泉酒生产基地、黑木耳生产基地、粘玉米生产基地、万寿菊生产基地、药用山楂生产基地、共赢河水散养蛋鸭生产基地、五味子种植园区、新平野猪养殖基地、绿皮鸡蛋生产基地；红卫蜂产品基地、兴武养殖基地（鹿）、西泉眼水库鱼类养殖基地、连风山野菜基地、貂养殖基地、大自然综合养殖场、兴旺养殖场、李店木耳种植基地、龙山蓝莓、葡萄生产基地、红星湖网箱养鱼基地、红星农场、万寿菊种植基地、粉条加工基地、玉米高产种植基地、星泉绿色水稻生产基地、金针菇生产基地、肉牛养殖基地、宾圣肉猪养殖基地、艾利姆圆葱生产基地、粘玉米生产基地、天一粘豆包生产基地、万亩露地蔬菜产业基地、鸭稻米生产基地、阿城大蒜生产基地（皇城里）、花卉生产基地、秋白菜窖贮基地、肉牛养殖基地、运彤绿色蔬菜气调保鲜库

续表

主类	亚类	基本类型	名称
建筑与设施	综合人文旅游地	社会与商贸活动场所	粮食贸易市场、黄牛交易市场
		动物与植物展示地	哈尔滨北方森林动物园、威虎山森林公园、吊水湖森林公园、金龙山国家森林公园
	居住地与社区	特色社区	海古寨、料甸红新朝鲜民族饮食风情村、釜山风情小镇、农民新居山水新城
	水工建筑	水库观光游憩区段	红星水库、砬子沟水库、西泉眼水库、石山水库
旅游商品	地方旅游商品	菜品饮食	东北农家饭、杀猪菜、道教饮食、满族风味、朝鲜风味饮食、红星湖养生鱼宴
		农林畜产品及制品	水稻、玉米、黑木耳、葱、蒜、山野菜、酸菜、有机果蔬、食用菌、煎饼、干豆腐、粘豆包、鹿肉及制品、猪肉、牛肉、鸡（鸭）蛋、特产动物制品等
		中草药材及制品	药用山楂、五味子等
		其他物品	笤帚、玉泉白酒
人文活动	民间习俗	地方风俗与民间礼仪	朝鲜族婚礼、满族婚礼、东北乡村婚礼、萨满仪式等
		民间节庆	朝鲜节庆、满族节庆、汉族节庆等活动
		民间演艺	朝鲜长鼓舞、象帽舞、东北二人转、大秧歌
		民间健身活动和赛事	滑雪、登山
		宗教活动	佛教、道教等
		特色服饰	满族服饰、朝鲜服饰、道教服饰
		特色饮食风俗	满族八大碗、韩式餐饮、杀猪菜
	现代节庆	旅游节	中国阿城金源文化节、中国哈尔滨金龙山红叶节、中国哈尔滨红星湖嬉雪节

表 1-1 分类统计分析表明，阿城区经过调查的主要休闲农业与乡村旅游资源单体有 209 处，其中地文景观 7 处，占 3.3%；水域风光类 2 处，占 1.0%；生物景观类 30 处，占 14.4%；天气与物候景观类 10 处，占 4.8%；建筑与设施 115 处，占 55.0%；旅游商品 22 处，占 10.5%；人文活动 23 处，占 11.0%。从以上数据可以看出阿城区休闲农业与乡村旅游资源种类较为齐全、数量丰富。但人文资源占 76.5%，比例偏大，多数为农业园区、基地及度假村；而自然资源以森林公园和水库、河流为主，占 23.5%。以上资源为阿城区的农业旅游的发展奠定了坚实的环境和资源基础。

（二）旅游资源质量等级定量评价

根据国家标准《旅游资源分类、调查与评价》，得出阿城休闲农业与乡村旅游资源质量等级评价结果（表 1-2）。

阿城区主要乡村旅游资源等级评价（优良级） 表1-2

等级	旅游资源单体名称
四级	北方道教圣地松峰山景区、金龙山国家森林公园、哈尔滨北方森林动物园
三级	吊水湖森林公园、西泉眼水库、玉泉国际狩猎场、胡凯山、郡王山景区、新农设施蔬菜园区（国家级园区）、凡奇生态农业示范园区、玉泉酒生产基地、料甸红新朝鲜民族饮食风情村、海沟河、阿什河、红星湖、平山旅游区、玉泉旅游区、威虎山森林公园、满族八大碗、杀猪菜、中国阿城金源文化节、中国哈尔滨金龙山红叶节

（三）乡村旅游资源开发方向评价

1. 利用气候优势，开发避暑度假旅游市场

哈尔滨是中国最佳的避暑地区之一。阿城距离哈尔滨仅23km，其避暑气候条件优于哈尔滨，所以更有利于避暑度假旅游产品的开发。

2. 依托区位优势，开发都市农业旅游市场

哈尔滨是中国东北北部的政治、经济、文化和交通中心，是东北北部地区最大的中心城市，是乡村旅游发展的强大后盾。哈尔滨拥有市区人口约600万人，且2010年接待国内外游客达4000万人次，为乡村旅游的发展提供庞大的本地及次生客源市场。京哈线、哈大线等多条铁路经过哈尔滨，G10绥满高速、G1京哈高速、哈佳高速、哈大高速、哈同公路等多条高速公路穿境而过，发达的交通网络，拉近了哈尔滨市与其他大都市的距离，有利于对接都市旅游消费。都市良好的基础设施、完善的公共服务体系、发达的经济环境和高水平的服务质量，为乡村旅游的发展提供示范、带动和辐射作用。

3. 利用山林水田优势，开发观光度假旅游市场

阿城区拥有田园、森林和山水共同构成的特色景观体系。延绵起伏的地势，一碧千里的原野，错落有致的村庄，自然生态的乡村氛围，远离城市的喧嚣环境，夏季绿色无边，冬季白雪皑皑，蓝天与大地相接，白云与云影共舞，构成北国特有的乡村田园景观。全区森林覆盖率高，有金龙山、威虎山、吊水湖、松峰山等多家森林公园，尤其以金龙山和吊水湖最为突出。阿城境内山水相融，有红星水库、西泉眼水库、阿什河、海沟河等水域。北国田园、葱郁森林、活力山水为阿城区发展乡村旅游共同构建起特色景观优势。

4. 依托民俗优势，开发特色乡村旅游市场

乡土民俗独具特色，东北黑土农耕文化厚重，东北民族风情浓郁。阿城区汇聚了满、朝鲜、回、蒙古等多个少数民族，各民族在漫长的历史长河中创造了独具地域特色的文化。此外，阿城是金、清两代王朝的发祥地，拥有浓郁的金源文化，以女真族传统文化为底蕴，广泛吸纳和融汇了中原文化及其他民族、部落文化中的优秀部分，形成了自己独具时代和特定地域特点的文化。独具特色的历史和少数民族文化，为阿城区的乡村旅游发展注入了灵魂，通过深入挖掘民族文化，与当地的自然资源相结合，打造东北地区独具黑土文化特色的乡村旅游度假地。

5. 利用农业产业优势，开发特色乡村旅游商品

近年来，阿城区围绕满足哈尔滨庞大的市场需求，着力推进都市型农业发展，以蔬菜产业基地建设为先导，建设现代农业科技示范区 2 处，蔬菜种植面积发展到 8667hm^2，认证国家地理标志产品 5 个，无公害、绿色和有机农产品 674 个，“农家乐”星级户 83 户。鸭稻米、绿色蔬菜、粘豆包等特色农产品倍受欢迎，先后被命名为“中国大米之乡”、“中国大蒜之乡”、“中国粘豆包第一镇”的称号。积累了特色鲜活的区域农业发展经验。这些产业优势，为开发乡村旅游提供了丰厚的商品基础。

综上，阿城区可开发采摘、度假、文化、自然、生态等多种休闲农业与乡村旅游产品。

三、客源市场分析与评价

（一）客源市场现状分析

目前，阿城区已确定了 5 个乡村旅游重点村（屯），发展了 200 多家经营业户，乡村旅游星级定点单位 83 家，旅游从业人员 3000 多人，其中农民为 2100 多人。2012 年，乡村旅游接待游客 158 万人次，旅游营业收入实现 4.4 亿元，阿城已经逐渐成为哈市周边旅游热点地区和乡村旅游重要的目的地。

（二）客源市场目标定位

1. 国内市场

近期：哈尔滨市场（一级：哈尔滨市城镇居民。二级：哈尔滨市的国内旅游者）；黑龙江省市场（一级：范围为 100km 或 2h 车程之内，包括双城、宾县、五常、尚志、延寿等地区。二级：黑龙江省黄金旅游线路“哈尔滨—阿城区—亚布力—镜泊湖—兴凯湖”的游客。另外还要依托哈尔滨市、尚志市帽儿山风景区、宾县二龙山及阿城的金源文化旅游区等发展较为成熟的、已经具有一定规模的国内外客源市场的景区）。

中远期：一级市场主要为东三省地区、京津唐地区、山东半岛、中原城市；二级市场主要为长三角地区、珠三角地区；三级市场为国内其他城市。

2. 国外市场

近期：以韩国、俄罗斯、日本为代表的东北亚、东南亚地区。

中远期：市场主要包括其他国际客源市场。

四、规划总则

（一）规划范围

阿城区行政区域范围，总面积为 2500km^2。

（二）规划理念

1. 突出农业与金源文化的结合。

2. 突出山、林、水、田的结合。

3. 突出概念引领、精品支撑的原则。

4. 突出以人为本、科学发展的原则。

充分考虑规划中的人性化，所规划的项目必须以人的发展进步为前提，并坚持科学发展观，实现发展的可持续性。

（三）规划期限与目标

1. 近期（2013 ~ 2015 年）

申报国家休闲农业与乡村旅游示范县。同时，申报 2 个休闲农业与乡村旅游示范点，打造一个特色旅游乡镇：金龙山镇。

2. 远期（2016 ~ 2020 年）

申报5个以上休闲农业与乡村旅游示范点。打造2个特色旅游乡镇：红星镇和松峰山镇。

（四）规划依据

《农业部国家旅游局关于开展全国休闲农业与乡村旅游示范县和全国休闲农业示范点创建活动的意见》（农企发 [2010]2 号）。

《黑龙江省乡村旅游发展规划》，黑龙江省旅游局，2012 年。

《哈尔滨市乡村旅游发展规划》（审定稿），哈尔滨市旅游局，2012 年。

《哈尔滨市阿城区旅游发展总体规划》（2012 ~ 2025），哈尔滨市阿城区人民政府，2012 年。

《阿城家庭旅馆评定标准》，阿城区旅游局，2006 年。

《哈尔滨市阿城区家庭旅馆质量等级评定暂行办法》，阿城区旅游局，2006 年。

《阿城区乡村旅游定点单位等级评定标准》，阿城区旅游局，2007 年。

《阿城区红新新村等四个乡村旅游规划与设计》，东北农业大学风景园林规划设计研究室，阿城区旅游局，2009 年 5 月。

《阿城区战家屯等五个乡村旅游规划与设计》，东北农业大学风景园林规划设计研究室，阿城区旅游局，2010 年 6 月。

《旅游资源分类、调查与评价》GB/T18972—2003。

《旅游规划通则》，国家旅游局 GB/T18971—2003。

五、总体布局与主要项目策划

（一）原则

总体布局是在综合研究区域内的地形地貌、旅游资源分布特点、历史文化、环境特点、农业产业、经济发展、主要景区依托、交通布局等基础上进行的。主要原则如下：资源相似性原则、地域相邻性原则、功能相近性原则、有利于旅游开发和行业管理的原则。

（二）总体布局

1. 休闲农业与乡村旅游景点布局

对阿城区乡村旅游资源、区位条件、历史文化及交通等进行综合分析，依据总体布局的原则，形成“一圈、二带、四区、多点”乡村旅游空间格局（图 1-3）。

（1）一圈

160km 黄金旅游圈，是以红星湖、金龙山、松峰山、平山、玉泉等景区为依托进行辐射的农业经济圈总称。沿旅游圈周边布置休闲农业与乡村旅游景点。

（2）二带

“阿什河垂钓带”——阿什河在城区及周边有众多的鱼池，形成沿河垂钓带。

“两瓜采摘带”——料甸镇海沟、西华、南红、北红等 4 个村沿线为西瓜和甜瓜种植，形成两瓜采摘带。

（3）四区

1）山地乡村旅游区

阿城东部山区，包括金龙山、松峰山、吊水湖、胡凯山等形成以森林人家为特色的山地型乡村旅游区。

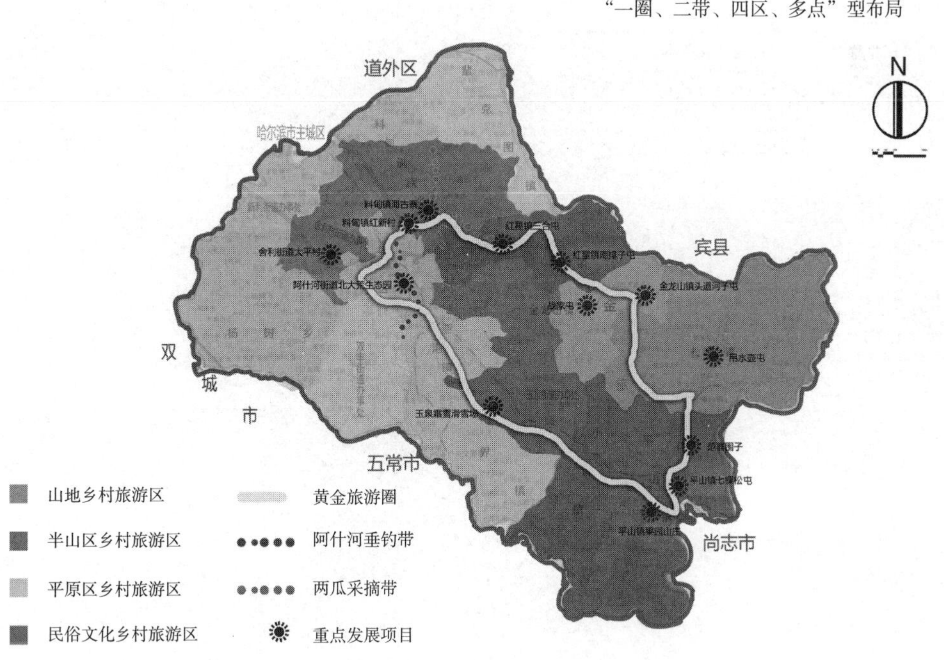

图 1-3 阿城区休闲农业与乡村旅游景点总体布局图

2）半山区乡村旅游区

包括红星水库、玉泉旅游区（含动物园等）、平山旅游区（含西泉眼水库等），形成具有山村水乡特色的半山区乡村旅游区。

3）平原区乡村旅游区

以阿城周边平原地区的乡镇为主，包括新利、杨树、蜚克图、阿什河等，依托农业产业园区及度假村，形成平原型的乡村旅游区。

4）民俗文化乡村旅游区

主要以舍利街道办事处和料甸乡为主，舍利杀猪菜、料甸满族乡的朝鲜族、满族饮食及文化，是阿城乡村旅游发展民俗文化和乡村美食的主要开发项目。

（4）多点

依托 160km 旅游环线，重点发展金龙山镇头道河子屯、料甸镇红新新村及海古寨、红星镇南排子屯及三合屯、平山镇七棵松屯及果园山庄、舍利街道太平村、阿什河街道北大荒生态园、玉泉的霜雪滑雪场、平山的范喜围子屯、松峰山镇的吊水湖屯和金龙山镇的战家屯等多个点状乡村旅游项目，增加了乡村旅游的文化元素、民族元素、滨水景观、特色餐饮等，进一步提升了阿城区乡村旅游的整体形象。

2. 产业布局

阿城区农业产业按“一圈、两带、三大板块”的总体框架进行布局（图 1-4）。其

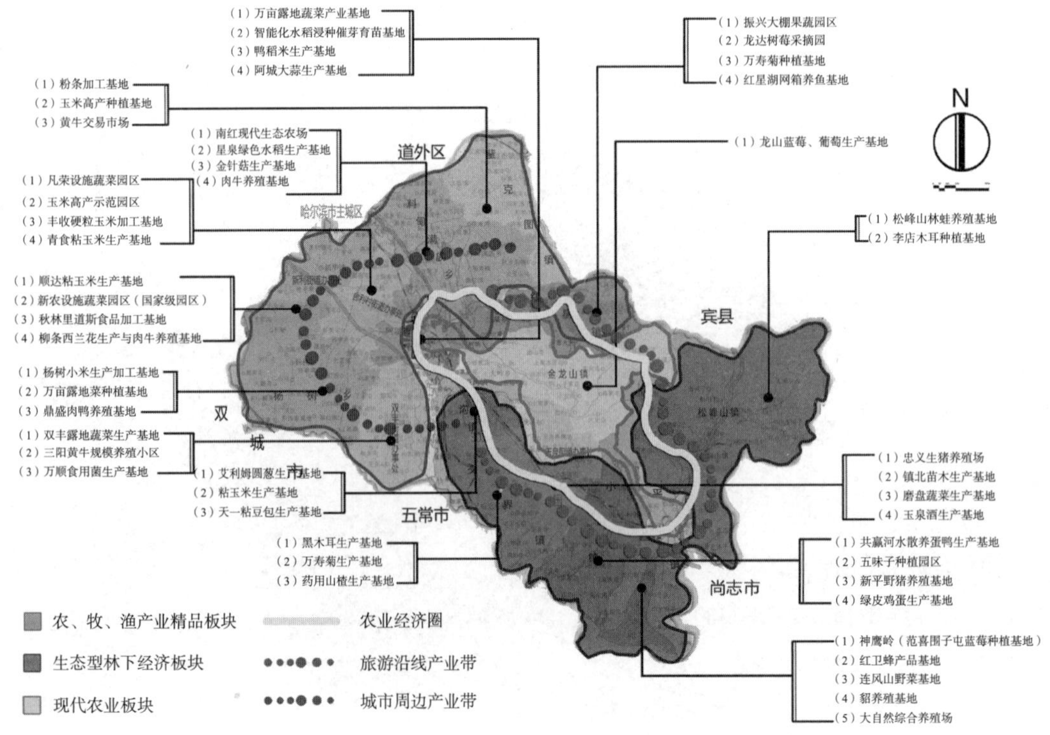

图 1-4　阿城区产业园区分布及分区图

中，“一圈”指的是160km的旅游圈。“两带”指由301国道、长江路、哈红路、滨绥铁路等重要公交铁路沿线组成的一条农业经济带，以及哈尔滨城市周边的农业经济带，由城区周边和料甸、小岭、杨树等部分组成。“三大板块”是按照农业产业结构的规模化布局而形成的块状经济：一是以金龙山等五大景区为重点区域，打造现代农业板块。二是以红星、双丰、亚沟等街镇为重点区域，打造农、牧、渔产业的精品板块。三是重点依托小岭、平山、玉泉等地山区街镇，进而打造生态型的林下经济板块。通过打造这主要的三大板块，形成农业互补发展、联动发展、错位发展的格局。产业园应紧密结合旅游资源进行系统规划，强化资源优势，使旅游区、乡村与农业园有机结合，形成乡村旅游产业链。

（三）休闲农业与乡村旅游主要景点规划

1. 料甸乡红新新村

（1）基本概况

红新新村距阿城区5km，是距离阿城区中心最近的村屯之一，也是料甸乡经济水平发展最好的村屯之一，黑龙江省级新农村示范点，是无公害水稻种植区、高产优质稻米基地。村内居民全部为朝鲜族，近邻西华村的居民为满族及汉族，多元文化的相互融合，为乡村景观环境的塑造奠定了良好的基础，使红新新村的文化氛围更加鲜明、独特。

（2）规划设计思路

红新新村的特色主要体现在朝鲜民族文化、原生态环境及社会主义新农村三个方面。要保护和挖掘朝鲜族文化，同时要展示和创新朝鲜族饮食文化，实现民族风情与饮食规模化的同步发展，形成良好的口碑。根据资源特色及区位特点划分为：滨水生态走廊及民族特色饮食两条主线加乡村观光游憩区、农乐体验区、民俗风情区三个特色旅游区（图1-5）。

1）生态景观走廊

突出“稻田弦歌”，使原生态村落与朝鲜民族文化融合，弘扬民族文化、保护原生态、促进乡村建设的同时，打造一条亮丽的风景线。利用水渠引水入园，设置朝鲜族传统图形样式——方格式木栈道亲水，亲切而富有趣味；在水渠对岸稻田设置茅草棚，可作为稻田中的点景，滨水设置场地建对望亭，水边架设水车，突出田园趣味的同时，与茅草屋形成对景。

2）观光游憩区

位于红新新村的西南角，东临村委会、西邻红新绿色水稻基地，是全村的重心位置，可为游客和村民提供休闲场所。在主广场中心设置朝鲜族传统长鼓，西北侧设置廊架，种植葡萄等藤蔓植物，供人们休息观赏。场地铺装设置赤橙黄绿青蓝紫七大色块，既与中心呼应又突出民族特色。

3）农乐体验区

观光游憩区南侧空地，毗邻生态景观走廊和水稻生产基地，对西侧稻田过渡衔接

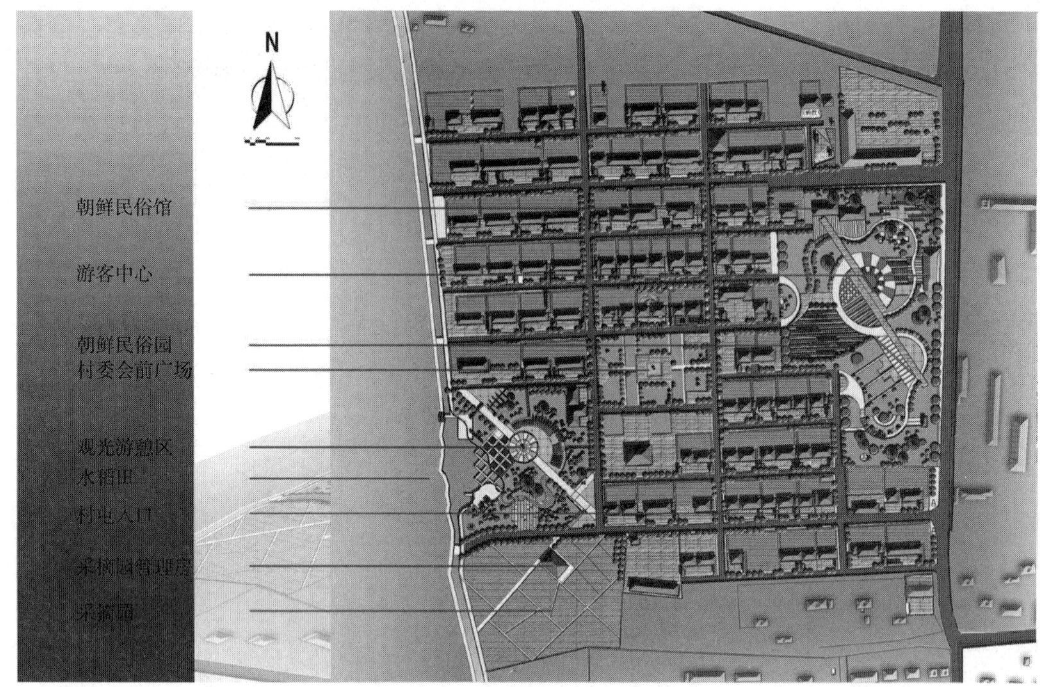

图 1-5　红新新村总平面图

的同时，还能结合生产发展农趣项目。如：果实采摘园让游客亲力亲为的同时体验采摘果实的乐趣；农业体验园让游客参与到农业生产的播种、浇水、收割等环节中去。

4）民俗风情区

红新新村东北部，充分展示朝鲜的风情文化，体会朝鲜民俗特色的巨大魅力。设置全村标志性建筑—民俗馆，并与其他小品设施及活动相结合。民俗馆及景观墙多方位展现民族特色，宣传民族文化。民俗馆前设置文化广场做民俗表演。建筑屋顶选用朝鲜瓦，形成飞檐，体现朝鲜建筑特色；主入口右侧规划为蔬菜园，以可制作鲜族泡菜的白菜、辣椒等为主，游客可进行采摘，亦可深入了解掌握朝鲜饮食文化。本区重点对朝鲜族的汤、茶、米等饮食文化及民俗风情文化进行发展。

2. 料甸乡海古寨（见第四部分农家乐景区）

3. 红星镇南排子屯

（1）基本概况

红星镇南排子屯西临红星水库，东临松峰山旅游区，至金龙山、松峰山的国道在村中通过，是山水相映、植被丰富的原始生态乡村。距离阿城区 12km，距哈尔滨市 45km，区域广阔，依山傍水，绿树成荫，土地面积 33hm^2，常住人口 220 人。

（2）规划设计思路

主要与红星水库紧密结合，将登山、游湖、度假、品尝鱼宴与南排子屯的水果采摘、乡村舞台等项目结合，达到双赢（图 1-6）。从场地和旅游资源上分析，南排子屯布局主要以“两带”为主。两带是南排子屯两条主要道路：一条是红星镇通往金龙山森林公园的道路，另一条是沿着村子主入口，通向村内的道路。南排子屯主要果园有红星果园和三家园，还有瓜菜园、富林秀水山庄等（图 1-7）。

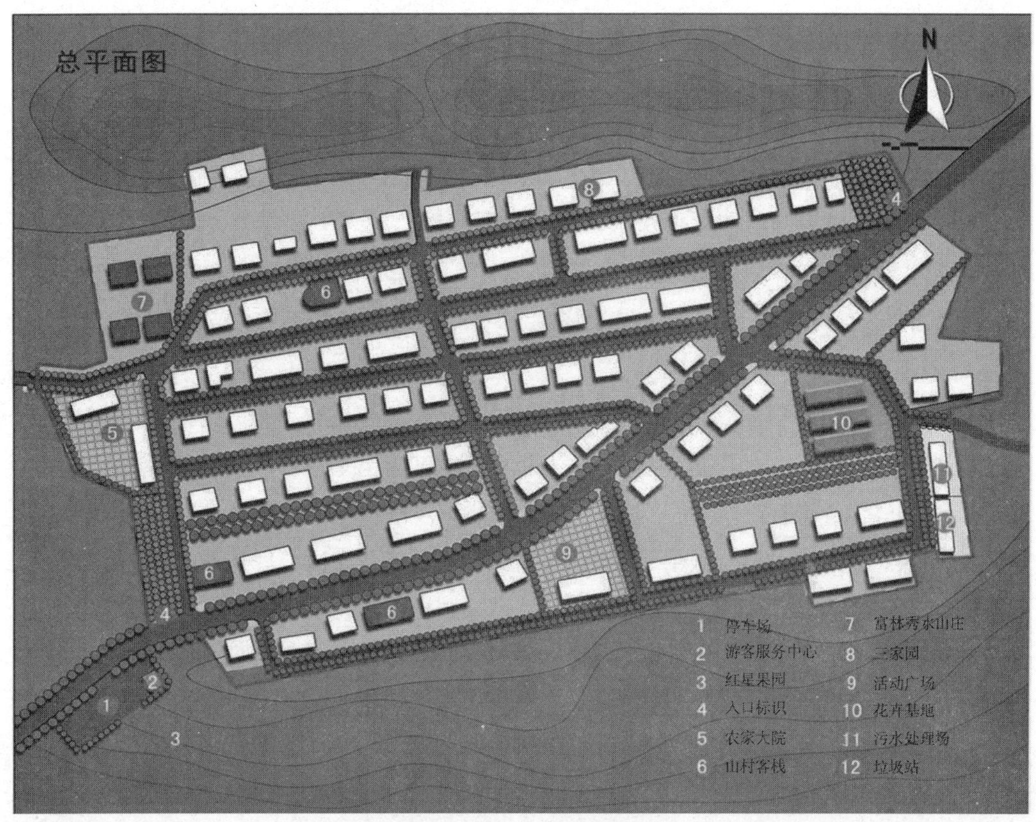

图 1-6　南排子屯总平面图

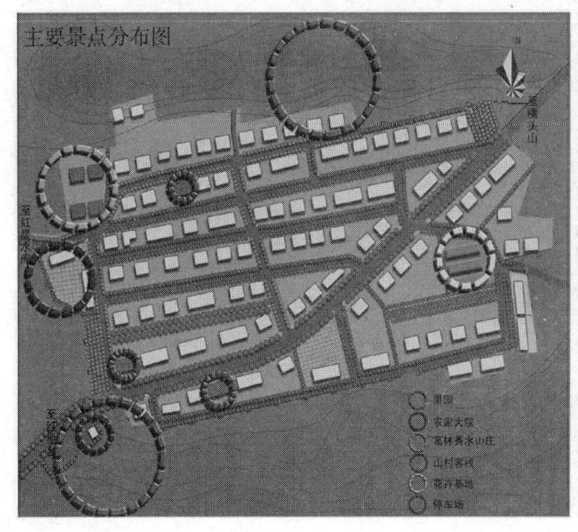

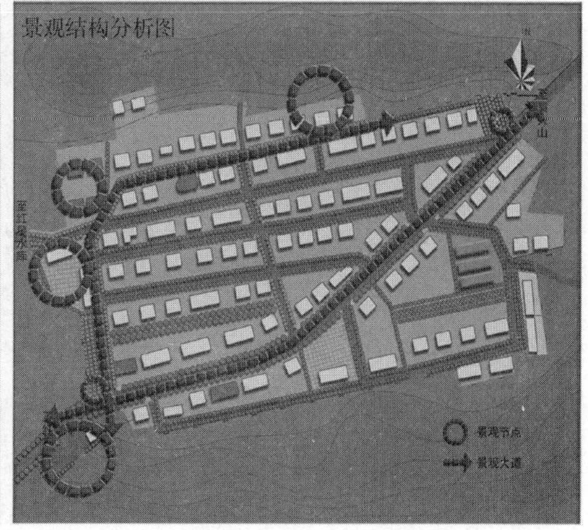

图 1-7　景观分析图

1）红星果园

可向游客展示农业文化、饮食文化、果品知识、食用工艺及实际操作，进而进行采摘及种植体验；在果园地势的最高点设置观景亭，用借景的手法将红星水库的景色借入园内；根据游客不同住宿需求设计度假木屋和露营地，另设凝香居、品味轩、结义园等体验场所。

2）三家园

是由三家农户的住宅及其山后果园连片组成。由于三家住宅位于屯中最后一排，地理位置较偏，少为人知。三家园可以定位为农家休闲体验型。通过游人亲自参与采摘，体验、感受收获成果的乐趣。重修入口大门，以采摘文化为主题体现建筑风格。在入口处设立景观葡萄长廊，结果后满目的缤纷果实，以花接客，以果待客。同时引进多种花卉丰富旅客眼中的色彩，建造山上活动休闲广场、茅草亭、林中小屋供游客休息娱乐。

3）花卉基地

4）农家大院

保持原有的农村特色建筑，保留铁锅炖鱼等乡村特色菜，修建乡村大舞台。

5）村内环境建设

村内环境的建设首先应关闭产生大量噪音的采石厂，建立环境保护系统和垃圾回收系统。村内房屋打造成吃住一体的农家院落，并且采用太阳房、太阳能热水器及生态厕所等生态化的节能技术与设备。通往金龙山森林公园的道路绿化采用山丁子、山桃稠李、山梨、山杏等高大果树；村内主要道路绿化采用毛樱桃、李子等中小型果树；次要道路用山葡萄及五叶地锦作垂直绿化。应拓宽道路并和国道接轨，设置双向广告牌吸引游客。同时增设指示牌、导游图、休息亭、生态厕所、垃圾箱等，结合自然，协调景观，为旅游区增色。

4. 平山镇七棵松屯（见第三部分美丽乡村）

5. 舍利街道太平村（见第四部分农家乐景区）

6. 玉泉街道霜雪滑雪场（见第四部分农家乐景区）

7. 平山镇范喜围子屯（见第三部分美丽乡村）

8. 金龙山镇战家屯

（1）基本概况

战家屯隶属于金龙山镇吉兴村，距阿城市区 36km，靠近哈红公路，是金龙山森林公园旅游沿线过经屯，区位优越，交通便利。同时，屯北侧为金龙山森林公园的六大景区之一——郡王山景区，经过紧邻屯东侧的道路可以直达景区，景区的入口标识就设在屯入口的路旁。

（2）主要旅游资源

战家屯周边有阿什河源头溪流、金国郡王完颜古墓群、金武士头像——横头石、镇山神龟、火山岩、林业科研基地、绿色采摘园、冷水鱼示范中心、森林网球场、哈尔滨老干部培训基地、基督教生态园等一系列旅游资源。

（3）规划设计思路

以农家乐餐饮、住宿为主体，整体风格融入东北特有民俗风情，优先发展两带一侧的农家乐，重点打造屯外侧公路带及屯东侧通往郡王山景区的道路。另一侧根据景区发展可逐步建设农业旅游项目，如设置采摘园、药膳养生园、百草园、花卉园等（图1-8）。改造屯内房屋外立面，形成整洁有序的街道景观，融入东北民俗元素，如农家乐旅游餐饮的农户家家门前挂大红灯笼、红辣椒、蒜辫子等，也可在院内设置玉米楼子。沿街种植中小型果树，围栏采用树木编织或其他木质组合，与森林人家的定位协调。除此之外，对战家屯内最大规模的旅游接待场所——钰福楼进行改造，增加外围绿化树种，提升接待档次，满足不同游客的需求。

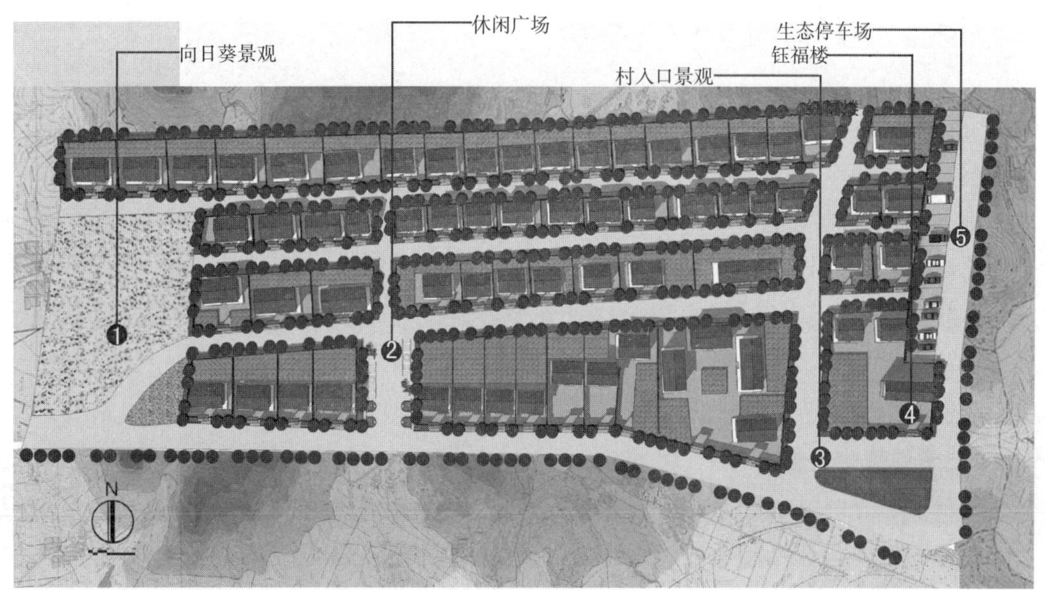

图 1-8 战家屯总平面图

9. 松峰山镇吊水湖屯（见第三部分美丽乡村）

（四）农业产业主要项目规划

阿城区的农业产业项目主要包括种植、养殖、加工等形成的基地、园区等。这些农业产业分布于阿城区的不同乡镇，为休闲农业与乡村旅游的发展提供了坚实的物质基础和大量的旅游商品。

1. 新建项目

柳条西兰花生产与肉牛养殖基地等。

2. 扩建项目

顺达粘玉米生产基地、秋林里道斯食品加工基地、长虹利民现代农业农机专业合作社、丰收硬粒玉米加工基地、青食粘玉米生产基地、杨树小米生产加工基地、鼎盛肉鸭养殖基地、双丰露地蔬菜生产基地、三阳黄牛规模养殖小区、万顺食用菌生产基地、忠义生猪养殖场（猪）、镇北苗木生产基地、磨盘蔬菜生产基地；玉泉酒生产基地、黑木耳生产基地、粘玉米生产基地、万寿菊生产基地、药用山楂生产基地、共赢河水散养蛋鸭生产基地、五味子种植园区、新平野猪养殖基地、绿皮鸡蛋生产基地；红卫蜂产品基地、兴武养殖基地（鹿）、西泉眼水库鱼类养殖基地、连风山野菜基地、貂养殖基地、大自然综合养殖场、兴旺养殖场、李店木耳种植基地、龙山蓝莓、葡萄生产基地、红星湖网箱养鱼基地、红星农场、万寿菊种植基地、粉条加工基地、玉米高产种植基地、星泉绿色水稻生产基地、金针菇生产基地、肉牛养殖基地、宾圣肉猪养殖基地、艾利姆圆葱生产基地、粘玉米生产基地、天一粘豆包生产基地、万亩露地蔬菜产业基地、鸭稻米生产基地、阿城大蒜生产基地（皇城里）、花卉生产基地、秋白菜窖贮基地、肉牛养殖基地、运彤绿色蔬菜气调保鲜库等。

六、旅游形象、线路、产品及市场营销策略

（一）旅游形象设计

将阿城区的旅游景区、新农村与农业产业园区相结合，集生态观光、休闲度假、乡村体验、农耕文化、民俗文化及特色饮食等于一体，形成“新农村、新农业、新景观”的乡村旅游。

旅游形象设计结合阿城的山、水、园、田，突出“美丽乡村”，打造“北国田园”。

（二）旅游线路组织

乡村旅游线路既可以结合阿城的山水观光、金源文化等项目来规划（图 1-9），也可以单独形成乡村旅游线路。如可分为一日游、二日游、多日游等形式，但以一、二日游为主要形式。可以开展红叶山村游、特色采摘游、民族风情游、金源美食游及中、小学生的农耕文化游等精品乡村旅游线路。

1. 一日游

（1）哈尔滨——海古寨——红新新村——舍利杀猪菜一条街——哈尔滨

（2）哈尔滨——红新新村（海古寨）——阿什河街道北大荒生态园——哈尔滨

（3）哈尔滨——头道河子屯（金龙山国家森林公园）——南排子屯——哈尔滨

（4）哈尔滨——头道河子屯（金龙山国家森林公园）——三合屯——哈尔滨

（5）哈尔滨——红星湖——南排子屯（三合屯）——哈尔滨

（6）哈尔滨——郡王山景区——战家屯——哈尔滨

（7）哈尔滨——北方森林动物园（玉泉狩猎场等）——新立屯——哈尔滨

（8）哈尔滨——玉泉霜雪滑雪场——哈尔滨

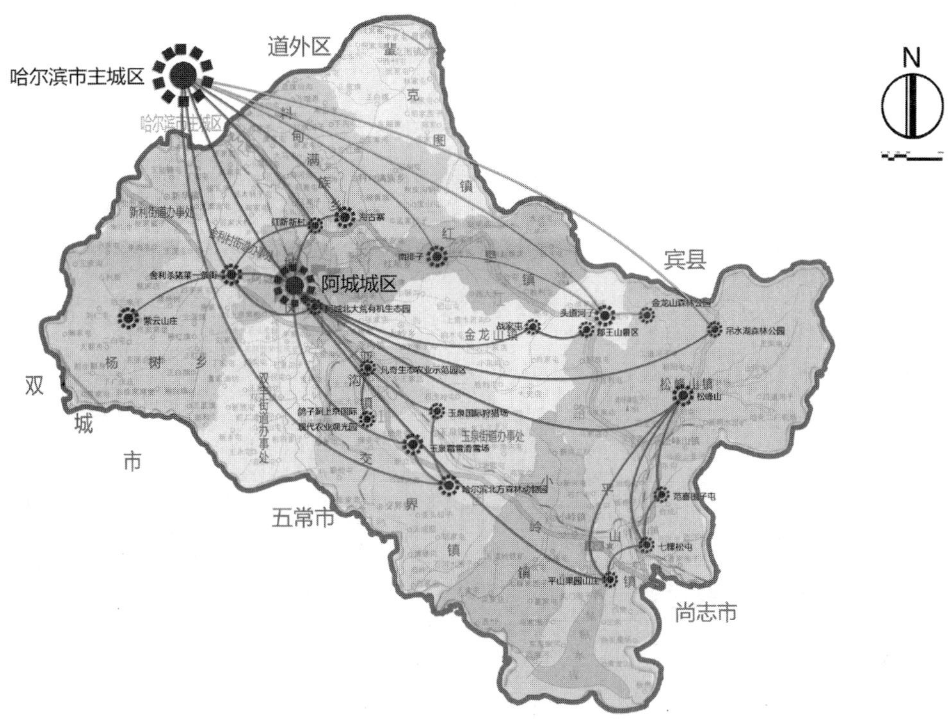

图 1-9　阿城区主要乡村旅游线路规划图

（9）哈尔滨——七棵松屯（绿之园）——西泉眼水库——哈尔滨

（10）哈尔滨——金龙山森林公园——战家屯——郡王山景区——哈尔滨

（11）哈尔滨——吊水湖森林公园——吊水湖屯——哈尔滨

（12）哈尔滨——松峰山——范喜围子屯（平山果园山庄）——哈尔滨

（13）哈尔滨——平山旅游区（范喜围子屯）——哈尔滨

（阿城参照）

2. 二日游

于一日游基础上分别增加在红新新村、头道河子屯、南排子屯、吊水湖屯、范喜围子屯、战家屯、七棵松屯、三合屯、平山、玉泉等的住宿（哈尔滨、阿城方向游客均可自由选择不同风格的村庄住宿）。

（三）旅游产品

1. 民俗文化乡村旅游区

主打金源文化、满族风情、朝鲜族风情，以金源文化考察、祭拜、满族、朝族风情体验为主，可体验骑射、满族餐饮、婚礼、萨满宗教仪式、歌舞、朝鲜族餐饮、婚礼、歌舞、体育运动等项目，同时结合金源现代农业示范园区及阿什河金果生态园等农业项目，增加乡村旅游活动内容。代表村屯如舍利街道太平村、海古寨、红新新村、三合屯等。

2. 半山区乡村旅游区

主打农家餐饮、生态渔宴、山水观光、蔬果采摘、山野菜采摘、休闲度假和田园风光相结合的旅游产品，以原生态村落为主要载体，以民俗、文化及特色饮食为吸引。如平山镇的范喜围子屯以提供休闲度假、道教文化观览和道教养生体验为主，可设道教文化参观、体验、道家养生、道教特色膳食、垂钓、登山等项目，还可结合蓝莓种植园的体验观光设立游览项目；磨盘村可结合蔬菜产业基地、鸽子洞上京国际现代农业园等进行观光游览；南排子屯可结合果品采摘，品红星湖生态鱼宴和农家餐饮；七棵松屯感受悠游生活；游客在这些山村型景区充分体验农家、渔家乐趣、吃农家饭，所有的食材均来自农家及周边的生产基地，健康、绿色、无污染。

3. 山地乡村旅游区

主打农家乐、森林人家特色的森林旅游，体现山林中的乡村风情，包括山文化、生态文化、乡村文化等相结合的产品，参与项目主要为登山、采摘、动植物观赏、满族餐饮和山野结合的饮食。为到村屯附近景区游览的游客提供农家特色餐饮、体验东北民间习俗和休闲、健身、娱乐为主。重点村屯及景区包括吊水湖屯、头道河子屯、战家屯等。

4. 平原区乡村旅游区

以阿城周边平原地区的乡镇为主，包括新利、杨树、蜚克图、双丰、亚沟、阿什河、交界镇等，依托农业产业园区及度假村，形成平原型的乡村旅游区。如交界镇主要有黑木耳生产基地、粘玉米生产基地、万寿菊生产基地、药用山楂栽培基地等；亚沟主要有粘玉米、粘豆包等的生产基地。平原区的这些农业园区、生产、加工及养殖基地，以及阿什河沿岸的度假村、垂钓园等，为阿城区的乡村旅游提供了丰富的农产品原料和商品，增加了农业产品的附加值。

（四）节庆活动

开展节庆活动是最有影响力的促销方式。如五月可在松峰山举办登山节；六月可在红新新村举行朝鲜秋千节；七月在南排子屯、新立屯等举行乡村采摘节；八月在范喜围子屯举办道教养生节；九月在头道河子屯、吊水湖屯等举办乡村红叶节；农历十月十日是女真改满日，可在海古寨举办颁金节；十二月在舍利举办饮食文化节等。此外，还可以利用季节的变化举办活动，如在红星湖春季举办历史上北方民族春季的重要节日——头鱼节，摆头鱼宴，吃开湖鱼。冬季举办嬉雪节，利用戏雪乐园组织游客泼雪，打雪仗，滚雪等活动。

七、生态环境保护与建设规划

阿城区要加强生物资源保护、景观资源保护和生态环境保护。积极进行生态建设规划。建议设立生态环境监测系统。生态环境监测系统的建设要考虑可操作性，在不同景区选择必测的项目进行监测，以实现旅游环境的可持续性。阿城区主要景区建议监测项目如下：

1. 大气质量监测

监测时间：5 ~ 10 月，每天连续进行监测。

监测地点：开展旅游活动的主要村屯及森林旅游区。

监测项目：与当时国家监测标准与项目内容同步。

2. 水质监测

西泉眼水库、红星水库、阿什河等地表水质量情况可以采用水利部门每年的水质测量资料。

生活污水每年采样监测 2 次，春夏季各 1 次；地点设在不同景区的排污口。

3. 噪声监测

监测时间：5 ~ 10 月，每天连续进行监测。

监测地点：开展旅游活动的主要村屯及森林旅游区的服务区。

4. 土壤监测

监测项目：土壤紧实度、pH 值、腐殖质含量等。

监测时间：植物生长期 5 ~ 9 月，每月 1 次。

监测地点：森林旅游区、采摘园等。

5. 含菌量

监测时间：每月 1 次。

监测地点：所有旅游景区。

6. 生物多样性监测

（1）植物

监测时间：每年春季（5 ~ 6 月）、夏季（7 月中下旬）、秋季（8 月中旬 ~ 9 月初）三个季节进行定位调查。

监测方法：进行植物多样性调查。

（2）动物

观测点的设立：要在动物活动频繁的地区设立 2 个以上的观测点。

监测时间与方法：每年四季主要观测动物种类、生活习性、繁殖规律等，记录并拍照。

（3）地点

主要森林旅游区及红星水库等。

上述监测仪器尽可能采用进行监测时间里国内外最先进的设备。环境质量监测项目要与当时国家统一监测的项目相一致。

八、旅游服务及基础设施规划

（一）保障设施

1. 门区。一般森林旅游区、农业园区、度假村等都设有入口服务区。对于旅游村屯要注意门区的设计，在通村主入口设立大门及入口标识，以引导游人进入。

2. 游客服务中心及停车场。游客服务中心应设在核心景区入口处，设有售票处、管理处、停车场、厕所等，突出景区服务功能。为游客提供车辆、信息介绍、通讯、购物、导游等服务内容，满足游客不同需求。除此之外，还应建立与游客服务中心相结合的生态型停车场。

（二）住宿

对阿城区乡村旅游住宿规划的总原则为高、中、低档相结合。主要规划为以下几种类型：

1. 度假村

度假村位于以山林、水库为主的景区内或自然风景优美地带，如郡王山景区、玉泉狩猎场等。提供会议、休闲和度假服务，一般为中、高档，并配套有会议服务设施，有一定的室内外娱乐与运动设施，周边环境优美，设施齐全，建筑风格与自然风景相融合。

2. 农家乐

主要是指为景区提供配套服务的乡村旅游村屯，如金龙山下的头道河子屯、吊水湖森林公园旁的吊水湖屯等。红星水库附近的南排子屯、三合屯等。另外，农家乐也包括民俗特色村屯，如红新新村。考虑到假日经济的特殊需求，扩大住宿设施的弹性供给。发展农户型接待点——“农家乐”（以中、低档为主），改善住房条件，增加民俗特色，满足旅游者对住宿设施的基本要求，调动当地群众发展旅游的积极性，使游客在体验自然风光的同时，更深入、更真切地体验当地的民风民俗。这种住宿形式可缓解旺季客房不足、淡季客房过剩的矛盾。除标间外，要考虑设置家庭房，方便三口之家的实际需要。

3. 临时度假设施

夏季设置部分蒙古包、帐篷、活动木屋等简易设施，形成夏令营地、休闲基地、自驾车露营地等季节性住宿设施，不仅有特色，还加强了供给的灵活。

4. 阿城区的宾馆

由于阿城乡村游可以阿城市区为中心形成一日游或二日游的线路，因此，对于部分游人来说，可以阿城市区的宾馆作为住宿，方便与金源文化等旅游区游览相结合。

（三）餐饮

餐饮应依托阿城的农副产品，以东北菜为主，突出民族特色及农家田园特色，根据乡村旅游景点地域不同来推出不同特色菜系，也可利用旅游区内生产的绿色蔬菜、土特、山野、水产，推出生态保健食品。以“依全依美”为主题提倡均衡营养、科学进补，东北菜系、农家饭菜、山野风味以及具有药膳滋补的菜系等具有特色的餐饮；开展主题为营养、保健、美容以及强身的活动，并大力发展弘扬其特色的小吃、山珍及有机、绿色食品等，以及少数民族餐饮，道教素食，快餐系列。主要推出以下几种餐饮类型：养生鱼宴、农家饭菜、舍利杀猪菜、朝鲜族餐饮、满族风情饮食、道教特色菜、山野特产及特色风味餐等。

（四）娱乐

1. 乡村舞台

乡村舞台是一种以村民、游客参与的乡土气息浓郁的文化娱乐活动。如秧歌、二人转表演等。

2. 运动休闲

结合乡村内农家乐，开发周边的农田，设置如采摘园、百草园、药膳养生园、康体建设乐园、山水 SPA 等。还有骑马、垂钓、游湖、滑草、登山、滑雪戏雪、野外拓展训练等，也可让游客进行有趣的农事体验活动。

3. 民族文化特色风情

以金源文化为主题，基于地区特有的文化品质，提取金源文化中的展现金朝名人的轶事及所处时代特有的文化风情。还可参与庆祝朝鲜民族节日，穿朝鲜民族服饰及体验朝鲜族歌舞（如长鼓舞、象帽舞）。除此之外，还可以体验朝鲜民族、满族婚礼及道教文化与养生体验。

（五）购物

主要品种有：山野产品系列（如山蘑菇、木耳、山野菜等）、林木产品系列、吊水湖屯等红叶系列产品（如书签、标本等）、根雕工艺品、山村工艺品系列（如柳编的框、天然干花等）、山村特色绿色食品系列（如有机蔬菜、水果、蛋、肉等）、金元时期古玩字画及纪念品、朝鲜民族服饰及工艺品、道教文化纪念品、绘画摄影等艺术品系列，还有饭庄外卖食品（如笨鸡、鲜豆腐、干豆腐、杀猪菜等包装塑封处理）等。

（六）旅游区、景点解说系统及出行服务系统规划

解说系统一般由软件部分和硬件部分构成，软件部分指导游员，包括解说员、咨询服务等具有能动性的解说，硬件部分有导游图、导游画册、牌示、录像带、幻灯片、语音解说、资料展示栏柜等多种表现形式。要在旅游区及相应景点设置。

信息服务计划如下：

1. 尽快编制乡村旅游景区旅游地图。

2. 制定《乡村旅游服务标准》的小册子。

3. 车站、主要宾馆、定点餐厅为游客提供乡村旅游景区、景点信息。

4. 在互联网上建立阿城区乡村旅游景区网页。

（七）交通规划

1. 交通现状

阿城区境内国道有 301 国道（绥芬河——满洲里）、同三汽车专用二级路（同江——三亚）、宾哈辅线（宾州——哈尔滨）、GZ301 国道。省级公路有黑大路（黑河——大连）1 条。县级公路 4 条。其中，蜚拉路在阿城市区与绥满公路相交，是黑龙江省东部地区通往长春、沈阳、大连、北京的唯一公路。乡级公路 8 条、村级道路 75 条。长途客运站 4 处，营运线路 85 条，公共交通线路 33 条。其中，郊区线路 16 条，城区线路 17 条。

阿城境内铁路设有舍利屯、阿城、亚沟、玉泉、白帽子、小岭、平山、白岭、小平山、东平山 10 个站。阿城境内除铁路干线外，尚有专用线 51 条，分布在阿城、亚沟、玉泉、小岭、平山等站。

2. 交通规划

（1）火车站、汽车站、高速公路入口设计

建设良好的"城市大门"形象，体现阿城金源文化特色。加强火车站、长途汽车站等的建筑外观设计，使之具有物质、文化双重功能，成为城市的标志；同时加强旅游信息、咨询服务功能的建设，提高可进入性。加强交通标志的建设。对于交通的管理要逐步走向规范化，并与国际接轨，采用国际通用的公共信息图形符号，使用中英文对照的标志牌、说明牌，方便散客旅行，也使海外游客的自助旅行变得更加轻便、快捷。

（2）乡村旅游道路系统规划

1）区外交通

外部交通规划工作重点主要是加强阿城与哈尔滨市区及周边区县的公路建设。阿城位于哈尔滨市东南方位，可由绥满高速快速抵达哈尔滨市区。哈尔滨的航空、铁路、公路、水路四通八达。在航空方面，哈尔滨机场已开通国际航线 9 条，国内航线 100 余条。铁路方面，京哈、滨州等 5 条铁路在此并轨，与俄罗斯西伯利亚大铁路相连。在公路建设方面，目前已经形成以哈尔滨为中心，向长春、牡丹江、佳木斯、伊春、黑河、大兴安岭、大庆、齐齐哈尔、呼伦贝尔等城市辐射的交通网络。因此，由哈尔滨市区进入阿城较为便利，规划要进一步完善与 G202、G221 等公路的对接，进一步提升阿城的交通通达性，在哈尔滨太平机场、火车站、汽车站等集散地设立至阿城的旅游专线。除此之外，要进一步加强与宾县、五常等周边区县的公路建设，构筑更为便捷的对外交通体系。

2）区内交通

进一步完善旅游公路建设，尤其是去往各旅游景区（点）的公路建设，完善道路交通指示，方便自驾车游客前往；设置跨区域公交线路，推进阿城至哈尔滨的城市公交直通“无障碍”工程，开设哈尔滨至阿城的直通公交线路；旅游交通建设和景区（点）建设同步，完善至新景区（点）的旅游交通线路和设施的配套建设。

（3）旅游交通设施

在阿城城区设立阿城旅游集散中心，使之成为全区旅游交通集散枢纽，于金龙山镇、平山镇、玉泉镇设立二级旅游集散中心，健全集散中心交通线路建设，使游客可由集散中心便捷去往阿城各景区（点）（图 1-10）。

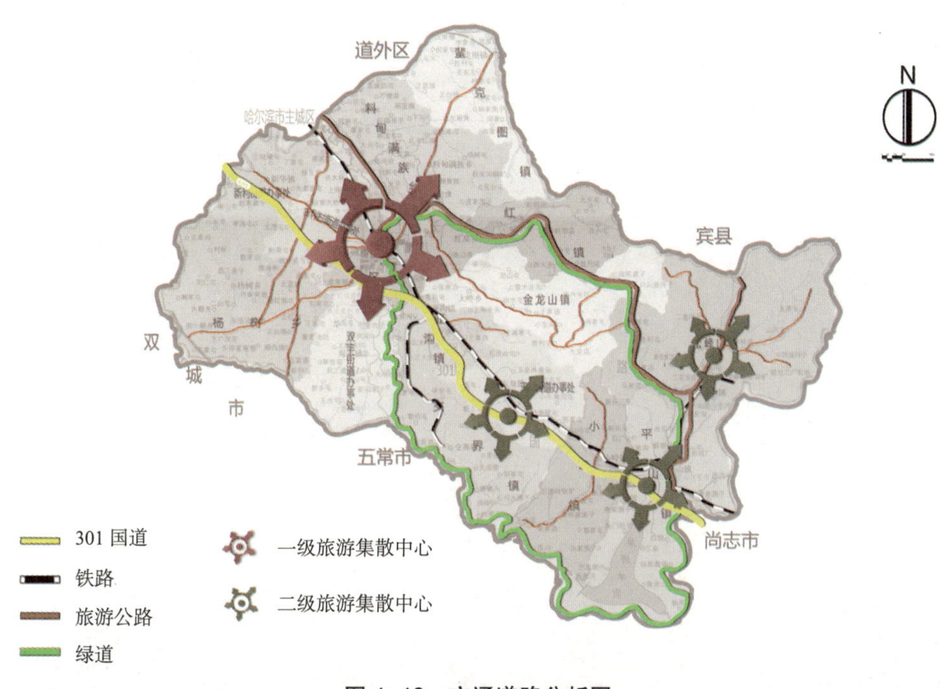

图 1-10　交通道路分析图

第二部分

科技与示范园区规划与设计类

案例1 ▶ 北大荒旱作农业科技园区概念规划

项目特色： 创意农业与景观设计的融合

规划时间： 2010

团队成员： 王崑、孙慧、霍俊伟、宋北光、董守田、卓美行、王钊、王小雨、洪海洋、李诗佳、陈琳、王彻、王鹤兴、于锡宏、蒋欣梅等

相关成果： 1. 休闲农业园区景观可持续规划设计研究，2013，东北农业大学硕士论文。

2. 创意农业的内涵和景观分类及其表达——以“北大荒”为例　孙慧、王彻、王崑（通讯作者）。农业现代化研究，2013，34（2）：194～197。

3. 孙慧、洪海洋、王鹤兴、陈琳、王彻，第三届国际园林景观规划设计大赛，艾景奖银奖，获奖作品“北大荒旱作农业科技园区概念规划”，指导教师王崑，作品类别园区景观设计，2013.10.18. 证书号，ILIA—S—20131265（中国建设报社，国际园林景观规划设计行业协会）。

4. 孙慧、洪海洋、王鹤兴、陈琳、王彻、卓美行、石彦君、苏晓芸、王小雨《北大荒旱作农业科技园概念规划》在由黑龙江住房和城乡建设厅主办的黑龙江省本土传承园林设计竞赛活动中获得优秀奖，2013，7.15。

5. 创意农业与农业园区景观的互动研究，黑龙江省研究生创新科研项目，项目编号YJSCX2012—012HLJ，项目负责人王崑，项目申请人：孙慧。已完成。

6. 孙慧作品“休闲农业园区景观可持续规划设计研究”，荣获2014“园冶杯”风景园林大学生国际竞赛规划设计论文类三等奖，指导教师：王崑。

扫一扫看彩图

一、创意农业与景观设计的融合

北大荒旱作农业科技园区概念规划最大的特色在于，将创意农业与景观设计进行了融合，创意农业景观在园中随处可见。

（一）创意农业景观概念

是指借用创意产业的理念和思维，以农业资源为基础、以科学技术为支撑、以景观营造为手段、以市场开发为导向，对农业生产经营的过程进行创意整合，构建农村创意的生产、生活方式，实现农业增产、农民增收及农村繁荣的新型农业业态。通过挖掘创意农业的自然人文要素、历史文化要素、产业资源要素和区域环境要素，运用创新创意、科学技术等手段配合景观设计手法所构成的审美综合体，即为创意农业景观。

（二）创意农业景观类型

本项目主要涉及四种类型的创意农业景观，即生产创意景观、产品创意景观、园林创意景观以及文化创意景观。不同类型的创意农业景观其表达方式也不尽相同。

1. 生产创意景观：主要在生产过程以及种植方式上进行创意表达。

（1）生产过程创意："田"是农业的景观符号，利用田地的外在表现形式进行创意可以构造农业旅游新景观，如中国宋代时期开辟的皇家八卦田，平面形状为正八边形，其上种植不同颜色的农作物勾勒出道教中的阴阳鱼图案；在英美等国家的农场里，农场主请艺术家在麦田里设计一些规则的连环集合图案，被称之为"麦田怪圈"；一些地区，将农作物种植成"迷宫"的形式，在不影响生产的前提下，产生和谐的美感，增加景观的趣味性。

（2）种植方式创意：利用光、声、温、水等资源整合科技，改变传统种植方式，打造神奇的作物景观。如利用"声波助长仪"激发农产品的潜在价值，使番茄、草莓等产量大幅度增加；空中结红薯的"树式栽培技术"，让种植景观立体化；"无土雾化技术"栽培的蔬菜根悬在空中，令农业生产景观神秘化；利用生物技术改变农作物的性状、周期，培养出嫁接植物的奇特景观。

2. 产品创意景观：主要在产品的物理特性及功能作用上进行创意表达。

（1）物理特性创意：产品的视觉形象是塑造景观的前提，色彩则是最为直观的感受。通过对产品的色彩进行创意，打破常规，以满足人们的视觉要求和猎奇心理。如培育种植彩色玉米，不仅颜色上赏心悦目，同时令游人好奇竞相购买；"缤纷年华"小南瓜、茄子和西葫芦以其色彩斑斓而深受消费者喜爱，有效地提升了产品价值。利用现代工艺及技术手段对传统农产品的形态进行创意，为其赋予更为新奇的景观感知力。如新技术培育下的迷你黄瓜、迷你番茄或巨型南瓜、方形西瓜等，成为消费热点的同时形成农业奇观。

（2）功能作用创意：通过创意的概念增加产品的文化含量、科技含量，保证创意农业市场充分开发。如刻字瓜果，利用物理手段刻上字画，产品成熟后成为一体；在情人节、母亲节这种特殊的节日里，开发的情人草莓，亲子西瓜等产品，使其意义和价值倍增。应用全新的思路和途径，延长产品附加值链条，带来农产品用途的革新，最常见的方法就是将农产品变成工艺品。如通常用来食用的豆类，更新升级用来制作成小饰品——手链、项链、门帘等。

3. 园林创意景观：主要分为硬质景观创意和软质景观创意两种方式。

（1）硬质景观创意：包括地形设计、建筑设计、小品设计、园路设计。

地形设计：尽管农业区域内具有原始的自然地形地貌，然而通过分析研究地域的景观美学特征并将其加以艺术化处理，可以创造出奇特的地形景观。地形景观可以分割空间、控制视线，其自身又具有美学功能，所以可以在园区内巧妙地利用微地形创造起伏，打造曲径通幽的空间，也可以利用方格网构图控制游人视线。

建筑设计：温室是农业园区特殊的建筑，它不仅用于农产品的四季供应，也是一件反映钢结构的艺术品。打造建筑景观，既对其外形以及内部空间进行创意设计。

小品设计：园林小品这种点状景观，随着观景的多次出现逐渐强化园区，使景观具有“可识别性”。通过景观的层层加载，还原本土的文化气质并加深园区的主题形象。如模拟固有的植物、动物形象打造园林小品——树桩座椅、蘑菇状的休息亭、动物雕塑等。

园路设计：我国古代建园就很注重铺地，将其组合成各种吉祥的图案赋予寓意。同样，农业园区的铺地应尽量打造个性又不失本真，需在材料的色彩、肌理上进行梳理，如经过概括、提炼将景观抽象成为造型语言。

（2）软质景观创意：软质景观包括植物和水体景观。园区内多层次的植物体系可以构造丰富的园林景观，而植物本身也是一件可塑的园林艺术品，如可将耐修剪的植物品种塑造成趣味雕塑等。农田水利是农业水景的独特景观，因此可融合农田水利功能对景观进行创意，形成取水枢纽景观、灌溉景观、雨水集蓄景观、井灌井排景观、田间排水景观、排水沟道景观、水工建筑景观等。

4. 文化创意景观：主要从历史景观创意、民俗景观创意以及主题景观创意三个方面进行创意表达。

（1）历史景观创意：景观设计强调场所精神，结合地域挖掘历史，合理地进行景观创意可以承继历史、面对未来，如华西村塑造一系列景观展示其古老的农业历史文化变迁，通过一个个历史序列将景观串联，达到历史回顾的目的。同样，以历史故事原型进行景观创意可以吸引特定的市场群体，在北大荒旱作农业科技园区的概念规划设计中利用黑土地北大荒的垦荒历史唤起知青的回忆，修复和再现当时的景观让知青缅怀过去、展望明天，激励人们继承发扬优秀文化，将旅游意义全面升华。

（2）民俗景观创意：将地方民俗移植到现代景观中，可摆脱城市杂乱的文化景观，给人以超越物质的精神感受。如开展民族体育、举办民族婚礼、跳民族歌舞、参与民族节庆、普及民间艺术等，使游客体验民俗景观的同时产生保护农业文化景观的意识。

（3）主题景观创意：崇尚个性化、多样化的旅游日益成为旅游市场的走向，这就要求每个农业园区根据调查，确定市场定位，在景观营造上采取差异化战略，树立主题景观形象，以延长农业的生命周期。如“紫岸香堤艺术庄园”运用地理纬度同根原理，打造“长城脚下的普罗旺斯”，大面积种植薰衣草，创造出极具异国风情的创意农业。

二、规划背景及依据

（一）规划背景

本规划是在原八五二农场农业科研站基础上规划的，该站初建于 2004 年底，现有

500m^{2}的科研楼一座，配备了国内一流的土壤检测设备，承担着农场727km^{2}耕地的土壤化验工作；另配套固定耕地93hm^2。

科研站现有484拖拉机、麦类作物小区播种机、零速投种器、覆膜播种机、通用播种机、收获机以及喷灌、滴灌等20余台（套）机械设备。内部特色作物园区（科技生态园），包括果园、葡萄园、采摘园、特色长廊、10栋葡萄采摘大棚。绿化树木5种，总计1200株，观赏花卉8种，总计10000株，特色瓜果30种，特色蔬菜10种。科研站每年都吸引前来参观学习的广大种植户2000人次以上，充分发挥了科研站的作用。截止到2011年，农业科研站累计投入建设资金总额600多万元，逐步配套完善了科研站各项基础建设。

2011年科研站承担省级以上试验课题14项，包括：国家现代农业玉米产业技术体系研究项目、三江平原区机械化秸秆还田循环利用技术集成研究与示范项目、玉米、大豆“3414”肥料效应田间试验、玉米肥料利用率验证试验等。同时通过校企共建活动的开展，承担科研单位、大专院校试验课题8项。

但原址的展示、示范效果一般，缺少特色，所以拟建立此园区，以期完善不足。

（二）规划依据

1. 国家相关法律、法规及规划设计规范。

2.《农业科技发展纲要》（2001—2010），国务院2001（12）号。

三、基本概况

（一）自然概况

1. 农场自然概况

八五二农场位于黑龙江省东部，地理坐标为东经132° 18′ ~ 132° 54′，北纬46° 06′ 30″ ~ 46° 37′ 30″，地处完达山麓、挠力河中游、三江平原上的宝清县以东地区。属黑龙江省农垦总局红兴隆分局管辖。农场地域南北长57km，东西宽46km，土地总面积1363.14km^2。

农场地势南高北低，平均海拔50 ~ 100m，地貌类型多样，分为山区、丘陵漫岗、平原、洼地等四种类型。由山区经过丘陵地带过渡到平原、低平原地区。土地平坦、宽阔，宜于大面积机械化生产。境内有5条河流，分别为挠力河、蛤蟆通河、大索伦河、小索伦河和小森别河。这些河流都发源于完达山脉。

农场地处中高纬度地区，属温带半湿润大陆性季风气候，四季分明。年日照时数为2233.8h，从3月到7月底，日照时数均在200h以上，对农业生产有利。年平均气温2.6℃，年际间活动范围在0.6 ~ 3.9℃之间。≥ 10℃积温年平均2425.2℃，年际间活动范围在2070 ~ 2882.9℃。全场无霜期129天，活动范围在90 ~ 151天之间。全场地区年降水量 548.7mm，降水期集中在 6 ~ 8 月，占全年降水量的 60%。年际间降水分布不均，农作物生长期降水量分布不均，造成农场地区旱涝等自然灾害发生频繁。

野生动植物资源较为丰富。

2. 项目区自然概况

项目区规划建于八五二农场第四管理区第五作业站东南（图 2-1）。地理位置是东经 132° 37′ 42″，北纬 46° 14′ 05″，地形狭长，南北宽约 630m，东西长约 2300m。占地面积 93.3 hm^2。地势东北高，西南低，高差约 30m。土壤类型为岗地白浆土。

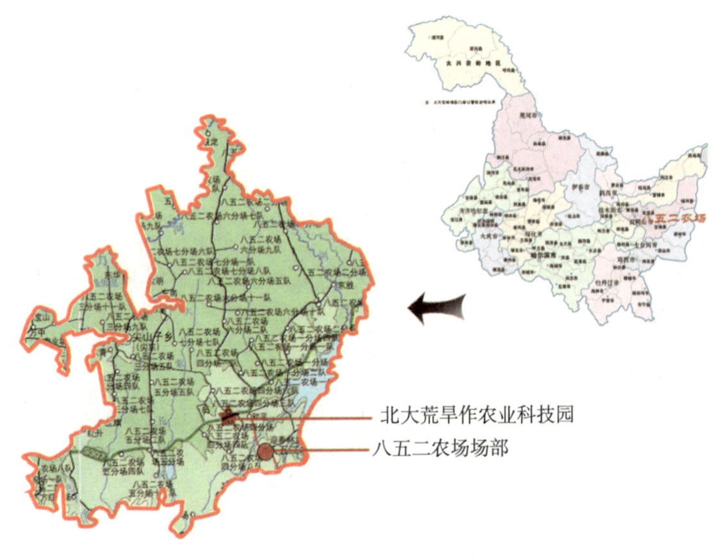

图 2-1　区位分析图

（二）社会经济概况

农场场部设在南横林子镇，辖 7 个农业分场，1 个农业开发区及多个工业单位和驻场机构。2007 年全场人口 40692 人，其中汉族占 97%。农场以农业为主，现有耕地 800km^2，主要栽种作物为大豆、小麦、玉米等品种。多年来，财政收支平衡，人民生活稳定。

公路（省道依饶公路）铁路（迎春站）均可达农场，交通便利。

（三）项目区建设的有利条件和不利因素

1. 有利条件

①农场建场时间早，面积大，北大荒企业文化特色鲜明。②大农田景观、大机械作业，气势恢宏。③交通便利。④建设资金有保障。

2. 不利因素

①冬季景观单调；②旱作农业高科技展示与景观结合的难度大；③社会效益和生态效益明显，但短期内经济效益可能不显著。

四、规划设计总体思路

（一）规划指导思想

树立“科学技术是第一生产力”、“科技兴农”的战略思想，充分利用当地大农业的资源潜力和景观优势，以市场需求为导向，以高新技术和先进适用技术为支柱，以资源永续利用和生态环境保护为前提，增加旱作农业科技含量和示范推广作用，促进农业产业化持续稳定地发展。通过项目的开发，把园区建设成具备多功能并有良好综合效益的现代旱作农业新型园区（图 2-2、图 2-3）。

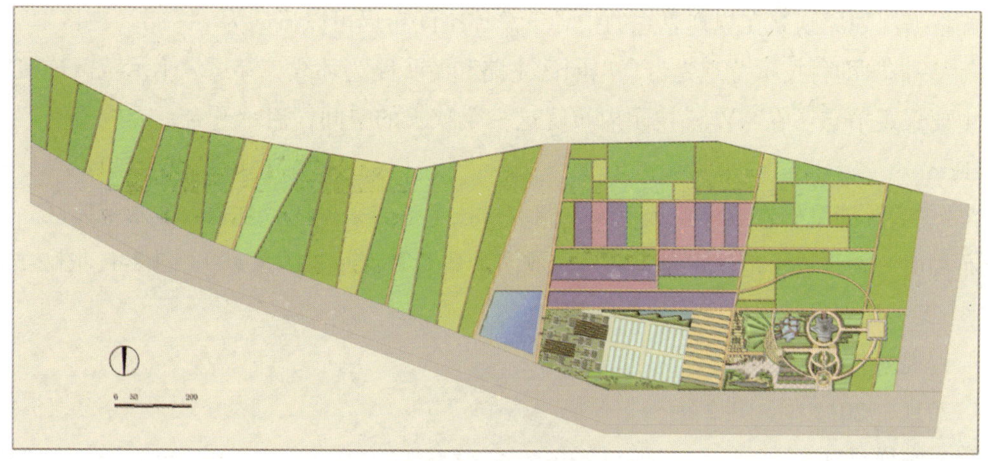

图 2-2　总平面图

图 2-3　鸟瞰图

（二）目标定位

本规划布局立足于八五二农场旱作农业生产特点，结合精准农业技术、创意农业景观以及北大荒企业文化，突出展示旱作科技园区的高科技与大农业景观特色。将园区打造成国内领先、黑龙江省独具特色的，集科研、试验、高科技展示、示范、培训、科普教育及旅游观光于一体的现代化大农业旱作科技园区。

（三）规划设计原则

①低碳环保原则；②高科技原则；③创意性原则；④参与性原则；⑤突出特色文化的原则；⑥示范性原则；⑦景观多样性原则；⑧生产结合观光度假的原则。

（四）规划设计思路

北大荒旱作农业科技示范园区的设计灵感来源于北大荒“垦田—种田—富田”的历史过程，将北大荒艰苦奋斗的自强精神、深邃丰富的历史渊源以及日新月异的现代科技作为设计理念的构成要素。

根据规划原则，在规划思想的指导下总体空间布局可以概括为“一带、三区”。

“一带”即科技示范观光带，以园区主路和游步路为环线，穿过三个示范区连接园内主要景观节点。在旱作科技园内布置这一个狭长的空间，启承开合，委婉流动，长近 1km。

“三区”即旱作农业科技示范区、棚室科技示范与采摘区、创意农业示范园区。以上布局由一条科技示范观光路串联，形成多个景观节点（景区景点）（图 2-4、图 2-5）。

（五）规划设计目标

1. 规划时期

2011 ~ 2012 年，共 2 年。

2. 发展目标

通过 2 年的全方位开发建设，在充分发挥现代化农场大农业技术优势的前提下，以国家、省、市大专院校和科研单位为科技依托，省、市有关部门在政策上给予支持，把园区建设成旱作农业科研成果示范、科普教育培训、休闲观光和生产、加工及销售为一体的，设施配套、环境优美、机制灵活、管理先进、效益显著的综合性的新型现代化高科技旱作农业园区。并对该地区及周边地域乃至国内同类型区具有示范、辐射和引导作用。

为实现上述目标，在开发时期上，可安排两个阶段进行：

第一阶段：2011 ~ 2012 年，全面开发建设阶段；

第二阶段：2013 ~ 2015 年，各项功能完善成熟阶段，并产生良好的综合效益。

五、功能分区与主要景区节点设计

（一）旱作农业科技示范区

1. 位置范围

分布于园区的东部和南部。这样设的目的主要是根据现状出发，同时考虑特色广阔的大田风光，占地面积约 $76hm^2$。

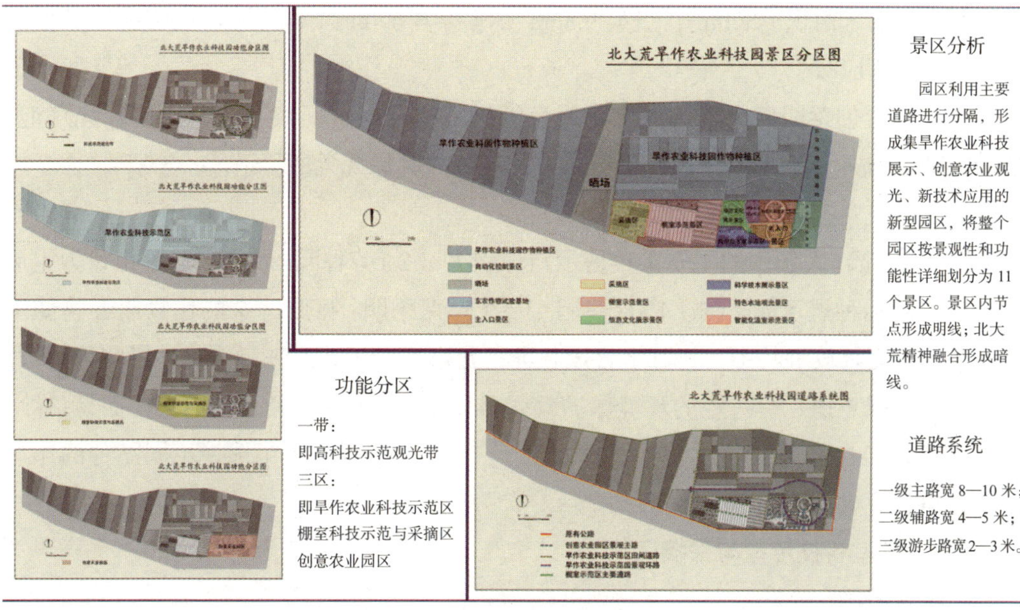

图 2-4　功能分区图

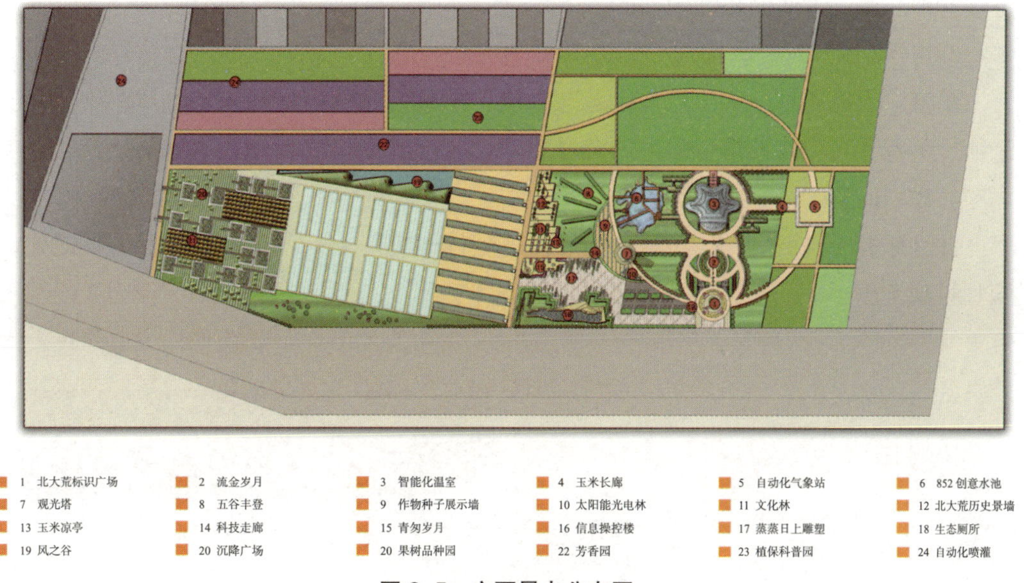

图 2-5　主要景点分布图

2. 主要功能

旱作农业生产的高科技展示、示范、观光、科研、大专院校学生的生产实习等。

3. 规划内容

全面展示八五二农场旱作的粮食作物、经济作物和饲料作物，并以玉米、大豆、马铃薯、冬小麦等为主，进行新品种展示、筛选、示范及栽培技术、轮作技术、灌溉技术等的示范；

其中，玉米面积 12.7hm^2，豆类 9.3hm^2，马铃薯 6.7hm^2，麦类作物 10hm^2。其他品种种植面积相应减少。

此区靠近创意园区，采用先进的绿色灌溉系统及雨水回收系统，通过荧光灯泡、LED 灯管及高压蒸汽灯的使用，可有效节约能源并确保视觉的舒适度。

4. 主要设置参观项目或景点

（1）杂草园（大田中的主要杂草展示与识别）。（2）芳香园（以薰衣草等植物为主）。（3）作物新品种展示园。（4）向日葵园。（5）环保乐园：将此区中的作物废弃物如玉米秆、向日葵秆放置其中，将其组合成谷堆，儿童可以在其上进行迷宫、攀爬等游戏，并增强其环保意识，有一定的环境保护教育意义。（6）农事 DIY：在田里设简易炉灶，游人可以体会自己烤玉米、煮毛豆的乐趣。（7）作物乐园：每年选择不同品种的作物进行种植，形成不同图案的迷宫形式。

（二）棚室科技示范与采摘区

1. 位置范围

在规划用地的东北部，创意示范园区的东侧形成此区，因科研站的办公楼位于此区，方便管理。此区占地面积约 8.7hm^2。

2. 主要功能

温室、大棚的瓜、菜生产、示范与采摘；寒地特色果树的品种展示、加工、观光、采摘、示范、大专院校学生的生产实习等。

3. 规划内容

此区原有 10 栋葡萄大棚及露地果树。规划新建棚室区，更新果树品种，同时建设园林景观（图 2-6）。

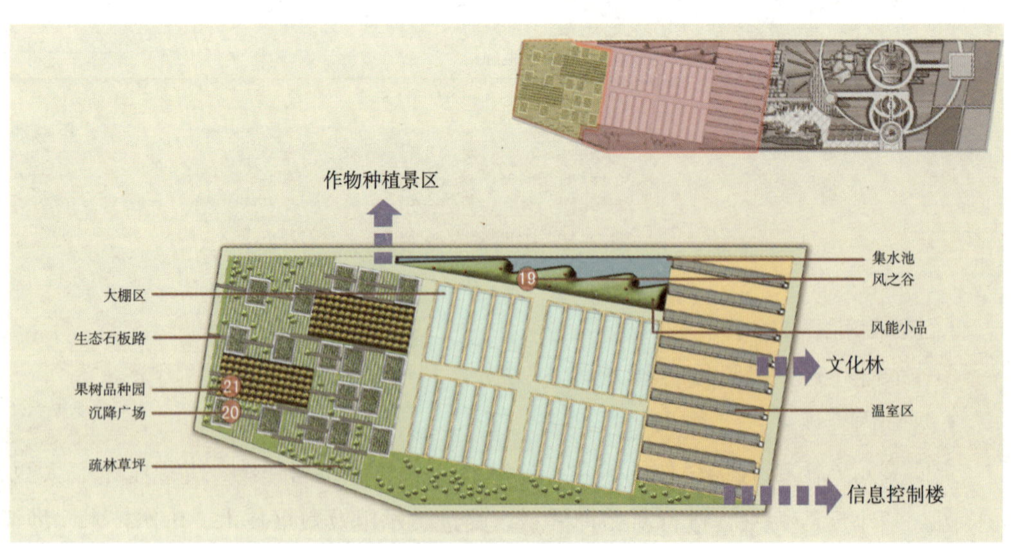

图 2-6　棚室科技示范与采摘区平面布置图

新建棚室区包括温室 9 栋、塑料大棚 12 栋。温室采用新型节能日光温室，建设 9 栋（每栋长度 80m，跨度 8m，每栋占地 640m^2），东西走向，坐北朝南略偏西 1° ~ 5°（指正南偏西 1° ~ 5°）。大棚为无立柱钢骨架塑料大棚，建设 12 栋（每栋长度 60m，跨度 10m，每栋占地 600m^2），其走向根据地块进行设置，其余为道路等。

其中西甜瓜（如礼品西瓜、薄皮甜瓜、厚皮甜瓜）种植温室 2 栋，大棚 2 栋；绿色蔬菜（如茄果类中的大果型番茄、樱桃番茄、彩椒、彩茄等；瓜类中的水果黄瓜、苦瓜、丝瓜、蛇瓜等；豆类中的油豆角、荷兰豆、豇豆角等；叶菜类中的空心菜、木耳菜、紫背天葵、苦苣、紫裙生菜、养心菜等）种植温室 5 栋，大棚 6 栋；特色果品（如葡萄、大樱桃）种植温室 2 栋，大棚 4 栋。利用日光节能温室可以做到蔬菜的周年生产，利用塑料大棚可以使作物提前生产或延后生产。此区可进行西甜瓜采摘、绿色蔬菜采摘、特色果品采摘活动。

主要设置参观项目或景点

（1）温室、大棚的瓜、菜品种、技术示范与采摘

（2）露地特色瓜菜的品种示范与采摘

以上两个项目，形成瓜菜认知园。

（3）温室、大棚建造新技术的展示

如太阳能、风能的利用，新型保温材料的展示等。

（4）露地果树品种的展示与采摘

建设浆果品种展示基地和浆果产品经销基地。

丰富原采摘园的种类：主要种植树莓、黑加仑、蓝靛果、蓝莓、梨、杏、樱桃、李子、苹果、草莓等，春观花、夏秋摘果。同时建设相应的休息设施，在两个连续观光大型展示型瓜廊之间，设计下沉的条形植物种植池，将作物示范概念化。将现有的科研站办公楼改造为果品加工厂，生产特色的浆果果汁、果酒、果酱等。其内有由浆果酿制的果酒车间，以及酒吧，还有其他辅助餐饮，供游客品食。游客可用采摘的浆果酿果酒、做果汁、果酱，体会 DIY 的乐趣。此区绿化大量种植既可观赏、又可食用的植物如石刁柏、黄秋葵等。

（三）创意农业示范园区

1. 位置范围

此区位于整个园区的西南部。是创意农业科技化的主要示范区，占地面积约 8.7hm^2。其周边为旱作农业示范园和棚室科技示范与采摘区，处于地势较低且平缓的地带。

2. 主要功能

作为旱作农业科技的展示、创意农业的观光、新技术的应用的主要示范区，创意农业示范园区设有 5 个景区，18 个景点及若干的创意小品设施。

3. 规划构想

此次旱作农业科技示范园区采用了多种手段来实现低碳环保。利用风力发电，秸秆发电，太阳能发电等来节省能源的消耗，达到园区内电力的自给自足：将秸秆气化、利用沼气、废弃物做试材等净化生活、生产垃圾，减少废弃物对环境的污染；利用透水砖、储水罐、生态草沟、雨水花园等收集雨水并汇聚到生态湿地里进行净化利用。

结合北大荒精神及创意农业的设计特色，同时为展示旱作科技自动化的时代进程，规划在此建设信息楼、智能化温室、自动化控制室、大田眺望塔等主体建筑。既满足园内功能性观赏又具有大田操控的示范效应；同时园区设知青忆林、流金岁月等景点深化了北大荒农民的精神及知青、军垦文化；园内各个景点以低碳环保，特色创意，农事体验及科技创新为主，展示北方独有的大农业景观。

4. 规划内容

包括主入口景区、自动化示范景区、特色水池观光景区、科学技术展示景区和信息文化展示景区等五个景区。

主入口景区设有北大荒入口标识广场、流金岁月等景点（图 2-7、图 2-8）。智能化温室景区设有玉米长廊、智能化温室等景点。特色水池观光景区设有八五二创意水池等景点（图 2-9）。科学技术景区设有信息操控楼、北大荒标识雕塑等景点（图 2-10）。信息文化展示景区设有五谷丰登、作物种子展示墙、观光塔、科技走廊、青匆岁月、太阳能光电林、玉米凉亭、文化林、北大荒历史景墙等景点（图 2-11）。

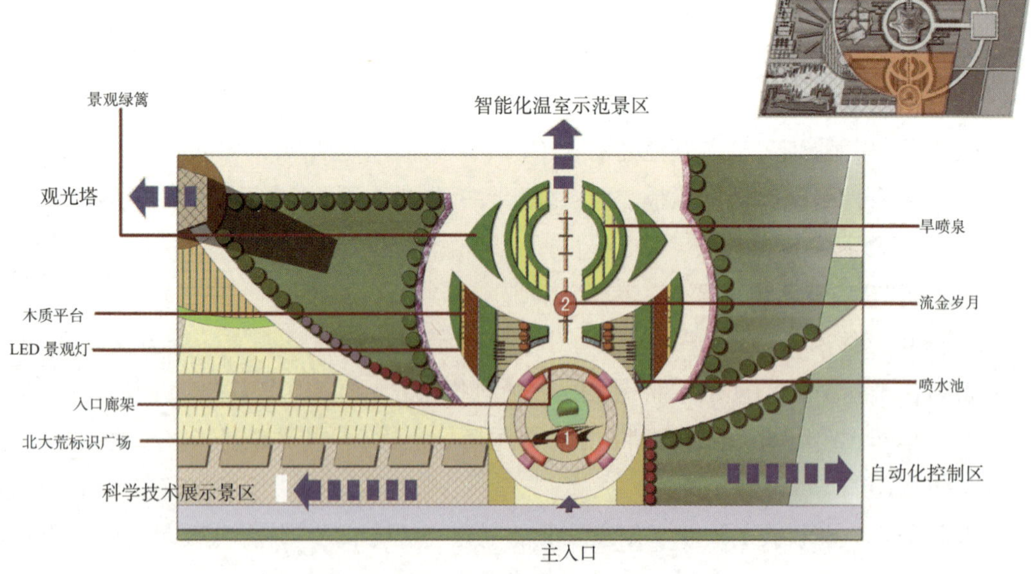

图 2-7　主入口景区平面布置图

主入口景区平面形似人的“指纹”，寓意科技使人类通过手指即可操控农业生产。同时入口运用框景手法以廊架为依托，深化了园区主路。

图 2-8　主入口景区鸟瞰图

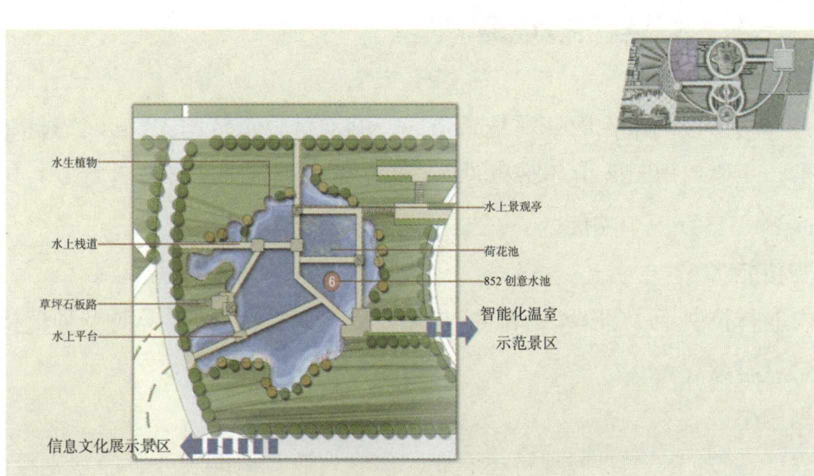

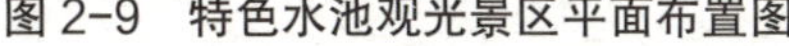
图 2-9　特色水池观光景区平面布置图

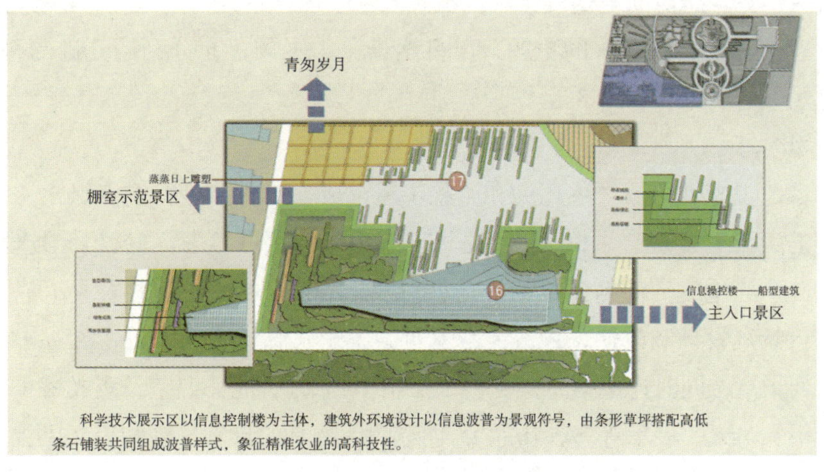

图 2-10　科学技术展示景区平面布置图

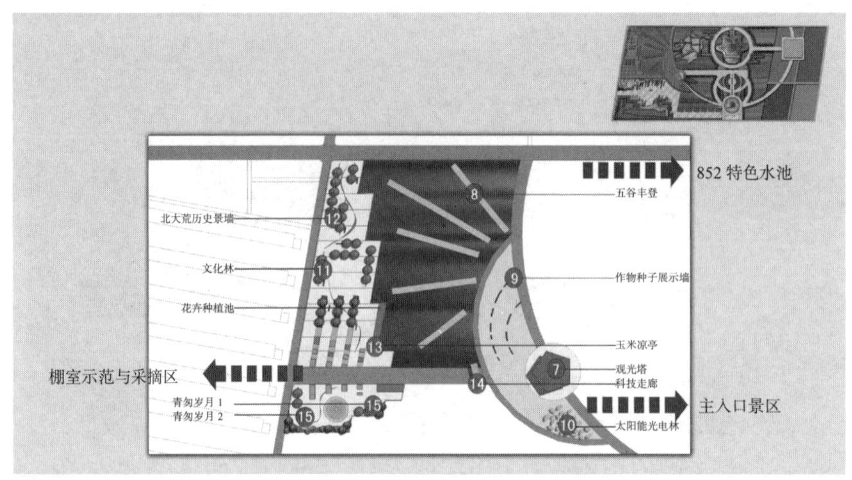

图 2-11　信息文化展示区平面布置图

（四）科技示范观光带（旅游线路）

1. 位置范围

此带是连接园区内旱作农业科技示范区、棚室科技示范与采摘区、创意农业示范园区的纽带。主要利用园区主环路和游步路来形成。园区内主环路，宽 8 ~ 10m；游步路，宽 2 ~ 3m，贯穿三个功能区。

2. 主要功能

旱作农业科技展示、大田风光观赏、棚室及露地名特优果、菜品种及种植技术示范、创意农业景点游览等。

3. 规划构想

旱作农业科技园区主要展现科技农业、创意农业、精准农业，而观光线的设计正是用到科技中“波”的形式，通过波峰波谷的曲折变化，搭配景点的形形色色，给人耳目一新的感觉。总体的规划以拓展传统天人合一理念，让自然做功，挖掘地方特色，展现“生态、科技、农业”的主题，以自然景色为主调，充分利用先进的科技手段，打造新时代下的创意农业园区。

4. 规划内容

科技示范观光带由园区主环路和游憩步道组成。对主路进行重点绿化，绿化材料采用观赏的蔬菜类及观赏果树；对主路材质应用进行重点考虑，材料采用透水性能较好的透水砖、当地废弃砖料制成的铺地材料及生态嵌草砖；对创意农业示范园区内重要节点进行景观设计和改造，形成流金岁月、玉米长廊、青匆岁月、五谷丰登、文化林等一系列景点，同时连接信息操控楼（控制中心）、智能化温室及观光塔（具有收发信息、眺望、防火、展示等多种功能），创造园区特有的自然景观和人文风貌，把园区主环路打造成贯穿全园的景观廊道。

（五）主要节点设计说明

1. 信息操控楼

建筑面积 3000m^2，现代风格，4 层。楼体外观造型源自轮船形体，寓意科技之舟在沃野中航行。信息操控楼内设精准信息中心、测土配方实验室、组培室及浆果加工中试车间等。其中，精准农业信息中心包括大屏幕展示厅、图像采集分析实验室、农作物数据分析实验室及软件平台建设实验室等，从而实现园区可视系统的管理与维护、园区及辐射区的农情信息自动化采集与分析、通过 3G 网络异地监控指挥系统、园区温室大棚自动化管理、园区试验田自动化灌溉系统、室内外气象自动监测、精确农业变量施肥决策系统及土壤样品自动化采集系统。园区自动化管理系统具有展示国内领先技术功能，对大面积农业生产具有指导和辐射作用，真正达到坐在家里管理田间的现代农业生产水平，并使远程、异地指挥生产成为现实。浆果加工中试车间可进行果汁、果酱等的加工及生产试验。组培实验室可为智能温室及棚室区提供特色苗木。

2. 观光塔

塔高 30 ~ 35m，建议采用钢骨架，搭配钢化玻璃和供电梯使用的太阳能发电系统。为建成享誉全国的大田观光项目，此次旱作农业科技园区的设计力求创新、科学环保、独树一帜，所以观光塔的建设形成全园的视觉中心，并成为旱作农业科技园区的地标建筑。塔高 6 层，并于每 3 层设一观光平台，平台为三角形，这一尖锐的几何形状寓意旱作农业科技园区争创顶尖的进取精神，塔顶采用彩色玻璃的材质，在阳光的映射下给人色彩斑斓的光影感觉，寓意园区内多种作物生机勃勃。每层塔也集中展示园内的作物、高科技农业作业手段、先进的农机模型及新材料新技术的应用，搭配立体的种植池，示范架等设施，使人仿佛翱翔在立体农业的天空里。

主要功能：GPS 定位系统，观光，防火，北大荒历史、精神、文化的展示等。

3. 智能温室

智能温室占地 3000m^2，关于其外形有两个方案。方案 1 设计成连栋温室，造价比较低；方案 2 设计成玉米粒造型。选用玉米粒造型的构想源于八五二农场 70% 的耕地种植玉米。智能化温室周围以草原樱桃为基调树种，对温室新奇独特的外观可起到更好地烘托作用（图 2-12）。花卉种植池周围铺装采用大豆状的卵石，体现旱作农业主题。

温室形似一座美丽的水晶宫，坐落在创意农业示范区的主要景观轴上。平面构成原型为五颗玉米粒的辐射排列，寓意八五二精准农业的科学技术将对周围地区的农业产生强大的辐射作用。

其内展区包括高新技术展示区、观赏蔬菜展示区、名优新品种蔬菜展示区及餐饮区四个区。高新技术展示区占地面积 1000m^2，展示的主体技术：无土栽培技术、优

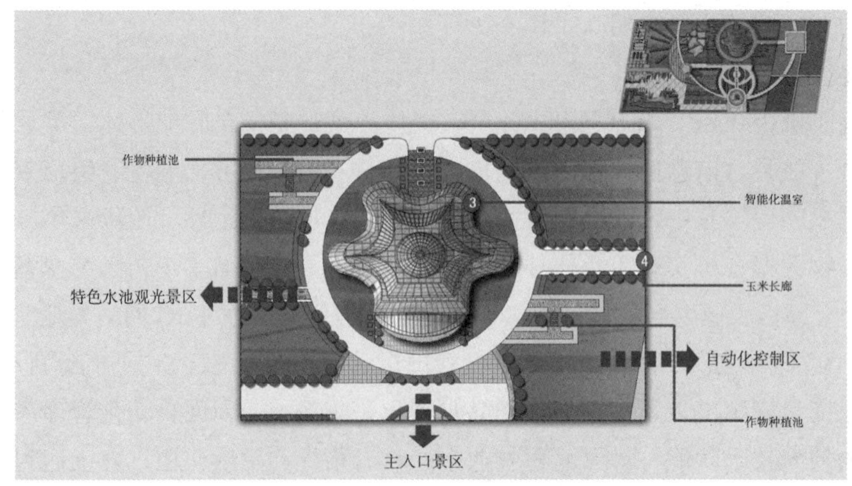

图 2-12　智能温室示范景区平面布置图

质高效育苗技术、病虫害综合防治技术、节水灌溉技术等。观赏蔬菜展示区占地面积800m²，主要对有观赏价值的蔬菜（如彩椒、观赏茄、番茄、羽衣甘蓝、观赏瓜等）进行展示。包括对番茄树、茄子树、辣椒树等多种蔬菜进行不同形式的树体造型；利用有色彩的叶菜类进行园区标识、节假日标识等；利用特色蔬菜进行各种造型等，从而提高园区的观赏性。名优新蔬菜品种展示区占地面积800m²，包括对国内外的名优特新品种的展示。生态餐厅占地面积400m²，单独分区，可以品尝园区生产的特色有机蔬菜。

4. 自动化控制气象站

占地面积约1600m²，主要功能为对自动化控制区的现代农业种植展示（滴灌、自动给肥、水分监测、生长监测、肥料跟踪、植保监测）进行监测。

5. 玉米长廊

是智能化温室与自动化气象站连接的走廊，造型和色彩取自玉米，抽象成彩钢骨架的形状，视觉效果新颖独特。

6. 北大荒标识广场（前文图 2-8）

入口处中心铺地以北大荒集团的标识为图样，具有极好的宣传作用和视觉冲击力。同时，在铺装的中心位置设置大型景石，上题红色“北大荒旱作农业科技园”，醒目大气，宏伟壮观。

7. 流金岁月（精准农业）

主入口景区平面形似人的“指纹”，寓意科技使人类通过手指即可操控农业生产。同时入口运用框景手法以廊架为依托，深化了园区主路。主路以一系列旱作农业科技宣传栏形成流金岁月景点，既形成一开敞的视觉通廊，又强调智能化温室这一主景，感受军垦文化及随着时间演变八五二农场进步的历程。

8. 852 创意水池

852 创意水池形状采用八五二农场地图的轮廓，栈桥的设置为八五二农场公路的变形，在栈桥上设置八个节点，象征八个管理区。同时栈道内部空间形成荷花池，搭配特色水生植物增加了水池的灵性。水池上的栈桥曲折变换，高低错落，步移景异——八种不同水生植物种植在“八个管理区”的附近，解说着八个管理区的不同特色。

9. 五谷丰登

大田景观是大地的艺术，大地艺术也是大田景观要展示的一部分。五谷丰登，是用麦浪的形式来做观光塔视觉的延伸，修剪成波的形式，寓意大田风光的连绵不断。同时平面布置为辐射状寓意遥感背景下的精准农业。

10. 作物种子展示墙

采用圆弧形，高 2m，设计为水族箱的形式，可将园区种植的作物种子放置其中，搭配图片及文字说明，起到示范教育的功能。

11. 科技走廊

科技走廊位于从观光塔到文化林的路口处，材质为极具现代气息的钢化玻璃，立体造型采用画卷形式，将科技与文化有机结合。

12. 太阳能光电林

此景点位于信息技术景区，观光塔的底部广场上，形式、材料类似。以树为抽象意向，将太阳能光伏板设计成树叶，好似光合作用滋养植物，方便园内车等用电设备利用太阳能光伏板制造的电来充电，既满足景观的创新性，又满足园区供电的需求。

13. 文化林

文化林主要展现北大荒精神积淀下的文化——军垦文化、南泥湾文化、知青文化。文化林大量种植白桦，配以绣线菊等植物修剪的键盘状绿篱，寓意科技发展下的八五二农场进步史。文化林一角设置玉米凉亭，形体构成采用玉米种子立面造型的组合，新颖美观，同时满足人们的休憩需要。

14. 北大荒历史景墙

此区通过六处景墙分别展示农场的六段历史，向人们诉说着八五二从铁道兵开荒、转业兵到来、知青下乡、山东移民等一系列的历史故事。

15. 青葱岁月

小品以秸秆等为建造材料，在环保与独特的同时唤起人们回忆匆匆流逝的青春年华。该小品采用草垛堆叠，此为北大荒垦荒时期常见的一种农业景观，触景生情，回忆往昔的青葱岁月。

16. 生态厕所

厕所外部利用当地废弃的石材编织成石笼的形式做挡墙，主要墙体采用秸秆复合墙这一新环保材料。同时采用前沿的“泡沫冲洗”技术，生态低碳。

六、旅游服务设施规划

（一）服务设施规划

1. 特色标识系统

统一风格化的特色标识系统与道路系统相互配合贯穿全园，其风格化的设计通过主要景观元素的层层加载与提炼，还原黑土地北大荒的文化气质，形成园区标志性特色，以期加深园区的主题形象。

2. 游客服务中心

在入口处设置游客服务中心。游客服务中心内设咨询台、投诉台、导游服务站、医务室、休息大厅、自行车租赁站等。游客服务中心主要提供游客集散、信息咨询、医疗救护、导游服务、餐饮接待、休闲娱乐等各种综合性服务。

3. 生态停车场

在入口处设置两处停车场，一处为私家车停车场，用于自驾游的游客停放车辆；另一处为巴士停车场，供集体出游的学校、单位和旅游团使用。生态停车场绿化主要利用原有防护林，实施四周树木花草美化，采用带有各种形状空隙的嵌草砖铺设地面，与周围环境融为一体。

（二）餐饮

将原有科研站办公楼改造为果品加工厂，生产特色的浆果果汁、果酒、果酱等。其内有由浆果酿制的果酒车间、酒吧以及其他辅助餐饮供游客品食。游客还可将采摘果蔬进行加工，体验别样的乐趣。

（三）娱乐

①科普教育。②技术示范。③作物识别。④蔬果采摘。⑤农事体验。⑥果品 DIY(果酒、果汁、果酱等)。⑦科技观光。

（四）购物

开发北大荒旱作农业科技园区标识性纪念品、进行特色农产品销售。

建议在游客服务中心以及餐饮服务区设立综合产品超市，销售食品、纪念品和旅游所需商品等。

七、投资估算

项目总投资为 8000 万元。

案例 2 平安镇民族现代农业综合示范园区规划

项目特色：高科技展示、示范水稻、朝鲜民族风情与稻田景观的结合

规划时间：2015

团队成员：王崑、赵广宇、幺迪、张新妍、苏晓芸、杨婧、金正勋等

相关成果：1. 以农田水利工程为主导的乡村景观空间营造研究，杨婧，2017，东北农业大学硕士论文。

2. 农业主题旅游资源在农业主题休闲园区内的应用研究，陈琳、宋炳良、曲菲、王崑（通讯作者），北方园艺，2015，13：201 ~ 206。

扫一扫看彩图

一、基本概况

项目所在地庆安县平安镇 2014 年被评选为“全国重点镇”。园区北邻安邦河渠支渠，南邻大片稻田，周边毗邻多个村屯。沿安邦河渠的干渠和斗渠道路可到达项目区，占地面积 1000hm^2。

项目区属中温带大陆性气候，春季风大干旱，夏季高温多雨，秋季降温快，易早霜，冬季寒冷，多年平均气温为 1.7℃，最高气温为 36.7℃，平均年有效积温为 2518℃，平均日照时数为 2577h。无霜期平均为 128d，最长 150d，最短为 114d。多年平均水面蒸发量 664.5mm。多年平均降雨量为 585mm，降雨多集中在 6 ~ 8 月份，约占全年总降雨量的 68.1%。平均风速为 14.4m/s，最大风速为 24m/s，大于五级风日数为 122d，多年平均大风日 17d，其中最多年份为 35d，最少年份为 7d，春秋季风力最大，占全年风日的 70%。

二、规划设计总体思路

（一）规划原则

本项目依据高科技原则、因地制宜原则、突出生态原则、统一规划原则、有利实施原则、绿色生态有机农业协调发展原则、突出特色文化原则及生产结合观光原则，指导园区总体规划。

（二）功能定位

庆安县两大平原综合配套改革重点项目核心区建设规划，即平安镇民族现代农业综合示范园区建设，立足于现有农业生产条件，全力打造高效、生态高标准水田，结合精准农业技术和现代化育秧生产设备，突出展示水稻生产的新技术与大农业景观特

色。将核心区打造成国内领先、黑龙江省独具特色的，集科研、试验、高科技展示、示范、培训、科普教育及旅游观光于一体的现代化、信息化水稻科技示范园区。

（三）规划时期及目标

1. 规划时期

2014 年 10 月 ~ 2015 年 11 月，共 1 年。

2. 规划目标

通过 1 年的全方位开发建设，在充分发挥现代化水稻生产技术优势的前提下，以国家、省、市大专院校和科研单位为科技依托，省、市有关部门在政策上给予支持，把项目区建设成现代水稻生产技术示范、科普教育培训、休闲观光和生产为一体的，设施配套、环境优美、机制灵活、管理先进、效益显著的综合性现代水稻科技示范园区，并对将来同类型园区具有示范、辐射和引导作用。

三、园区总体规划设计

（一）景观规划理念

园区核心区占地面积 1000hm^2，其景观规划理念为：“一层肌理、一脉文化、一片花海、一丘希望”。一层肌理，即阡陌纵横、一望无际的稻田，以大面积的稻田景观为基调，突出大田景观的恢宏大气之美；一脉文化，即朝鲜风情的民族文化及创新精神，项目区内包含有 78 年历史的朝鲜民族村以及具有先进示范作用的现代化水稻生产农业文化，通过提取朝鲜族特有象帽舞中的象帽元素进行设计，形成项目区空间表现的文化脉络；一片花海，即水田中的绿色食品体验、观赏、展示部分，在水田环绕中，进行多种果蔬种植，瓜果花海香飘四溢，是无际稻海中的点睛之笔；一丘希望，即整个项目区的未来前景，在高科技指导下两大平原综合配套改革重点项目区将成为该地区及周边地域乃至国内同类型区具有示范、辐射和引导作用的农业科技示范项目区（图 2-13 ~ 图 2-16）。

（二）园区道路规划

本规划对现有路网结构进行调整，远近结合，系统规划，确定好道路的等级和功能。以流畅、自然并与环境相协调的交通主干道为骨架，辅以次干道以及支路等，形成舒适便捷、功能完整的有机道路系统（图 2-17）。

项目区道路主要分为四级。

一级主路：路宽 8m。主环路连接各个功能分区，主要供车辆行驶，用以通行大型水稻作业机械、运输车辆等。

二级辅路：路宽 5m。为各生产区的内部道路，彼此之间相互连接。次级道路主要满足通行、观光、示范的需要。

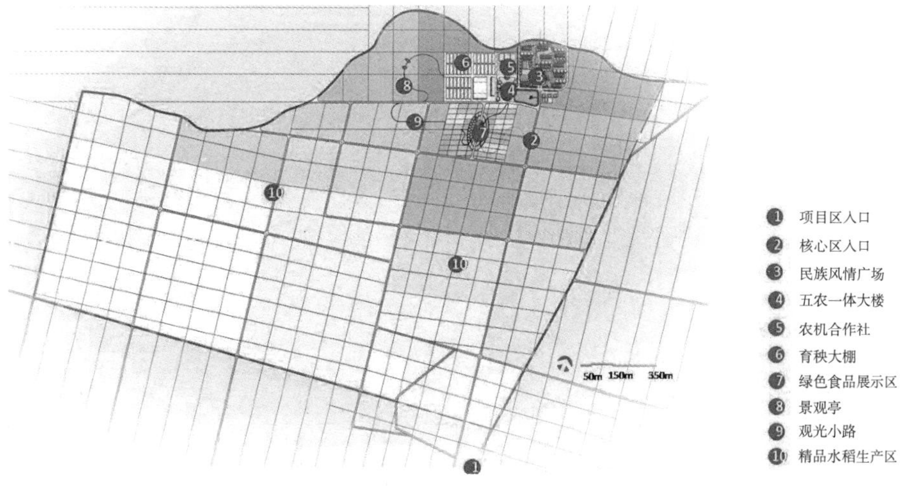

图 2-13 园区平面图

图 2-14 核心区鸟瞰图

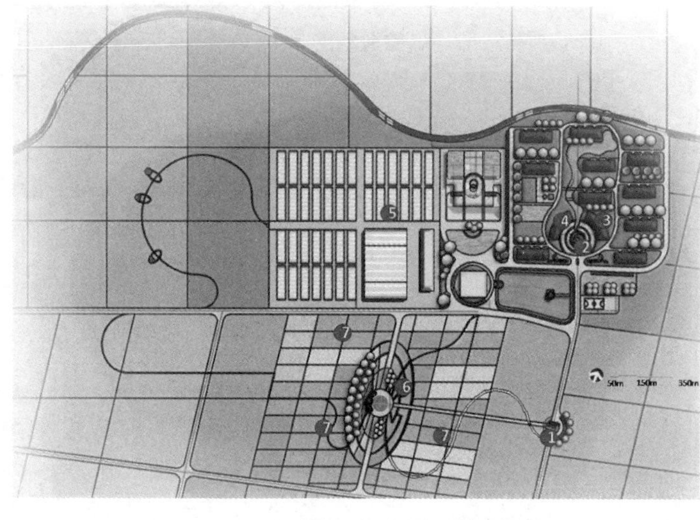

图 2-15 园区景观平面图

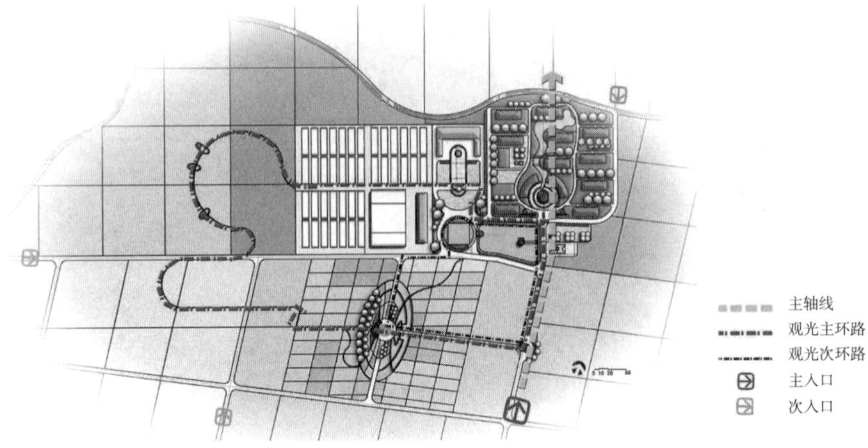

图 2-16　园区轴线分析图

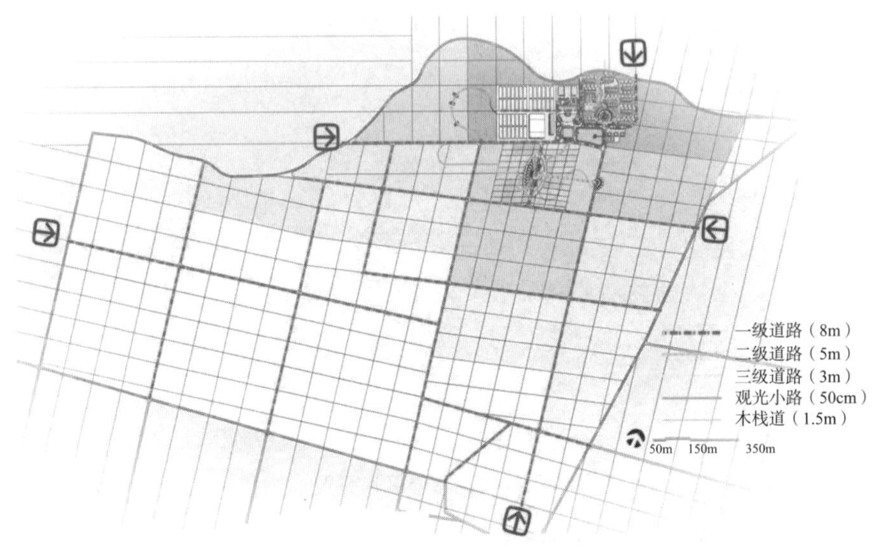

图 2-17　道路分析图

观光小路：为地面高度为 30cm ~ 40cm 的水泥池埂。长条池埂宽度为 40cm ~ 50cm，一埂两用，既是池埂和人行道，又是排水沟。短池埂宽度为 30cm ~ 40cm，最好建成活动型池埂，以便插秧机、拖拉机作业。翻地、整地、插秧时拿去几块槽供农机具过道用，插秧结束后重新扣，供人行道用。

木栈道：路宽 1.5m。位于园区的绿色食品展示区，形成景观，供人们观光、游览使用。

（三）空间布局

根据规划原则以及功能需要，空间布局可以概括为“七区”。即精品水稻生产区、农业农机具展示区、育秧新技术示范区、水稻生产新技术示范区、观赏水稻展示区、绿色食品展示区和新农村示范区（图 2-18）。

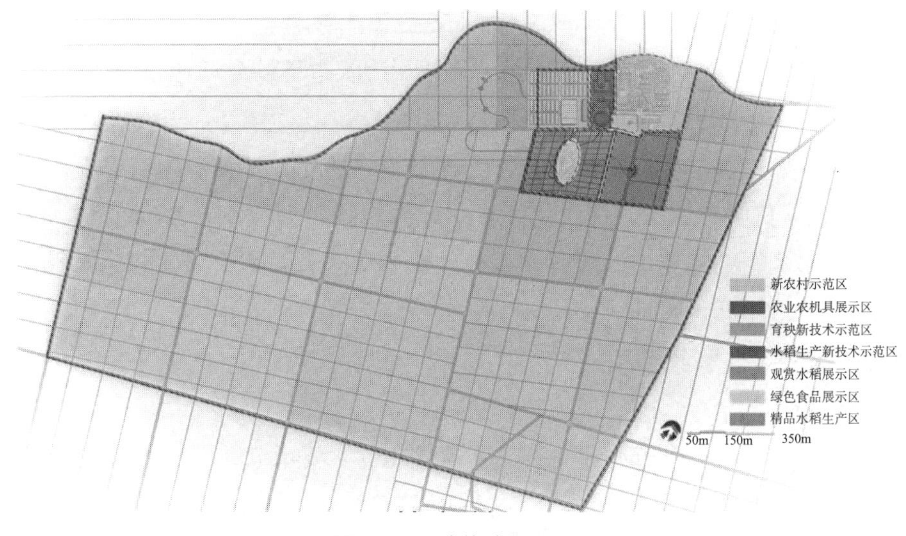

图 2-18　功能分区图

四、分区及景点规划设计

（一）精品水稻生产区

1. 位置范围

位于园区的西南部大部分区域，占地面积 9.74km²。

2. 主要功能

用于大面积的精品水稻生产。

3. 规划内容

对生产区的水稻种植进行规划设计，根据地形地貌、气候等自然条件，合理规划种植品种、面积，达到水稻增产、高产的目的。并且形成恢宏、壮美的大田水稻景观。

（二）农业农机具展示区

1. 位置范围

在规划用地的北部，位于新农村示范区和育秧新技术展示区中间，结合棚室和建筑周边环境建立此区域的展示展馆，整体统一，方便管理，占地面积 21800m²。

2. 主要功能

主要展示传统的水稻生产农机具和朝鲜民族与水稻生产关联的传统节日图片等，为人们提供比较欣赏实物及了解朝鲜民俗风情等展示平台。

3. 规划内容

（1）农机合作联社：建立标准化水田农机联合社一处，配套建设机库 3000m²，修车间 500m²。

（2）智能晾晒仓：占地 2500m^2，建设 55 套智能晾晒仓。

（3）农业信息平台：建设一套能够实现水稻生长过程的自动化系统：包括日照、温度、湿度、灌溉、病虫害预警与控制。

（4）“五农一体”农业综合服务办公楼建设：建设“五农一体”农业综合服务办公楼 1200m^2，其中有 200m^2 现代化影音多媒体农技培训教室，200m^2 高标准会议室，150m^2 活动室和图书阅览室。通过多媒体、影音等多种技术，可实现远程会议、专家咨询与座谈和农业技术培训。

（三）育秧新技术示范区

1. 位置范围

位于整个园区的西北部，是育秧技术科技化的主要示范区，占地面积约 45600m^2。

2. 主要功能

主要示范水稻育秧相关的各种壮秧剂、育秧基质、育秧设备以及无人育秧技术等。

3. 规划内容

催芽车间：占地 1000m^2，建立一次催芽能力 200t 水稻智能催芽车间一处，长 50m，宽 15m。

育秧大棚：占地 60000m^2，建设水稻育秧大棚 100 栋，单栋大棚面积为 500m^2（10m × 50m）。

连栋温室：占地面积 4000m^2（50m × 80m）。

（四）水稻生产新技术示范区

1. 位置范围

位于园区的西南部，环绕绿色食品展示区，占地面积 68000m^2。

2. 主要功能

示范水稻新技术，根据每年实际情况，分区块展示水稻育苗、病虫害防治等新技术。

3. 规划内容

根据水稻新技术示范需要，主要分为以下八个区域（图 2-19）。

（1）水稻育秧新技术示范区

主要示范水稻育秧相关的各种壮秧剂、育秧基质、育秧设备以及无人育秧技术等。

（2）水稻新品种示范区

主要示范最新品种和苗头性品系以及具有农民培训价值的品种（如杂交超级稻等），为本县的水稻新品种筛选提供依据。

（3）水稻各种栽培新技术示范区

主要示范各种新肥料、新农药、新栽培技术等，可以采取引进项目的管理模式。即对外开放，为各肥料和农药厂家以及科研单位提供示范田，收取示范所需费用。

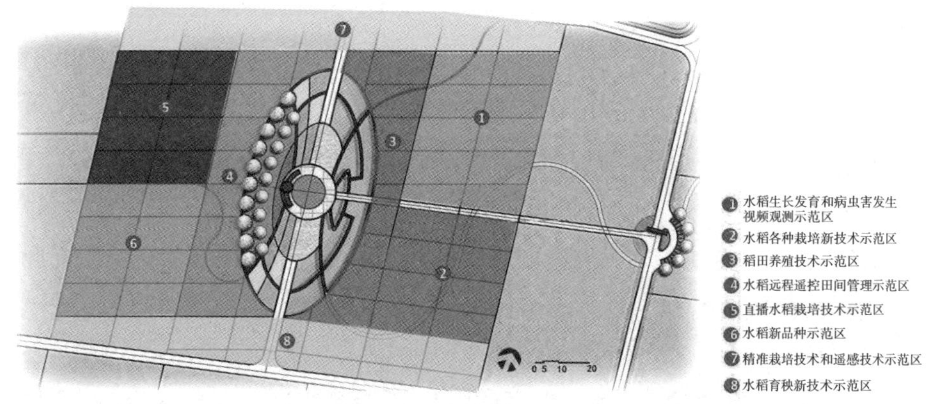

图 2-19 新技术示范区平面图

（4）直播水稻栽培技术示范区

直播水稻栽培技术作为省工、省力的栽培技术，目前黑龙江省各地有一定的种植面积，但也有很多争议。为了让农民客观评价和正确认识该项技术的优缺点特意单设直播水稻栽培技术示范区。

（5）水稻生长发育和病虫害发生视频观测示范区

与物联网技术和网络通信技术相结合，进行水稻田间生长发育和病害监控，通过专家分析进行水稻生长发育诊断和病虫害发生预测预报，提出相应的栽培技术措施，供农民参考，同时把相关视频资料和技术措施通过科技信息服务平台传送到相关部门和农户。根据数据分析可对当年的水稻情况进行评价。与信息平台屏幕中心建设相结合。

（6）水稻远程遥控田间管理示范区

利用稻田可调控灌排水功能和远程无线遥控技术，在办公室或指挥中心对水稻田间水管理进行远程遥控管理，减轻田间水管理人员的劳动强度，节省田间管理时间等。与信息平台屏幕中心建设相结合。

（7）稻田养殖技术示范区

通过稻田养殖可以有效地达到灭草的目的，为有机水稻生产提供有效的除草保障。通过稻田养鱼、养蟹、养鸭等目前常用的方法，该示范区可为游客提供观赏和娱乐或给小学生提供钓鱼场所。

（8）精准栽培技术和遥感技术示范区

水稻精准栽培技术是提高肥料利用率和产量的有效方法，通过遥感技术可以进行大面积测产、病虫害发生状况监视等。

（五）观赏水稻展示区

1. 位置范围

位于园区的东南部，紧邻入口主路，进入园区过程中即可看到此区域内的观赏水稻。

占地面积 7.79hm^2。

2. 主要功能

对不同品种的水稻展示，利用观赏水稻形成丰富的入口景观。

3. 规划内容

主要种植具有观赏价值的各种颜色和各种类型的水稻，包括历年主要推广的水稻品种，为游客提供观赏实物，为农户创造教育培训平台，扩大游客和稻农的视野。

（六）绿色食品展示区

1. 位置范围

位于园区的南部，水稻新技术示范区的中心，结合稻田进行主要观光示范重心打造。占地面积 1.3hm^2（图 2-20、图 2-21）。

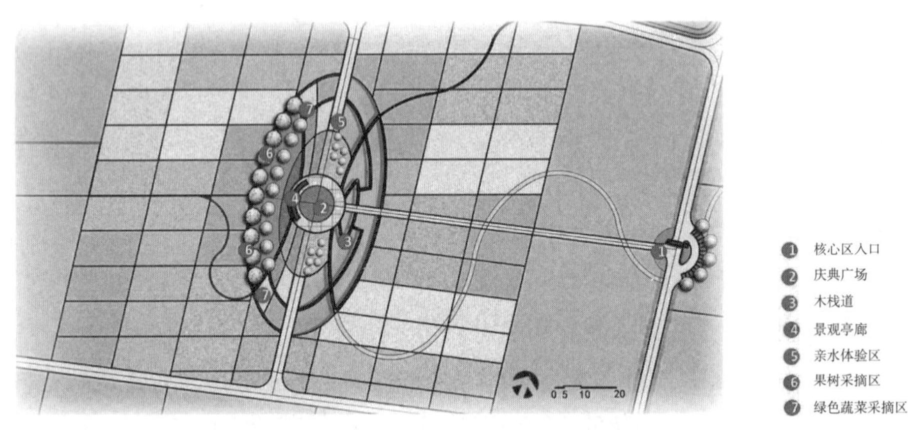

图 2-20　绿色食品展示区平面图

图 2-21　绿色食品展示区鸟瞰图

2. 主要功能

对水稻各类品种进行集中展示，并让人们参与体验水稻相关劳动。为对水稻感兴趣的参观者提供插秧、放鱼苗和小鸭、收割、脱粒、碾米等生产大米相关的劳动环节，给游客和学生提供体验生产大米的苦乐场所和机会。

3. 规划内容

原为育秧大棚安置地，实为旱田，结合景观及功能的需要，规划调整为水旱结合的形式用地。平面上以朝鲜族特色的象帽舞中的象帽作为构成元素，空间层次上注重景观序列多层的有序展开，将水系、木栈道作为景观序列开端，庆典广场作为序列的延伸，体量较大的景观亭廊为序列的高潮，菜园果林为亭廊背景，将序列终景隐藏于一望无垠的稻田。

将此区域分为以下 4 个部分（图 2-22）：

（1）亲水体验平台：亲水体验区位于区域的东侧，由东西向道路分割成南北两个部分，由于南侧靠近全区核心，人流量较大，将南区的主要功能定位为以实现游客的亲水游乐活动为主，北区远离核心，以实现较安静的以稻田垂钓的休闲活动为主。全区内均由 1.5m 宽的木栈道贯穿，植物造景要素以北方常见的水生花卉为主。

（2）庆典广场：庆典广场为绿色食品展示区的核心区域，中心设庆典广场，以满足人流集散以及节日庆典的需求，广场一侧设置景观亭廊，为游客提供休憩空间，同时用于蔬菜采摘、果品采摘的售卖区。

（3）绿色蔬菜采摘：种植具有朝鲜族特色、用于泡菜加工制作的绿色蔬菜，如白菜、甘蓝、萝卜、辣椒、芹菜、黄瓜、菜豆、莴笋等质地坚硬的根、茎、叶、果等。可进行技术示范、认知采摘等活动，又可以作为观赏绿化植物。

（4）精品果树采摘：大量种植既可观赏又可食用的观赏果树，主要以小浆果为主，如黑加仑、蓝靛果、树莓等不同品种。可作为实习科普基地，并兼有相应的休息设施。

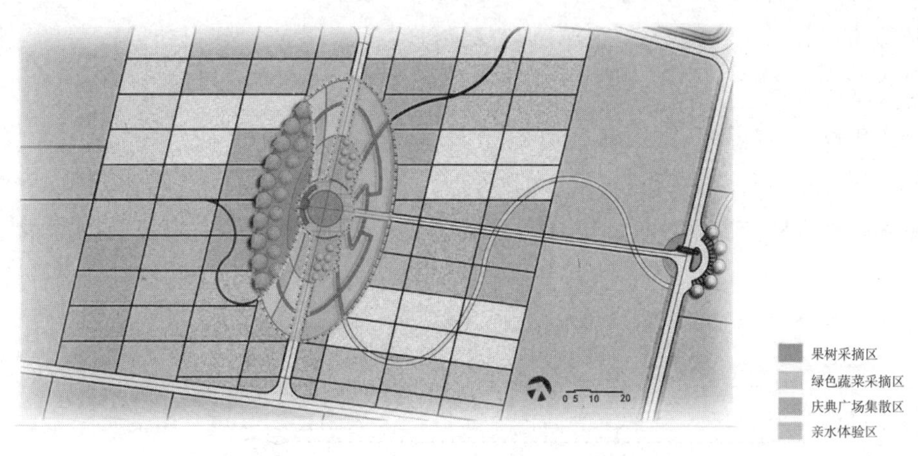

图 2-22　绿色食品展示区功能分区图

（七）新农村示范区

1. 位置范围

位于园区的东北部，按照县委新农村建设工作的要求和部署，平安镇启动民族社区建设，采取宅基地开发置换模式，整合原有4个自然屯，在张磕巴屯打造民族社区。

2. 主要功能

主要满足民族村居民居住功能，并且集文博展示、娱乐休闲、特色景观功能于一体。

3. 规划内容

平安镇民族村是一个拥有78年历史的朝鲜族村，按照“住宅区、休闲区、办公区、服务区、观光区”五位一体规划建设，建设四层住宅楼10栋，总用地面积29059m^2，建筑面积30179 m^2。其中住宅面积28475m^2，公共建筑面积1704m^2，容积率为1.03，可容纳320户农民入住，总投资5000万元。同时，配建便民服务中心和朝鲜族博物馆各一处。

民族社区在设计上独具匠心，注重民族风格，保留民族特色，引活水入小区，四周环绕，建特色水上餐厅一处，是小区一道靓丽风景。小区建成后，将成为集旅游观光、生态宜居、时尚美观、民族特色于一体的现代化生活社区。

4. 主要项目设置

（1）民族博物馆

设在民族村内，以收藏、研究、宣传朝鲜族的历史、文化、风情为宗旨。民族博物馆是民族村的一张文化名片，是举足轻重的文化窗口和展示平台，在文化传播方面具有突出的优势。其功能定位为朝鲜族文化遗产的收藏保护中心、文化资源的信息数据中心、民族文化的宣传教育中心。民族博物馆充分发挥自身的教育、娱乐功能，向公众提供多方位的公共文化教育与体验，是一个集文化展示、爱国主义教育、民族教育及老百姓享受文化成果、享受经济发展成果于一体的最佳场所。

（2）米酒、泡菜加工车间

依托于民族村独特的资源优势，以提高群众收入为重点，建设朝鲜族米酒、泡菜等特色产业加工车间100m^2，购置设备4台（套），建设无公害原料基地5hm^2。

（3）民族风情广场

民族风情广场位于新农村示范区的入口处，结合朝鲜民族特色雕塑，构成广场的主题景观。建设庭院凉亭、长廊等景观点4处，安装休闲座椅10套，安装朝鲜族特色庭院灯45盏，射灯4盏，营造独具朝鲜族风情特色的景观氛围，同时满足人们日常生活、休闲、健身的需要。

（4）特色休闲垂钓

位于新农村示范区入口干道的西侧，建设特色休闲垂钓区域，由活水喷泉、荷花观赏池等多样性景观形成。

5. 主要景观小品设计

（1）景观小品

项目核心区内的景观小品主要突出“本土化、乡土化”的特性。风格上以农田景观的乡野气息为主，稻草、原木为主要材质，将亭廊、木栈道、稻草雕塑等景观小品自然地融入项目区中，供人们休息和观赏。

（2）指示牌

为凸显农业特色，满足示范需要，根据项目区内的景观风格专门设计指示标志，如标志牌、导游牌、农业布局示意图、设施分布示意图、出入口导向牌、警告标志等。

五、干渠道路景观绿化设计

（一）现状分析

由于缺少统一规划，整条干渠道路两侧绿化内在联系不强，布局较乱。道路局部缺少适当的拓宽以作停顿，使得很多时候前方景点一览无余，容易产生视觉疲劳；道路临近水渠部分缺乏亲水步道，且用浓密的柳树遮挡住了视线，并且道路两侧没有解决休息的问题，缺少真正的空间感受。

道路两侧绿化树种单一，长势不佳，搭配上没有考虑季相变化；栽植形式单调，缺少乔灌草的结合；没有考虑水渠与道路景观相结合，形成最佳景观效果（图 2-23）。

图 2-23　干渠道路现状分析

（二）绿化设计原则

在主入口两侧以自然植被作基调，增植一些耐贫瘠、具抗性的乔灌草，选用一些彩叶树种，使景区景观随季节变化而变化。在主干道、步行道两侧配植乔灌草，形成层次丰富的自然群落。通过种植常绿树种来减少沿路景观的单调感，活跃行进中的氛围，达到四季有景的效果。道路两侧有景可赏的地方，可不配置林带，只栽植高 70cm 以下花卉或灌丛，以大面积草坪饰边，留出两侧的开敞空间，作为诱导视线的风景窗，使人们沿途可欣赏自然稻田风光。

植物选择与配置要符合适地适树、城市生态保护以及植物配置的季相性原则等方面的要求。对场地植被规划采用以下规划措施：

1. 自然景观好的道路段，栽植低矮灌木，以求不遮挡远景；自然景观不佳路段，高大乔木与小乔木间隔栽植培育，庇荫与障景效果共存。

2. 尽量利用现有树木，适地适树，适景适树，以乡土树种为主。

3. 选择抗性强的树种，树种的生态保护价值和景观价值相结合。

4. 整体性和区域性相结合，各区体现不同特色。

5. 沿水边种植水生植物，包括挺水植物，浮水植物和沉水植物，注重层次及色彩的合理搭配。在水生植物的选择上尽量选取净水去污能力较强的植物，有利于保持水面的清洁度。

（三）入口大门设计

项目区的入口设置在进入园区主路的开端（图 2-24）。

重点规划区入口位置根据需要，有两种选择：一是选择直接进入观赏水稻展示、绿色食品展示区等进行参观学习；二是选择先进入民族村参观后步行进入示范区（图 2-25）。

入口景观作为项目区景观序列的开端，设计上采用简约大气的风格，既能体现大农业的恢宏大气，又能展现项目区的特色风貌。

设计在形式上，采用与园区主要作物相呼应的水稻图案，着重表现水稻项目区的主题；在色彩选择上，白色是朝鲜族神圣的颜色，红色是映射朝鲜族热情的民族性格，突出朝鲜族色彩文化特色；在材质选择上，现代化、重质感的不锈钢钢板等，旨在表达项目园区现代的数字化优势（图 2-26）。

（四）水闸设计

水闸位于干渠道路的开端，是整个规划的开篇，对水闸的改造设计尤为重要。

水闸周围景观设计，在保障水闸储水蓄水功能的前提下，结合场地现状进行景观改造。为平衡闸体笨拙之感，将通行部分做纤巧的形态处理。将两侧桥面做石材饰面，美化立面景观。水闸周围驳岸处理，以多层次的植物景观为主，并穿插小型亲水平台，为游人提供丰富的亲水体验。

（五）道路总体绿化设计

干渠道路作为通往庆安县两大平原综合配套改革重点项目区的主要道路，既是项目区的门户，也是向人们展示庆安县水稻之乡的城市名片，通过改造提升，展现一条

图 2-24　项目区入口位置示意图

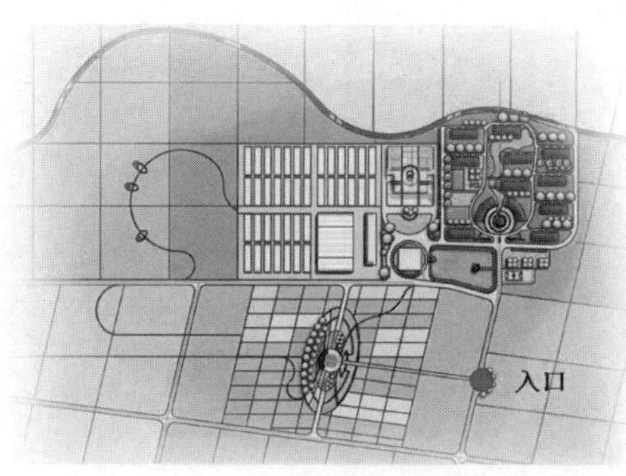

核心区入口位置参考图 1

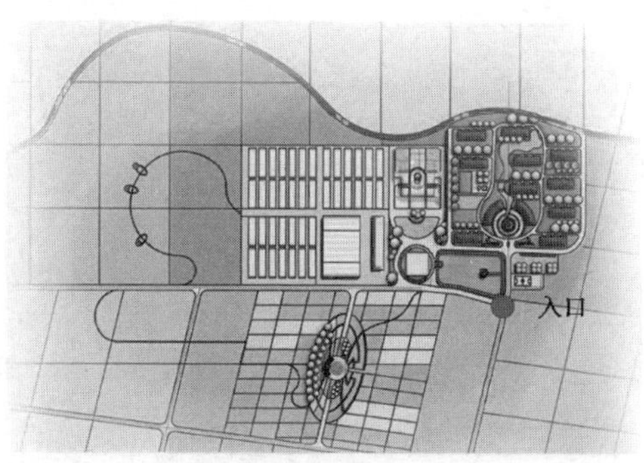

核心区入口位置参考图 2

图 2-25　重点规划区入口位置参考图

图 2-26　入口大门效果图

具有地域特色的交通大道。

干渠道路的方案设计在绿化景观整体和细节上更加独特和精致。朝鲜族文化元素的植入，色彩鲜明的花带为主导，灌木球为点缀，以及乡土树种旱柳和金叶榆运用，打造出“黑道、绿树、花墙”的乡野景观。根据道路的实际情况，将其分为六段（图 2-27）。

1. 第一区段

该区段全长 420m，两侧绿带各宽 2.5m。

设计以乡土乔木旱柳为行道树，引用朝鲜族长飘带和格子窗要素，以玫红色荷兰菊花带贯穿其中，边缘采用马蔺、大花萱草交替种植，中间搭配金山、金焰绣线菊篱，层次分明，色彩丰富（图 2-28）。

干渠道路全长
约为：4200m
区段一：420m
区段二：640m
区段三：1000m
区段四：500m
区段五：900m
区段六：650m

图 2-27　道路分段示意图

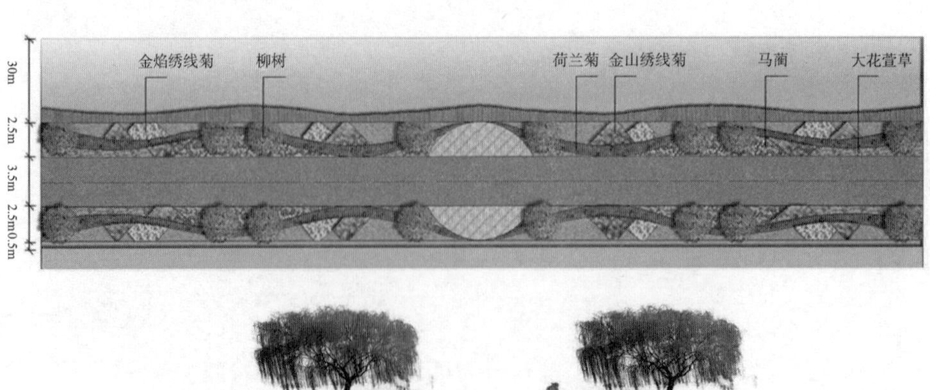

图 2-28　区段一道路设计平面图

2. 第二区段

该区段全长 640m，两侧绿带各宽 2.5m。

设计以金叶榆为行道树，色彩与周边田地形成呼应，运用流动性线条的花带，宿根福禄考、鸢尾、大花萱草打造的色彩与朝鲜族红、黄、蓝传统色调相呼应，花带中间搭配金山、金焰绣线菊球交替规则式栽植，节奏简洁，花色丰富。

3. 第三区段

该区段全长 1000m，两侧绿带各宽 0.5m。

设计以朝鲜族帽子舞的飘带为意向，荷兰菊、宿根福禄考、鸢尾交替规则式种植，中间配以金山、金焰绣线菊球，层次分明，节奏简洁。

4. 第四区段

该区段全长 500m，两侧绿带各宽 0.5m。

设计选用具有乡野效果的鸢尾、荷兰菊、石竹交替种植，节奏简洁，画面感较强。

5. 第五区段

该区段为全长 900m，两侧绿带各宽 0.8m。

设计结合朝鲜族腰鼓这一要素，鸢尾、荷兰菊、大花萱草以及金焰绣线菊篱相结合，打造出高低错落，色彩艳丽的景观效果。

6. 第六区段

该区段全长 650m，两侧绿带各宽 0.8m。

设计以金山绣线菊球与宿根福禄考、石竹、荷兰菊交替种植，节奏简洁，色彩丰富。

六、投资估算

稻田景观建设主要包括三大部分：入口大门、道路工程、绿色食品展示区相应小品等，合计 100 万元。

案例 3 哈尔滨市成高子灌区现代农业产业园区景观规划

项目特色： 农田水利与乡村景观的融合

规划时间： 2010

团队成员： 王崑、霍俊伟、杜爽、王钊、卓美行等

相关成果： 1. 农田水利与乡村景观融合方式的研究，王钊，2012，东北农业大学硕士论文。

扫一扫看彩图

2. 农田水利与乡村景观融合方式的研究，王钊，卓美行，陶洪波，王崑（通讯作者），中国农村水利水电，2012（4）：14～17。

3. 王钊作品"农田水利与乡村景观融合方式研究"荣获 2012"园冶杯"风景园林（毕业作品、论文）国际竞赛规划设计论文组鼓励奖。

一、农田水利与乡村景观的融合

农田水利工程大多位于山川丘陵的乡野地区，工程融于自然，景色秀美，为发展乡村水利旅游提供了好的规划思路与开发资源，主要以农田水利工程设施与其共生文化共同组成。

（一）工程景观融合

1. 融合农田水利功能对景观进行划分

农田水利属于乡村景观中的生产性景观，根据农田水利工程的不同功能与属性来确定农田水利景观的景观单元，分为取水枢纽景观、灌溉景观、雨水集蓄景观、井灌井排景观、田间排水景观、排水沟道景观、水工建筑景观、不同地域景观八个景观单元，通过划分出的景观单元能够系统的、逐步的向人们展示农田水利工程的工程景观。如取水枢纽景观单元中包括拦水坝、堤、泄洪建筑物等，灌溉景观单元中的渠道、分水闸、节水闸、喷灌、微灌等。

2. 融合农田水利与水的形态对空间进行划分

水主要分为动态与静态的水，水的情态是指动态或静态的水景与周围静止相结合而表达出的动、静、虚、实关系。

农田水利工程设计的直接对象就是水体，水利工程设定了水的边界条件，规范了水的流动，并改变了水的存在，在兴利除害的同时，还应对自然作生态补偿，用不同的方式处理使其产生更美的水景空间。

（1）静空间

静空间的营造可通过拦河筑堤坝蓄江、河、湖泊、溪流等形成的水体，是大面积静水。

（2）动空间

动空间的营造可通过溢洪道、泄洪洞汛期泄洪，喷灌等水利工程形成的动水。与静水相比，更具有活力，而令人兴奋、激动和欢快。似小溪中的潺潺流水、喷泉散溅的水花、瀑布的轰鸣等，都会不同程度地影响人的情感。

动水分为流水、落水、喷水景观等几种类型：

流水景观。农田水利工程中的下游河道生态用水、灌溉设施的渠道、水闸、田间排水设施的明沟等都会形成或平缓，或激荡的流水景观。

落水景观。落水景观主要有瀑布和跌水两大类，瀑布是河床陡坎造成的，水从陡坎处滚落下跌形成瀑布恢宏的景观；跌水景观是指有台阶落差结构的落水景观。

喷水景观。喷水此处主要是指喷灌与微灌节水设施所形成的喷水景观。

（二）文化景观融合

在农田水利景观资源的开发中，需挖掘的文化包括农田水利自身的工程文化、水利共生的水文化、资源所属的地域文化，三者共同组成农田水利景观资源非物质景观。

1. 融合农田水利工程文化

农田水利工程从最初的规划、设计到后期的施工、运行管理，涉及机械工程、电气工程、建筑工程、环境工程、管理工程等多学科的知识。农田水利工程的共有特性是先进技术与措施，这正是乡村旅游的关键看点所在。如运用图示、文字的形式展示工程当中的工艺流程、工作原理等内容，使旅游者更好地了解农田水利、认识农田水利，在学习水利知识的同时还能够增强旅游者的水患意识。

2. 融合农田水利水文化

我国古代的哲人老子说：上善若水，水利万物而不争。水是农业的命脉，古人便“因天时，就地利”，修水库、开渠道，引水浇灌干涸的土地。2000多年前，李冰修建都江堰，引岷江水进入成都平原，至今川西人民仍大受其益；20世纪60年代，河南林县人民建成红旗渠，引来漳河水，从此苦难深重的林县人民摆脱了千百年旱涡的折磨，丰衣足食。以挖掘出的水文化为中心，用文字篆刻等手段来体现，将文化与景观结合，为公众展示我国历史悠久的水文化。

3. 融合农田水利地域文化

农田水利工程遍布大江南北，因其所处的地域不同，所以各具不同的地域文化，展现出浓郁的地方特色。乡村景观因地域差异而具特色，各有各的自然资源和历史文脉。

二、基本概况

（一）区位分析

成高子灌区始建于 1942 年，位于哈尔滨市郊东南部，阿什河左岸，东临阿什河，西接成高子镇，南端与阿城市舍利乡接壤，北与哈尔滨市太平区团结乡相接，宽约 0.5 ~ 2.5km，长约 15km，呈带状分布，水资源丰富，素称“鱼米之乡”。行政区划为哈尔滨市香坊区管辖，距哈尔滨市中心地区约 10km，中心地理位置为东经 126° 44′ 20″，北纬 45° 38′ 48″，是利用阿什河天然径流，采取有坝取水方式的老自流灌区，设计灌溉面积 22.9km^2。由于灌区位于滨绥铁路的初段，公路和铁路纵横，交通非常便利，如开发乡村旅游，则周边近距离客源市场广阔（图 2-29）。

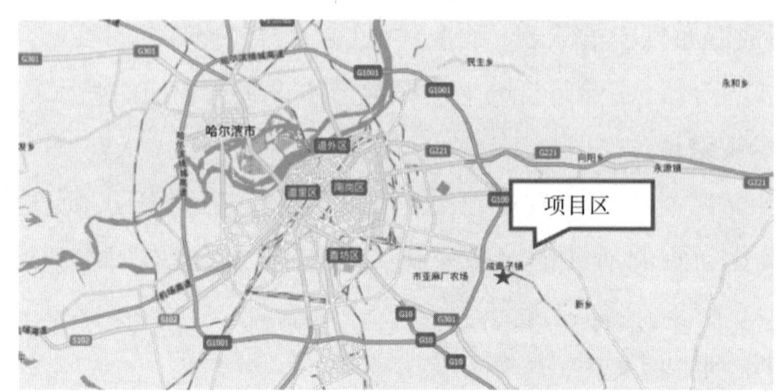

图 2-29　成高子灌区区位图

（二）自然资源分析

该项目区气候属中温带大陆性季风气候。灌区境内主要河流为阿什河，该河发源于大青山南麓，属于松花江流域水系，是松花江干流南岸支流，自东向西流经尚志、阿城两市交界的西泉眼河附近折向西北，流经五常、阿城、哈尔滨 3 市县，在哈尔滨市东郊注入松花江，全长 257km。中下游丰水期水面宽 238 ~ 360m，水深 4 ~ 4.7m；枯水期水面宽 10 ~ 23.5m，水深 0.2 ~ 0.25m。

灌区位于松花江形成的第二级阶地上，地形略有起伏，土层深厚，土质肥沃，是哈尔滨市重要农业区。该区土壤类型较多，而黑土是分布最广、数量最多的土壤类型，适于各种农作物生长。此外，黑钙土、草甸土也有部分分布。区内有大片的人工林和滩涂湿地，地表植被主要是荒甸杂草。

（三）社会经济分析

成高子灌区行政区域属哈尔滨市幸福乡和成高子镇。幸福乡和成高子镇总土地面积 77km^2，其中耕地 56.2km^2，包括水田 36.3km^2。两乡镇共设 23 个行政村，总人口 31245 人。其中：满、回、朝鲜、蒙古等少数民族人口占 15.5%。

该区不仅具备有利于旅游开发的良好生态环境，而且历史文化积淀深厚，人文景观较多。阿什河曾是金兵水上的战场，在民间至今还流传着许多梦牵魂绕的历史传说；近代有俄国人修筑中东铁路时的遗迹，至今仍保留良好。该地区还居住着汉、满、回、蒙、鲜等民族，他们特有的文化背景和民风民俗，成为本地区别具一格的人文景观。

（四）农田水利资源分析

成高子灌区在乡村景观规划类型上属于保留发展型。其地貌条件及地理位置属平川地带，灌区是由水库、渠道、田地、作物组成的一个综合体，是人类经济活动的产物。

从景观生态学的角度来看，灌区内有大片人工林和滩涂湿地，物种丰富，整个灌区掩映在绿树之间，生态环境较好。但灌区内阿什河河道缺乏整治，岸坡坍塌，杂草丛生，需进一步改善生态环境。

从水工美学的角度来看，灌区内有大量的农田水利工程和水资源，将田地、作物有机地连接起来，灌区内现有农田水利工程景观资源丰富遍布灌区各个位置。

作为全灌区景观大背景的农田林地，积极地参与生态平衡的运行。但作为全区主要产业的果品产业缺乏整体规划和特色，需要在规划中创出自己的品牌，为发展旅游业打下基础。

在灌区基础农田水利设施方面，需充分利用农田水利资源优势，调节各景观系统内部结构。成高子灌区自然景观丰富，有丰富的农田水利旅游资源与体验采摘资源。同时，成高子灌区水渠纵横，形成错落有致的渠网—田园—文化的综合景观。成高子灌区具备水利旅游开发的潜力，这在该灌区的景观设计方面应该着重体现。

（五）文化资源分析

阿什河古称阿勒楚喀河，宋代译为“按出虎”，《金史》称“按出虎水”，清雍正三年（1725 年）改成阿什河。成高子灌区拥有哈尔滨市最早引水灌溉水田的水利工程。早在 1926 年就有几户朝鲜族农民以阿什河支流庙台沟与西河沟为水源开发水田，后发展到 30 余户朝鲜族稻农，以阿什河为水源，以柴油抽水机提水和自流灌溉种植水稻，揭开了哈尔滨提水和引水灌溉农田的序幕。

三、规划设计总则

（一）规划设计依据

1.《哈尔滨市成高子灌区现代高科技农业园区综合规划》

2.《灌区规划规范》（GB/T50509—2009）

3.《节水灌溉技术规范》（SL207—98）

4.《水利水电工程可行性研究报告编制规程》（DL5020—93）

5.《水土保持综合治理技术规范》（GB/T16453.1—16453.6—2008）

6.《江河流域规划编制规范》（SL201—97）

7.《浆果贮运技术条件》（NY/T1394—2007）

8.《风景名胜区规划规范》（GB50298—1999）

9.《旅游区（点）质量等级的划分与评定标准》（GB/T17775—2003）

10.《景观娱乐用水水质标准》（GB12941—91）

11.《最新农田水利工程规划设计手册》

12.《哈尔滨市年鉴》

13.《哈尔滨市志水利志》

14.《哈尔滨市志地方志》

（二）规划设计原则

设计以发展与现状相结合原则、有力乡村旅游发展原则、村民生活结合生产原则、生态环境保护优先原则等作为基本设计原则。

四、总体景观格局

（一）规划定位

通过对灌区区域现状条件、现有农田水利工程景观资源与自然景观资源等的详细分析，从景观、功能和发展三方面，对成高子灌区景观规划进行如下定位：

景观定位：要充分体现土地、人、田、水等系统的和谐共存，展现地域文化特色的生态环境。将水利景观、人文景观与乡村景观有机结合，创建和谐灌区景观。

功能定位：一方面为当地居民提供新的生活社区，改善居民生活环境；另一方面改善不协调的乡村景观，为哈尔滨市打造生态化的通风口。

发展定位：成高子灌区地处哈尔滨市郊东南部，从哈尔滨的整体规划上来看，该区域属“旅游及林果业发展区”。在此大背景下，围绕农田水利工程景观主线，合理营造水利景观旅游的持续发展，并结合自然景观和当地的民俗风情，逐步开发乡村旅游业，推动成高子灌区的经济发展。

（二）整体构思

“农田—水利”链——成高子之凝聚为设计构思，从农田与水利的关系、水利与人的关系、汇聚成一个“和”的环境三方面进行考虑。

（三）景观格局

在景观生态学理论和水工美学理论的指导下，尽可能体现出乡村景观依托农田水利农业生产、生活和生态作为生态旅游观光资源这 3 个层次的功能，在基本保持乡村现有景观格局的基础上，对环境、建筑、道路、农田水利基础设施等进行提高与改善。

结合现状用地特征，以“水利链”的构思和乡村景观设计原则为指导，规划范围涵盖整个成高子灌区，共 19.96km^2，包括阿什河观光带长 2500m、水利旅游中心区占地面积 3.33km^2、基本水田保护区占地面积 3.33km^2、经济果蔬区占地面积 13.3km^2，农田水利景观节点分布在观光带与各个区的内部，起到贯穿整个灌区农田水利景观的作用，以点带线，以线带面，形成了“点—线—面”的空间布局（图 2-30）：

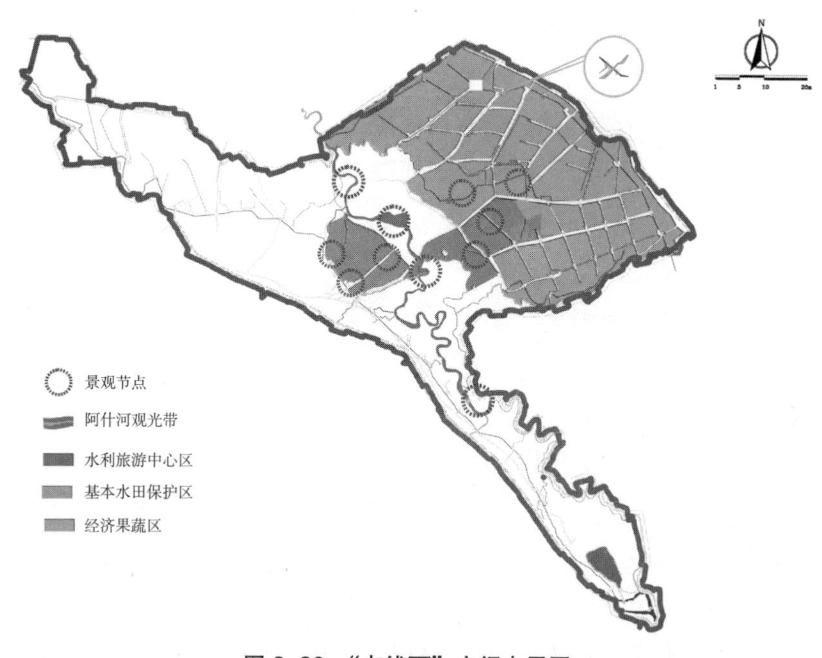

图 2-30 “点线面”空间布局图

“点”——农田水利景观节点；

“线”——阿什河观光带；

“面”——水利旅游中心区、基本水田保护区、经济果蔬区。

五、景观营造

（一）阿什河观光带

阿什河流经灌区的大部分地区，两岸植物茂盛，自然风光较好。但河床没有护岸，河内有淤泥，丰水期景观效果良好，枯水期景观效果差，并且有不良气味。需要进行综合治理及采取相关的水利设施，消除丰水和枯水期的差异，形成优美的水利景观带。

总体以拓展传统天人合一理念，挖掘地方特色，展现“水利、休闲”的主题，以自然景色为主调，充分利用原有的水体，打造一个自然、自己、自由的原生态场所。依据阿什河成高子段的地势、地貌、植被的特点，设计四个节点，分别突出不同的侧面。

1. 主要景观节点

（1）节点一：金源文化雍水坝

坝体位于三家子，邻近阿城市地界，融合了较丰富的金源文化。现有农田水利工程资源包括阿什河、三家子坝、鱼塘，文化资源包括地域特有金源文化、水文化，根据此地的资源特色，将此节点营造成以三家子坝为主体水工建筑，以金源文化为主题的景观节点。

1）工程景观营造

作为阿什河成高子段雍水坝，在满足蓄水灌溉等功能的同时要满足水工美学的要求。对坝体进行修砌，在满足工程安全的前提下，尽量选择生态石料，体现乡村特有的石砌坝。

2）文化景观营造

在岸边设置石块篆刻阿什河名字由来的历史，让人们更好地了解这段历史，更了解成高子灌区。

（2）节点二：百水图水墙

位于基本水田保护区的东南角，水利旅游中心区西侧，是两个景区的过渡节点。此节点主要营造成高子灌区建立的第二个重要时期，即哈尔滨市最早引水灌溉水田工程。

1）工程景观营造

主要设置观景亭、水榭、平台等。

观景亭的设置采用三层的木质结构，游客登高眺望远处的景观，一派葱郁尽收眼底，从而在视觉上对河流沿岸景致有了大致的了解，使游览路线的选择更为便捷。在观景亭的周围布置具有特色的乡野植物，充分营造回归自然，“世外桃源”的意境。

水榭平台的设置，通过台阶的布置，一步步的拉近游人与水面的距离。将水榭平台与游船码头融为一体，游客可在这里自由选择游玩的方式，或者泛舟河上，或者静坐太阳伞下观赏河上美景，满足游客多样性的需求。

2）文化景观营造

以朝鲜族人民在灌区进行治水、引水灌溉等文化为中心，充分调动书法、绘画、雕刻、诗歌、文学、哲学等艺术手段，紧紧围绕“治水”的主题，通过百水图水墙这个文化载体，营造文化氛围。

在随风摇曳的树枝掩映下的水幕文化墙，水中有“水”，置景虚实相结合，给人以无限的遐想空间。

将百水图制成“治”、“水”两大板块，“治”字由各政治家“治”字手迹组成字篆形笔画；“水”字由各书法家“水”字手迹组成字篆形笔画。

（3）节点三：垂钓平台

位于基本水田保护区的东侧，邻近经济果蔬区。人们除了进行农田灌溉需水之外，还有观水、近水、亲水及傍水而居的天性。对水的亲和及关注，使水与社会文化意识结下了不解之缘。可以将此节点结合人们观水特性进行景观营造，工程景观与文化景观的营造如下：

1）工程景观营造

包括休闲小道、休息设施，如园亭等。

水上园亭、青天碧水，天水相接，上下浑然一色，正所谓“落霞与孤鹜齐飞，秋水共长天一色”，构成一幅色彩明丽而又上下浑成的绝妙好图。

2）文化景观营造

休闲步道的流线在水平和垂直两个维度上进行精心组织，将空间和景物沿着人的活动铺陈开来，设计中将休闲步道与休息设施结合起来，充分体现人文的关怀。

鱼台夕钓景点在于营造出高适《渔父》中“曲岸深潭一山叟，驻眼看钩不离手。世人欲得知姓名，良久问他不开口。”的意境，以此来使游客释放生活中的压力。而对于观钓的游客，河中欢快的鱼儿又能为其带来“短钩画水如耕犁”的美景。

（4）节点四：亲水曲桥

位于基本水田保护区的北侧，拟修建的橡胶拦河坝在此节点，使阿什河水位丰满，利于造景。规划主要景点如下：

1）工程景观营造

设置曲桥平台，游客从岸边延伸的平台上，可以走到河道的中间去感受自然的美丽，在不破坏景观生态环境的前提下，进行人与自然的互动。

云桥碧水，该景点的设置展示出师法自然的设计手法，通过蓝天、白云、碧水、木桥，体现出人与自然的和谐共生。桥寓意着沟通，让游客深入自然，呼唤人类对于自然的保护。

2）文化景观营造

流光溢彩即阶梯式草坪，花色绚烂的生态花梯，通过小型广场的设置，使游人尽情享受美好的时光。并通过一级级花梯的层降，将游客引向波光粼粼的水边，满足游人亲水的需求。

2. 滨水植物景观营造

以水生、湿生及耐水湿的植物为主体进行滨水景观的营造，形成自然、野趣的景观效果。主要植物种类包括旱垂柳、灌木柳、千屈菜、芦苇、荷花、香蒲等。

（二）水利旅游中心区

基于灌区地域朝鲜族文化丰富的优势，主要利用曲坊屯及其所有的1.33km^{2}水稻田、池塘、泵站及周边用地等打造以朝鲜族文化为主题的水利旅游中心区，占地面积约3.33km^2。

规划范围内的曲坊屯是朝鲜屯，其周边有近1.33km^{2}的水稻田，同时成高子灌区在屯边有泵站一处，约有 13hm^2 的池塘一座，自然环境较为优越。

1. 营造构想

结合灌区的管理工作和朝鲜屯的特色，规划在此建设水利旅游中心区。既有浓郁的朝鲜民俗与水文化，又有乡村景观建设的示范效应；项目开发利用当地特色文化资源与工程资源，主打水工建筑观赏、朝鲜民族风情和水稻田风光的结合产品，以提供新农村考察，朝鲜民族文化观览、水利景观体验为主，可设耕作，表演等项目（图 2-31、图 2-32）。

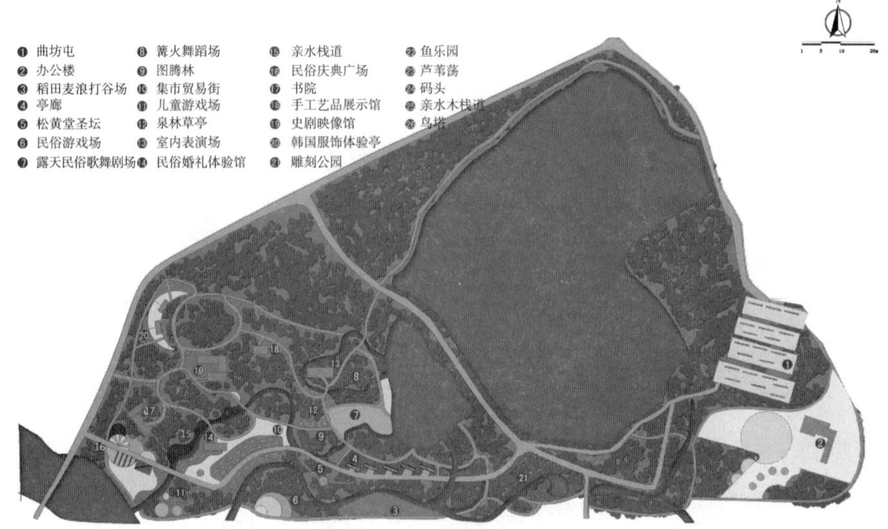

图 2-31　水利旅游中心区平面图

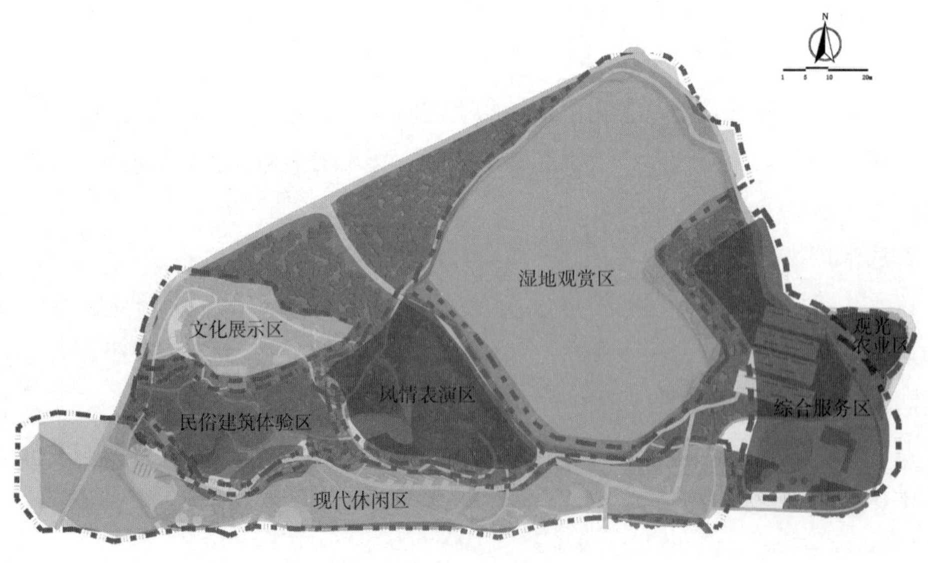

图 2-32　水利旅游中心区功能分区图

（1）文化旅游项目类型总体策划

文化旅游项目的策划与朝鲜民俗特色与养生密切结合，突出汤文化、茶文化和米文化。

1）汤文化

狗肉汤——汤是朝鲜族日常饮食中不可缺少的，狗肉富含蛋白质，低脂肪，营养价值很高，对人体有一定的滋补保健功效。朝鲜族人民中有一句俗语“三伏天吃狗肉如同吃补药”。此外朝鲜族闻名遐迩的汤类食品还有大酱汤、豆芽汤、泡菜汤、海带汤等。

2）茶文化——大麦茶

大麦茶是我国朝鲜族的一种传统清凉饮料。据《本草纲目》记载:“大麦味甘、性平、有去食疗胀、消积进食、平胃止渴、消暑除热、益气调中、宽胸大气、补虚劣、壮血脉、益颜色、实五脏、化谷食之功。”大麦茶含有人体所需的17种微量元素,19种以上氨基酸,富含多种维生素及不饱和脂肪酸、蛋白质和膳食纤维，符合人们追求健康的需求。

3）米文化

米饭——朝鲜族人喜食米饭，且用水、火都相当的讲究。通常做米饭用的是铁锅，锅底比较深、口比较窄，受热均匀，做出的米饭颗粒松，并且一锅一次可以做出双层米饭甚至多层米饭。

米酒——朝鲜米酒历史悠久，糯米经过酿制，营养成分更易于人体吸收，是中老年人、孕产妇和身体虚弱者补气养血之佳品，是朝鲜族人民最常饮用的一种饮品。

（2）工程旅游项目类型总体策划

工程旅游项目的总体策划与水文化、水利文化与共生的引水灌溉等文化紧密结合，具体实施体现的方式在主要景观节点中说明。

2. 主要景观节点

（1）水文化馆

水文化馆建筑造型灵感来源于水结晶。馆内收集和展示各个历史时期与“水”有关的文学、美术、音乐等艺术作品，从水的不同形态、不同时期人们的认识展开。

（2）湿地水工建筑景观

在此观赏区内主要设置鸟岛、观鸟塔、亲水木栈道、鱼乐园、芦苇荡、渔人码头等景点。占地面积约63hm^2。数百里芦苇,随风摇摆,浩浩荡荡。在这样的自然环境下,游客的身心也得到了充分的放松。

（三）基本水田保护区

基本农田保护区位于阿什河西侧，占地面积3.33km^2，土地利用率为60%，实际用地面积2km^2，此地块现为水田保护区，灌渠系统完善，目前主要是种植水稻。

1. 营造构想

此区拟作为基本水田保护区,水渠纵横,阡陌桑图,绿树成荫,鸟啼蛙鸣,环境幽雅,是集渠道、工程、文化等景观于一体的典型乡村水利景观。

2. 主要景观节点

利用水田景观、灌溉渠道与排水渠道进行田园化改造形成此区，作为体验水稻田灌溉和农家生活的体验观赏。

（1）水闸景观

主要是在灌溉渠道上进行分流的分水闸，闸和周边的景观环境具有一定联系，在处理、协调这种联系上采用融合法。顶部的不规则石砌条石突出原有乡土气息，条石的装饰面，显露出历史的沧桑；砌筑时的错台，上大下小，顶部的凹凸变化，与下部外表面形成对比。

（2）渠道景观

主要是田间渠道工程，渠道环绕水田而建，渠道随着地势的高低变化还会创造出或缓或急的流水景观。将渠道与水稻田原有的田园风光和果林、森林有机地结合在一起，利用渠道在随风摆动的水稻田中或隐或现，着重表现出渠道质朴、自然、宁静、优美的悠然意韵。

（3）桥梁景观

此处桥梁是只跨越渠道的田间渠桥，在满足人们跨越渠道功能的同时，在渠桥的栏杆上通过篆刻文字展现灌区灌溉的历史，以时间为主轴向游览者介绍灌区的发展。

（四）经济果蔬区

所在位置为成高子灌区内的水稻田，灌渠系统完善，占地面积约 13.3km^2。由于西泉眼水库作为哈尔滨市的备用水源地，将减少对城高子灌区的供水，使得水稻田要调整成旱田。因此，规划主要以树莓、黑加仑的种植为主，为果品加工提供原料，适当加入一些点景的小品及注重村屯、道路等的绿化和景观建设。

1. 营造构想

小浆果一般都生长在冷凉地区，经济果蔬区在满足小浆果果品生产功能的同时，兼顾现代果蔬节水灌溉展示的功能。建设环境优美、设施齐全的休闲采摘园和节水灌溉科技馆，让人们通过亲身体验和观赏的方式了解节水灌溉的科学技术内容，以各种可视物质为载体来展示水利精神文化，促进人水和谐的发展。

2. 功能分析与主要景观节点

主要分为两大区块：节水灌溉示范区与特色果品生产区。

节水灌溉示范区：以露地、温室、大棚特色果蔬品种为主进行示范，展示现代节水灌溉技术。示范园区内规划大棚建设面积 75hm^2，温室建设面积 30hm^2，新建温室 200 栋，新建大棚 800 栋，露地蔬菜面积 1km^2（包括采用中棚、小拱棚地膜覆盖、遮阳网等简易保护实施）。

特色果品生产区：特色果品生产区主要栽培树莓 9.8km^2，黑加仑 3.3km^2（树莓

69 万株；黑加仑 23 万株），选取喷灌和滴灌两种灌溉方式。

（1）节点一：农田水利科学馆

科学馆建筑造型灵感来源于船的造型，造型别致，建筑依阿什河而建。馆内用照片、模型、文字等展现水利科学知识，其内容包括农田水利设施、农田水利灌溉技术展示与泄洪示意等。

通过向人们展示古代灌溉器具，在讲解员深入、细致的讲解下，游客可以较为全面地了解我国农业灌溉的悠久历史，感受农业文明、水文化、工程文化的真实内涵。

（2）节点二：现代农田水利节水灌溉

游客穿行在果林之间，以体验为主，以方便大、中、小学生及游人入园后的认知学习，同时观赏效果极佳。

案例 4 小兴安岭蓝莓生态科技产业园区方案设计

项目特色：黑龙江省首个蓝莓主题园区

规划时间：2012

团队成员：王崑、赵广宇、霍俊伟、孙慧、王彻、王鹤兴、洪海洋、陈琳、李诗佳、张鹏等。

相关成果：1. 黑龙江省寒地浆果观光园规划设计研究，王鹤兴，2014，东北农业大学硕士论文。

扫一扫看彩图

2. 黑龙江省特色浆果观光园景观规划设计初探，王崑、王彻、孙慧，王鹤兴，中国农业资源与区划，2014 年 12 月，第 35 卷第 6 期，124 ~ 130。

3. 李诗佳、陈琳、洪海洋、张鹏、张新妍，第四届国际园林景观规划设计大赛，艾景奖优秀奖，获奖作品“双城”生活——小兴安岭蓝莓生态科技产业园区规划设计，指导教师王崑，作品类别园区景观设计，2014.11.18. 证书号，ILIA—S—20142178（中国建设报社，国际园林景观规划设计行业协会）。

一、项目规划背景

（一）以蓝莓为主的多个产业链已初步形成

1. 小兴安岭地区的蓝莓生产种植产业已经形成

自 2010 年开始大规模种植蓝莓，本着“企业化经营、市场化运作”的要求，积极招引和培育种植主体，推进种植基地建设，已引进大型企业 5 家，发展 120 户农户经营，建成了万亩蓝莓种植基地，已建立野生蓝莓保护基地 7333hm^2。

2. 蓝莓加工产业基础良好

以丰园森林食品有限公司为代表的加工企业已经具备较强的加工能力，其现有固定资产投资总额 4000 万元，蓝莓果酒生产能力 1000t，此外，园区同时通过招商引资壮大一批龙头企业，促进园区栽培和精深加工产业的发展，主要以“引大、引外、引强”为原则，目前在谈的外联企业 20 余家，其中汇源果汁意向性投资达 3 亿元，为园区的发展创造了有利条件。

3. 观光休闲农业初具雏形

以举办世界蓝莓小姐采摘大赛、乳影岛亲水节活动为代表的休闲农业已呈现出良好的发展态势。

（二）管理机构与技术依托单位合作稳定

园区以友好区林业局为主要管理机构，技术依托单位有东北农业大学、东北林业大学、伊春林业科学院、伊春蓝莓技术研究所和伊春森林食品工程检测技术中心。这些单位科研开发实力雄厚，有多年的合作历史，作为技术依托单位能够保证项目的顺利实施。

二、项目场地分析

（一）伊春市基本概况

1. 自然条件

伊春市属北温带大陆性季风气候。特点是四季分明，春秋两季时间短促，冷暖多变，升降温快，大风天多；夏季湿热多雨；冬季严寒漫长，降雪天较多。年平均气温 1.0℃，无霜期 110 ~ 125 天。年平均降水量 750 ~ 820mm，降水量较充沛。水资源总量 102.6 亿 m^3。境内有汤旺河、呼兰河、嘉荫河等大小河流 702 条，分别属于黑龙江和松花江两大水系。汤旺河为伊春的主要河流，境内流长 443km，注入松花江下游。

地貌特征为“八山半水半草一分田”，整个地势西北高、东南低，南部地势较陡，中部较缓，北部较平坦，海拔高度平均 600m。境内千米以上高峰 77 座，最高山为平顶山，海拔 1423m。

伊春拥有亚洲面积最大、保存最完整的红松原始林，森林类型是以红松为主的针阔叶混交林，蓄积量较多的树种有红松、云杉、冷杉、兴安落叶松、樟子松、水曲柳、山桃稠李、核桃楸、椴树、暴马丁香、黄菠萝等，藤本植物及灌木遍布整个施业区，各种珍稀名贵的针阔叶树种达 110 余种。伊春是座美丽的林业都市，是国家的重要木材生产基地。这里因盛产珍贵树“红松”，被誉为“红松故乡”、“祖国林都”。友好区和五营区拥有红松母树林。伊春市药材资源在黑龙江省所占比重为 35% 左右。森林中有 1390 多种植物，是山野果、山野菜的丰产区。

2. 旅游资源

伊春境内旅游资源十分丰富，可分为自然旅游资源和人文旅游资源。自然旅游资源以森林、冰雪、河流、沟谷、奇石、湿地等为主。人文旅游资源以历史源流旅游资源、古迹科考旅游资源、民俗文化旅游资源、森林工业旅游资源为主。区内著名的景点：汤旺河石林、五营国家森林公园、恐龙国家地质公园、茅兰沟景区等。

3. 文化脉络

（1）生态文化

伊春被誉为“中国林都”，生态正是它不朽的灵魂。伊春有三个“最”：林区开发最早、全国最大的森林城市、生态环境堪称最好。

（2）民俗文化

伊春位于小兴安岭深处，鄂伦春族的服饰、习俗、桦皮制品，朝鲜族的歌舞、乐器、菜肴形成了它独具特色的民俗文化。

（3）旅游文化

伊春旅游以山川林海著称，森林观光、度假、探险，漂流，狩猎，滑雪等旅游活动形式丰富多彩。

（4）蓝莓文化

依托伊春良好的生态及旅游资源，友好区不断扩大蓝莓产业规模，力求形成蓝莓等浆果的全景产业链。

4. 交通分析

航空：2009 年 10 月，伊春林都机场正式通航，可直接飞往哈尔滨、北京等地。伊春距哈尔滨太平国际机场 350km，距佳木斯蒙古力机场 150km。往返远程游客，可借助这两个机场通达国内外目的地。

铁路：是伊春市重要的交通工具。哈佳线上的南岔、带岭、朗乡、桃山、铁力等重要景区，与北京，天津，山东，辽宁和哈尔滨等省市有直通列车；汤林线上的金山屯、美溪、伊春、五营、汤旺河、乌伊岭等景区，可直通哈尔滨，境内每天有近 30 对列车，铁路交通十分发达。

公路：目前，伊春市已建成伊春至铁力的高等级公路，向外延伸可通过绥化高速公路到达哈尔滨，行程只需 3.5h。伊春至鹤岗的高等级公路，途经美溪和金山屯旅游区，极大地方便了伊春市与东部城市如鹤岗和佳木斯之间的交通运输。伊春至嘉荫的公路，对游客进入五营国家森林公园、汤旺河石林风景区和边陲旅游城镇嘉荫提供了方便。

（二）园区区位分析

园区位于黑龙江省伊春市友好区林业局的东南角，距离友好区中心较近，东侧毗邻 204 省道；西侧滨临汤旺河和铁路，南侧与友好区城市干道相连，且南侧有林都机场；东侧邻近青山；北侧与锦绣农场接壤，整体园区规划面积约 616hm^2（图 2-33）。

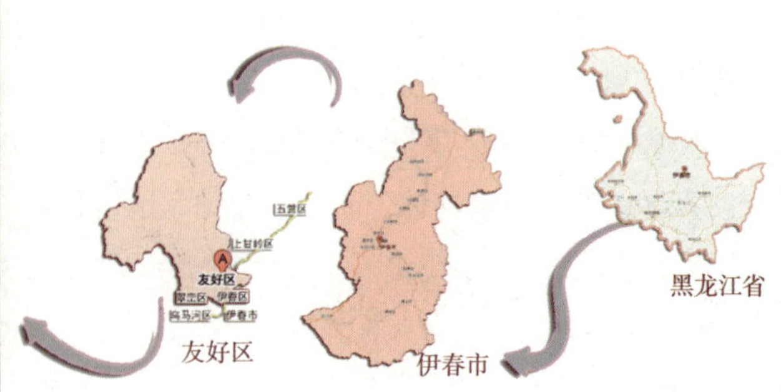

图 2-33　区位关系示意图

园区周边用地为农场、村屯、农庄。环境污染较少，环境优美，适合发展现代休闲农业。交通便捷，为蓝莓生态园的旅游和蓝莓等小浆果的对外销售提供了极大的便利。项目所在地所属的友好区位于伊春市区和上甘岭区中间，周边旅游资源丰富，蓝莓生态科技园的建设能够促进伊春的旅游及小浆果发展。

（三）场地土地利用现状及适宜性分析

占地面积最大的为基本农田与种植用地。在初期开发中，项目用地所有权已经被部分公司承包，包含德润公司、伊蓝公司、大自然公司以及大庆洪洋公司，其中前三家公司位置分布集中，用地情况多以种植为主。此外，还有一部分居住区、粮种厂、种鸡场、鱼池、沙坑等，土地利用现状相对简单，有利于整体规划。

根据土地利用现状对项目场地进行适宜性分析，研究场地特征，分析总结不同类别场地的适宜性，为项目规划设计提供参考（图 2-34）。

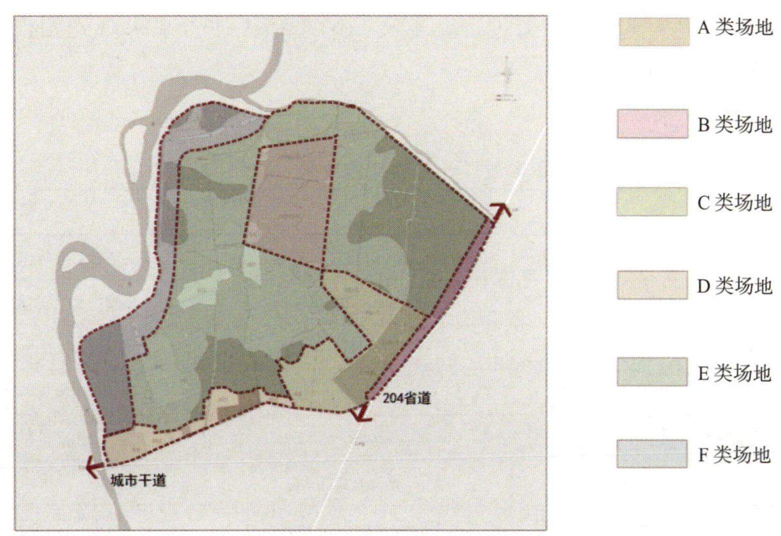

图 2-34　场地适宜性分析

A 类场地：场地区域内集中了主要的村屯，整体建筑风格相对统一为木质田园风格；与伊春市友好区城市干道相接壤。因此，可以设置少量的连接入口，并利用现有木质居住民房，整合改造形成具有特色的居住体验区。

B 类场地：交通最为便利，与 204 省道相连接，对接城市界面，益于园区宣传。因此，可以成为园区主入口，提供进入场地的空间。

C 类场地：现有伊蓝公司、德润公司和大自然公司在此区域进行蓝莓研发生产。因此，场地可以依托现有公司招商引资，集中规划可形成蓝莓科技示范中心。

D 类场地：该场地位于整个项目中心位置，主要由大庆洪洋公司和基本农田组成，周边环境良好，人流量较大。因此，适合成为连接观光游览和种植生产的过渡性区域，加强游人参与体验形成采摘区。

E 类场地：大面积农田及种植用地，土壤良好。因此，适宜蓝莓等浆果的大量种植。

F 类场地：该区域邻近汤旺河，内部现有养鱼池多处。因此，可以利用临水优势设置滨水休闲区，增加垂钓、亲水等体验项目。

（四）黑龙江省适宜开发的寒地浆果种类

在黑龙江省多年的浆果开发和利用中，野生浆果资源中的笃斯、黑穗醋栗、蓝靛果、五味子、沙棘等已发展为新兴果树的主要种类，并进入品种化、规模化生产的崭新阶段，而有些种类仍蕴藏在广大林区和山区中，有待进一步研究开发。目前，黑龙江省科研部门及部分企业根据当地土壤气象要求、开采难度系数、综合效益值等实际情况进行引种试验，经过科学鉴定评价研究后，确定了具有优良性状（丰产、抗逆、高品质等）的适宜开发和采摘的种类，这是打造龙江特色浆果观光园的前提。由于蕴藏资源量比较丰富且品种、变种等涉及种类过多，本文归纳总结了适合浆果观光园投入种植的 8 科 12 属 18 种（表 2-1）。

黑龙江省适宜开发的特色浆果 **表2-1**

科	属	种名	学名	生境
忍冬科	忍冬属	蓝靛果忍冬	*Lonicera caerulea* L. *edulis* Regel.	常与笃斯越橘伴生
杜鹃花科	越橘属	笃斯越橘	*Vacciniumu uliginosum* L.	潮湿地带、酸性土壤
		越橘	*V. viti-sidaea* L.	亚寒带针叶林下、排水良好
		蔓越橘	*V. microcarpon* Hook.	常与笃斯越橘混生
蔷薇科	草莓属	东方草莓	*F. orientolis* A.Los.	生于山坡、草地、林下
	悬钩子属	蓬虆悬钩子	*R. hirsutus* Thunb.	喜光、喜排水良好壤土
	刺玫属	刺玫果	*Rosa davurica* Pall.	喜向阳温暖潮湿环境
	樱属	毛樱桃	*Cerasus tomentosa*	生于林中、林缘或草地
虎耳草科	茶藨子属	黑果茶藨	*R. nigrum* Linn.	林下或林缘、喜光
		东北茶藨	*R. mandshuricum* Kimarov.	水分充足环境
		长白茶藨	*R. komarovii Pojark.*	喜光，稍耐阴，喜肥沃壤土
葡萄科	刺李属	刺李	*G. burejensis*（*Fr. Schmidt*）*Beg.*	生于森林草原、林中林缘林
	葡萄属	山葡萄	*Vitis amurensis* Rupr.	喜阴湿，生于林缘
猕猴桃科	猕猴桃属	狗枣猕猴桃	*A. kolomikta* Mzxim.	生于阔叶林、松针阔混交林
		软枣猕猴桃	*A. arguta* Planch.	生长在半山腰、阴坡中
		葛枣猕猴桃	*A. polygama* Mig.	常与软枣猕猴桃混生
木兰科	五味子属	北五味子	*Schisandra chinensis*	生长于湿润山坡或灌丛中
胡颓子科	沙棘属	沙棘	*H. rhamnoides* Linn.	枝叶茂密、根系发达

三、客源市场分析

（一）开发现状

项目园区前身为蓝莓种植基地，以蓝莓生产种植为主，尚未形成旅游观光服务，仅在举办“蓝莓采摘节”、“世界蓝莓小姐大赛”和相关蓝莓浆果洽谈会、论坛等活动时可以集中吸引大量的游客，平时游客相对较少。

现有游客大多来自伊春市内以及鹤岗、佳木斯、牡丹江、哈尔滨等周边城市，以城市居民和蓝莓相关产业工作研究者为主体。总的来说，目前园区客源数量较少，游客类别单一，没有建立起自己的特色市场格局。

（二）客源市场细分

园区具有观光、游览、采摘、生产等多种功能，其市场细分见表2-2。

客源市场类型及消费特征和旅游产品　　表2-2

客源市场	消费特征	旅游产品
城市白领	消费水平中等，利用节假日出游，寻求释放身心压力，注重自身参与感	观光旅游、蓝莓采摘、食品制作、滨水嬉戏等
大、中、小学生	消费水平低，多由学校等机构组织游览，年轻、喜欢新奇前沿事物	蓝莓相关知识学习、劳作体验、蓝莓公仔彩绘等
富裕人群	消费水平较高，看重旅游质量，通过旅游招待客户与联络感情	商务会议、蓝莓别墅租赁、温室大棚承包体验等
家庭市场	以孩子与老人为核心、注重家庭成员共同参与，也可多个家庭参加增进情感	蓝莓小镇体验居住、户外野餐、家庭果林租赁等
专业科研考察团	多为公费，以学习推广科学技术为目的，游览逗留时间较短	蓝莓技术学习交流、温室设施参观、论坛会议等
非专业参观团体	一般对园区有所耳闻，向往优美新颖的景观，注重参与生动活泼的趣味项目	蓝莓博物馆及食品加工流水线参观、聚餐居住等
林区退休人员	收入稳定，游览时间充裕，年龄偏大，喜欢安静、怀旧，注重养生	森林疗养、老年公寓居住、花田观赏、垂钓等

（三）客源市场定位

根据园区的地理区位、交通、产业、主题和旅游资源类型等多方面状况，可以将其旅游客源市场定位为：

以国内客源市场为主体，海外客源市场为补充；近期以近程客源市场为主，逐步开发扩大中、远程市场份额。国内一级客源市场定位为伊春市、哈尔滨市、佳木斯市、黑河市、齐齐哈尔市和大庆市等黑龙江省内区域；二级客源市场为吉林、辽宁、内蒙古、北京等地；三级客源市场为国内夏季高温地区。另外，海外一级客源市场定位为俄罗斯，二级市场为日本、韩国、朝鲜及港澳台等。

四、规划总则

（一）规划定位

小兴安岭蓝莓生态科技产业园区是以“科技兴园、产业强园、生态立园”为中心，基于友好区耕地面积少的特点，积极发展以蓝莓为代表的寒地特色小浆果产业，以农业先进技术的组装集成和成果转化为支撑，通过农业龙头企业及食品加工企业集聚发展，带动种植农户的集约化生产，并通过强化园区体制创新和机制创新，逐步形成技、贸、工、农一体化的经营模式，为区域现代农业发展构建科技集成创新的平台，逐步实现园区的农业科技研发功能、生产功能、孵化培育功能、示范功能、休闲观光功能、生态功能，带动友好区及周边地区农业结构调整和产业升级，提高农业的运行质量和效益。

（二）规划目标

园区采取综合规划、统一指导、区域布局、分步实施的方式，建立符合21世纪农业发展方向、具有同类型生态条件下领先水平的观光农业园区，推进园区现代农业集约化生产和企业化管理，形成具有示范、带动、生产、加工和观光等多种功能的区域农业，发展科技集成创新平台和观光农业的旅游基地，逐步成为黑龙江省乃至全国范围内的特色浆果繁育、生产和观光旅游的重要基地，具体的目标包括：

1. 实现蓝莓等黑龙江特色小浆果的组装集成，解决影响范围内的园区及周边地区果业发展的重大科技问题。

2. 转化并推广蓝莓等小浆果和其他食品加工业科技成果，培育地方新的经济增长点。

3. 吸引优秀人才，建立技术培训和技术服务网络体系。

4. 建设具有区域代表性和引导、示范与带动作用的浆果科技基地。

5. 培育具有国际竞争力的园区龙头企业。

6. 培育具有国际竞争力的科技型观光农业产业集群。

（三）规划原则

1. 坚持优化布局，突出特色原则

紧密围绕蓝莓等小浆果特色产业，进行有效配置农业产业要素和科技要素，形成合理的区域布局和专业分工，通过国家相关计划、项目支持引导，促使园区科技向小浆果种植、加工及休闲观光领域高效积聚、创新利用，促进园区主导产业的发展。

2. 坚持整合资源，提升能力原则

通过园区管理部门组织协调，促进园区与国内外科研院所、高校建立科技合作、成果转让、信息共享机制。鼓励科研单位、大专院校利用园区建立的科技平台开展合作研发，设立技术开发中心、实验室、博士后流动站等，集成各方资源，促进园区科技发展。

3. 坚持农业产业化与科技创新一体化的原则

通过产、学、研结合，紧紧围绕蓝莓等小浆果生产和产业开发，开展技术攻关，技术集成、示范与推广一体化，以科技创新提升小浆果生产的整体水平和效益，构建产业开发技术平台，逐步培育一批具有市场竞争力的园区农业科技型企业，成为带动区域产业化发展的龙头企业。积极引导农业合作有限责任公司和农村合作社参与园区经营，开展技术示范，强化农民培训，培养一批农民技术骨干和农民企业家。

4. 坚持科技人员创业与农民增收相结合的原则

立足科技项目，突出科技创业，使该园区成为科技人员创业行动的基地和平台。鼓励科研院所和各级各类人才以科技人员的身份，带项目、带人才、带资金，按照“双向选择”的原则，进入园区与龙头企业、专业大户建立经济利益共同体，实施体制创新，坚持金融推动，实现技术、资金、土地、劳动力和市场资源的优化配置。培育以企业和农村合作经济组织为主的市场竞争主体，带动农业增效、农民增收。

5. 坚持政府引导、业主开发、市场化运作的原则

按照以人为本，追求个人与社会共同发展的原则，在园区建设中，重视机制创新和制度创新，优化创新创业环境。充分发挥市场机制的作用，实行酬效结合，畅通人才渠道。建立多元化、市场化的投融资机制，引进资金、引进技术、引进项目，形成借“天下人”之力发展科技产业的态势。用企业行为规范园区管理，逐步构建产权明晰、责任明确，自主经营、自负盈亏的现代企业制度。

6. 坚持景观特色突出，功能布局合理原则

依托小兴安岭蓝莓生态科技产业园区的产品形象，结合园区的自然资源特色、文化资源特色着力打造生态化、特色化、人性化的园区景观效果，将景观营造与功能有机结合。依据道路系统和周边环境条件合理划分功能分区，立足景区的生产运营模式，将景观融合进蓝莓等小浆果的育苗、生长、生产、加工、采摘等产品活动上。

（四）主导产业

园区围绕蓝莓等寒地特色小浆果，积极发展高效种植、贮藏加工生物技术、休闲观光等主导产业。其主导产品有蓝莓等小浆果果实、加工产品、苗木、生物肥料及相关旅游产品。

（五）规划依据

1. 国家相关法律、法规及规划设计规范；

2.《农业科技发展纲要》(2001—2010)，国务院 200l[12] 号。

（六）规划时期

园区建设时期为 2013 ~ 2015 年。

五、总体布局与分区规划

（一）总体布局

从园区的整体定位与功能价值出发，实现“种蓝莓、赏蓝莓，品蓝莓、售蓝莓、论蓝莓”的品牌策划，结合园区现有土地利用现状，将园区规划成科技示范区、采摘区、蓝莓小镇体验区、生产区和滨水景观廊道五大功能区（图 2-35）。五大功能分区各具自身特色又相互联系呼应，依靠园区游览路线将不同功能区连接，使得各个功能区保持独立性的同时又整体完整。

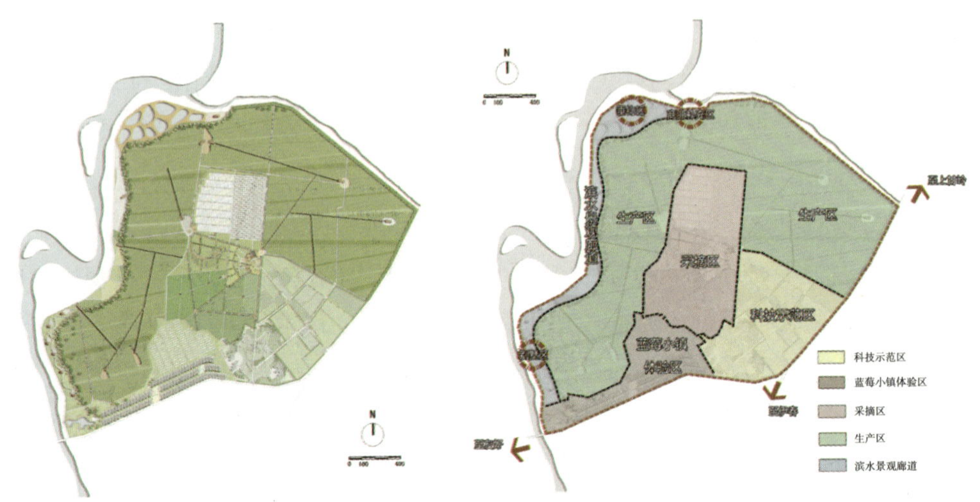

图 2-35　总体平面图和功能分区图

1. 科技示范区

科技示范区位于园区东南部，占地面积约为 $85.3hm^2$。该区域内部有多家公司，从事蓝莓等浆果的育种、种植、加工等科学研究，负责相关技术的宣传推广与示范，所以科技示范区是整个园区的主要科研基地。科技示范区位于园区主入口处，是游人第一个接触的功能区，所以其不仅承担科学研发和技术推广的重任，还是园区最重要的景观区域。

科技示范区从蓝莓等浆果的发展历史、品种介绍、种植收获及高新技术等诸多方面入手，强调蓝莓知识的宣传普及，注重游人参与感受学习，构建主题鲜明的园林小品与构筑物，营造特色景观，从而使游客开门见山的感受园区鲜明的主题内容和浓郁的产业氛围。

2. 采摘区

采摘区占地面积约 $100hm^2$。采摘区承接科技示范区的景观序列同时增加游客的参与体验项目。采摘区以蓝莓及其他浆果的露地和棚室生产、采摘、品尝为主要内容，配合园林植物景观设计，构建广场、迷宫等休闲娱乐场所，营造满足游人现场采摘浆果、品尝制作，亲身参与体验劳动的区域。

3. 蓝莓小镇体验区

位于园区南部，占地面积约为 54.7hm^2。该区域建议由政府或各公司投资，将原来蓝莓种植农户的居住房屋改造规划，形成具有北欧风格的别墅区，别墅配有种植蓝莓等浆果的庭院，户主可以面向游客出租别墅，实现游客居住林区别墅、亲自体验蓝莓种植等愿望。体验区还修建大棚满足户主及游人更自由的种植、采摘活动。

4. 生产区

占地面积最大达 333.3hm^2 的生产区是园内重要的蓝莓等浆果种植生产基地。生产区种植蓝莓、蓝靛果、笃斯越橘等近 10 余种寒地浆果，为蓝莓果实出售及相关产品加工提供原材料，是园区经济收入的重要来源；同时，生产区承担着浆果新品种及新种植技术的试验推广功能；另外，大面积的浆果种植形成气势宏伟的果树景观，配合园林植物营造贴近自然的农业氛围。

5. 滨水景观廊道

占地面积约 42.7hm^2 的滨水景观廊道，依托汤旺河的水资源，设置滨水广场、垂钓区等，满足人们亲水戏水的需求。滨水地离园区较远适合养生，开发潜力很大，设置商业开发区和别墅区等。

（二）分区规划与景点设计

1. 科技示范区

科技示范区的总体规划设计顺延蓝莓生产加工的思路展开进行景点布置，从蓝莓的培育、蓝莓的生长、蓝莓的采收再到蓝莓的生产、蓝莓的加工以及蓝莓的价值，将多个蓝莓的生产制作工序融合到各个景点，使得景点之间衔接紧密、富有层次，烘托出该区域“蓝莓生产加工”的科技示范主题。

（1）科技示范内容

科技示范区是园区的核心区域，承担着科技示范推广的重要作用，此区约有十项科技示范内容（图 2-36）。

（2）道路系统分析

科技示范区道路设置在原有主要道路的基础上稍作改动并增加游览道路（图 2-37）。外部道路是指园区东南侧的 204 省道，北侧道路通往伊春市区。园区考虑周边环境以及蓝莓浆果的运输等多方面问题，允许机动车辆进入并配套设有多处停车位，将原有的 4m 主路拓宽至 8m 以方便多种车辆的进入行驶，并在原来影响整体美观性的裸露明沟上铺设预制板。主路连接着科技示范区的主要景点，两侧的植物绿化选用乡土树种红松作为基调树种，间隔 6m 种植，配以紫丁香和毛樱桃等花灌木形成丰富的立面植物景观；科研示范区与其他区域连接的主路结合现有种植植物，采用 4 棵红皮云杉配

1. 小浆果新品种选育研究与示范
2. 小浆果露地栽培技术集成研究与示范
3. 优质苗木高效快繁技术研究与示范
4. 小浆果旅游观光果园建设研究与示范
5. 小浆果新树种、新品种引进、筛选与示范
6. 野生浆果人工驯化抚育技术研究与示范
7. 小浆果机械省力化栽培技术研究与示范
8. 设施浆果高效栽培技术研究与示范
9. 小浆果果实品质在线检测技术研究与示范
10. 小浆果贮藏加工技术研究与示范

图 2-36　科技示范内容图

图 2-37　道路系统图

合一株红松，间隔 4m 的种植方式。

游人以电瓶车做为主要游览方式。电瓶车主要在连接多处次要观赏性景点的辅路上行驶，辅路拓宽至 6m，选用具有寒地特色的白桦和蒙古栎作为辅路基调树种，4m 间隔，成组种植。

园区小路宽 2.5m。小路周边大地多为蓝莓浆果的种植，为弥补周边景观单一的缺点，不同的小路种植不同的树种，选用榆叶梅、鸡树条荚蒾、树锦鸡儿、毛樱桃和紫丁香 5 种花灌木配合遮阴乔木，间隔 3m 种植，形成一树一路景观。

（3）主要景点设计

科技示范区设置大小景点 24 处，入口观景台、赏梅廊、听莓涧及莓海广场等大多数景观紧密围绕蓝莓主题设计，同时依据蓝莓的生产制作工序设置相应主题的景点（图 2-38），例如：蕴含蓝莓科技的“智能温室”实现蓝莓的培育、代表蓝莓生长的“生命树”、象征蓝莓开花结果的“莓花广场”、富有收获寓意的“话莓”以及体现蓝莓加工的“蓝莓工坊”和展示蓝莓多方面的蓝莓博物馆等。其中，莓海广场是科技示范区的主要游览区域，广场上设有观赏温室、蓝莓博物馆等重要科普建筑。

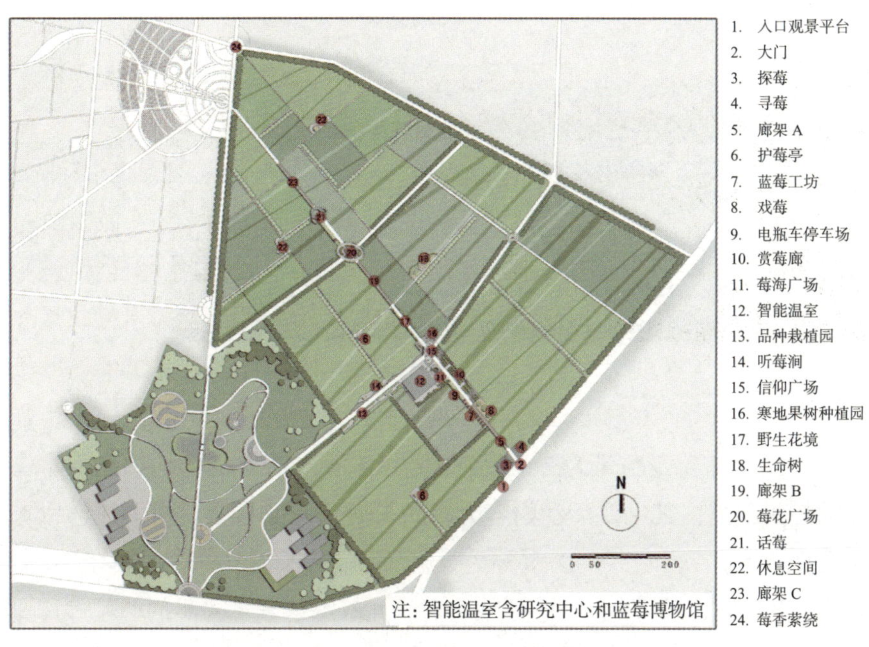

图 2-38　科技示范区主要景点分布图

1）探莓：“探莓”景点重在表现“探”字的深意，通过花池、绿墙及挑台的变化，呈现了一个平面曲折递进、立面高低错落的理想空间，花池内种植野生花卉及浆果盆景，同时刺叶南蛇藤、五味子等多种攀爬浆果附于绿墙之上，烘托园区浆果科技示范的氛围，随着观景的深入，忽探万亩蓝莓，产生以小见大的豁然之感（图 2-39）。

2）寻莓：“寻莓”景点与“踏雪寻梅”之意有异曲同工之妙。此景点位于主路的开端，开门见山地引入蓝莓种植的盛景。广场上陈列高低不同的花篱，随着花池是参差不齐的白色条石，沿着条石的引领，寻觅到一片蓝色的海洋（图 2-40）。

3）护莓：在大面积蓝莓的种植田地上，设置游步路方便游人近距离观察蓝莓。所以在空间内设置草亭，不仅方便游人的休息，同时可做暂时的管理。

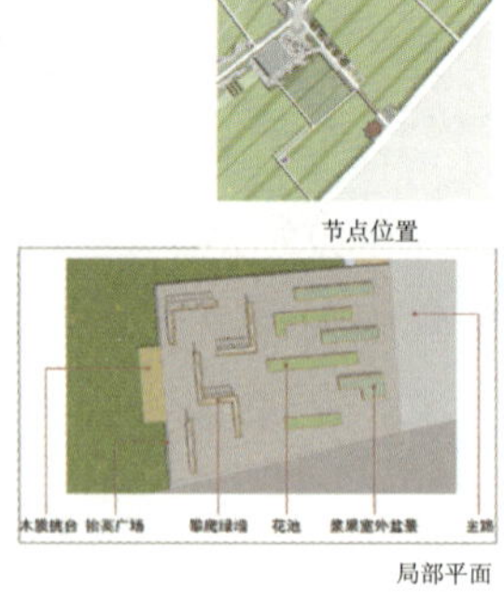

图 2-39　探莓

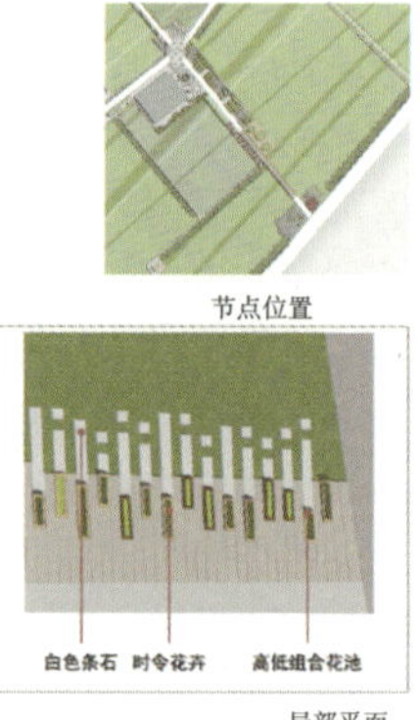

图 2-40　寻莓

4）蓝莓工坊：蓝莓工坊是为游人提供休息、娱乐、餐饮的场地，充分体现互动性和参与性的景观节点。其主要活动内容为果品采摘、公仔彩绘及园区纪念品制作、食品的制作及品尝等。

5）戏莓：所谓“戏莓”即有游戏、嬉戏之意。此景点以蓝莓果实的“圆”为提取元素，将其三维立体化处理成亦观亦玩的景观（图 2-41）。

6）赏莓廊：“赏莓廊”为 3 个相似空间，空间内绿地搭配草地、绿篱、花篱及休息亭，

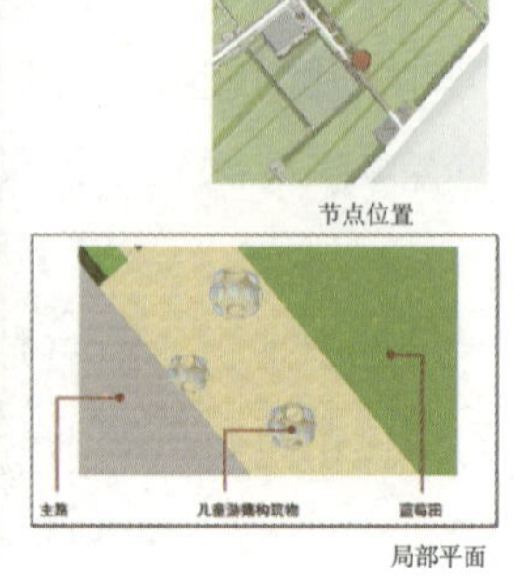

图 2-41　戏莓

既有现代艺术的简洁美感又可以为游客提供休息场所（图 2-42）。

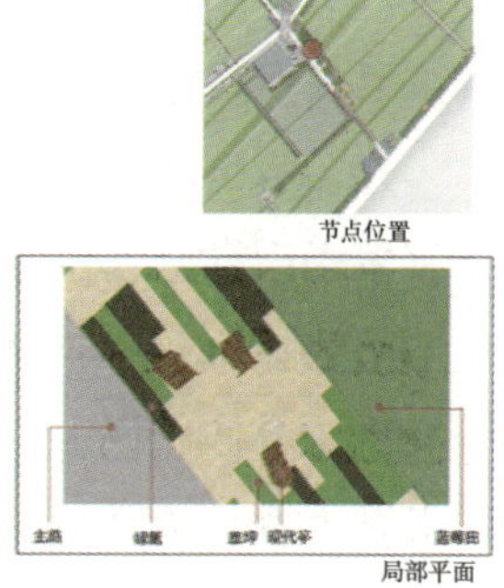

图 2-42　赏莓廊

7）生态停车场：由于电瓶车是游客在该园中的主要交通工具，为方便游人使用，特在距离入口较近的主路一侧设计了电瓶车停车场。停车场采用生态设计，以嵌草铺装配合种植池的方式，既能提高停车场的实用性，同时也做到了尽可能地增大绿化面积。

8）蓝莓广场："莓海广场"位于温室的东北部，依据"天圆地方"为概念，设计方形的占地 3000m^2 的智能温室及圆形交错的地面铺装（图 2-43）。"圆"的辐射有一语双关之意，象征蓝莓和水滴，寓意蓝色的莓海盛景。同时，设计时特别注重细节的把握：圆中心处的叠落花池、拼接处的涟漪景观、立体攀爬柱、蓝莓座椅，都在不同程度上深化了蓝莓这一园区主题。

图 2-43　蓝莓广场

智能温室由科研示范区和蓝莓博物馆两部分组成。科研示范区主要展示小浆果的各种科研品种、栽培技术等内容。蓝莓博物馆主要由蓝莓与文化、蓝莓与健康和蓝莓与加工三个主题组成。本展厅通过精炼的文字、图片等方式，将蓝莓相关的历史、文化、科技等内容以科普的形式展现出来。

9）特色品种展示园：品种展示园位于温室西侧，主要展示园内所有露地小浆果的种类。由于不同浆果的品种众多，为达到普及教育的目的，特设品种展示园，将每一种浆果的不同品种分别展示，形成宏观效果的同时，很好地达到区分的效果。

10）听莓涧："听莓涧"重在"听"。将基地原有的水沟进行自然化处理，同时新建茅草亭，供游人休息、娱乐。"听"字体现在水流的声音、雨打蓝莓叶的声音、果实成熟落地的声音上，使游人充分感受大自然的魅力。

11）信仰广场：伊春当地特有的少数民族——鄂伦春族信奉萨满教。此景点充分挖掘鄂伦春族的文化，以萨满图腾柱为原型，将颜色提炼出来，同时图腾柱上的镂空部分似蓝莓果实（图2-44）。

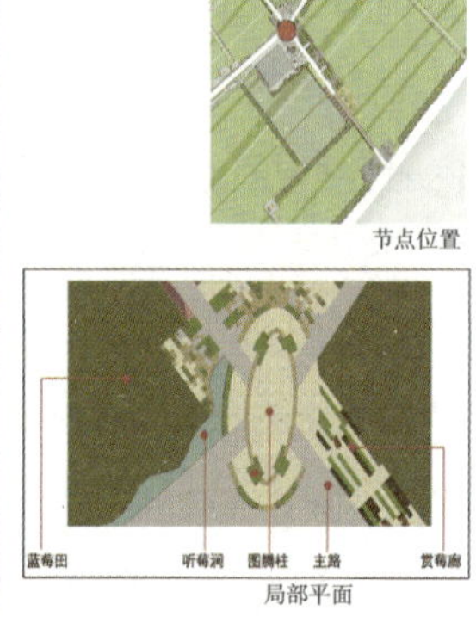

图 2-44 信仰广场

12）寒地果树种植园：位于信仰广场的西北侧，主要功能是展示伊春特有的寒地果树。种植核桃楸、山丁子、山楂等寒地特色的果树，将伊春的特色融汇在整个园区之中。

13）"生命树"：景点打造是为了强调人与自然的和谐共融。蓝莓的成长是从种子、芽再到苗，最终开花结果。而人亦是如此，寓意不要只在乎最终的果实，要享受生命的每个阶段的美好。树下花池内种植野生花卉，同时山葡萄、牵牛花等多种攀爬附于生命树之上，周边配合多样的花灌木点缀种植，彰显生命的活力（图2-45）。

14）莓花广场："莓花广场"景点以蓝莓花雕塑为主要造景元素，将绿地进行自由组合设计，为突出花姿的妖娆，平面布局为自然式，立面以微地形衬托。为了区别大农业种植，此处的植物配置强调自然化处理（图2-46）。

15）话莓："话莓"建筑小品平面采用多个圆圈组合的形式，与园区的"圆"形成呼应。同时，立面也以圆弧的剖切构成建筑的门窗。此建筑名为"话莓"，重在阐释"话"字，建筑内陈列各种蓝莓艺术品、国际蓝莓科技等，提供一个蓝莓话题，使游客全面地了解蓝莓文化（图2-47）。

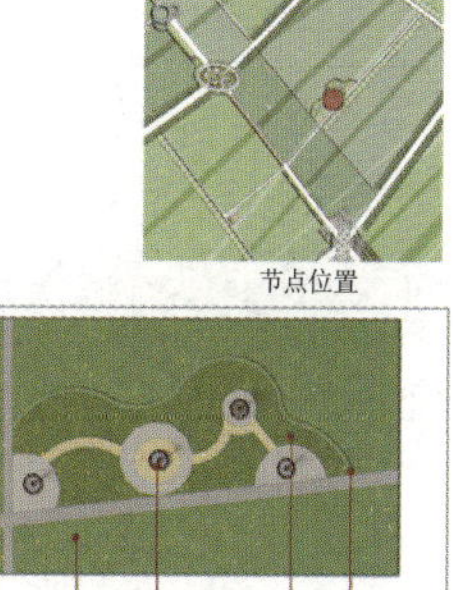

图 2-45　生命树

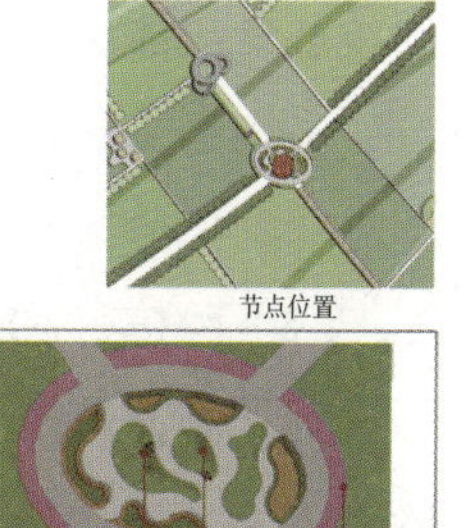

图 2-46　莓花广场

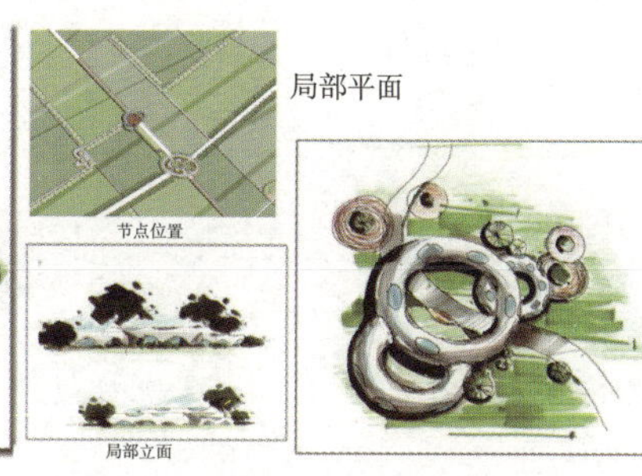

图 2-47　话莓

16）休息空间：此处休息空间以木质的亭为主体，主要为游人提供游览过程中的休憩场地。木质亭采用简洁大方的造型，从而配合此处疏朗开阔的自然景观。游人坐在亭中，四周被无垠的“莓海”簇拥。

17）莓香萦绕：“莓香萦绕”景点为科技示范区与采摘区的连接，起到过渡的作用，此景点主雕塑为一抽象的榨汁机，其功能是提供藤本植物攀爬形成景观。座椅整体以蓝莓面包为设计灵感，采用蓝莓与面包片的组合形式，展现不同的座椅，风格与主题完美结合，材质、颜色与园区景观合理配合。花钵设计与蓝莓果实相似，细节设计上深化主题。

2. 采摘区规划设计

（1）采摘体验规划设计内容

采摘区是科技示范区与生产区的过渡区域，其主要入口承接科技示范区的景观序列，将园区的整体景观相融合并且通过地形和高大乔木的种植来抬高地形，有效地解决了园区整体地势平坦缺少变化的景观现状。

采摘区坚持以人为本原则，注重游人的参与性与互动性，除大面积的浆果采摘外设置蓝莓堡满足游客将采摘的浆果简易加工成多种食品的需要；设置广场满足人们休息逗留集散；针对儿童开设蓝莓公仔彩绘、园区纪念品制作等项目以及沙坑广场、浆果迷宫等景点，考虑不同层次游客的需求，将采摘区打造成游人乐在其中、回味无穷的核心参与体验功能区。

采摘区采用扇形放射状的平面构图模式设计，结合原有道路系统和采摘的种植种类进行种植分区。

（2）种植分区

为了满足游人进行采摘等娱乐活动和工作人员的日常养护管理（图 2-48），以采摘区内原有的道路将该区域划分为棚室采摘区和露地果树采摘区两个区域，其中棚室采摘区面积约 42.3 hm^2，露地果树采摘区为 57.7hm^2。

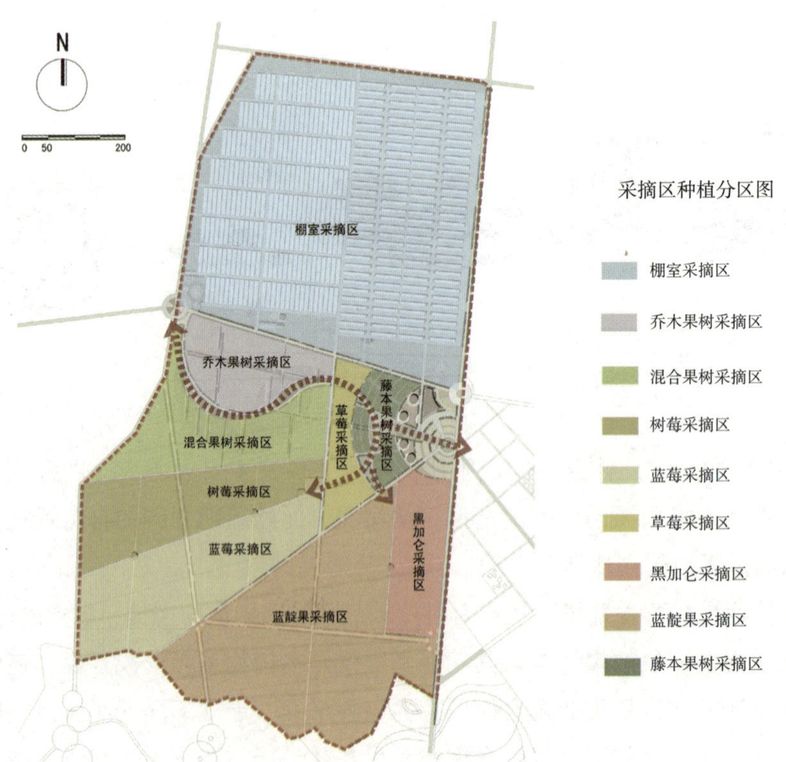

图 2-48　种植分区图

棚室采摘区拟建大棚 211 栋、温室 124 栋。露地果树采摘区主要实现浆果及部分寒地非浆果类果树的露地种植采摘，其内部又依据不同采摘果品的类别进行小区划分，包括：乔木果树采摘区、混合果树采摘区、树莓采摘区、蓝莓采摘区、草莓采摘区、黑加仑采摘区、蓝靛果采摘区以及藤本果树采摘区八类区域。

1）乔木果树采摘区

露地果树采摘区中乔木果树采摘区占地约 4.5hm^2，种植山丁子、桑葚、山楂等比较有特色的寒地果树，为蓝莓浆果主题的园区适当增加果品种类。

2）混合果树采摘区

考虑游人倾向取近的心理，方便游人采摘，结合景观轴线在位于乔木果树采摘区的南部设置面积约 7.3hm^2 的混合果树采摘区。包括：蓝莓、树莓、黑加仑等浆果与部分非浆果类的特色果树。混合果树采摘区内部利用果树类型丰富的优势，根据果树自身株高、冠幅及花色、果色等观赏价值，结合混合式种植方法配制休闲座椅、景观小品等，形成优美的采摘环境，使得游人边采摘边赏景，游览拍照与品尝劳作同时进行。

3）藤本果树采摘区

采摘区入口景观区域种植高大乔木并进行地势抬高处理，为了自然过渡到地势平坦的其他果品采摘区，紧挨入口景观区域设计藤本果树采摘区，面积约 2.7hm^2。藤本果树采摘区内部种植狗枣猕猴桃、软枣猕猴桃和五味子等藤本类果树，由于藤本植物的生长特性需要设立支撑物满足其攀援生长，所以具有一定高度的支撑物群增加竖向景观，从高度方面过渡入口景观区和其他果品采摘区，避免了不同区域之间强对比过于生硬的衔接；另外支撑物的材料选择和形状可以根据园区主题和景观需要进行设计，营造软硬景观的结合。

4）其他浆果采摘区

采摘区内部还设有树莓采摘区 7.3hm^2、蓝莓采摘区 10.7hm^2、草莓采摘区 4hm^2、黑加仑采摘区 4.7hm^2 以及面积最大的蓝靛果采摘区 15.1hm^2。这些浆果采摘区距离采摘区的景观轴线稍远，主要是为游客采摘提供更多的充沛果品材料，其内部浆果可以简单的行列式种植，适当点缀少许景观树和宿根草花，设置具有园区及伊春特色的有趣、活泼的稻草人、园区公仔等园林小品，布置休憩座椅及洗手钵等。

（3）道路系统分析

采摘区位于园区较为中心的位置，四周分别与生产区、科技示范区、蓝莓小镇体验区相接，因此，在规划采摘区道路系统时，在保留原始道路的基础上应该格外注意采摘区与各个分区之间的交通便利性和可通达性。目前，采摘区中 AB 段道路总长约 700m，BC 段道路总长约 740m，AC 段道路总长约 700m，其中景观轴线总长约 890m。由于园区面积较大，道路较长，因此在道路两侧需要设置大小形状不同，材料形式符合园区主题的休息座椅和凉亭等（图 2-49）。

采摘区内部道路分为三级。一级道路宽度 8m，主要是机动车辆通道满足温室和大棚区的蓝莓浆果及其他物资的运输；二级道路宽度 4 ~ 6m，道路弯曲围绕采摘区内主要景点，形成景观轴线为游人观赏提供便利，道路两侧设置广场与景观小品；三级道路也是游步道路，宽度 2 ~ 3m，主要贯穿露地果树采摘区，方便游客采摘娱乐等休闲体验活动。

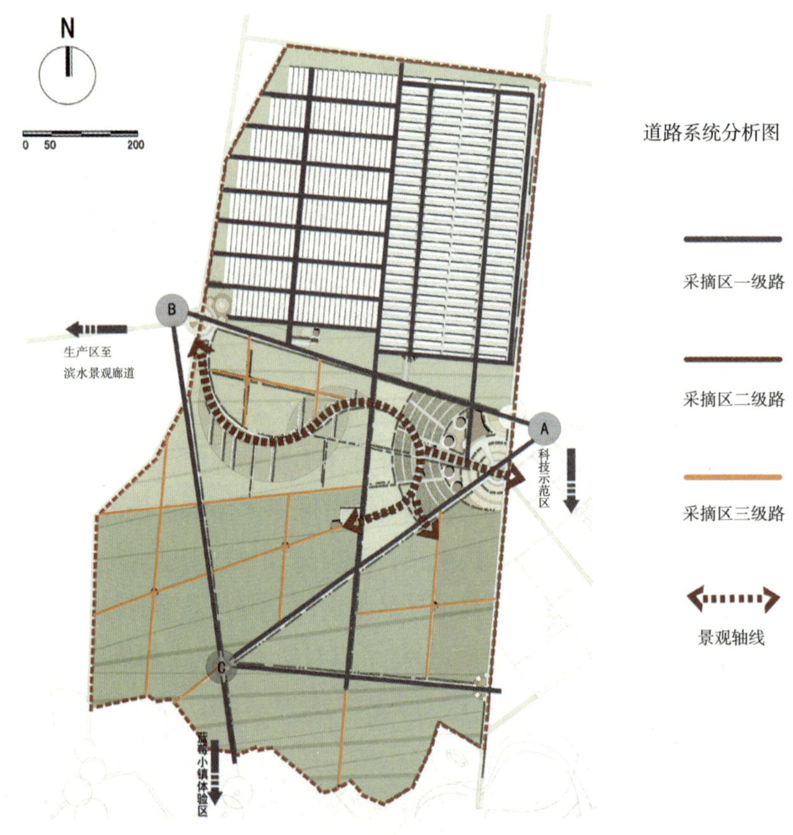

图 2-49　道路系统分析图

（4）主要景观节点设计

采摘区的景点分布图（图 2-50），包括 13 个主要空间节点，在平面构成上，以采摘区入口为放射性布局，方便采摘和交通。

3. 蓝莓小镇体验区规划设计

（1）总体规划设计

蓝莓小镇体验区主要以建筑为主，建造乡村蓝莓别墅，兴建大棚种植蓝莓，宣传蓝莓文化，实现租赁、度假等功能，打造其成为蓝莓风情浓郁的新型文化小镇，力求成为园区的招牌。蓝莓小镇是园区经济收入的重要来源之一，规划重点在别墅规划设

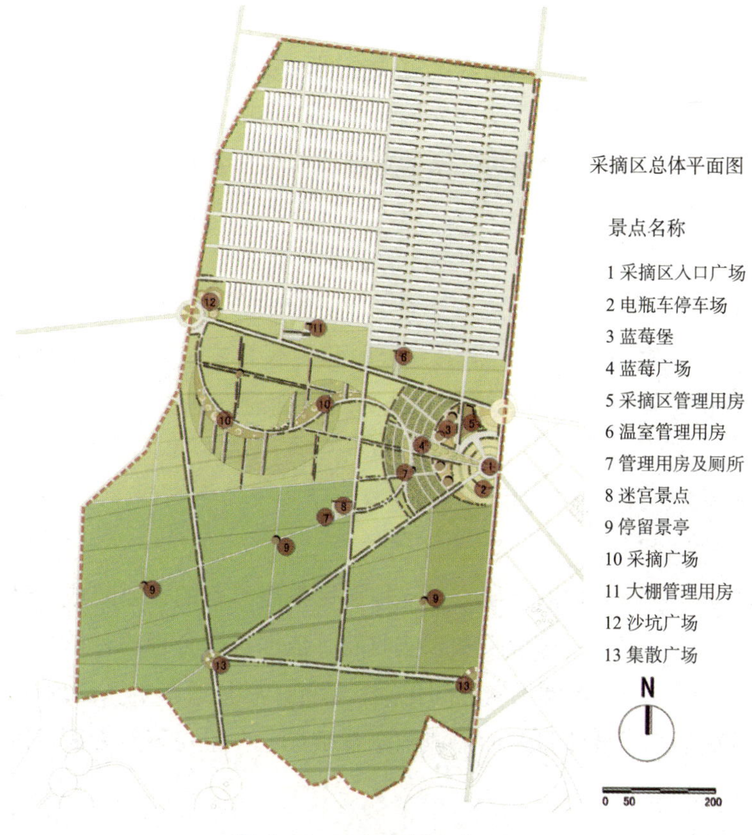

图 2-50 采摘区景点分布图

计上，别墅设计风格统一，设备齐全，拥有庭院空地及自家大棚满足业主游客自主种植浆果，将蓝莓与生活紧密结合。

（2）功能分区

为满足游客短时间居住或长期租赁小地块进行家庭休闲蓝莓种植以及召开商务会议、休养度假等需求，建立面积 54.7hm^2 的蓝莓小镇体验区，打造其成为类似“洋农家乐”形式的产业型新农村小镇，依托蓝莓及浆果产业，结合招商引资等多模式经营机制，将风情浓郁的别墅融入经济链条中带动村域经济。蓝莓小镇体验区内部细化形成滨水观赏区、蓝莓别墅区、大棚种植区和中心广场区四个区域。

1）滨水观赏区

滨水观赏区位于最西侧，邻近汤旺河，方便蓝莓体验小镇的游客和居民直接到河边赏水、亲水、戏水。

2）蓝莓别墅区

蓝莓别墅区主要针对旧居住区内低矮平房进行改造，整体别墅风格以北欧风格为主，小镇建筑风格统一具有特色。别墅区将蓝莓体验与居家生活相结合，使得游人居住蓝莓小镇、感受蓝莓风情、体验蓝莓种植。

3）中心广场区

中心广场区作为蓝莓别墅区的内部过渡空间，分为动广场区和静广场区。动态广场区主要设置休闲、健身器材，实现人们晨练、广场舞和小型晚会等功能，静态广场区主要以风景观赏为主，融合蓝莓元素营造俄罗斯风情景观，利用种植观赏价值高的植物划分空间，营造相对私密的境域，游人可以在此休憩、读书、交谈等。动静结合满足小镇内人们的不同需求，丰富别墅区的景观效果。

4）大棚种植区

大棚种植区主要提供农户、业主、居民和游客自主进行蓝莓棚室种植的场所，一方面增加果农蓝莓浆果种植经济收入，另一方面避开恶劣天气、增加游客蓝莓种植形式。

4. 生产区规划设计

（1）总体规划设计

生产区为园区最大面积的区域，是支撑园区发展经营的重要组成。其规划设计以生产种植为主，注重浆果良好生长和果实收获，依据科学合理的种植方式进行浆果生产种植，结合土壤性质，考虑果树之间化感、遮光、挡风等影响，合理规划种植布局，尽量减少果林内部为了营造景观而形成的干扰破坏，在景观营造方面可以注重道路绿化景观营造。

（2）栽培品种

生产区内主要种植浆果包含：蓝莓（*Semen Trigonellae*）、蓝靛果忍冬（*Lonicera caeruleaL. var. enulis Turcz et Herd*）、黑穗醋栗（*Ribes nigrum L.*）、树莓（*Rubus corchorifolius L. f.*）等四类。其他寒地浆果包含：山葡萄（*Vitis amurensis*）、软枣猕猴桃（*Actinidia arguta*）、五味子（*Schisandra chinensis*）、沙棘（*Hippophae rhamnides Linn.*）、醋栗（*Ribes spp*）、蔓越橘（*Oxycoccos*）等。

（3）道路绿化景观设计

生产区大面积种植寒地浆果，少数藤本类浆果种植需要的支撑物经过设计可形成独特景观，但多数浆果植株低矮难以形成优美的大面积种植景观，所以果林生产带周边的道路绿化应该营造植物景观，注重林冠线变化，丰富色相和季相，弥补生产区景观单一的不足。

结合生产区现有的 6 条道路，在道路绿化中采用曲线形式种植，从蓝莓及其他浆果的颜色作为设计出发点，运用观赏价值较高的乔灌草营造不同的植物层次景观，整体上形成粉色、红色及紫色的道路绿化景观（图 2-51）。

A 与 B 路段运用观花植物形成粉色的植物景观，种植毛樱桃与采摘区形成过渡（图 2-52 和表 2-3、表 2-4）。

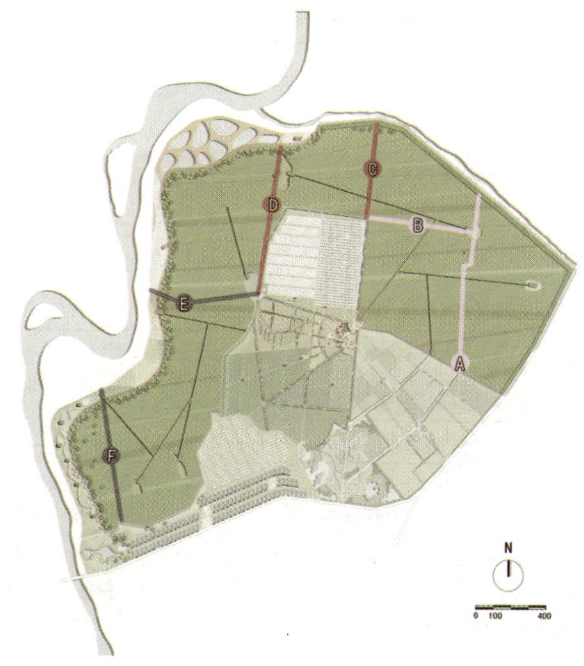

图 2-51　生产区道路植物景观总体规划

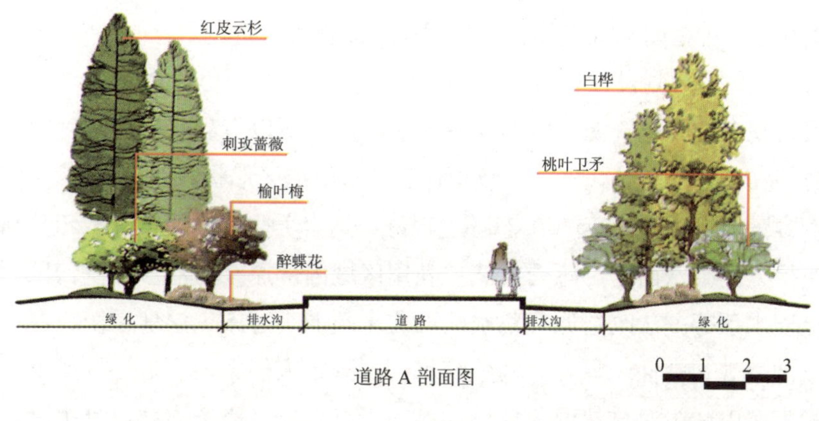

道路 A 剖面图

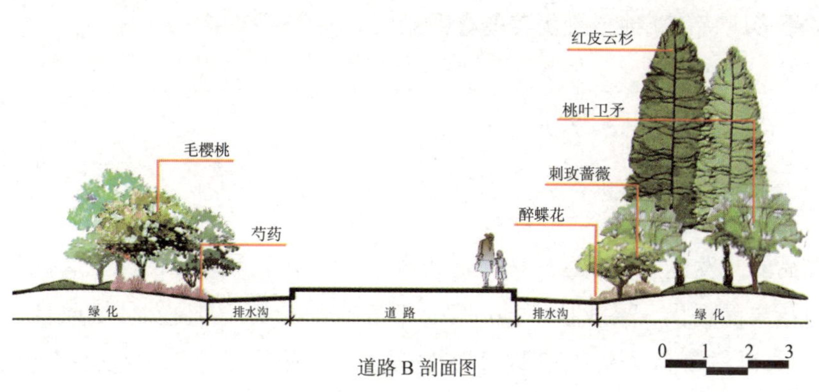

道路 B 剖面图

图 2-52　A、B 道路剖面图

道路A段植物配置说明　　表2-3

种植层次	植物种类及株高	观赏价值
乔灌草	乔木—红皮云杉（30m） 灌木—榆叶梅（2～3m） 灌木—刺玫蔷薇（1.5m） 草本—醉蝶花（60～100cm）	常绿树种 粉花（4～5月） 粉红花（6～7月） 粉色（6～10月）
乔灌草	乔木—白桦（30m） 灌木—桃叶卫矛（3m） 草本—醉蝶花（60～100cm）	落叶乔木、秋叶金黄 粉色假种皮（9～10月） 粉色（6～10月）

道路B段植物配置说明　　表2-4

种植层次	植物种类及株高	观赏价值
灌草	灌木—毛樱桃（2～3m） 草本—芍药（60～100cm）	粉花（4～6月）红果（6～9月） 宿根花卉、粉红花（4～5月）
乔灌草	乔木—红皮云杉（30m） 灌木—桃叶卫矛（3m） 灌木—刺玫蔷薇（1.5m） 草本—醉蝶花（60～100cm）	常绿树种 粉色假种皮（9～10月） 粉红花（6～7月） 粉色（6～10月）

C与D路段以赏红果、观红枝、看红叶为特色，营造红色的秋季景观；E、F两条道路靠近滨水区，种植耐水湿植物，以观紫花、品花香为特色。

5. 滨水景观廊道规划设计

根据项目现有的优越资源——西北界为汤旺河，所以借景营造滨水廊道景观，注重生态保护，完成人与自然的融合。顺延河流，滨水廊道区形状弯曲细长，优美流畅（图2-53）。该区域离园区相对较远，生态环境很好，适合养生，因而设计老年公寓以及滨水别墅，使得人们临水而居、感受自然。利用区域内部原有鱼池形成垂钓区，通过种植植物、梳理水系等方法改造原有荒水区形成全新的生态人工湿地系统，保护生态环境的同时增加景观观赏性。另外，构建滨水广场满足人们集散、娱乐等要求，广场硬质铺装面积不多以减少对自然湿地环境的人工干扰破坏。广场内部以种植高大乔木为主有利于冬季形成特色寒地素雅优美的雾凇景观。

六、旅游产品及游憩线路规划

（一）旅游产品开发

旅游产品的开发建立在园区整体主题形象基础上，突显园区的四重属性。一是果业属性，包括果品提供、果业技术推广等；二是生态属性，即自然环境改良、维护生态平衡等；三是科技属性，体现在果业科技普及、产品推广示范等；四是观光旅游属性，包含了观赏、娱乐、休闲、保健等。开发原则上以果品为主，反映园区特色；发挥地

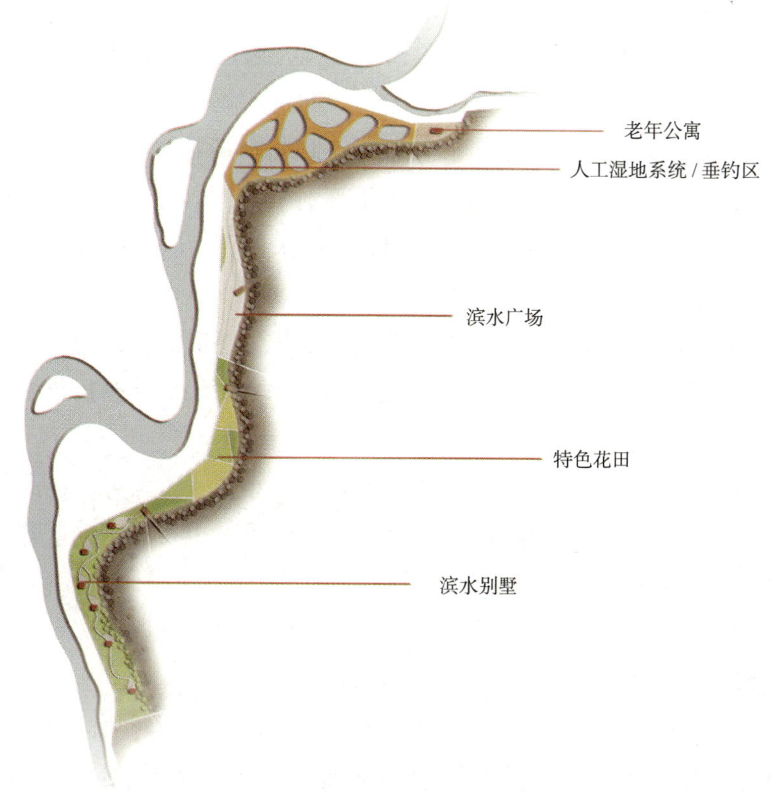

图 2-53　滨水区总体平面图

方优势，满足游客猎奇心理，多样化开发特色产品满足不同层次游客。产品开发设计如表 2-5 所示。

旅游产品开发设计　　**表2-5**

旅游产品	具体内容项目
观光游览	园区浆果品种园观光、温室大棚等园艺设施观光、滨水区湿地观光、蓝莓小镇建筑观光、蓝莓博物馆观光、果林观光等
参与体验	果品采摘、果树种植体验、农具使用、蓝莓公仔手绘、绘画摄影展览、浆果食品制作、鲜果和山野菜品尝、垂钓、泛舟等
科普教育	针对大中小学生开展科学实习和校外素质教育活动；针对大众游客普及浆果相关知识、新技术及新成果；建设浆果科技示范基地；举办“蓝莓采摘节”和“世界蓝莓小姐大赛”等
综合服务	蓝莓等寒地浆果及其加工生产的延伸产品（果酒、果酱、罐头、果脯、糖果等）、根雕、树皮画、果树木材制成的相关纪念品等购买；蓝莓体验小镇、租赁土地种植浆果、乡村别墅居住、日租房体验等
保健疗养	浆果保健饮食、山野菜品尝、森林疗养、老年公寓、湿地系统游览等

（二）游憩路线设计

结合园区功能分区和旅游产品设计，可以根据其特色主题安排相应的游憩路线，园区设计安排四种游憩路线。

A线：科技游览线。从园区入口到科技示范区，通过步行方式，欣赏道路两侧的蓝莓主题景观。莓海广场是该路线的重要景点，莓海广场建有蓝莓博物馆、智能温室以及蓝莓浆果品种展示园，使得游客参观浆果产业的高新科技与现代设施。

B线：果品采摘线。从园区入口乘坐电瓶车，穿越科技示范区快速到达采摘区。特色浆果采摘是该游线重要的旅游产品项目，果品采摘后可以进行简单的DIY加工制作，制成蓝莓面包、果汁、冰淇淋等食品。

C线：湿地养生线。园区次入口直接进入滨水区，感受滨水景观，休闲垂钓，湿地疗养、花卉疗养是该线路特色。滨水区还建有滨水别墅、老年公寓供游人长期在此利用自然资源养生保健。

D线：居住体验线。从园区次入口进去蓝莓体验小镇。游人可以在此租赁别墅和土地，开展果农生活体验，放松身心，感受劳作的魅力；也可以借助蓝莓乡村别墅举办商务会议、进行休闲度假。

七、产业规划

园区虽然以蓝莓冠名，实际则是以蓝莓、蓝靛果、笃斯越橘等“蓝色”浆果为主进行种植、加工、出售，由于大部分浆果的后期加工制作不在该园区内部开展，所以蓝莓、蓝靛果、笃斯越橘等浆果生产种植为园区龙头产业，结合园区其他种类浆果和特色果树的种植，带动园区观光旅游产业发展，实现园区经济、生态和社会效益。同时，园区立足长远，在完善健全自身发展的基础上，带动周边村镇、林场的蓝莓等浆果生产种植产业，实现企业经济共同发展。

案例 5 呼兰区现代设施园艺生态示范园规划

项目特色： 太阳能利用、地域文化与设施农业园区的结合

规划时间： 2010

团队成员： 王崑、王小雨、张译元、孙苏晶、霍俊伟、于锡宏、蒋欣梅等

相关成果： 1. 哈尔滨地区农业生态园规划研究，张译元，2011，东北农业大学硕士论文。

2. 浅析哈尔滨市沿江湿地旅游开发中的景观营造，张译元，王小雨，王崑（通信作者），黑龙江农业科学，2011（7）：91 ~ 94。

3. 孙苏晶作品“松花江呼兰腰堡段滨江带景观设计”荣获 2011“园冶杯”风景园林（毕业作品、论文）国际竞赛规划设计毕业作品组鼓励奖，指导教师：王崑。

扫一扫看彩图

一、基本概况

（一）呼兰区概况

呼兰区隶属于哈尔滨市，南濒松花江与哈尔滨市阿城区、宾县相望，东临巴彦县，西毗肇东市，北接绥化市、兰西县，是省城、市府通向北疆腹地的交通要塞，处于哈大齐经济带枢纽部位，成为人流、物流、信息流、资金流交汇之地。区内江河纵横、陆路交错，松花江、呼兰河、泥河、少陵河、漂河等“一江四河”，滨洲、滨北、王万 3 条铁路，四环路东线、东江桥、202 国道、四环路西线、哈绥 5 条公路，正在建设的过江隧道，地铁 2 号、轻轨 4 号 2 条地铁等 11 条过江通道，以及哈大、哈黑、哈肇、哈伊等多条国省级公路构成了呼兰四通八达的交通路网，为呼兰扩大招商奠定了坚实的交通基础。

全年无霜期平均 144 天。初霜日期平均为 9 月 26 日，终霜日期平均在 5 月 4 日。全年气温以 7 月份最热，月平均 23.1℃；全年 1 月份最冷，月平均气温 –19.4℃。冻土深达 197cm。四季分明，春季 4 ~ 5 月干旱少雨，多西南大风；夏季 6 ~ 8 月高温多雨，气候湿润，多偏南风；秋季 9 ~ 10 月凉爽，多偏西风，气温逐渐下降；冬季 11 月 ~ 翌年 3 月，漫长严寒，干冷少雪，多西北风。

（二）园区现状分析

规划园区所在地为腰堡街道办事处永丰村，位于哈尔滨市呼兰区的东部，东依方台镇，西靠宾北铁路，北靠哈肇公路 30km 处，南隔松花江与哈尔滨市道外区东风镇、民主镇、阿城区巨源乡相望。地理坐标为北纬 45° 59′，东经 126° 49′，海拔 114m。

腰堡街道办事处永丰村是一座静卧在松花江边的小乡村。本次规划面积约 200hm^2（图 2-54）。

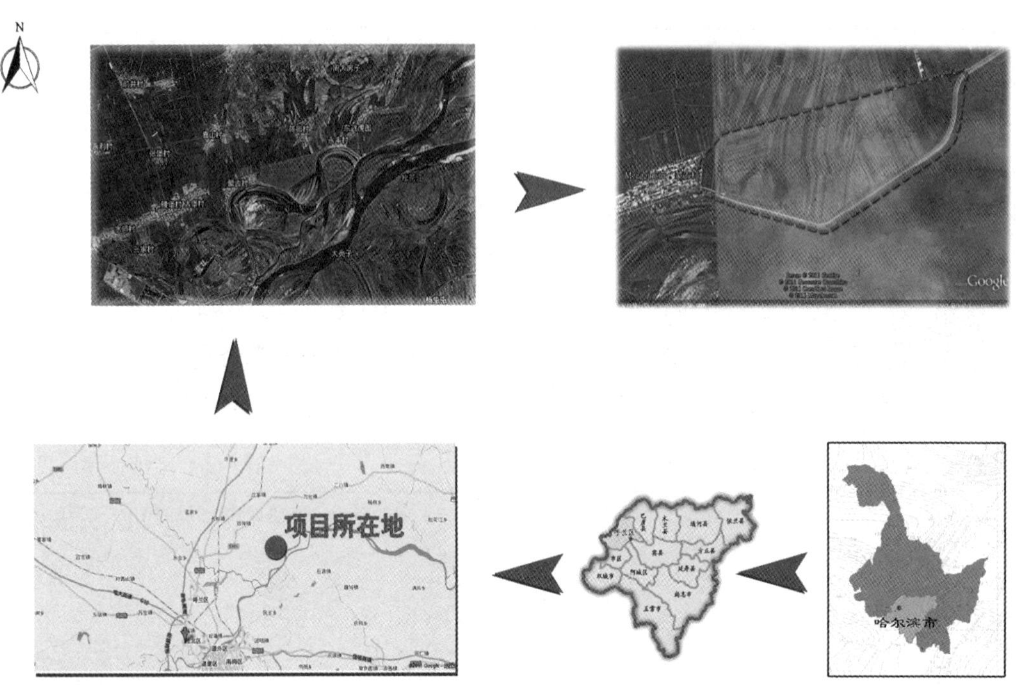

图 2-54　区位图

目前基地内地势平坦，西侧主要是玉米田，东侧分布大片水域，植被丰茂，物种多样性丰富；松花江沿岸景色优美，孕育有大片优质沙滩。现有滨江公路宽 10m，高出松花江常水位 2m。

二、规划思路

（一）目标定位

园区建设立足于发展寒地特色瓜果、蔬菜、食用菌、花卉、旅游五大产业，突出特色、绿色农产品。其中主要以绿色蔬菜为主体，通过利用现代高科技手段，将园区建设成具有北方寒地特色的现代化设施园区，打造自己的品牌，使园区具有生产、示范、采摘、旅游观光等功能，在满足本地市场需要的同时，将园区产品打入国内市场乃至国际市场。

（二）市场定位

园区旅游产品的定位是以瓜果采摘、绿色蔬菜采摘、食用菌采摘体验、观赏花卉展示、果蔬产业高新技术展示、湿地景观游览和以良好的滨水环境为依托的高科技农业生态园。太阳能日光温室的大面积应用是园区产业生产的一大特色。充分体现了节能环保的生态理念，基地可以实现农业产品的产供销一条龙服务，同时满足游客的好奇和求知的心理，展示生产过程，普及科普知识。

客源市场定位为哈尔滨市区及呼兰、阿城等景区周边的市民，利用周末等假日进行休闲度假，体验湿地的自然风光。另外，来哈旅游的省内外游客及对乡村旅游的专项爱好者也可能成为客源。

未来寒地现代设施园艺生态示范园旅游开发建设成功，必将成为一个新的乡村旅游吸引物拉动周边经济的发展和带动农民致富，同时成为哈尔滨近郊环城游憩带的重要节点。

（三）规划原则

1. 低碳环保原则

充分利用太阳能清洁能源从事棚室生产、发电，节能、无污染，打造低碳环保的生产环境，让游客体验高新技术魅力。

2. 产业示范原则

通过绿色蔬菜产业园、北方特色瓜果产业园、观赏花卉产业园、食用菌产业园等的生产，运用当代先进的生产技术，达到高效产值。通过设计产业示范园向游人展示高科技成果，起到示范作用。

3. 景观多样性原则

园区布局在立足寒地特色蔬菜、瓜果生产、采摘、示范的同时，兼顾景观的创造。园区俯卧松花江，以湿地景观、大棚果蔬花卉生产等为主要内容，结合蒙古族民俗风情、特色瓜菜作物生产及有效利用松花江滨水景观，形成内容丰富、环境宜人的景观系统。

4. 凸显文化性原则

园区挖掘传统地方文化中根、龙、福、爱四个字的引申义，将其作为凸显文化特色和景观视觉体验的闪光点。

5. 生产结合观光

在布局上，既考虑生产、观光和休闲度假之间的分隔，又注重它们之间的融合。在满足生产、示范的基础上，于生产用地及园区中布置园林景观，使生产用地中有景可观，满足游人需求。

三、总体布局

根据规划原则，结合园区用地现状，总体规划布局为“一带五区”，形成集生产、景观、生态为一体的格局形式。“一带”：滨江游嬉带；“五区”：棚室生产区、生产管理区、湿地保护区、鹅类养殖区以及游客服务区（图2-55）。以上布局由一条休闲旅游观光带串连，

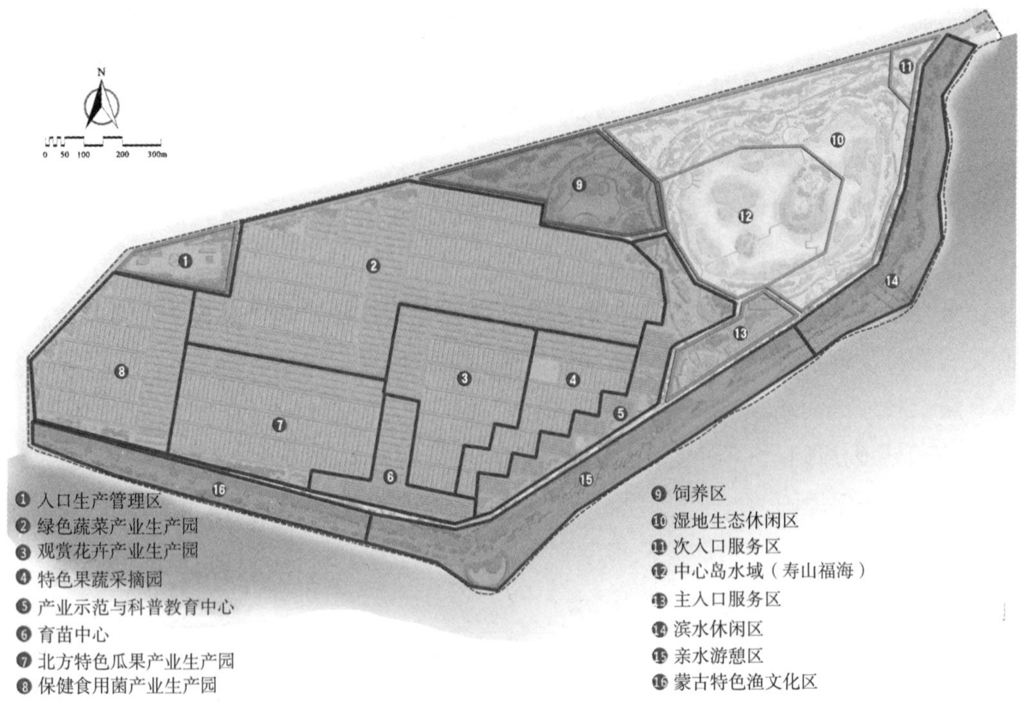

图 2-55　分区图

形成多个景观节点。

在已有分区基础上，考虑重点规划项目，在部分分区基础上进一步划分各分区中各亚区。具体如下：

棚室生产区：绿色蔬菜产业生产园、观赏花卉产业生产园、北方特色瓜果产业生产园、保健食用菌产业生产园、特色果蔬采摘园、产业示范与科普教育中心、育苗中心。

湿地保护区：湿地生态休闲区、中心岛水域、次入口服务区。

滨江游憩带：滨水休闲区、亲水游憩区、蒙古特色渔文化区。

鹅类养殖区、游客服务区、入口生产管理区不再另行划分。

四、功能分区与景观节点设计

（一）游客服务区

1. 规划构思

游客服务区设在入口位置，在湿地保护区、棚室生产区与滨江游嬉带交界处，现状地形平坦，场地开阔。主要承担游客接待、咨询、停车、人流集散、住宿、餐饮、办公等功能，面积约 4.34hm^2。游客服务区以服务游客为根本宗旨，将服务设施与景观建筑的风格与整体环境相统一，营造协调一致的环境氛围。

2. 主要服务设施

入口集散广场、生态停车场、游客接待中心、客房餐饮部、办公楼等。

3. 主要旅游节点

大爱广场

大爱广场是主入口服务区重点规划建设的项目。该广场以爱为主题，这种爱是爱人类、爱生命、爱自然的大爱。大爱广场面积约 $1.8hm^2$，面积较大，亦有大爱无疆之意。广场中心为“爱”字的主题雕塑，可四面观赏，点明广场主题。其平面设计成花蕊和翅膀结合的图案，象征着拥抱、包容的爱的寓意。北方设有景墙，树阵左右相呼应，中间由水景引市民到达大爱主雕塑，由雕塑经过灯柱阵广场到达沙滩。大爱广场西侧设立下沉广场，主题帖和浪花，周围为微地形草地，并由一条木栈道串联，为游人提供幽静的休息空间。

（二）棚室生产区

1. 规划构思

棚室生产区地块现状以平地为主，主要是玉米田。棚室生产区以建设集生产、观赏、示范、采摘为一体的现代农业园区为出发点，规划出四大产业生产园——蔬菜、瓜果、食用菌和花卉；二个中心——育苗中心和产业示范中心；以及一个特色果蔬采摘园。此外，棚室生产区集生产与观光游览为一体，使游客能够了解现代农业的发展状况，并能够参与其中，感受农事活动的乐趣。棚室生产区主要进行绿色蔬菜生产、观赏花卉生产、特色果蔬生产、食用菌生产、产业示范、育苗以及特色果蔬采摘等，可供游人进行采摘、认知等，起到一定的科普以及休闲作用。

（1）绿色蔬菜产业生产园

根据市场需求，制定合理的蔬菜种植规划，并按照绿色蔬菜标准化进行生产，包括番茄、黄瓜、豆角、苦瓜等。采用的主体技术为：膜下滴灌技术、二氧化碳施肥技术、病虫害综合防治技术、蔬菜周年生产技术、轮作技术等。该区可供游人参观，生产的产品也可销售，增加园区收入。

（2）观赏花卉产业生产园

根据当地以及国内市场的需求，进行各种盆栽花卉的生产。包括红掌、康乃馨、蝴蝶兰等。采用的主体技术为：花期调控技术、化控技术、滴箭式滴灌技术等。观赏花卉产业生产园可供游人参观，产品也可销售，增加园区收入。

（3）北方特色瓜果产业生产园

根据市场需求，制定合理的瓜果种植规划，并按照绿色瓜果标准化进行生产，主要种植葡萄和蓝莓。另外，可适当种植西瓜、甜瓜、桃等。采用的主体技术为：果树矮化栽培技术、昆虫授粉技术、节水灌溉技术、病虫害综合防治技术等。该生产园可供游人参观，产品可供销售。

（4）保健食用菌产业生产园

根据市场对食用菌不同品种的需求，按照绿色食品标准化进行食用菌生产，包括香菇、灵菇、金针菇、猴头菇、平菇、黑木耳、滑子蘑等。采用的主体技术为：立体栽培技术、环境调控技术、病虫害的综合防治技术等。该生产园可供游人参观，产品可供销售。

（5）产品示范中心

结合园区的四大产业分别设置了绿色蔬菜示范园、北方特色瓜果示范园、保健食用菌示范园和观赏花卉示范园。由于园区所在呼兰地区的水生态优势潜能十分明显，为此，在核心示范园也同时设置了水生蔬菜和水生花卉的展示示范，以彰显夏都水乡独特的底蕴特色。

（6）特色果蔬采摘园

主要种植观赏性强或者品质特殊的水果与蔬菜，例如灯笼果、蓝靛果、乒乓葡萄、樱桃番茄、香芹、太空椒、太空彩椒等果蔬，供游人采摘。该园还设有归根广场，以落叶归根为主题。该广场可供人流集散以及游人短暂的停留与休憩。

（7）育苗中心

主要为园区进行育苗。主体技术为：嫁接育苗、穴盘育苗技术等。该育苗中心可供游人参观，起到一定科普作用。

2. 主要建筑设施

（1）绿色蔬菜产业生产园

占地 42.28hm^2。其中大棚 272 栋，用地 18.28hm^2；温室 76 栋，用地 4.4hm^2；其余为道路和绿化用地。

（2）观赏花卉产业生产园

占地 13.48hm^2。其中大棚 95 栋，用地 6.39hm^2；温室 25 栋，用地 1.45hm^2；其余为道路和绿化用地。

（3）北方特色瓜果产业生产园

占地 15.81hm^2，包括特色瓜品生产区 10.28hm^2 和特色果品生产区 5.53hm^2。其中特色瓜品生产区建有大棚 82 栋，用地 5.51hm^2，温室 16 栋，用地 0.93hm^2；特色果品生产区建有大棚 41 栋，用地 2.76hm^2，温室 8 栋，用地 0.46hm^2；其余为道路和绿化用地。

（4）保健食用菌产业生产园占地 15.2hm^2。其中大棚 89 栋，用地 5.98hm^2；温室 24 栋，用地 1.39 公顷；其余为道路和绿化用地。

（5）产品示范中心

内容主要有：

1）绿色蔬菜生产示范：规模——2 栋连栋温室，占地 6720m^2。其中 1 栋为陆生绿色蔬菜示范园（番茄、黄瓜、苦瓜、南瓜等），1 栋为水生绿色蔬菜示范园（空心菜、水芹、慈姑等）。

2）北方特色瓜果生产示范：规模——2 栋连栋温室，占地 6720m^2。其中 1 栋为特色瓜品示范园（薄皮甜瓜、厚皮甜瓜、礼品西瓜等），1 栋为特色果品示范园（葡萄、樱桃、油桃等）。

3）保健食用菌生产示范：规模——2 栋连栋温室，占地 6720m^2。包括香菇、灵菇、金针菇、猴头菇、平菇、黑木耳、滑子蘑等。

4）观赏花卉生产示范：规模——2 栋连栋温室，占地 6720m^2。其中 1 栋为陆生花卉示范园（红掌、康乃馨、蝴蝶兰等），1 栋为水生花卉示范园（睡莲、荷花、水竹等）。

（6）特色果蔬采摘园

占地面积 8.5hm^2。其中大棚 60 栋，用地 4.03hm^2；温室 12 栋，用地 0.7hm^2；其余为道路和绿化用地。

（7）育苗中心

建设 5 栋连栋温室和 12 栋单栋温室，占地 4.96hm^2，包括绿色蔬菜育苗中心 3 栋连栋温室（占地 1hm^2）、北方特色瓜品育苗中心 2 栋连栋温室（占地 0.67hm^2）和观赏花卉育苗中心 12 栋单栋温室（占地 0.7hm^2）；其余为道路和绿化用地。

3. 重点旅游节点

（1）归根广场

归根广场位于特色果蔬采摘园中，面积约 0.52hm^2，供游人休憩、集散。归根广场中心为“根”字的四面观赏性雕塑，体现中华民族“落叶归根”的情结。

（2）科普中心

占地面积约 4.33hm^2，紧邻产品示范中心。科普中心为游人展示有关设施园艺及湿地的各项科普知识，让游人在感性观察的同时增加理性气息。

4. 旅游项目策划

（1）高科技栽培技术展示

游客在蔬菜、花卉、食用菌和瓜果产业生产园中观察到现代科技在农业生产中的应用，感受科技的强大生产力。

（2）农事参与

游客可以在大棚或者温室里亲自采摘果实，体会收获的喜悦。也可以亲自参与除草、浇水、授粉等农事，体验劳动的乐趣。

（三）生产管理区

1. 规划构思

入口管理区位于园区的西北侧，该区主要是棚室生产区的管理中心，面积约 2.86hm^2。主要规划设计停车场、仓库、办公区等。另外，该管理区的规划应与整个棚室生产区相统一，体现出现代、休闲的特色。此区为生产管理，不对游人开放。

2. 主要建筑设施

办公楼、仓库、停车场

（四）鹅类养殖区

1. 规划构思

鹅类养殖区位于园区的北部，面积约 10.7hm^2。鹅类养殖区主要集鹅类养殖与游览观光为一体，即可为园区创收又可为游客提供观光休闲场所。

鹅类养殖区主要养殖肉用、蛋用等鹅类，另外还养殖白天鹅、黑天鹅等观赏性鹅类。主要设置有荷塘欢歌、鹅类放养池、游览码头、鹅产品供销基地等景点。

2. 重点旅游节点

（1）荷塘欢歌

在放养池内靠近木平台的一片水域密植荷花，游人可在木平台上观赏此处荷花盛开的美景，以及成群的天鹅穿梭其中嬉戏玩耍的场面。

（2）鹅产品供销基地

设置商店出售鹅蛋等产品，还可出售用鹅毛制作的工艺品等。

（五）湿地保护区

1. 规划构思

湿地保护区位于园区的东北部，处于平原地带，地下水资源充沛。水生动植物资源丰富，种类繁多。区域内野生芦苇密集，各式鸟类栖息。适宜开发为以野趣景观为主的生态湿地公园。规划其主要功能为生态修复与保护、观光游览、科普教育等。面积约为 38.57hm^2。

湿地保护区以尊重现状为主，以生态性、景观性、文化性为其规划原则，规划有湿地生态休闲区、中心岛区域（寿山福海）和次入口服务区。

2. 重点旅游节点

（1）湿地生态休闲区

主要旅游节点包括芦苇荡、摆渡口、木栈道、双扇广场、观景平台、观景塔、风之语、群龙共舞广场、寻音塔、寻菱觅藕水域。

（2）中心岛区域（寿山福海）

中心岛区域充分体现了中国的传统文化，取“寿比南山，福如东海”之意，规划设计寿山福海。

主要旅游节点包括福缘山庄、望月亭、知趣亭、绿岛（水中小岛）。

（六）滨江游嬉带

1. 规划构思

该区域现状：位于松花江沿岸，滨江公路宽 10m，高出松花江常水位线 2m。

滨江游嬉带位于规划项目中松花江沿岸，面积约为 34.6hm^2，主要由一条滨江公路与多个沿江景观节点组成，形成由一条景观大道串联多个节点的格局形式。主要为游人提供亲水、游泳、垂钓、散步、赏景、休憩、交流的场所。另外，滨江公路还可进行单车比赛、竞走等项目。

规划对滨江公路进行重点绿化，并充分利用松花江沙滩、水域、岛屿等得天独厚的自然资源。以亲水性、生态性、文化性为出发点，沿滨江公路规划有蒙古特色渔文化区、亲水游憩区、滨水休闲区等三大景区。设计以水为主题，以浪的优美曲线贯穿全区，形成一条景观带串联起三个景区的格局。

2. 重点旅游节点

蒙古特色渔文化区主要设置夕照广场、钓鱼小筑等景点；亲水游憩区主要设置环渡码头、滨江浴场等景点；滨水休闲区主要设置亲水连亭、水上散步等景点。

此外，对滨江公路进行重点绿化设计，绿化材料采用冠大荫浓的乔木以及观赏性强的观赏果树，并结合座椅、廊架、雕塑等园林小品形成景观丰富、环境宜人的滨江景观大道。

五、专项规划

（一）道路系统规划

1. 规划构思

园区道路交通现状是：进入园区的外部交通道路路况良好，但道路宽度需在原有基础上拓宽，以满足大流量交通。园区内目前只有一些简易道路，需要进行规划建设。

园区内道路系统要满足生产、养殖、观光、度假旅游、防火、环境保护等方面的需要。全区道路设计应依地形顺势铺路，尽可能不破坏植被。生产区与湿地保护区道路为满足各自需求，应采取不同的规划方式。生产区道路系统应趋于规则式，方便运输；湿地保护区道路系统应趋于自然式，满足游赏需求；其余区域道路系统应趋于由规则向自然的过渡。

游步道的设置，应是景区的脉络，联系各个景点组成，以达到“因路得景”、“步移景异”。

2. 规划内容

全园道路主要分三级（图 2-56）。一级园路为连接园区中各个功能区的环形道路，宽为 8 ~ 20m（注：考虑到原有道路宽度不能满足大批量车辆同时运行，将环绕全园的原有道路拓宽为 20m 宽的双向车行道与滨水区设计的行车道形成环路。考虑到棚室区生产运输要求，棚室生产区内路面均设计为 8m 宽）；二级道路伸向各个主要景区，宽度为 5m（注：考虑到主入口服务区停车场较大的交通流量，将停车场入口处和出口处

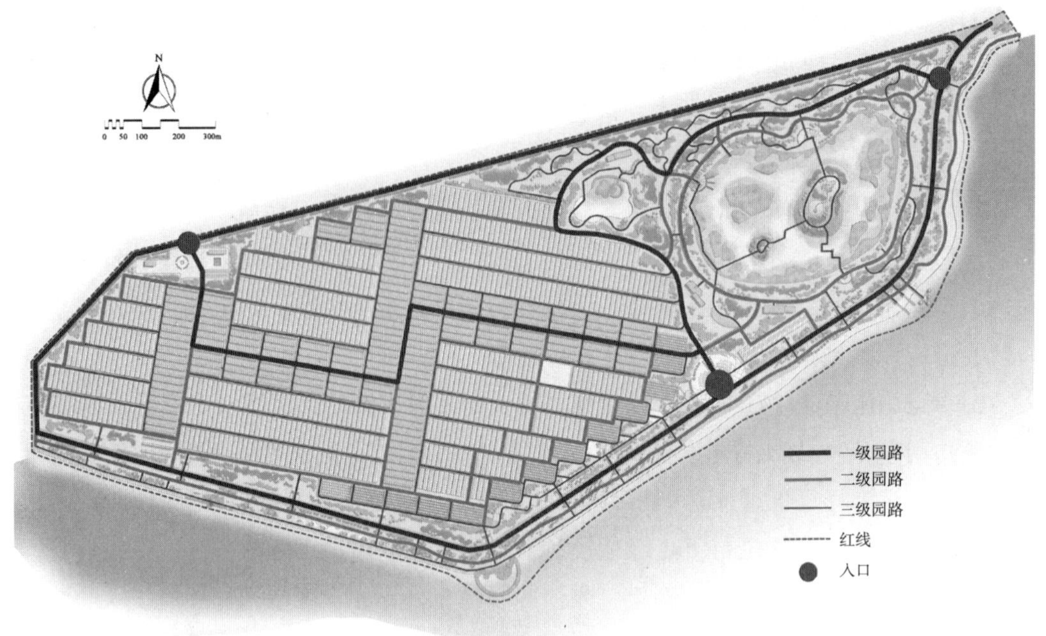

图 2-56　道路系统分析图

的道路宽度分别设计为 15m 和 8m）；三级道路为景区内部道路，满足运输或游憩需求，宽度不等，一般为 2m。

过街天桥设计：滨江路是双向车行路，宽度为 20m，在其上分段设置 12 座 4m 高人行过道天桥，使用废旧木材，低碳环保。保证了滨水区与棚室生产区和湿地保护区之间很好的连通，同时做到人车分流。在大爱广场处车行路设计从广场地下 4m 通过，保证广场集中人流安全。

（二）植物景观规划

1. 规划构思

植物种植符合生态性原则，选择乡土树种，乔、灌、草相结合，营造三季有花，四季有景的植物景观。

2. 规划内容

（1）棚室生产区

主要采用以下植物种类：山杏、李子、梨、毛樱桃、葡萄、苹果、玉米、油菜、锦带花、黑心菊、小丽花、麦秆菊、波斯菊、百日草、紫丁香、榆叶梅、向日葵。

（2）生产管理区

主要采用以下植物种类：红皮云杉、黑皮油松、紫丁香、榆叶梅、连翘、京桃、小丽花、麦秆菊、荷包牡丹、芍药。

（3）湿地保护区

主要采用以下植物种类：白桦、狭叶黑三菱、香蒲、睡莲、荇菜、荷花、槐叶萍、蒲公英、狼尾草、芦苇、花蔺、雨久花、水蓼、针蔺、三七景天、黑心菊、耧斗菜、千屈菜、蒲葵、波斯菊。

（4）鹅类养殖区

主要采用以下植物种类：山槐、梓树、白桦、钻天杨、金银忍冬、连翘、紫椴、京桃、荷花、荇菜、针蔺、槐叶萍、锦带花、麦秆菊、波斯菊、百日草、蒲公英。

（5）游客服务区

主要采用以下植物：旱柳、复叶槭、樟子松、黑皮油松、京桃、毛樱桃、锦带花、黑心菊、小丽花、麦秆菊。

（6）滨江游嬉带

主要采用以下植物：绦柳、垂柳、落叶松、银中杨、钻天杨、梓树、海棠、紫丁香、榆叶梅、京桃、连翘、锦带花、麦秆菊、金银忍冬、百日草、小丽花。

（7）道路

一级主路以复叶槭或榆树为行道树。

二级景观路以白桦、五角枫、梓树为行道树。

三级游憩路：紫丁香、京桃、锦带花、榆叶梅、金银忍冬、连翘、黑心菊、小丽花、麦秆菊。

（三）游线组织规划

1. 规划构思

园区通过不同分区的景观营造，充分体现出各自不同的气息。游客可以根据自身的喜好选择适合的线路进行观光游赏活动。园区主要规划以下三条旅游线路：以农业科技景观特色为主的科技线；以体验湿地风光及观鸟为主的探索线；以展现美丽江畔景色为主的休闲线。

2. 规划内容

（1）科技线：大爱广场（主入口）——产业示范园——特色果蔬采摘园——归根广场——科普教育中心——荷塘欢歌养殖园——风之语——双扇广场——观景平台——观景塔——龙舞广场（次入口）

（2）探索线：龙舞广场（次入口）——观景塔——观景平台——双扇广场——福缘山庄——望月亭——绿岛——木栈道——摆渡口——荷塘欢歌养殖园——特色果蔬采摘园——产业示范园——大爱广场（主入口）

（3）休闲线：龙舞广场（次入口）——观景塔——亲水连台——环渡码头——夕照广场——钓鱼小筑——育苗中心——特色采摘——归根广场——大爱广场（主入口）

（四）环境保护规划

1. 垃圾回收

在园区的各个分区内，设置足够数量的垃圾箱。垃圾进行合理的分类，方便进行回收。垃圾箱的标识明显并且布局合理，造型与周围的景观相协调。垃圾应每日回收，然后进行无害化处理。

2. 污水处理

生产区污水处理采用统一的污水处理系统，达标后统一排放。采取综合措施控制农业面源污染，开展面源污染现状调查与监测评价，进行科学施用化肥、农药，积极推广测土配方施肥。对于棚室区温室大棚外的大片田地，推行秸秆还田，使用农家肥和新型有机肥、生物农药或高效、低毒、低残留农药，推广作物病虫草害综合防治和生物防治，进行农膜回收再利用。湿地保护区限制日人流量，使湿地水域能够利用自身的自净功能保持水质清洁。

3. 使用清洁能源

生产区棚室设施采用日光节能温室及太阳能温室，利用清洁的太阳能从事生产。地面栽植加强秸秆综合利用，发展生物质能源。推行秸秆气化工程、沼气工程、秸秆发电工程等，禁止在禁烧区内露天焚烧秸秆。采取综合措施防治土壤污染，建立土壤污染综合治理试点，发展农业清洁生产，积极发展生态农业、有机农业，严格对无公害、绿色、有机农产品生产基地的环境监管。

案例 6 黑河市中俄林业科技合作园区景观规划

项目特色：俄罗斯文化景观与观光苗圃规划的结合

规划时间：2012

团队成员：王崑、蔡清、邓春鹤等

相关成果：1. 基于文化景观的观光苗圃景观规划研究，邓春鹤，2013，东北农业大学硕士论文。

2. 哈尔滨市文化景观遗产的保护与开发研究，邓春鹤、韩慧英、朱琳、李海洋、姬常平，王崑（通讯作者），中国农学通报，2012，28（31）：300 ~ 304。

扫一扫看彩图

一、项目背景

（一）黑河市概况

黑河市位于黑龙江省西北部，小兴安岭北麓，以黑龙江主航道中心为界，与俄罗斯的布拉戈维申斯克市隔江相望，是东西方文化的融汇点。它幅员辽阔、区位优越、资源富集，是一个美丽而又神奇的边境城市，又称“中俄双子城”，素有“北国明珠”、“欧亚之窗”之称。黑河市是中国首批沿边对外开放城市，辖爱辉区和嫩江县、逊克县、孙吴县 3 个县，代管北安市和五大连池市两个县级市。有汉、满、回、蒙古、鄂伦春、达斡尔等 31 个少数民族。幅员 68726km^2，人口 172.9 万。

黑河市富有北国风光与特色的绿色净土观光带，它拥有冰雪和森林两大世界旅游资源，闻名全国的爱辉古城，富有浓厚民族风情的鄂伦春和达斡尔少数民族聚居地、世界罕见的五大连池天然火山地质博物馆，茫茫的小兴安岭林海等，这些为黑河旅游增添了无穷魅力。

（二）自然资源条件

黑河临近西伯利亚大草原，整体呈寒温带大陆性季风气候特征。春季高温且多风，温度高、雨量大，秋季温度降低幅度较大，冬季干燥且寒冷。全市年平均气温 –1.3℃ ~ 0.4℃，日最高与最低气温分别为 38.2℃和 –40℃，年均降雨量为 500 ~ 550mm。

水资源充足，境内拥有黑龙江、嫩江两大水系大小河流 621 条。全市人均占有量是全国的 3.5 倍，是黑龙江省的 2.6 倍。河流均属山区性河流，落差大，适合修建水电站的坝址多。

黑河市林地面积共 281.3 万 hm^2，森林覆盖全市 58.5% 的面积，是黑龙江省三大林区之一。

二、项目分析

（一）区位分析

园区拟在原黑河市林业局西岗子试验林场建设，该区距黑河市 43km。地理坐标为：东经 126° 59′ 05″ ~ 127° 30′ 50″，北纬 49° 39′ 55″ ~ 49° 54′ 03″，东北与黑河市卡伦山林场接壤，西南与爱辉区二站林场相连，规划面积 120 hm^2（图 2-57）。

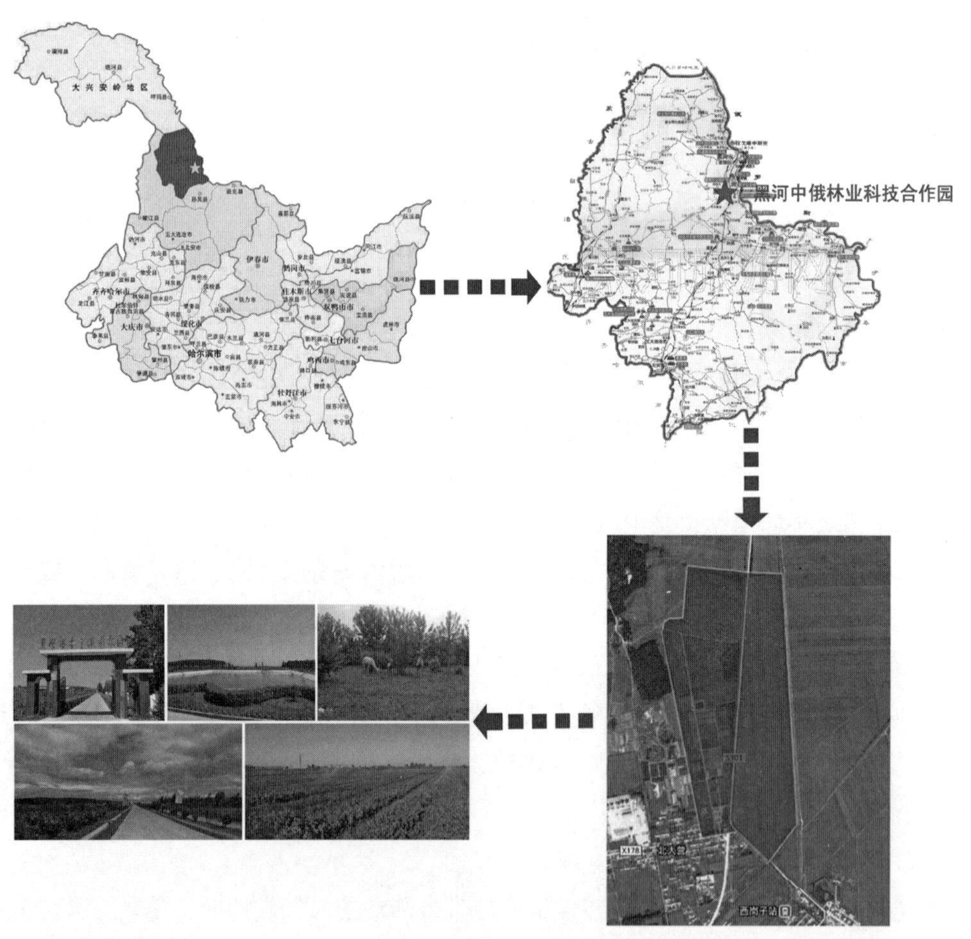

图 2–57　区位分析图

（二）现状分析

园区始建于2004年，占地面积60hm^2，规划为引种驯化区、科研试验区、种苗繁育区、品种展示区等 8 个功能区。2011 年秋季又征地 60hm^2，现在全园分东西两区，东区现为待规划空地，西区为老园区，主要用于林业苗木的生产培育，现状由以下功能区构成：

1. 中俄树种展示区

本区是进行种源保存、科普展示、鉴别研究的区域，有80余个树种，150余个品种。

2. 棚室育苗区

重要的育苗生产区域，现有大棚22栋、温室2栋，占地$2hm^2$，采取播种和扦插两种方法繁育苗木，年可扦插繁育苗木200万株。

3. 繁殖区

主要利用引进的国内外优良树种的种子进行育苗的区域，采用高床、条播、散播育苗的方法，在春、秋两季进行播种，年可繁育各类苗木500万株以上。

4. 换床区

将繁育的比较弱小不能定植的苗木进行再培育区域。

5. 果树种质资源保存区

本区主要是对本地种质资源、外来种质资源、野生植物资源和人工创造的种质资源的种、品种或植株进行收集保存，为遗传育种及生产提供一切有用的植物材料的区域。

6. 小浆果栽培展示区

本区主要栽植蓝靛果忍冬、大果沙棘、穗醋栗、黑果花楸、荚蒾等小浆果树种，按照大地果园栽植模式和管理方法进行栽培研究，摸索小浆果管理栽培规律，推动成果的转化。

7. 引种驯化区（隔离检疫圃）

主要是对引进的苗木可能含有危害性病虫害进行隔离试种，把危险性有害生物消灭在驯化区中，有效防范林业有害生物的入侵。其次是对引进树种抗逆性试验和适应性驯化。

8. 科研实验区

是以引进的优良种苗木为材料，对其繁育技术、植物学特性、生物学特性、管理措施等开展研究，为生产、示范、推广提供基础科研资料的区域。

由此可以看出，园区的原规划苗木生产规划比较健全，但从园区的现状图来看，园区仍然存在建设和管理上的问题，如园区管理制度欠缺，杂草丛生；苗木种植杂乱，搭配景观不能成景；景观形式单调乏味，缺少观赏性景观等。针对园区集生产、休闲、观光、度假、科学示范为一体的新园区建设仍有很大差距，需对其进行全面的改造和建设。

三、规划目标与理念

（一）规划目标

1. 力求体现黑河市的俄罗斯文化，建设以苗木生产和观光旅游为主，兼顾科普教育、科技示范、文化传播和生态保护等多种功能的综合性林业科技观光苗圃。

2. 打造高纬寒地特色林业生态园区，搭建中俄科技交流与合作平台。

3. 建设园林式、花园式园区，使其成为黑河市文化景观旅游的一大亮点。

（二）规划理念

园区规划体现了“传承、发展、融合”的理念。

1. “文化” + “景观” → “传承”

将俄罗斯饮食文化、民俗文化、特色风情融入园区景观设计，达到文化展示与传承的目的。

2. “生态” +“经济” → “发展”

园区本着“尊重自然、生态设计”和“生产为本、旅游为辅”的思想，达到环保、经营和服务的三赢，实现园区生态和经济的可持续发展。

3. “生产” + “观光” → “融合”

园区的功能定位使其达到了生产和观光功能的有机融合。

四、总体布局与功能分区

（一）总体布局

根据园区规划目标及规划理念，确定园区总体布局为一轴、两片、六大功能区。

一轴：一条文化景观轴，为观光游览区域的中心主脉轴。

两片：整个园区被南北走向的黑嫩公路划分为东西两区。东区以生产示范为主，西区以观光旅游为主（图 2-58）。

六大功能区：大苗培育区、品种展示与观光区、科普教育区、试验繁育区、科技示范区和办公管理区（图 2-59）。

（二）功能分区

1. 大苗培育区

位于园区的北部，占地面积约 24.75hm^2。主要用于大苗的生产和培育，呈现的是规则式的林业大苗生产景观，来访者多为园区工作者，也常用于技术交流参观。

2. 品种展示与观光区

位于园区的西侧，占地面积约 29.92hm^2。为整个园区观光游览的核心地块，全园 90% 以上的景点位于此区域，全园的核心文化景观轴线也由此穿过，主要景点包括：欧洲风情、春之烂漫、孤树之美、金色浪漫、圣洁之林、绿屿红意、特色林路、科普药园、秋之体验、林下广场、中心广场、复活彩蛋、林果庄园等，设计为游人集中游乐的地区。

3. 科普教育区

位于东区的中心地带，占地面积约 23.50hm^2。此区种植了多种优良林木，有科技示范、科普学习的作用。植物采用规则式种植方式，形成秩序良好的林木栽培景观。同时，

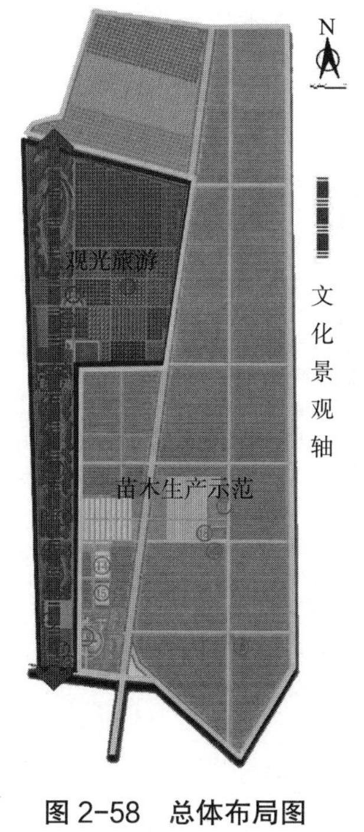

图 2-58 总体布局图

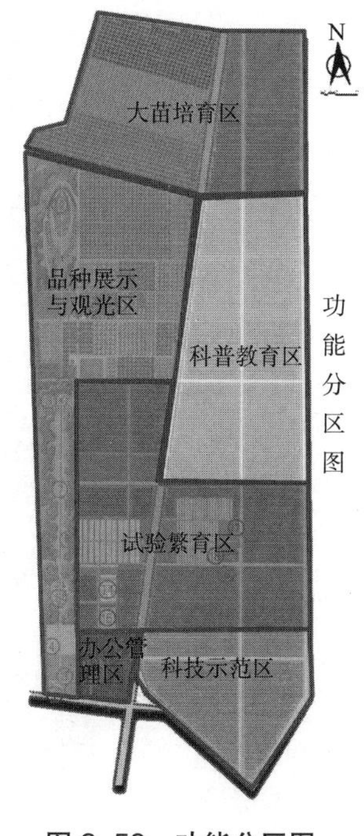

图 2-59 功能分区图

此区还专门设置了以桩景、盆景、特色树、造型树为主观赏性较强的苗木生产基地。

4. 试验繁育区

位于品种展示与观光区和科普教育区的南部，占地面积约 29.91hm^2。此区以引进的优良种苗木为材料，对其繁育技术、植物学特性、生物学特性、管理措施等开展研究，为生产、示范、推广提供基础科研资料的区域。

5. 科技示范区

位于园区的东南角，占地面积约 11.54hm^2。此区引种各类苗木新品种，将新技术、新设施应用于生产，并设置科技成果展示栏，以此来展示科技前沿成果，供来访参观者学习。

6. 办公管理区

位于园区的西南角，占地面积约 2.50hm^2，是集办公、活动、休息于一体的开放性空间。此区设置了办公楼、招待所、苗木窖等建筑，配备了生态停车场、树池座椅。楼前绿化以开敞空间为主，植物种植以自然式为主，体现艺术韵律，根据园区文化和时令，植物造景主题各异，彰显园区生态和文化氛围。

五、景观规划

（一）景观节点设计

在总体布局与功能分区的基础上进行景观节点的设计（图 2-60、图 2-61）。

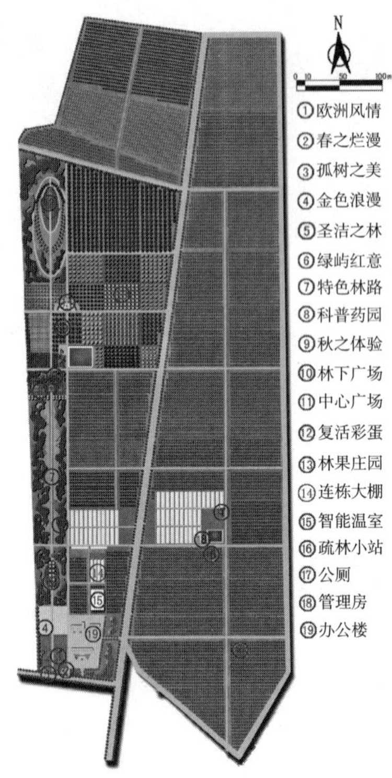

图 2-60　总平面图

图 2-61　鸟瞰图

1. 欧洲风情

此景点位于园区西南角大门内 50m 范围，大面积种植紫色薰衣草，开敞、壮观，设置了欧式风格座椅以及欧式亭，游人一入园就能感受到浓浓的俄罗斯风情，突出了黑河市东西方文化融合的特点。

2. 春之烂漫

此景点北部濒临“欧洲风情”，南侧为园区西南角大门。此处以植物景观为主，采用乔灌草结合的空间层次搭配，观赏性十足。景点的名称来自于春季观花植物的种植，以及春天时此景点带给人的浪漫之感。

3. 孤树之美

此景点将樟子松孤植，形态优美，周围一片紫色薰衣草，浪漫而美丽，达到让游人停留片刻观赏的目的，同时也烘托出园区的浪漫以及景观的丰富性。

4. 金色浪漫

“金色浪漫”景点位于“欧洲风情”的北部，大面积的种植向日葵，夏天到来时，一片片金色映入眼帘，象征着希望。情侣们走到此处不禁想拍照留念，也是结婚外景拍摄的采景宝地，考虑到游人滞留设置了休憩座椅，道路的设计也为游客观赏提供了便利。

5. 圣洁之林

“圣洁之林”景点位于“金色浪漫”的北部，此处列植西伯利亚红松，且种植杉柏类植物。俄罗斯人民视西伯利亚红松为神树，且认为松杉柏类植物能让人神弃恶从善。游人在游玩中感受俄罗斯人民在松树下祷告的场景，让人们感受到俄罗斯文化氛围。设置了下沉空间，游客可以下去观看俄罗斯品种花卉主题摆花，还可以在周围的草坪上休息、观景。

6. 绿屿红意

“绿屿红意”为原中俄特色品种展示园的一部分，该园以特色植物品种的展示观光为主，“绿屿红意”是强调植物配置色彩，采用芍药、红王子锦带、红皮云杉、椴木等树种的搭配种植，同时配有剪型树，增加了景观的可观性。阳光充足的小草坪也为儿童游戏提供了好的场所。

7. 科普药园

“科普药园”位于原中俄特色品种展示园的北侧，以种植科普药材为主，采用自然式栽植方法，展现的是药用植物景观。

8. 特色林路

“特色林路”在“科普药园”的北部，道路蜿蜒曲折，种植了大片的白桦，周围用绿篱围合。

9. 秋之体验

“秋之体验”景点位于中俄特色品种展示园，大量地采用秋季造景植物，营造秋季特色植物景观，植物生长茂盛，遮住了远方，有幽静、神秘的色彩，同时体现了园区的生态性。它与“圣洁之林”、“绿屿红意”、“科普药园”和特色林路同处于原中俄特色品种展示园。

10. 林下广场

“林下广场”位于“林果庄园”的西侧，是全园唯一的休憩广场，供游客采摘后休息。规则式种植了四排树池座椅，树下广场采用生态铺装，体现了园区的生态性。

11. 中心广场

“中心广场”位于“林下广场”的北部，用于群众活动，如一年一度的国际火山旅游节，文艺演出、篝火晚会等活动，是游人度假晚间娱乐场地。

12. 复活彩蛋

复活节是俄罗斯人民的传统节日，复活节彩蛋是复活节中重要的食物，且演变出各式各样的装饰品。在此区内，抓住“复活节彩蛋”这一要素。在道路布局及植物种植中，以椭圆形彩蛋的形状为基本形进行布局，且设有“复活彩蛋”景点，取生命的开始与延续的象征意义，使其与种质资源保护相联系。

13. 林果庄园

“林果庄园”位于“复活彩蛋”的东北方向，是特色林果采摘园，栽植了适于寒地生长的特色林果，如：蓝莓、葡萄、蓝靛果、小苹果、李子、山楂、毛樱桃、草莓、树莓等。现场采摘，现场出售林果，还有观光游览的功能。借鉴俄罗斯传统的庄园布局形式，对林果庄园采取了规则式的种质形式，既体现出传统的俄罗斯庄园风格，又便于园区的管理。

14. 疏林小站

“疏林小站”位于试验繁育区的东部中心地带，生态、静谧，是极佳的休憩、体验自然之处。设置了木栈道、座椅、景亭等设施，提供观光、休息的功能。

（二）文化景观设计

由上述景观节点设计可见：欧洲风情、春之烂漫、孤树之美、金色浪漫、圣洁之林、绿屿红意、科普药园、特色林路、秋之体验、复活彩蛋、林果庄园等景点俄罗斯风情浓郁，文化景观特色突出，体现了本园区的规划特色。

（三）园林小品设计

园区的景观小品主要有座椅、标志牌、景观亭、花架、垃圾箱等服务和观赏性设施，整体与园区的俄罗斯风格相协调，体现园区的文化性和生态性。

（四）植物景观规划

植物景观采用规则式、自然式和混合式的种植形式。大苗培育区、科普教育区、试验繁育区、科技示范区和苗木生产区植物种植主要以规则式为主，呈现规则式苗木培育、示范景观。主要植物品种有蓝靛果忍冬、大果沙棘、穗醋栗、黑果花楸、荚蒾、蓝莓、葡萄、蓝靛果、苹果、李子、山楂、樱桃、草莓、树莓、桃等。

办公管理区和品种展示与观光区来往游客较多，植物景观以观光为主，除林果庄园景点采用规则式种植形式体现俄罗斯传统庄园文化景观外，其余景点均采用自然式或混合式种植，展现植物群落层次和韵律美，营造景观空间意境，从而体现俄罗斯文化氛围下对植物景观营造的高要求。主要植物品种有西伯利亚红松、杜松、樟子松、红皮云杉、白桦、梓树、暴马丁香、紫丁香、稠李、紫叶李、毛樱桃、树锦鸡儿、连翘、毛果绣线菊、红瑞木、锦带花、萱草、紫花地丁、二月兰等。

六、道路规划

根据园区现状、地形以及功能，将园区道路划分为以下三级（图 2-62）：

一级道路：即主要道路，为园区的骨干道路系统，设计必须要满足各种车辆通行。主要设置在园区外围和功能区边界，少部分设置在功能区内部，便于车行，规划宽度 4.5m，采用混凝土路面，道路两侧绿化按景观大道设置。

二级道路：即游览道路，主要分布在品种展示与观光区，依主景点和观光、游憩果园展开，用于观光游览。规划宽度 2.5 ~ 3m，采用混凝土路面，两侧绿化丰富多变，形成精彩的游览线路。

三级道路：即游憩小路。设置在观赏性强的绿地内，引导游人深入地观赏景区，也便于各功能景区通行，同时也是散步、游览的最佳道路。

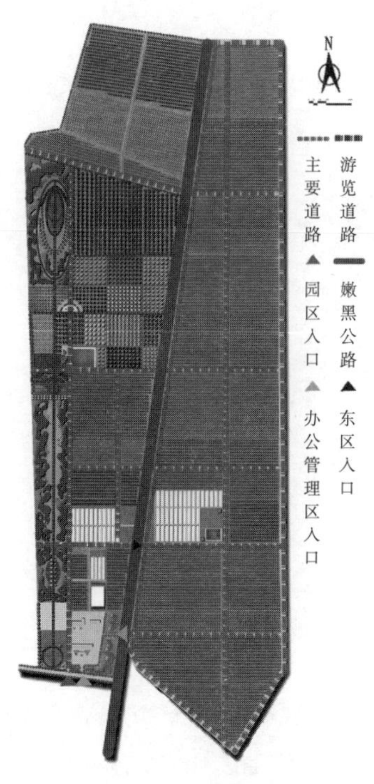

图 2-62　道路分析图

第三部分

美丽乡村旅游规划与设计类

案例 1 甘南兴十四村旅游总体规划

项目特色： 兴十四村超前规划的思路，先于国家的新农村建设的提出。

规划时间： 2003

团队成员： 王崑、徐淑梅、胡万生、韩曰午、吴桂青等

相关成果： 本规划

扫一扫看彩图

一、基本概况

（一）自然地理概况

兴十四村位于齐齐哈尔市甘南县音河镇南部，距镇政府所在地 12km，甘南县城东南 15km，距齐齐哈尔市 75km，东与双河农场接壤，西与长山乡毗邻，南与宏建乡相连，北靠兴建村（图 3-1）。地理坐标为东经 132° 52′，北纬 47° 34′，海拔 186m，呈平原地貌。全村总面积为 2200hm^2，其中耕地面积 1120hm^2，林地 713hm^2，草原面积 267hm^2，村部所在地占地 100hm^2。海拔高 160 ~ 180m。

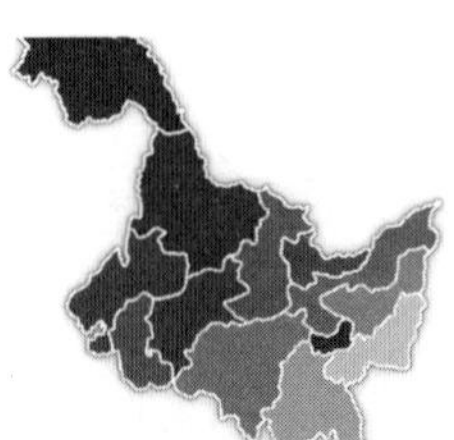
黑龙江齐齐哈尔

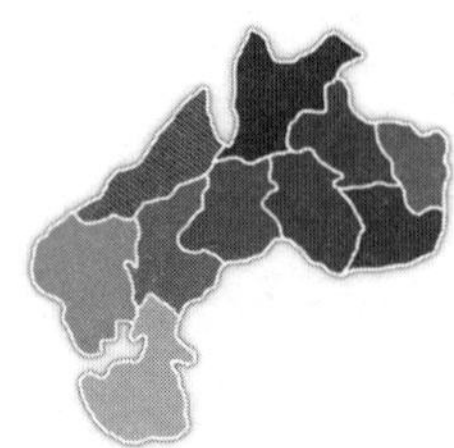
齐齐哈尔甘南县

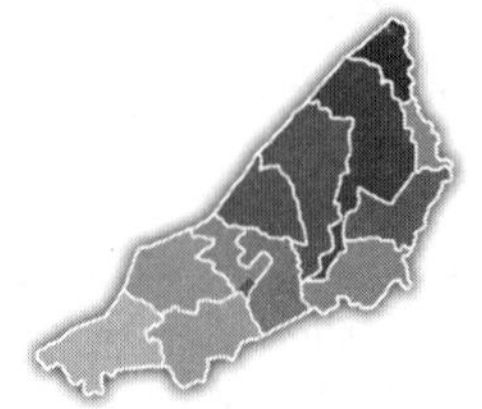
甘南县兴十四现代化农村观光度假旅游区

图 3-1 区位图

（二）社会经济概况

兴十四村是 1956 年由山东移民组建的，全村共有 190 户，955 口人。经过几十年的开发建设，把一个资源匮乏，交通不便，基础薄弱的贫困村，建设成为拥有 8.7 亿元资产、33 家企业、1800 名员工的富华企业集团，成为全省闻名的富裕村、文明村。现已形成了农、林、牧、副和工业全面发展的新格局。农业实现了集约化经营，农业机械化、农田喷灌化、牧业专业化、作物良种化、林业生态化格局。村民住房实现了

城市化、砖瓦化、并向别墅化迈进。获得了“龙江第一村”称号；是全国第一个“彩电村”；1994年被黑龙江省命名为“奔小康先进标兵”；1999年被中央国家精神文明委授予“全国文明村”称号。2001年实现产值5.16亿元，村民人均纯收入1.1万元。兴十四村的旅游业虽未正式开发，但是从1980年以来省内外来村参观者不断增加，特别是近几年来，随着知名度的提高，参观考察的人员越来越多。2002年接待参观考察人员达5万人次，并开始有了一定收入，为旅游业发展奠定基础。

二、旅游资源评价

（一）旅游资源分类

在《中国旅游资源普查规范》（97修订稿）的基础上，结合资源的基本属性，对兴十四村旅游资源作如下分类（表3-1）。

兴十四村主要旅游资源分类表　　表3-1

类	基本类型	旅游资源名称
水域风光类	风景河段	音河
气候景观类	气候景型	凉爽的夏季、冬季冰雪、清新的空气
生物景观类	树林	树林713hm^2
	草原	村西草原面积267hm^2
	现代化村镇景观	花园别墅、水泥街道、路灯、轿车、摩托车、大客车
	水工建筑	音河大坝
	乡镇企业	甜蜜素厂、柠檬酸厂、乳品厂
	农林牧场	现代化农业生产、节水灌溉、农业机械、温室大棚、奶牛场、苗圃
	乡土建筑	红砖瓦房、山东及东北农家院落
消闲求知健身类	科学教育文化设施	村史教育基地、现代化村小学校、文化宫
	民俗风情	山东风土人情、东北农家风情
购物类	市场与购物	村集市、供销社、超市
	地方产品	奶粉、甜蜜素、柠檬酸、山东煎饼、粮食、葵花子、岩溢牌矿泉水、蔬菜、瓜果等农副产品

（二）旅游资源开发方向评价

1. 村党支部率领全村艰苦创业、共同致富的光辉历程铸造了兴十四村巨大的精神文化旅游资源。

兴十四村是黑龙江省农业战线艰苦创业、不断发展的先进典型，被称作是“东北地区实现小平同志提出的中国农村改革第二次飞跃的成功模式”。党的十一届三中全会以来，被誉为“三个代表”的实践者的村党总支书记、富华集团董事长付华廷同志和他所在的兴十四村党总支，领导广大群众大力发扬“艰苦创业，拼搏争先，苦干实干”的精神，在既不沿江、不沿海、不沿铁路线、不沿大中城市、也无矿产资源的东北偏僻荒村，立足农业资源优势，抢抓机遇，大办农副产品加工企业，经过多年的艰苦创业，发展成为今天的大型企业集团——富华集团。兴十四村所走的道路，代表了中国农村产业化的发展方向。2002 年 3 月省委做出决定，在全省广大党员干部群众中广泛开展向兴十四村党总支和付华廷同志学习活动。长期以来省内外来兴十四村参观考察的党员干部络绎不绝。

2. 亦乡亦城、亦土亦洋的村落景观及生活方式、道德观念展现了一派社会主义新农村的美好景象。

兴十四村较早实现了住房砖瓦化；成为全国第一个彩电村；村里主要街道都铺设上了水泥路面，安上路灯，铺筑了通向县城的黑色路面。已盖起了 2 栋 500m^2 的专家别墅，26 栋农民居住的花园别墅；投资 200 多万元，盖起了全省一流的村级小学教学楼，配齐了微机室、阅览室、试验室等设施和器材，儿童免费入托、入学率达 100%；并有专车接送去县城读书的学生，对考上大中专院校的学生给予奖励；建起了村级卫生所、图书室、游艺厅、文化宫和东北地区唯一一家村级无人值守 3.5 万伏变电所；自来水、有线电视免费入户率达 100%，农民实行了退休制，60 岁以上老人每月还可另外领到 80 元的生活补贴。建有固定垃圾投放点及标准化厕所，并有环卫人员及时清扫。摩托车、吉普车、面包车、电脑已不同程度走进百姓家中。兴十四村这种亦乡亦城、亦土亦洋、安乐祥和、兴旺发达的村落景观及生活方式、道德观念展现了一派社会主义现代化新农村的美好景象，无论是对于都市人还是对于农村游客都具有极大的吸引力。

3. 先进的乡村工农业为新世纪现代化农业生产和乡村工业观光游览奠定了基础。

首先，农业生产基本实现了现代化。种植业从种到收全都实现了机械化。其次，工业经济实现了产业化。几年来，已相继建起 18 家资源型企业，并通过产品梯次开发形成了生物工程、精细化工、畜禽饲料、乳制品等 4 大系列的产品体系，有 4 项高科技产品填补了国内空白，切实把资源型企业纳入了良性的产业环流之中。兴十四村现代化的农业生产和先进的乡村工业为新世纪现代化农业生产和乡村工业观光游览奠定了基础。

4. 优美的田园风光、山东移民村的史脉为开展田园观光、体验山东风情提供了天成。

兴十四村是一座风光优美的小乡村。环境清净悠闲，空气沁人心脾。四面绿树成荫，中间沃土良田，村前潺潺流水，居舍袅袅炊烟。春天的梨花柳叶，夏天的河池渔翁，秋天的累累硕果，冬天的矮松雪景，使你感觉如世外桃源。兴十四村是来自山东临沂的移民村，无论是民居院落、室内摆设，还是乡音饮食、生活习惯都具有浓郁的齐鲁风情，走进这里，仿佛进入了异域他乡，体验到了一种别样的乡情。

三、客源市场分析

前已述及，兴十四村从1980年就开始有组织的接待参观考察者，随着知名度的不断扩大，近几年来人员往来不断增加。2002年接待50000人（次），但是这些人员几乎都是就研究农村经济及企业的发展而来的，属参观考察型，而以旅游者的身份来观光的几乎没有（不包括探亲访友的旅游者）。我们的目标是在未来的旅游业发展中，不仅要吸引更多的参观考察人员，更主要的是要吸引观光度假型游客，形成更大的客源市场。实现这一目标，根据目前客源市场的特点，未来客源市场的形成将是两个层面。

一是参观考察型旅游市场，在未来3～5年的时间内，这部分人员占大多数。而村里接待方式将由村政府的招待逐步转移向旅游服务，实现接待方式的转移，同时通过打造符合创业精神的旅游产品及工农业旅游观光产品，延长考察人员停留时间，实现增收的目的。

二是旅游观光市场的逐步形成。随着知名度的进一步扩大和旅游产品的开发及旅游宣传促销力度的增大，旅游观光市场的吸引力将逐步增强，观光市场也将逐步形成。兴十四村的旅游开发可以考虑将适合自己的目标市场确定在以下几个细分市场上：城市里先富来的一部分人、周末工薪阶层乡村旅游市场、城市学生乡村旅游、家庭出游、离退休职工乡村旅游市场和入境游客乡村旅游市场。

四、规划总则

（一）规划指导思想

坚持以邓小平旅游经济理论为指导，以党的十六大精神和“三个代表”重要思想为指针，以拓荒人的创业精神为动力，以农业旅游为主要内容，依托兴十四村生态农业资源，运用生态学、生态经济学和系统工程学理论，全面开发从创业追溯到龙江第一村巨大变化的农业景观和人文资源，打造农村旅游产品，展现社会主义新农村的新风貌，满足人们日益增长的生态农业旅游消费需求。把旅游农业作为第三产业的突破口，将“一产”、“二产”与“三产”有机结合起来，从产业结构调整的战略高度出发，树立大旅游新观念，培育村域经济发展新的经济增长点。

（二）规划原则

1. 突出拓荒人的创业精神，坚持拓荒文化与现代生态农业旅游相结合的原则。

2. 突出绿色农业旅游，坚持高起点规划，高标准建设，高水平管理的原则，树立现代化农业观光的新样板。

3. 突出精品意识，实施精品战略，坚持质量第一的原则。

4. 突出生态旅游，坚持旅游资源合理开发与生态环境保护并重和农业自然景观与人文景观相协调的原则。

5. 突出实效，坚持统筹规划、滚动发展、分期实施和适度超前的原则。

6. 突出旅游服务生态化，坚持旅游开发与相关产业协同联动发展和旅游服务生态化与绿色食品生产相结合的原则。

7. 突出大农业旅游特色，坚持兴十四村旅游区规划与黑龙江省、齐齐哈尔市的旅游发展战略规划相衔接，与甘南县及周边地区旅游景区协调发展的原则。

（三）规划区性质

本区是以农业旅游资源和拓荒村发展的人文景观资源为依托；以幽静、清新、秀美的田园风光及其自然生态环境为特色；以农业生产现代化、农村工业产业化、农民生活城市化的集现代农业观光、休闲度假、体育健身、参与性生产、采摘、品尝于一体的生态保护和科普教育等为主要旅游功能的现代化农村观光度假旅游区。

（四）期限与目标

规划期限

1. 近期（2003 ~ 2005 年）：为基础建设阶段；

2. 中期（2006 ~ 2010 年）：为全面发展阶段；

3. 远期（2011 ~ 2015 年）：为完善提高阶段。

总体目标：在规划期限内，本旅游区将达到国家农业旅游示范区标准和 AAA 级景区水平，成为全国闻名的现代农业旅游区。旅游业将成为兴十四村的支柱产业。

五、旅游功能分区、项目策划及旅游线路组织

（一）功能分区

1. 分区原则

少即是多原则、空间连续性原则、旅游要素综合性原则、地域特色原则、环境保护原则、绿化系统原则和可操作性原则。

2. 功能分区

根据旅游区性质定位、规划用地现状及旅游资源特点，遵循上述分区原则，将兴十四现代化农村观光度假旅游区划分为六大功能区，即综合娱乐旅游区、现代化农村生活观光旅游区、乡村工业旅游区、现代化农业观光区、森林休闲疗养旅游区、草原风光旅游区。六大功能区各具特色，相互依托，共同构成兴十四村旅游地总体格局（图 3-2）。

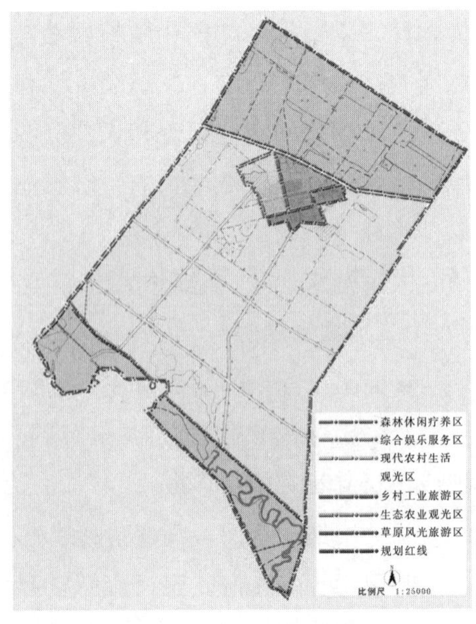

图 3-2 功能分区图

其中综合娱乐旅游区、现代化农村生活观光旅游区、乡村工业旅游区等三个功能区坐落在村内。以中央大街为分界轴，东侧统一划归为综合娱乐旅游区，西侧为现代化农村生活观光旅游区，南侧为乡村工业旅游区，村内形成“东闹西静，南观赏”的功能格局。现代化农业观光区、森林休闲疗养旅游区、草原风光旅游区坐落在村外广阔的农田、森林、草原上。

（1）综合娱乐服务区

范围、面积：位于中央大街东侧，沿大街南北向400m长、500m宽的综合娱乐带。占地面积20hm^2。

功能：创业溯源，农村建设及艰苦奋斗精神教育基地，接待服务、娱乐、休闲、度假参观、游览。

主要资源依托：兴十四村艰苦创业历程，山东民俗，农家风情，传统农家与现代生活娱乐，接待服务。

（2）现代化农村生活观光区

范围、面积：位于中央大街的西侧，现兴十四村居民生活区，占地面积为60hm^2。

功能：现代化农村生活方式的展示。村容、村貌、村民将向游人展现改革开放后兴十四村欣欣向荣的景象和村民的现代化精神风貌以及未来的美好前景。

主要资源依托：现代化城镇型村落景观及生活方式。

（3）乡村工业旅游区

范围、面积：位于兴十四村南侧，现工厂区，占地面积为20hm^2。

功能：乡村工业生产展示。

主要资源依托：乳品厂，甜蜜素厂，柠檬酸厂等。

（4）现代化农业观光区

范围、面积：位于村西侧和南侧，现为农田区，占地面积1120hm^2。

功能：农田、果园、菜地、苗圃、田园风光观赏，农业生产展示与体验，现代化农业技术参观，农业科普教育。

主要资源依托：万亩农田，上百台农业机械，大型喷灌，田间电气化，温室大棚，奶牛场。

（5）森林休闲疗养区

范围、面积：位于村东北侧，现为人工林，占地面积713hm^2。

功能：森林休闲，康体健身，生物多样化展示。

主要资源依托：万亩林地。

（6）草原风光旅游区

范围、面积：位于村南侧村界边缘，占地面积为267hm^2。

功能：草原风光观赏，蒙古风情体验，水上娱乐。

主要资源依托：草原，牛羊，音河。

（二）分区项目策划

1. 综合娱乐服务区

位于村内中央大街东侧，自北向南依次为：

（1）旅游区大门

设置在村北缘甘南——兴十四村——双河的公路进入兴十四村的入口处，修建一处大型民族建筑式牌坊，上书“兴十四现代化农村观光度假旅游区”。

（2）停车场

现小学校操场南，面积 5000m^2，树木式生态型停车场。

（3）宾馆

在现小学校前，新建 5000m^2 功能设施较为齐全的现代化商务宾馆，宾馆一楼大厅可设游客接待中心。游客服务中心处设电脑触摸屏及全旅游区导游图。

（4）乡村公园

为了反映兴十四村人民的艰苦创业历程和精神文明生活及山东移民后裔的特点，增加游人与村民的接触机会并相互融合，设立乡村公园。突出娱乐性，设置体现农村特点的娱乐项目。以自然景观为主，体现乡村风情。公园内主要景点如下：

1）创业追溯园

村东侧原小学校至马架子和现马架子房所在地，规划面积 90000m^2。利用这一区域建造创业追溯园，以村史展览馆及 20 世纪 50、60 年代村民居住的马架子房、泥草房和当时落后的生产生活用具为载体，实物全场景的展示 1956 年至改革开放前的生产生活场面。也可以结合雕塑来反映当时生产、生活场景：如人拉磨、人拉犁、拉车等。通过今昔对比让游人去感受过去的贫穷落后和今天幸福快乐的生活，展示兴十四人艰苦奋斗的伟大时代精神。具体设置是：兴十四村史展览馆、马架子房、泥草房和付华廷旧居。

2）山东民俗风情和农家娱乐园

根据本村是山东移民村的文脉、史脉，可在乡村公园中进行山东风土人情展览，如山东的农耕文化，集中展示从远古直至当今的山东传统农具及农村生活用品系列，例如风车、水车系列，手工艺作坊、扎制风筝等，力求古朴真实和参与性。建立山东风味小吃一条街，山东地方特产及工艺品售货摊床。设置一个舞台，周围设看台，定时举办山东吕剧、山东快书、东北二人转、村里自编自导的文艺节目表演。另外，还可举行农家娱乐旅游项目，如斗鸡，斗羊，小猪、小鸭赛跑，摇辘轳打水、推碾子磨面，踩高跷，扭秧歌等等，增加旅游景区的参与性，使游客入乡随俗，为其所动，起到嬉戏娱乐和猎奇的作用。

3）童乐坪

为儿童所设，主要设计为农村儿童玩乐项目。如玩沙、玩泥巴、爬树、涉水等。

4）长寿亭

反映兴十四村敬老、爱老的传统美德。

（5）游泳馆

规划建设一座 4000m^2 游泳馆，供村民及游客体验乡村现代化生活。

（6）文化宫

已建成。

（7）村委会办公楼

2. 现代化农村生活观光区

主要集中在村庄内中央大街西侧。别墅，楼房，摩托，轿车，图书馆，接送到县城上学孩子的大客车，白色路面，路灯，园林，纯朴与时尚交织的民风，路不拾遗，夜不闭户，尊老爱幼，安居乐业，亦城亦乡、人人富裕的社会主义新农村的景象。现代化村民别墅区最能反映兴十四村人民新的生活面貌。应在村民别墅区游人经过的入口处树立介绍牌，介绍居住时间，别墅区面积，每栋别墅的使用面积等内容。向游人开放一至两户供参观之用。建议修建一座带遮阳棚的兴十四文明街，街的一侧设立宣传画墙，主要张贴当前政治与经济时事，村歌、村规、村纪，干部和村民的行为准则，村里的好人好事，光荣榜，干部的先进事迹等精神文明建设方面的宣传内容，街的另一侧主要出售农副产品和当地土特产品，依照村镇总体规划设计在别墅新区内设置高标准超市一处，为村民及游人提供高档次购物场所。

在新建二期别墅之间设一个休闲广场，面积为 1 ~ 2hm^2，供村民及旅游者活动的室外大型广场。设置兴十四村旅游区标志性景观雕塑（旅游区标徽）、花坛、树池、旱喷泉、休息座椅等。

3. 乡村工业旅游区

兴十四村从 1983 年起先后成立了乳品厂、甜蜜素厂、柠檬酸厂和浆精厂，形成了生物工程、精细化工、节粮饲料系列产品、乳制品等四大系列产品体系，有四项高科技产品填补了国内空白。参观工厂可让游客感受到兴十四村敢闯、敢试、敢于争先的胆识和气魄。领略高新技术在生产中的应用，唤起人们的科技意识。使游客在能看到整个产品的生产流程的同时还能适当参与，并设立参观陈列制造成品和购买产品的场所。在工业旅游区内应设置指示标识和引导标识，设立生产流程说明，向游人介绍产品的作用、性能等。开辟参观通道，配备专职导游员，进一步绿化美化环境。工业园区与周围地区应有防护林相隔离，以保证生产区的安静、卫生。防护林的宽度根据具体情况可定为 20 ~ 50m。

可将农业机械厂设在工业旅游区中。全面展示农业生产各种机械设备。农业机械按类存放，每类农机挂牌介绍性能等内容，对机械进行必要的外部维护包装处理。

4. 现代化农业观光区

现代化农业观光是兴十四村旅游业的重点项目，它通过农业生产的集约化经营、规模化生产、机械化耕作所形成的格局，从一个侧面反映现代农业的发展方向，让游人感觉到科技在农业生产中的广泛应用，给游人以震撼和鼓舞。同时，游人在这个区域内还可享受到田园风光的优美和大自然为人类提供的美食。充分体现“观赏现代化的农业生产，品味优美的田园风光、参与果菜种摘、交流城乡文化”为主题的系列农村观光活动。

主要策划项目：缤纷大道、来来瓜果蔬菜园、观光果园、绿野仙踪葡萄园、现代农业生产展示区（万亩大型移动式喷灌机械化操作示范区、千亩滴水灌溉示范区、现代化温室、产业化奶牛饲养场、植物高新技术展示园）、情侣路、其他游路景观、引导景观（景区解说系统：沿途设置导游牌，标明各景点方向，使游客进入景区后一目了然。本旅游区属现代化农业生态旅游范畴，生态旅游的特点之一就是突出较高的科技含量，让游人在游玩的同时学到一定的知识，且本旅游区是以高科技农业为基本特色，因此，景物说明牌的设置则变得十分必要。规划应在每种植物前立此牌，尤其是新特果蔬品种，详细介绍其种名、科属、产地、培育时间、产量、成熟期、果实品味及营养价值等主要的生物学特性；在一些采用特殊高科技种植技术及手段的地方，如无土栽培、滴灌技术、全自动温室控制技术等处，更要设解说牌加以详细说明，导游词应科学严谨，生动活泼）。

5. 森林休闲疗养区

兴十四村有人工林 713hm^2，绿化覆盖率 32.2%，林龄 10 ~ 30 年，大部分已经成林。树种主要有樟子松、落叶松、北京杨、云杉等。这部分林地主要位于村的东北部，对于冬季盛行西北风的东北平原来说，可以起到极好的生态保护作用。这些人工林是兴十四人与自然界抗争的真实记录，是为其营造可持续发展自然环境的可靠保证，也是开发旅游的宝贵资源。作为休闲林场，万顷辽阔的林地、优美的林相，在宁静的森林环境里，倾听松涛、虫鸣、鸟唱等自然乐章，看大自然调和的色彩与变换线条，能使人心平气和、情绪愉悦。

建议除在主风向大量植树作防护林以外，在旅游区的四周规划 50 ~ 100m 宽的防护林带，以保证兴十四村的整体环境质量。树种在以上树种的基础上，可以考虑一些有防风固土作用，同时又有一定经济效益的树种，如沙棘。具体规划设计如下：

（1）森林浴：村东北部约 200hm^2，在 30 年以上树龄的松树林中设置森林浴场。可设健身道（沐足健身区）、品氧居（品氧清肺区）、眠绿亭（净心调神区）、静养场（吐纳养生区）。设专门教练引导游人练习森林瑜伽。

（2）骑马、骑车健身路

围绕树林，尽量利用现有道路，或根据需要开辟几条新道，宽度为 3m 左右，为乡村路，形成几条环形路，路两侧要形成浓荫，作为骑马、骑车的健身路。

（3）游人植树区

（4）彩叶园

（5）春花园

（6）药用植物区

此区结合森林浴，使人们了解更多的医药知识，有助于弘扬我国的中药文化，同时增加游人的保健意识。

（7）森林迷宫：是在林内栽植与原有树种不同的树木作为标志，游人只要按标志前行或转弯，就可走出迷宫。

6. 草原风光旅游区

位于村西南近 267hm^2 的茫茫草原上。除草原牧歌景观欣赏外，音河游览娱乐项目亦设在此区。目前，因兴十四村没有地表水而缺少灵气，因此拟在音河河道上设置橡胶坝两座，相间 2000m，形成水面，积水成趣，为游人提供戏水场所。汛期塌坝放水。岸边进行树木自然栽植，或疏或密，空地上以草坪点缀绿化。可形成几处小叠水，与树木、草地、水声构成富于变化的草林野趣景观。还可开展亲水活动，如划船、游泳、垂钓、捉泥鳅等。

（三）旅游线路组织

根据现有道路网络状况，外地来兴十四村的游客主要由齐齐哈尔市进入。

1. 外域旅游线

齐齐哈尔市区——扎龙自然保护区——甘南县城——音河水库——兴十四现代农业观光旅游区。

齐齐哈尔市区——扎龙自然保护区——双河农场（知青故里游）——兴十四现代农业观光旅游区。

2. 内域旅游线

村生活居住区游览线路：村北侧入口——游客中心——综合娱乐旅游区——乡村工业旅游区—现代化农村生活观光区。村四周农业生产区游览线路：村西南出口——缤纷大道——来来瓜果蔬菜园——现代化温室大棚——滴水灌溉示范区——植物高新技术展示区——大型移动式喷灌示范区——情侣路——草原风光旅游区——绿野仙踪葡萄园——观光果园——产业化的奶牛饲养场——森林休闲疗养旅游区——村北侧入口。

六、旅游区形象策划

（一）总体形象

农业现代化，龙江第一村。

（二）识别形象

现代化村落景观

（三）旅游地标徽

广袤松嫩平原上九头倔强拉犁的拓荒牛，九牛拉车，人人出力，体现集体致富、共同创业的精神。

（四）旅游宣传口号设计

兴十四村—— 农业现代化的榜样；兴十四村—— 自然优美的乡村；兴十四村——社会主义农村发展方向；兴十四村—— 提前进入小康社会，农业现代化的龙江第一村。

七、环境保护与生态建设

（一）环境容量估算

采用面积法进行环境容量估算，结果见表 3-2。

理论环境容量测算 表3-2

序号	功能区	测算法	可游览面积（m^2）	人均指标（m^2/人）	周转率	容量（人/日）
1	现代农村生活观光区	面积法	400000	500	4	3200
2	综合服务娱乐区	面积法	400000	200	1	2000
3	乡村工业旅游区	面积法	200000	400	2	1000
4	现代化农业观光区	面积法	11200000	5000	2	4480
5	森林休闲疗养区	面积法	7130000	3000	1	2376
6	草原风光旅游区	面积法	2670000	3000	2	1780
	合 计					14836

注：参考《风景名胜区规划规范》游憩地生态容量值，*D* 取 1-4。

兴十四旅游区远期游人预测为 30 万人次 / 年，加上兴十四村的村民，其人数也较年环境容量测算值（267 万人次 / 年）低很多，因此，游人的增加不会超过兴十四村的环境容量，只要采取必要的措施，兴十四村是可以维持其环境现状，并且环境效益越来越好的。

（二）生态环境建设规划

1. 对兴十四村庄内的环境质量和旅游区内草原、林地的生物多样性及土壤环境质量要进行长期定位监测（监测内容略），定性、定量研究与评价，以保证旅游业的可持续发展和乡村环境质量的稳定。

2. 旅游区要严格限制游人数量，旅游活动应在环境容量允许范围内进行。

3. 垃圾治理：村庄内居民产生的生活垃圾应采取定时收取，集中处理的办法，以创造卫生的环境。

4. 生活污水和工业废水的处理

村庄内的现代农村生活观光区、综合娱乐服务区、乡村工业旅游区中生活污水和工业废水是水质污染的主要因素，要将现有的明沟排水改为暗管排水，设立小型污水处理系统，采用生化结合的方法进行处理，使污水排放符合国家标准要求。

5. 加强环境保护宣传教育，设立宣传栏，展示厅等，以手册、多媒体、宣传栏等多种形式宣传环境保护的政策和规定。使居民和游人提高环境保护意识。

6. 村庄内要结合小城镇规划进行村镇绿地系统规划，将公共绿地、生产绿地、防护绿地、专用绿地、道路绿地等合理地进行布置。另外，建议各功能区之间都要有防护林相隔离。如工业旅游区外围应设 20 ~ 50m 的卫生防护林；音河两岸应设水源涵养林；生态农业观光区周围应设农田防护林；兴十四村四周应设较宽的防护林带，以加强环境建设。

7. 草原草场退化治理时，方案应由专业人员制定，并要经过专家论证，以免破坏当地植物群落的生态平衡。

8. 兴十四村内要改进燃烧设备，改善燃料，加强煤炭的有效利用和减少污染技术的推广应用，尽量采用太阳能、电能、风能等清洁能源。

八、旅游服务配套设施规划

（一）旅游住宿

住宿设施建设的总原则是以中、低档次为主，配置少量高档次星级酒店（二星级）、别墅。近期低档住宿设施应占 85% 左右，需逐步提高档次。近期床位需求总数约为 695 张，远期床位需求数为 1450 张。

（二）餐饮服务

弘扬传统的食品制作工艺，开发出具有兴十四特色的美食系列，同时加强管理，最终形成酒店餐饮、特色餐饮相结合，融美食、文娱、休闲于一体的旅游餐饮服务体系，把兴十四旅游区办成山东—东北美食之乡。

九、实施规划的对策、措施及建议

加强旅游区亦农亦旅队伍建设，支撑能力建设，保障体系建设和管理机制创新等是实现本项规划的重要环节。根据本区的具体情况，提出以下对策、措施及建议。

（一）旅游管理创新工程

1. 兴十四村旅游管理新理念

本区主要内容：以“拓荒文化”为主线，以现代化农业观光游为基础，发展现代乡村旅游。

2. 旅游管理组织机构

建立旅游管理新体制，在富华集团中下设旅游开发服务公司，聘任懂旅游、善管理、知识新的现代高级管理人员为总经理和景区景点及部门经理，以灵活的管理机制，采取开放式经营方式，进入市场经济轨道，并与国际接轨。

3. 制定兴十四现代化农业观光度假旅游区管理办法和实施细则，规范企业行为。

（二）培养“亦农亦旅”的专业队伍

（1）抓好专业人员的培训；

（2）积极引进高素质经营管理和专业技术人员；

（3）培养亦农亦旅新型农民，加强农民办旅游的指导和管理；

（4）制定乡村旅游和农民旅馆、餐馆的管理办法。

（三）旅游业发展的支撑体系建设

（1）旅游农业——基础产业的支撑

兴十四村全村 1120hm^2 耕地，实现了土地集约化经营、农作物良种化种植、耕地机械化作业、农田喷灌化灌溉、牧业专业化养殖。农业生产基本实现了现代化，农业为旅游奠定了坚实的基础。本次规划为增强旅游农业的支撑能力，设置万亩大型移动式喷灌示范区、千亩滴水灌溉示范区及荷兰温室大棚；对现有 267hm^2 草原进行草场改良，建设风力发电机组一套，供牧场围栏用电和牧场提水、照明用电；对现有奶牛场进行技术改造等。通过上述现代农业设施建设，既可扩大规模效益，又可增强农业旅游观光的先进性和科学性，提高基础产业的支撑能力。

（2）旅游工业——富民强村的新路

旅游工业的发展，是促进农业旅游的深度开发和发展的重要途径，是延伸村办工业企业链的新路子、新机遇。旅游工业的发展将为本村旅游产业发展提供强劲的支撑。

（3）旅游文化——旅游产品开发的生命之源

挖掘“拓荒文化”，提高拓荒文化品位，开发拓荒文化系列产品，举办拓荒文化节等活动，形成拓荒文化的特色，是旅游区可持续发展的重要源泉。通过上述各项对策措施的实施，使兴十四现代化农村观光度假旅游之花开遍全省。

案例2　范喜围子屯乡村旅游规划与设计

项目特色：道教生态伦理和养生理论在康复景观设计中的应用

规划时间：2010

团队成员：王崑、张金丽、王超等

相关成果：1. 道教生态伦理和养生理论在康复景观设计中的应用研究，张金丽，2010，东北农业大学硕士论文。

2. 道教生态伦理和养生理论在康复景观设计中的应用研究，张金丽，王崑（通讯作者）、王超，中国农学通报，2010，26（13）：284～288。

3. 北方康复园林绿地植物配植研究，王崑、张金丽，王超，北方园艺，2010（14）：113～117。

扫一扫看彩图

一、基本概况

（一）区位与交通状况

范喜围子屯位于阿城区东部，平山镇到松峰山镇道路4.5km处。该屯隶属于平山镇治安村，北邻松峰山景区和吊水湖景区，东邻帽儿山景区，南邻平山旅游区和西泉眼水库，西邻玉泉狩猎场，正处于阿城旅游环线及哈尔滨市最佳的旅游半径之中（图3-3）。

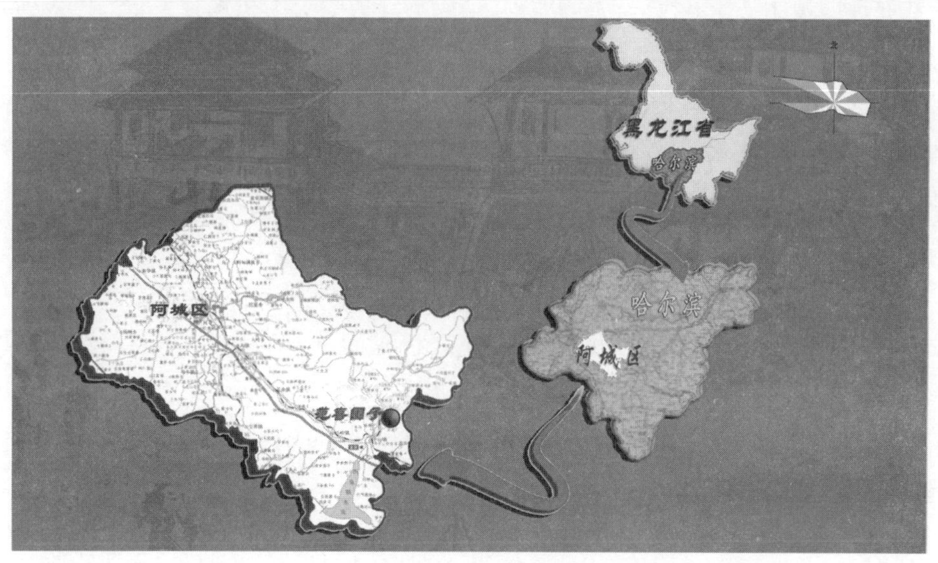

图3-3　区位分析图

（二）自然与人文风貌

范喜围子屯群山环抱，植被葱郁，空气清新，生态环境良好。该屯自然资源丰富，不仅有茂盛的森林资源，同时还有丰富的山野菜、山野果、芳香和药用植物以及食用菌资源，另外还有品种繁多的林蛙。范喜围子屯有着壮丽的林海景观，其森林类型主要为针阔叶混交林，同时芳香和药用植物的广泛分布为该屯成为疗养保健场所提供了天然的基础。屯内有一条小河，水质清澈，潺潺流淌，为该屯增加了灵秀之气。

全屯占地 $45hm^2$，共有农户 55 户，耕地主要为玉米旱田和水稻田。该区地貌为侵蚀中山、低山和侵蚀丘陵，从屯子到外围主要道路的沿途怪石林立，有着极富特色的石峰景观。

范喜围子屯地处中国历史上东北最早的道教圣地——松峰山山脚下，传说此地曾是道士们进行园艺劳作的地方，还是道士们羽化成仙的圣地，一直到现在，松峰山上道观的居士和道士仍然在该屯开拓土地进行耕种。这里浓厚的道教文化气息，淳朴的民风，浓郁的乡情与悠然美丽的林海风光构成了令人向往的“世外桃源”，是一个回归大自然、旅游度假、避暑、保健、疗养的理想场所。

二、旅游资源特色分析

（一）浓厚的道教文化

范喜围子屯位于神鹰岭区域内相对幽深之处，紧邻的松峰山历经数百年的历史变迁，被打磨上深沉的历史痕迹，同时流传着许多动人的传说，因此这里有着浓厚的道教文化底蕴。由于还未开发，游人很少，清幽的环境吸引了文人雅士，如诗人王勇在此隐居、作诗并于石壁刻字，为此地带来了浓厚的文化气息。

以此为依托，加上区内良好的自然环境，通过挖掘和开发该屯的道教文化特征，进行中国传统道教文化的展示，可以将范喜围子屯打造成一处人文景观和自然景观有机相融的景区，提高整体的文化品位与文化精神内涵。

（二）利于康体养生的环境

范喜围子屯有着秀丽的林海景观，在进一步丰富物种多样性与植物景观的前提下，利用林窗、林缘与林中空地的树种和季相色彩，通过人工修饰，创造森林苍翠点布、疏密有致的森林浴场所，有利于保健休闲活动的开展。同时区内有多种药用和芳香植物，通过合理的搭配，营造对人身心有益的康体休闲区，同时结合道教养生文化和方法，打造静心休闲，康体保健旅游场所。

（三）适于郊野游憩的资源

范喜围子屯清静悠远，是个放松身心，清心怡神的好去处。该区的山野菜，野生食用菌丰富，通过进行一些趣味横生的采蘑菇等郊野游憩活动，吸引城市居民假日来此休闲放松。群山环抱的村落和稻田，蜿蜒曲折的山路，滚滚麦浪，风吹草低见牛羊融为一体的田园风光，给人以自然洗礼、舒畅惬意之感，适宜游憩休闲。

诗人、画家等艺术工作者在此过着隐居似的生活，体验耕种的乐趣和石壁刻字的艺术感受。与此同时，由于优越的地理位置，不少徒步、登山爱好者和驴友常常将神鹰岭、松峰山作为一个整体的徒步穿越路线，是该村郊野游憩休闲旅游的另一大特色。

该屯特色的旅游资源为其开展道教文化体验，康体养生休闲和郊野游憩休闲旅游提供了良好的基础。

三、产品及形象定位

（一）产品定位

主打道教养生和休闲度假相结合的产品。以原生态村落为载体，以道教文化为吸引，以道教养生为特色，提供一处以郊野休闲度假、道教文化观览和道教养生体验为主的“心灵家园”。

（二）形象定位

根据范喜围子屯的基本概况及其特色的旅游资源，将其形象确定为：“道教养生，心灵家园”。

四、客源市场分析

（一）客源市场开发现状

范喜围子屯旅游现处于尚未开发的状态，游客稀少，游人属自发观光、游览型。现有的游客多为徒步爱好者和途径松峰山景区的游客，主要属乡村休闲旅游，文化旅游所占的比例很小。

（二）客源市场定位

基于范喜围子屯清幽的环境，将客源市场定位于向往田园生活，追求自然静心享受的游客群体，主要吸引文人雅士，艺术写生、观光摄影等爱好者及周边地区艺校学生和中老年游客前来。

同时与松峰山景区结合，吸引希望了解道教文化的游客，扩大旅游区的游览空间，也可以带动整个区域的旅游发展。另外还可增加寻找良好生态环境与户外体验的周边城市居民的节假日休闲旅游，与周边乡村形成互补促进，联动发展的旅游格局。

五、景观总体规划及主要节点设计

（一）景观总体规划设计

1. 规划设计理念

（1）天人合一

“天人合一”是道家哲学最基本的主张，是道教养生文化提出的养生要“顺应四时”、“顺应自然”的理论基础。范喜围子屯乡村旅游不仅仅在规划设计上“顺乎自然”，还倡导游客发挥自己的主观能动性，用积极、进取的态度对待自己、对待景观、对待大自然，以此感悟人与自然的密切关系。通过对范喜围子屯进行乡村旅游规划与设计，让游客体验康健养生，用亲身参与来探索自然的奥秘，以获得直达心底的审美感受。范喜围子屯的乡村旅游规划设计以满足游人的心理与文化需求为目标，让游客们通过赏心悦目的景观以及多姿多彩的养生活动，获得幸福感与满足感。真正做到《内经》中所言：“与天地相应，与四时相符，人参与天地”。

（2）阴阳平衡、形神俱炼

道教生态伦理和养生理论中都主张“阴阳”调和，将“阴阳”的范畴应用到范喜围子屯的规划设计中，即将范喜围子的历史文脉及人文底蕴与其天然的林海、山石、河流、农田景观相糅合，为游客展开一幅阴阳调和、和谐平衡、情景交融的壮丽画卷。

道教养生文化理论其中重要的一点就是形神共养，即现代养生要注重身体与心理的双重健康，二者并重，“形”与“神”俱炼也是一种“阴阳协调”。在范喜围子屯的规划设计中也要秉承这一传统理念，在注重策划观光、游憩、养生等旅游活动的同时，也重视游客在这些活动及自然景观中获得的意境及情感表达，并将二者有机的结合成统一体，让游客在“养身”的基础上，最终达到“养心”的目的。

（3）整体的和谐共生

我国道教养生思想向来十分重视整体性的平衡与稳定，正所谓“万物为一”。在进行范喜围子屯乡村旅游规划设计时借鉴“万物为一”思想，从景区的长远、整体利益出发，突出规划布局的整体性，促进景区整体旅游结构的平衡和未来的稳定发展。整体优化空间及其他资源配置，还要注重养生旅游项目及绿色养生旅游产品的整体设计，以人、自然和社会和谐共生为目标，使范喜围子屯成为“人＋自然＋社会”复合的共生系统。

2. 规划设计思路

随着工作、生活节奏越来越快，现代人所面临的心理压力也越来越大，人们日益认识到大自然对人身心健康的益处，追求在自然中获得心灵上的清静，身体上的放松。本规划在乡村郊野休闲旅游的大前提下，深度挖掘范喜围子的道教文化底蕴，并通过借鉴道教养生文化，结合当地良好的生态环境和自然资源，打造一个康体保健休闲的理想去处，让人们在此地能不自觉的放慢脚步，体会心灵的平静，灵魂的洗礼，使该屯成为一个城市人们洗涤心灵的家园，即“道教养生，心灵家园”（图 3-4）。

在规划设计思路的指导下，根据地理区位特点和资源特色，将范喜围子屯旅游区划分为六个区，即道教文化区、静心休闲区、餐饮服务区、水景垂钓区、村内休闲区和自主耕作区（图 3-5）。

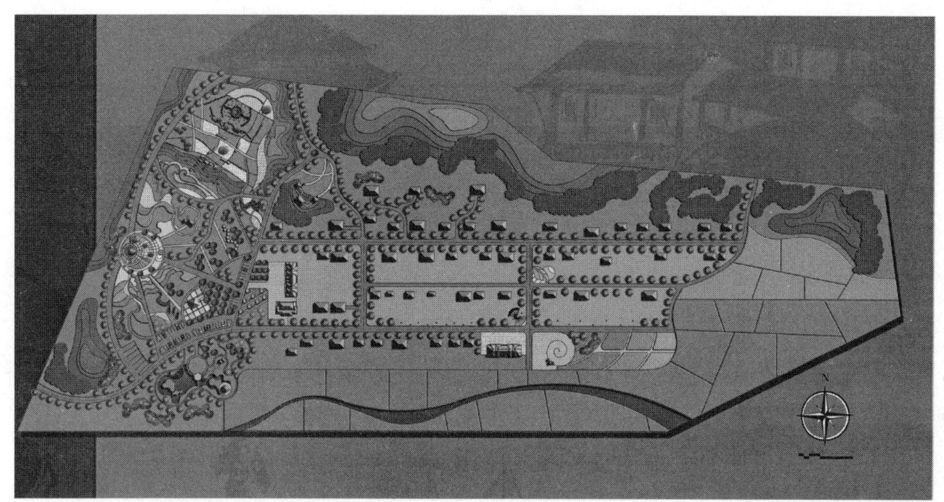

图 3-4　总平面图

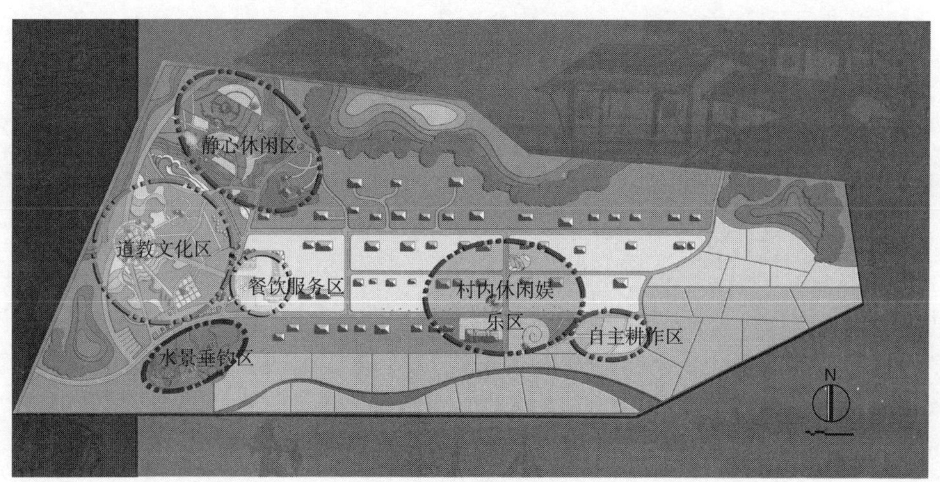

图 3-5　功能分区图

3. 规划设计目标

考虑到时间、经济及村民生活等实际问题以及工程实施状况，整个规划拟分三期完成：

（1）一期

以完成入口北侧景观设计、将已废弃房屋建筑进行改造和拓宽道路为目标，结合整个村屯环境进行规划设计：

① 整体规划上，通过营造村屯入口北侧主体区域的景观，并改造屯内废弃房屋建筑，从而改善范喜围子屯整体的景观形象，满足游客游赏、休闲等需求。

② 环境景观营造方面，以松峰山景区为依托，将道教养生文化融入景观设计，重点营造整体的宁静淡泊意境，打造“道教养生，心灵家园”的形象。

③ 在入口北侧建设主广场、停车场及主要的休闲区域，满足游客集散和娱乐需要。

④重视景观的细部设计，凸显整体的道教文化特色、整体感，营造出平静祥和的氛围。道路绿化结合街道改造风格，体现“隐居，出世，世外桃源”的特色。

⑤拓宽原有道路至 4.5m，铺装采用白色路面。

（2）二期、三期

在总体规划的指导下，以一期建设为基础，进行入口南侧景观建设、屯内景观建设及其他房屋的改造工程，逐步统一全村景观风格。

（二）主要景区节点设计

设计中，核心景观节点和次级景观节点如一颗颗大小珍珠，景观环线比作丝线，将这些景观节点串联起来，形成景观串珠结构体系（图 3-6、图 3-7）。

1. 道教文化区

规划范围、面积：位于入口处北侧，占地面积约 8100m^2。

规划思路：本区着眼于运用东北道教文化元素和内涵，使其在景观中有所体现，打造一个了解、参观体验道教文化的区域。寻求文化传统与自然景观、参观与体验的互动与转换，使其成为弘扬中华传统文化的典型。

主要景观节点设计：

（1）道宗广场

这是道教文化区的中心主广场，平面构图上采用不同半径的圆相切，代表道教一直追求的圆满和羽化成仙。同时不同的斜线交叉，曲线与直线结合，体现韵律和动感。在广场东南端用植物及铺装相辅形成一个意向的道教代表图案“太极八卦”，体现范喜围子屯的道教文化底蕴。

（2）五行花带

在广场外围，运用五行“金木水火土”所对应的五种颜色：白色、绿色、蓝紫色、红色、黄色，以彩色花带的形式来寓意“五行”，同时在植物的选择上不仅要在颜色上相近还要注意植物的阴阳性，花带的线条为自由曲线，灵动生趣。

（3）九宫格广场

“九宫”的涵义既指道教名山九宫山，更指道教的重要符号“八卦九宫”中的“九宫”：乾宫、坎宫、艮宫、震宫、中宫、巽宫、离宫、坤宫、兑宫，过去道教建筑的布局多据此而设。现在的九宫又在建筑中被赋予丰富的含义，作为分形图形的一种生成方式，

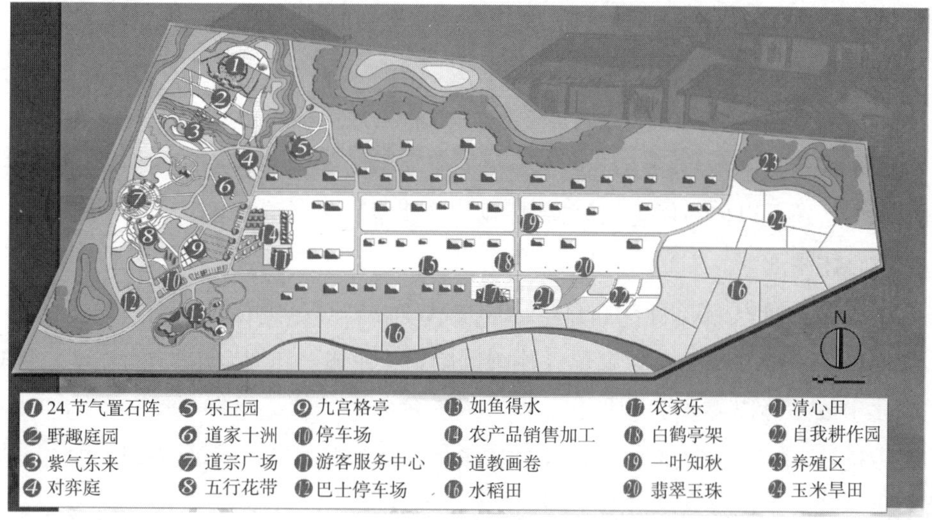

图 3-6　景观节点分析图

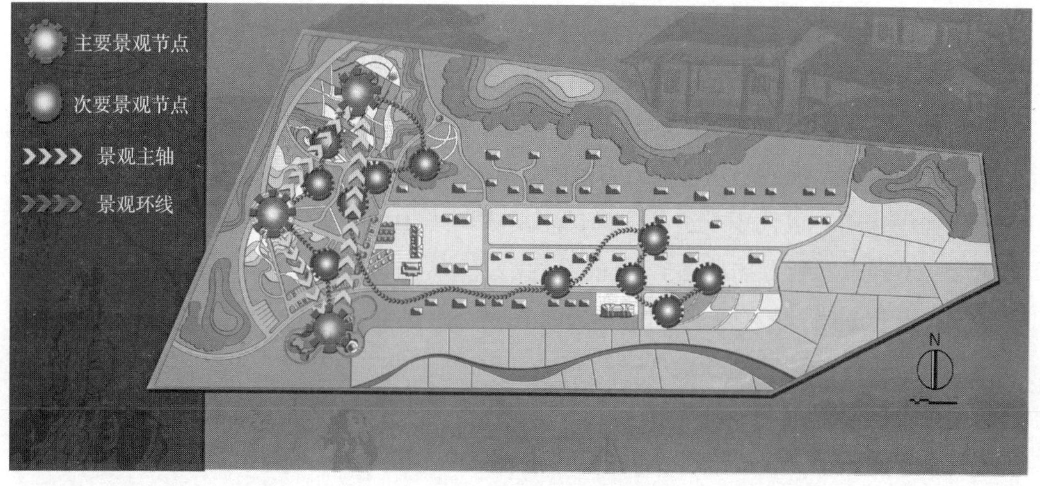

图 3-7　景观视线分析图

通常称为九宫格或九宫图。本广场在线条上,在内部以“井”字结构划分为九个均等格，体现重复、节奏、对称和平衡。同时在广场对角线交点处布置图腾柱，表现道教的一些元素。在广场东侧设置趣味栈道，可使游客在游览的途中不至于乏味，获得另一番欢乐的体验。

（4）道家十洲

在草地上不规则的连续布置十个圆形的半径为一米的大型汀步，这十个汀步代表的就是道家十洲，周围的绿地寓意海洋。道教称距陆地极遥远的大海之中有三岛十洲，那里有神仙在悠闲的生活。道教中的十洲有：瀛洲、玄洲、长洲、流洲、元洲、生洲、祖洲、炎洲、凤麟洲、聚窟洲。在道教文化区内设置道家十洲，寓意范喜围子屯有着恬静的田园风光，纯朴的民风，仿佛世外桃源和道教的十洲三岛。

（5）对弈庭

古代的道士都爱好对弈，对弈是实现“清静无为”的一种途径。在道教文化区设计了一个十字格和弧形线条组成的广场，并在广场设置大型的黑白围棋子，此棋子不仅是景观小品还可以作为休息的座椅，广场比作棋盘。棋子充满趣味，可吸引儿童玩耍。

2. 静心休闲区

规划范围、面积：位于村屯的西北角，占地面积约 6600m^2。

规划思路：现代人不仅仅重视身体的健康，更加重视心理的健康。此区借鉴道教养生文化中的“静以养生”的理念，以“天人合一”、“道法自然”作为准则，根据植物的生态特性，运用芳香、药用植物，结合地形、道路等园林元素进行合理布局和栽植，以营造出清幽、景色宜人的静心空间，用于身心的洗涤和呼吸。

主要景观节点设计：

（1）紫气东来

在静心休闲区，运用道家“元气”学说，设置一个祥云状的小广场，并在其前方营造一块波浪形的高低变化的微地形，内散置天然石块，可做座椅，是个清心的理想场所。祥云铺装采用文化石碎拼，边缘分界线采用石块堆积的形式，与铺装呼应形成一个祥云的浮雕，充满意境。祥云状铺装与浮雕也可被喻为水的波浪，与前面的微地形形成呼应，同时也代表了道教崇尚的水的柔弱不争，“无为”却“有为”，水总是随物赋形，不强求却利万物，品质上佳。

（2）野趣庭园

此区运用硬质铺装与绿地的交错布置，形成强烈的韵律和平衡感，通过植物来围合出一个个的私密空间，硬质铺装上放置天然的条形石，用于休息。游客可以在其中获得安全感的体验，放松身心，体会到自然的洗礼。

（3）二十四节气置石阵

自古文人修身养性，对自然之美的感受不仅仅是功利上的满足，更追求泉石养心的高尚情操。范喜围子屯有着许多天然的石头，可收集石头布置成环形，同时在周围布置座椅和植物用于遮阴。将石阵布置成环形，依据为四时（春分、夏至、秋分、冬至）和二十四节气。天然的石头、自然的树林与天地人融合，彰显纯自然的天成之美，人处于其中也会感受到自己是自然的一分子，与自然进行交流，在自然中呼吸，放飞心灵，获得感性。

（4）乐丘园

在密林中建设一个小休闲亭，运用地势的不断提高，将小亭掩藏于茂密的树林中，将其与外界的喧闹隔离开，获得“清静为天下正”，“致虚极，守静笃”的感受。正如白居易所言：“高人乐丘园，中人慕官职”，体现的也是道教推崇的“无欲无求”。

3. 餐饮服务区

规划范围、面积：村屯的入口处，占地面积 6600m^2。

规划思路：为游客提供接待和餐饮服务，包括餐饮设施、接待中心和停车场等，同时基于道家饮食养生法，推出道家特色膳食。

主要景观节点设计：

（1）游客服务中心

游客服务中心设在范喜围子屯的入口，将一废弃的农房经过翻新和改造而成。

（2）饮食广场

饮食广场为范喜围子屯内主要的餐饮服务设施，为游客提供餐饮服务和特色的乡村山野美食，依据道教饮食养生方法，重点推出道教特色养生菜品。饮食广场内部包括农产品的销售和加工，游客可以将垂钓的鱼和采摘的山野菜、山蘑菇进行加工食用。

4. 水景垂钓区

规划范围、面积：位于入口处南侧，占地面积 4000m^2。

规划思路：利用村头原有的一块洼地，直接开拓为水景垂钓区。垂钓以宁气神，端其体，通过与水的亲近，结合周围的水田景观，使人在休憩纳凉之余，绿水麦浪中获得一份惬意，透一份清凉。同时垂钓使人体会到郊野休憩休闲的趣味。

主要景观节点设计：

如鱼得水

在村内原有洼地的基础上，进行挖深和拓展形成一个水景区，驳岸线自由活泼，在水面上设置三个微小的生态小岛，取意“一池三山”之仙境，水中可养殖鱼类。在水面的东侧，布置一个亲水平台；西侧设置一个圆亭，作为垂钓的休息处，在其前面的平台上设置钓位，游客在此可体验垂钓的乐趣并学会在等待中去除杂念，获得心灵的平静。在水池的稍远处设置两个仿农茅草亭，可用于垂钓后休息，充满了乡野的气息。

5. 村内休闲区

规划范围、面积：在屯中十字路口区域，占地面积 1500m^2。

规划思路：作为新农村建设的典范，将农户建筑外观进行统一改造，在外观上体现该村的文化内涵，并要保持原本的乡村特色。在村内进行道路的改造，进行主路拓宽，主路铺装采用白色路面，次级路采用灰色石板，体现宁静淡泊之美，游人可在屯中参观、散步（图 3-8）。内部修建休闲广场，作为游人参观新农村建设的休憩之处，同时搞好街道的绿化和亮化。在村内运用道教元素进行景观点缀，将范喜围子屯道教文化精神再次体现。

主要景观节点设计：

（1）新农村房屋建筑及街道整体改造

建设时进行街道和房屋的改造工程，逐步统一全村景观风格。

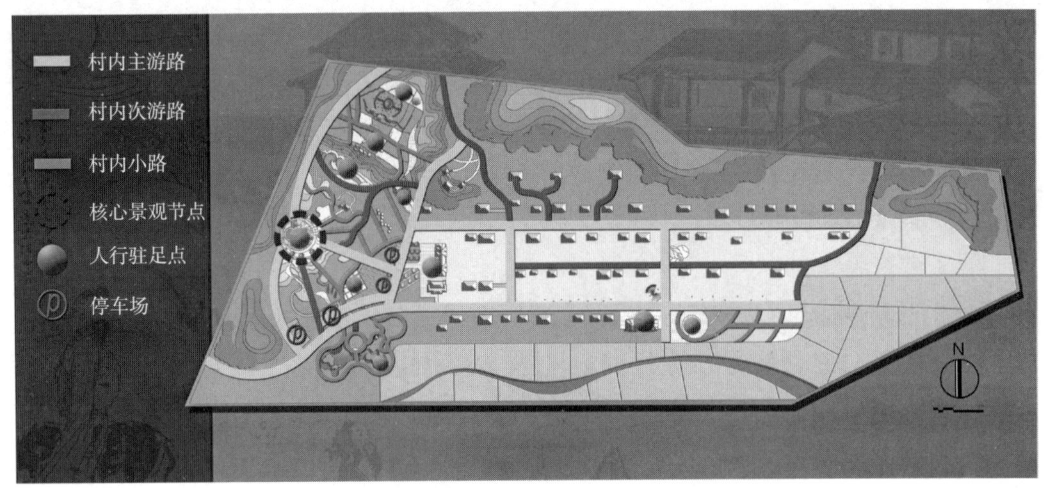

图 3-8　道路分析图

1）房屋建筑改造理念

在巩固原有房屋结构的基础上，灰色墙砖为主要装饰材料，体现出范喜围子清新淡雅，退隐出世的氛围。在翻新农户建筑的同时，重点维持乡村庭院风格，同时考虑到村民日常使用的方便和经济性。

餐饮服务类建筑要区别于住宅建筑，特色分明，具有标识性和吸引力。

2）道路改造理念

屯内主要道路整体拓宽，采用白色路面，次要道路采用石板路，铺装上可采用一些道教的元素符号，同时加强植物景观设计，提高绿地量。

整理废弃物以及各家物品的摆放，注意卫生的保持。给人干净整齐的视觉享受，提高全村的整体感。

3）院门院墙改造理念

院门改造过程中应注意保持乡村特色，体现原生态的景观美，结合乡村的生态环境，材质的选用上以木质为主，体现乡村景观与大自然的充分融合，彰显乡村特色。

院墙采用灰色石块堆砌的自然纹理，摈弃城市的棱角分明，体现淳朴自然的农村风貌。

4）标识设计理念

垃圾箱、路灯、指示牌等应用类景观小品特色应与屯子整体景观特色相一致，以木质材料为主，风格简约、淳朴。

5）景观小品设计

屯内的景观小品主要体现乡村特色，色彩和形式上不要过于艳丽，每个景区的景观小品与各区的主题相符，同时也与屯子整体特色统一。

（2）道教画卷

在屯内设置以道教发展历史为内容的多个景墙组合，景墙上主要介绍道教的发展历史及东北金代道教及松峰山的传说。景墙连续有致，宛如一个道教历史的画卷在游客眼前徐徐展开，使游客对中国传统道教文化有所了解。

（3）一叶知秋

在村内最北边巷路的十字路口处设置一个小型的休闲广场，平面线条上采用叶子的形状，铺装上可采用沙石铺装，用于居民的夏日纳凉和休闲，取意于“一叶知秋”，强调自然之道。

（4）白鹤亭架

在一叶知秋的对角线处设置一个弧形花架和白鹤亭。道教中有很多元素来自于白鹤，太极拳中也有“白鹤亮翅”，在村子内体现道教文化。

（5）翡翠玉珠

在道路的一侧散置花岗岩石球，球面上镌刻道教具有代表性的一些图腾符号，石球犹如从天而降的玉珠，正如有诗曰：大珠小珠落玉盘。通过这些符号，游客可以进一步了解道教文化。

（6）农家乐

为村内农户开办的餐饮设施，用于为游客提供特色的山野美食和道教特色养生菜品。

6. 自主耕作区

规划范围、面积：在水稻田北侧，占地面积4100m^2。

规划思路：此区以屯中玉米田和水稻田为依托，成为一块游客自主耕作田，游客可自己体验种植水稻，蔬菜，体会到郊野游憩的乐趣，同时也是一个园艺疗养区，通过劳作使长期紧张的身心得到放松与解脱。

主要景观节点设计：

（1）自我耕作园

（2）清心田

（三）植物景观设计

1. 绿地植物设计

绿地植物设计结合当地的区域气候以及农村环境特点进行策划，依据植物的生态性、季节观赏性，构建一个多层次，多功能的生态植物群落，实现区域内的生态环境的良性循环，可持续性发展。

（1）注重四季景观效果

依据植物的大小，季相、质感的差异进行搭配。常绿树种与落叶树种结合，但考虑到环境属性，因此常绿树种采用常见且体量不是太大的树种，并充分利用季节叶色类树种，并对花期不同的植物进行相应的分类种植，形成错落有致、三季有花、四季皆景的效果。

（2）植物层次营造

实现乔灌草结合。乔木除利用好乡土树种白桦、樟子松及胡桃楸、水曲柳、黄菠萝以外，主要选用家榆、旱柳、山杨等树种。花灌木主要选择连翘、榆叶梅、紫丁香、红瑞木等。为营造丰富趣味的小空间，还要注重营造草本植物景观，采用多种颜色的矮牵牛，萱草，藿香蓟等一二年生草花，以及长药景天、大花飞燕草、荷包牡丹等可以在当地越冬的充满野趣的宿根花卉，形成层次丰富的花境景观。

（3）芳香和药用植物设计

该区内芳香植物主要有：含香较多的兴安杜鹃、飞蓬、香蒿，同时还有制取香气清鲜、花香细腻、颜色好、醇溶性精油的暴马丁香等。药用植物主要有：人参、月见草、五味子，龙胆草等。合理配置药用和芳香植物，达到促进人身心健康的目的，也可为该区的旅游增添特色。

2. 道路植物设计

由于村内街道规划十分规整，且路旁所留绿地有限，因此绿化上采用种植不同植物来区分不同街道，在主要道路两旁种植株型美观的乔木为行道树，并在行道树中穿插小型组合型花灌木，以路旁住宅院墙为背景，局部种植山葡萄等藤本植物，丰富立体景观层次。其他街道以小型乔木如文冠果、李等为行道树。

（四）水景设计

在水景垂钓亚区设置“如鱼得水”景点，在村内原有洼地的基础上，进行挖深和拓展形成一个水景区，驳岸线自由活泼，在水面上设置三个微小的生态小岛，取意“一池三山”之仙境，水中可养殖鱼类。在水面的东侧，布置一个亲水平台；西侧设置一个圆亭，作为垂钓的休息处，在其前面的平台上设置钓位，游客在此可体验垂钓的乐趣并学会在等待中去除杂念，获得心灵的平静。在水池的稍远处设置两个茅草亭，可用于垂钓后休息，充满了乡野的气息。

六、旅游服务设施规划

（一）服务设施规划

1. 入口标识

该旅游区在主干道通往村主入口处设立入口标识。

2. 游客服务中心

在入口处设置游客中心，在废弃农房的基础上进行改造；内部可经营旅游商品等，为游客的游览提供方便。

3. 生态停车场

在入口处设置两处停车场，一处为私家车停车场，有 40 个停车位，用于自驾游的游客停放车辆；一处为巴士停车场，用于集体出游的学校、单位和旅游团使用。

（二）餐饮

在屯入口处设一饮食广场，为游客提供餐饮服务和特色的乡村山野美食，同时借鉴道教饮食养生观，推出道教特色菜。游客可以将垂钓的鱼和采摘的山野菜、山蘑菇在此进行加工食用。

村内还设有农家乐，为原有饭店改造，为游客提供餐饮服务。

（三）娱乐

1. 野趣活动：采摘山野菜和食用菌等；
2. 道教特色膳食制作；
3. 园艺体验：自主种植和收割水稻，种植四季时蔬；
4. 道教文化与养生体验；
5. 垂钓；
6. 养生度假。

（四）购物

主要品种：道教文化的纪念品，如刻有一些神仙故事的特色立体小雕塑等，还有农产品的销售，如山蘑菇、蕨菜、薇菜、黄花菜等，同时还可出售养殖的林蛙。

（五）环境保护措施

建议：一是村内要有足够的垃圾箱。二是村内的垃圾应每日收集，然后集中进行无害化处理。同时，为了保证村内的卫生和良好的环境，将村内的牲畜进行集中养殖，拟在村内主路东侧，路北山林之中建设养殖区。

七、投资估算

项目总投资金额为 360 万元。

案例 3 吊水湖屯旅游规划与设计

项目特色： 林区特色的乡村景观——密林深处，山野人家

规划时间： 2010

团队成员： 王崑、王超、张金丽、赵庆等

相关成果： 1. 哈尔滨市阿城区乡村旅游景观规划设计研究，王超，2010，东北农业大学硕士论文。

2. 乡村旅游景观规划设计初探，王崑、王超，张金丽，北方园艺，2010（8）：107 ~ 109。

扫一扫看彩图

一、基本概况

吊水湖屯隶属于松峰山镇中和村，位于镇东北 10km 处。该屯坐落于长白山余脉张广才岭腹地，属温带大陆性季风气候，四季分明。春季干旱多风，夏季炎热多雨，秋季凉爽多雾，冬季寒冷多雪。年平均气温 3.6℃，年降水量 530mm，无霜期约为 120 天。日最高温度 30℃，最低温度 –38℃，年适宜游览天数约为 200 天。宾县至松峰山镇公路途经该屯，屯北 500m 为吊水湖森林公园入口（图 3-9）。

全屯共有农户 44 户，农业人口 176 人，劳动力 75 人，耕地面积 30hm^2。全屯住

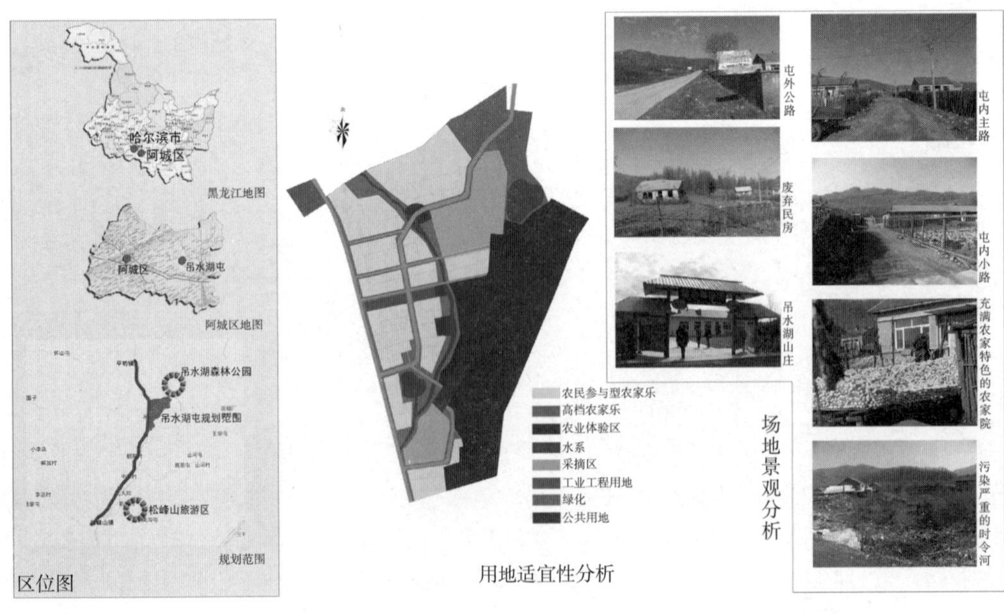

图 3-9 吊水湖屯区位及现状分析图

房砖瓦化率 79.5%，固定电话入户率 72.7%，有线电视入户率 86.4%。2008 年全屯外出务工人员 52 人，实现收入 23 万，人均纯收入 5315 元。全屯现有农家乐经营户 2 户。

二、旅游资源特色分析

吊水湖屯紧邻吊水湖森林公园，森林公园内的旅游资源是其重要依托。森林公园内山高林密、古树参天、层峦叠嶂，树木以天然硬阔叶林为主，伴有天然红松。野生动物以鹿、狍子、野猪、獾子、山兔、野鸡、飞龙为主。森林公园内的主要景点有天然古洞、东抱花砬子、西抱花砬子、千年古树、天然矿泉和赵尚志抗日联军驻地遗址等。与其他森林公园相比，吊水湖具有“乡野山村、原始森林、野趣野味、石柱古树、林海溪泉”等独特卖点，资源禀赋较高，具有开发观光旅游、森林旅游、乡村旅游的潜在条件和资源禀赋，是哈尔滨市周边地区难得的珍贵旅游资源。

吊水湖屯地处森林深处，四面群山环绕，村内小溪潺潺，道路蜿蜒曲折，民居错落有致，布局别致，是深山中原生态味道十足的小山村，是久居城市的人们亲近大自然的理想去处。另外，吊水湖屯还是哈市周边最大的山产品采集地，年产各种山野菜 100 吨，各种药材 100 余种，年产量达 100 多吨。为该屯旅游业的发展提供了多样的旅游产品和商品。

三、主要产品及形象定位

吊水湖屯身居深山密林中，真正是“藏在深山人未识”，是非常原始的自然村。

产品定位：主打山乡特色的森林旅游，以为登山游览的游客提供食宿和娱乐休闲、避暑度假产品为主，可设计登山、森林浴、狩猎、戏雪及提供山野风味食品和林间住宿（森林露营）等项目。

形象定位：密林深处，山野人家

四、客源市场分析

（一）客源市场开发现状

吊水湖屯旅游处于开发的起始状态，客源主要为来吊水湖森林公园旅游的游客。他们在公园游览后，在屯内品尝农家餐饮、采摘地产果蔬，住农家院，体验山野与田园风情。旅游时间主要集中在夏秋两季，季节性明显。从总体上来看，游客数量较少，旅游形式单一，逗留时间较短，屯内尚未形成规模化的接待体系，没有建立起具有自己特色的市场格局。

（二）客源市场定位

根据吊水湖屯的地理区位、交通及旅游资源类型和品位等各方面的状况，可将其客源市场定位为：

近期客源市场：以来吊水湖森林公园、松峰山风景区旅游的游客为主。主要人群为哈尔滨市及阿城区的游客。

中期客源市场：省内其他县市及相邻省市的乡村旅游爱好者和休闲度假爱好者。

远期客源市场：南方地区的游客。利用北方特有冰雪观光和避暑度假吸引南方游客感受不同的乡村文化。将南方地区作为吊水湖屯旅游业持续发展的主要目标市场之一。

五、景观总体规划及主要节点设计

（一）总体规划设计

1. 项目定位

项目总体定位为“森林深处，山野人家”。具体设计中以山林、田园、河流为背景，在保护和修复自然景观的基础上，营造优美的山村旅游氛围，打造“采菊东篱下，悠然见南山”的世外桃源意境；以农耕文化为主线，将与农业活动相关的农事活动、民俗民风等融入旅游项目中；以项目为亮点，运用独特的景观造型、丰富的项目表现形式，增加旅游区的趣味性。

2. 总体规划布局

在项目定位的基础上，根据地理区位特点和资源特色，将吊水湖屯旅游区划分为“一线一带三区及多个景观节点”的空间布局。集中融汇环境优良的生态乡村环境和具有独特文化内涵的主题文化村落，使游客体验农家生活的情趣。一线即山野产品经营一条街，一带即滨水休闲生态廊道，三区即农家乐经营区、农业观光体验区及采摘区（图3-10 ~ 图 3-12）。

（二）景观节点设计

1. 山野产品经营一条街

规划思路：吊水湖屯野生药材及山野菜资源丰富，是哈尔滨市周边最大的山产品采集地。可依托其丰富的山野资源，在屯内设山野产品经营一条街，不但为村民经营山野产品提供良好的商业氛围，还可以把山野产品进行深加工，使山野产品成为吊水湖屯的特色旅游商品，把乡村旅游与山野产品经贸活动有机地结合起来。让游客在吊水湖屯休闲度假之余，还可以选择旅游商品馈赠亲朋好友。同时，又能使当地农民增收，可谓双赢。除此之外，利用山中的“红叶”制作的各种旅游商品也可以在此出售。

2. 滨水生态休闲廊道

规划思路：吊水湖屯现有一条时令河（季节性河流）从屯内穿过，在雨季水位较高，

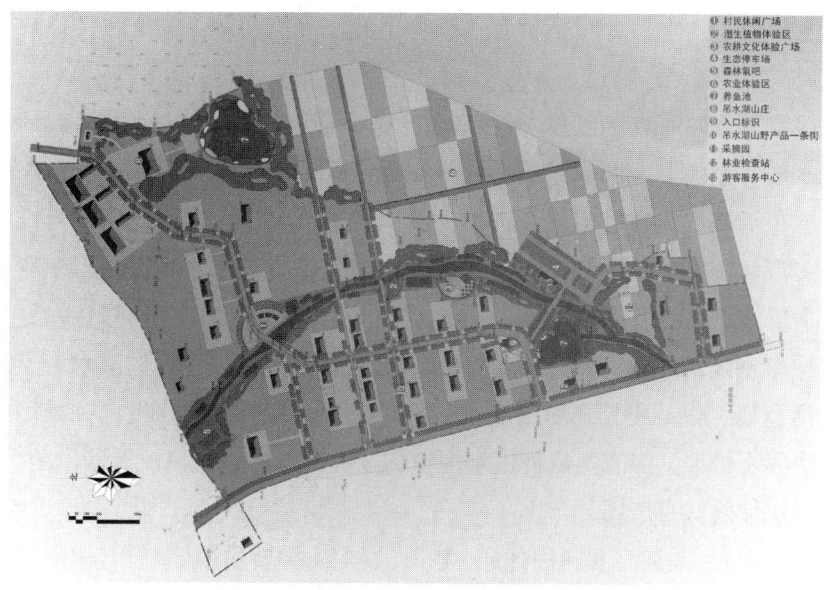

图 3-10　总平面图

图 3-11　鸟瞰图

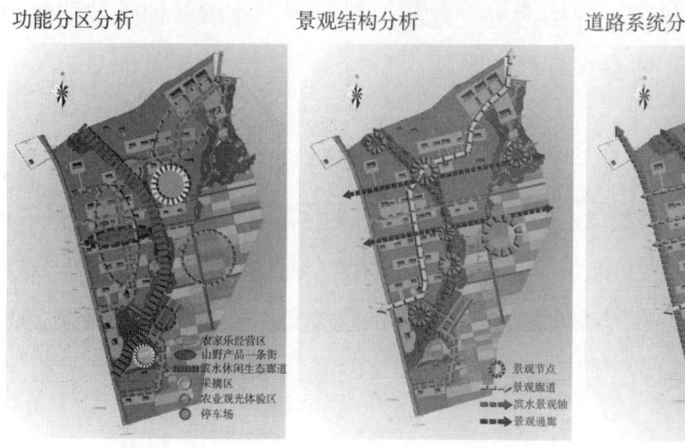

图 3-12　分析图

其他季节水量较少。在时令河下游有一个养鱼池。河流两侧污染严重，住户比较集中的地区垃圾成堆。

规划保留季节性河流，经过垃圾治理及水体改造，还原其本来面貌，赋乡村以灵动，还乡村以水韵。以河流及两岸景观为线，规划设计滨水生态休闲廊道，以农业文化为主线，以绿色为基底，在廊道中设计四个主题景观节点，即村民休闲健身广场、农耕文化广场、湿生植物体验区和森林氧吧。景观节点通过滨水木栈道进行串联，为游客及村民营造舒适的度假及休闲环境。此廊道不但可以提高乡村的整体环境及空气质量，还可以营造丰富的水体形态，构筑舒适的滨水景观，打造“小桥、流水、人家”的理想乡居生活意境。设计中首先对河底进行防渗处理，保持其丰水度，并采用生态驳岸的处理方法固土护坡，河流两侧种植水生植物及乔灌木，恢复河流及两岸的生态环境。

（1）村民休闲健身广场

位于屯的中心，是游客和村民休憩、健身、娱乐的主要集散地，设有休闲廊架、花坛、健身器材以及具有浓郁乡村特色的景墙，景墙上展示农业新技术和村屯内的喜闻乐事。

（2）农耕文化广场

该景观节点以农耕文化为主题。主要由二十四节气景墙、农耕文化体验亭、野生花卉种植池及亲水木平台构成。二十四节气是我国劳动人民创造的辉煌文化，它能反映季节的变化，指导农事活动，影响着千家万户的衣食住行。但久居城市的居民对它的了解并不多，通过该景墙的设计，唤起人们对劳动的记忆，启示人们珍惜粮食。农耕文化体验亭以黄色调为主，黄色不但使人兴奋，而且预示着丰收。在亭柱和亭子顶部的格栅上设计镂空或实体的成熟玉米或五谷模型，人们站在金黄色的亭中远眺农田，丰收的粮食的影子洒在脚下，使游客充分领会农民丰收的喜悦心情。野生花卉种植池以农田的田格为肌理，种植桃叶蓼、千屈菜、菊芋等乡土植物，让游客体会野花野草参差错落的自然美。

（3）湿生植物体验区

在水边设置湿生体验区，种植鸢尾、香蒲、芦苇等，让游客伸手就能触摸到植物，更方便地亲近水和自然，体会大自然的野趣。

（4）森林氧吧

设在屯的北部，现为林地，在利用原有地形的基础上设置木质休闲平台，并设置木座椅，为游客提供一处较私密的林下休憩空间，游客可在这里采气。采气的机理是通过练功者的意识，将自己全身穴位自动打开，使自身封闭场向外开放。这时人体吸收体外各类能量流及信息的本领加强，使体内的能量流、信息进行交换，纯化体内能量流，激发人体潜在能量。

（5）养鱼池

位于村屯南侧入口处，水源来自流经村屯的时令河。养殖方式以混养为主，主要养殖鲤鱼、鲫鱼、鲢鱼等，为村屯内的农家乐经营户提供新鲜的活鱼。养鱼池四周用软质的植物围合成闭合空间，不但增加景观效果，还可以避免游客对养鱼池的干扰和破坏。

3. 农家乐经营区

规划思路：农家乐是以农民家庭为基本接待单位，以利用自然生态与环境资源、农村活动及农民生活资源、体验生活为特色，以农业、农村、农事为载体，以“吃农家饭、住农家屋、干农家活、享农家乐”为主要内容，以旅游经营为目的的休闲体验农业项目。其特点主要是凭借其富有地域特色的生态环境或独树一帜的特色农产品，以绿色、安全、新鲜见长，通过提供自产的蔬菜、禽、畜等，让游客品尝原汁原味的农家菜，体验醇厚的农家风情。该区可分高档“农家乐”经营形式和农户参与型“农家乐”经营形式，满足游客不同档次的需求。

（1）高档“农家乐”经营形式

在村屯北部废弃民房处，设计三家高档“农家乐”。高档农家乐定位为“体会乡村生活，感受星级服务”。在布局上以四合院的形式围合空间，设有接待室，餐厅，仓房，客房及室外厕所等五个独立的建筑，建筑高度限制在二层以内，以当地特色的建筑材料——红砖、红瓦为主，与乡村环境协调，避免城市化。院内设计景墙及休息座椅，为游人提供住宿、餐饮、小型会议及多种娱乐项目等服务产品。

（2）农户参与型“农家乐”经营形式

对于有热情经营农家乐的农户，其住房在保留现有农家特色的基础上，进行简单的装修，使其能够为游客提供干净舒适的用餐及住宿环境。同时旅游部门要对农户进行培训，保证其服务质量。

（3）吊水湖山庄

位于村屯高档农家乐经营区内。2009 年开始营业，可同时接待 30 人住宿、餐饮和娱乐（卡拉 OK、棋牌、垂钓、篝火、烧烤、帐篷露营等休闲娱乐活动）。

客房有标准间、多人间等不同的规格，并有热乎乎的火炕。住在这儿，可以心无所系睡到自然醒，休闲亭内乘凉，垂钓池边钓鱼。夜晚可以围着篝火吃烧烤、唱歌、跳舞、仰望星空。

4. 农业观光体验区

规划思路：随着人们生活水平的不断提高，农业由提供单一的观光型旅游转向提供观光、休闲、体验、度假为一体的综合型旅游产品，休闲体验成为农业景观发展的新功能，本区规划正是以此为出发点。在这里人们不但可以观看农业生产的全过程，体验到田间劳作的乐趣，并可以将自己亲手收获的农产品进行包装作为礼品馈赠亲朋。该区分为旱田观光体验区和水田种植体验区。

5. 采摘园区

规划思路：定位为“农家采摘园”。在靠近公路的农家中选择两户开展瓜果采摘，种植以梨、葡萄、山丁子、小苹果、樱桃等水果，并栽植观赏葫芦、彩椒等观赏性强的植物。主打“绿色无公害水果”，保证果树只施农家肥，禁用农药杀虫剂等化学药品。让来吊水湖屯休闲度假的游客在吃饭住宿的同时，还可以体验采摘带来的乐趣，在丰富乡村休闲娱乐项目的同时，带来经济效益。

6. 景观小品设计

（1）桥

设计具有农村特色的木桥和拱桥，材质以当地的木材及石材为主，周边配以自然式的植物种植，增添了“小桥、流水、人家”的生活意境，增强游人接近自然的感觉。

（2）垃圾箱

着重于乡村文化的展现，可将农产品的造型、色彩、质感转化为垃圾箱的外观设计。

（3）院门及围墙

院门设计中应注意保持乡村特色，与建筑及围墙整体风格相统一。材料以当地的木材为主，体现乡村景观与大自然的充分融合，彰显乡村特色。院墙以具有当地特色的木质围栏为主，体现林区乡野特色及淳朴自然的农村风貌。通过对院门及围墙的整体设计，提高村屯的整体景观效果。

7. 道路设计（图 3-13）

道路设计以突出北方乡村特色为目标，并要有别于哈尔滨市的其他乡村。吊水湖屯的村内主路具有传统乡村道路的特色，道路蜿蜒曲折，生动活泼，在设计中保留了主路的道路结构，并融入传统的剪纸文化，使人在行进中可以欣赏到不同样式的特色剪纸景观小品，打造吊水湖屯特色的乡村街道景观。道路共分为三级。

图 3-13 道路设计

一是宾县至松峰山镇经过村内的公路。路面以水泥路为主。绿化采用色木槭、白牛槭等红色叶树种，与吊水湖森林公园秋季的红叶景观相呼应。

二是村内主路，道路红线 10m，路面宽为 6m，两侧绿化带宽为 2m。路面以砂石路为主。道路绿化采用茶条槭、紫丁香等作为骨干树种，以具有乡土特色多年生的草本植物丰富林下空间，如桃叶蓼、芍药等，不但体现乡村野花野草参差错落的美，而且维护成本低。

三是村内小路，道路红线 7m，路面宽为 4m，两侧绿化带宽为 1.5m。路面以砂石路为主。道路绿化以山杏、毛樱桃为主。

8. 植物配置

植物种植设计以乡土植物为主，既要满足植物与环境在生态适应性上的统一，又要通过艺术构图原理，体现出植物个体及群体的形式美，以及人们在欣赏时所产生的意境美，构建一个多层次、多功能的滨水生态植物群落，实现区域内生态环境的良性循环，为动植物生长提供良好的生境。

（1）乔木类

考虑到村庄地处吊水湖森林公园近旁，应体现出与景区相呼应的植物特色，种植红皮云杉、白桦、茶条槭、白牛槭、色木槭等骨干树种，充分利用彩叶树种，力求达到四季皆景的效果。

（2）灌木及藤本植物类

灌木与乔木要有良好的结合，植物种类上选用榆叶梅、紫丁香、连翘、红瑞木等。藤本植物可以选择五叶地锦、山葡萄等秋季红叶树种，营造出丰富趣味的小空间，形成层次丰富、生态良好的景观系统。

（3）水生植物

沿水岸线种植观赏性强的水生植物，如鸢尾、芦苇、香蒲、水葱等，在固土护坡的同时，体现自然丰富的河岸景观。

（三）分期规划

1. 近期建设阶段

确立吊水湖屯在哈尔滨市乡村旅游中的地位，初步完成吊水湖屯景观建设。具体包括：

（1）完成山野产品经营一条街的建设。

（2）完成河流的防渗工程，改善河流沿岸整体环境，初步完成河流两岸的植物种植，完成村民休闲广场的施工建设。

（3）完成对高档“农家乐经营区”的建设及少量农民参与型农家乐的改建及翻修，初步满足游客需求。

（4）完成农业体验区及采摘园的建设。

（5）完成景观桥、村屯主路及停车场的施工建设，及村屯主路的植物种植。

2. 中期建设阶段

在总体规划设计方针指导下，在近期建设的基础上，完成村屯剩余工程的施工建设，形成良好的乡村景观效果及乡村旅游的品牌效应。具体包括：

（1）打出吊水湖屯山野产品的品牌，形成山野产品的包装、经销、策划等内容的产业化模式。

（2）重点完成滨水休闲廊道剩余工程的施工建设，形成良好的植物群落景观廊道。

（3）重点完成村屯全部房屋和街道的改造工程及村屯整体绿化。

3. 远期建设阶段

在村屯规划的基础上进行吊水湖屯区域的整体规划建设，将农业体验区规划建设成为高档的生态农庄区，形成集会馆、商务、疗养为一体的高端休闲度假区，与具有原生态乡村景观的吊水湖屯相结合，形成低中高档相结合的农业休闲度假区，和吊水湖森林公园相互依托，形成良性发展，打造全国品牌。

六、旅游服务设施规划

（一）服务设施规划与设计

1. 入口标识

该屯入口在村屯主路入口处，以乡村文化及乡村精神为设计灵感。

2. 停车场和游客服务中心

在村屯可利用耕地内东南方建一处面积为 2000m^2 的生态型停车场，并将游客服务中心设在停车场内。

3. 垃圾处理场

目前，由于屯内没有统一的垃圾处理系统，垃圾乱堆乱倒情况严重。同时，吊水湖森林公园也将部分垃圾倒在景区与屯的交界地带，严重影响了屯内的环境卫生。建议结合吊水湖屯的村屯规划在屯外设置垃圾处理场，在选址时要考虑交通、运距等问题。对旅游垃圾和村庄内居民产生的垃圾统一进行无害化处理或回收利用。

4. 污水处理

由于游客的增加，污水排放量会加大，因此，屯内每户人家要做好污水处理，不能将污水直接排入河中，可采用氧化塘，集中处理，以免污染水源。

（二）住宿

目前吊水湖屯只有吊水湖山庄一家能够正规接待旅游住宿的单位，很难解决来吊水湖屯游客的住宿问题。所以吊水湖屯需要增加大量的客房，满足旅游旺季游客的需要。规划住宿主要以现有的吊水湖山庄和三家高档农家乐为主，设置一些中高档次房间，同时在农家院内设置低档住宿，实现全村所有住宅建筑的改造，提供不同档次的房间，满足 1000 人左右的住宿需求。

（三）餐饮

餐饮在菜品及用餐环境上要突出北方乡村特色，以山野风味与农家饭菜相结合作为特色。原料以本屯的纯天然绿色食品及山野产品为主，通过绿色、健康并富有特色的餐饮吸引游客，使游客在这里不但可以品尝到地道的农家饭，还可以体验农家的用餐环境。

（四）娱乐

1. 农家生活体验

定期举办“农家生活体验”活动，通过干农家活，做农家饭，住农家房，使游客体验真正的农家生活。

2. 学习采摘药材及山野菜

吊水湖屯是哈市周边最大的山产品采集地，游客可以认识各种药材及山野菜，从而在获得采摘乐趣的同时，学到植物学知识。

3. 登山

四季皆宜，感受不同季节的变化。春、夏、秋以登山观景为主，冬季以嬉雪为主。

4. 垂钓比赛

利用屯内现有的两个养鱼池，举办钓鱼大赛，获胜者可以获得纪念品。

5. 感受冬季乡村生活

住火炕、喝烧酒、爬雪山、堆雪人、坐雪爬犁等。

6. 农业体验

参观、学习、参与农业生产的全过程，体会劳动带来的乐趣。

7. 红叶纪念品制作

利用吊水湖森林公园内落地的红叶制作各种旅游纪念品。

（五）购物

主要品种有：山野产品系列、红叶产品系列（如书签、标本等）、山村工艺品系列、山村特色绿色食品系列等。

七、投资估算

总投资为：459 万元。

案例 4 新江村休闲渔村旅游开发和景观规划设计

项目特色： 休闲渔村渔文化与旅游开发、景观设计的结合

规划时间： 2009

团队成员： 王崑、朱琳、谢福春、张金丽等

相关成果：

1. 哈尔滨市阿城区乡村旅游规划研究，朱琳，2013，东北农业大学硕士论文。
2. 哈尔滨市渔村旅游开发初探，朱琳、王崑（通讯作者）、袁维，中国农村小康科技，2011（1）：73 ~ 75。
3. 基于生态文化的休闲渔村景观规划设计研究，谢福春、朱琳、王崑（通讯作者）、洪丽、张璐、刘威，北方园艺，2014（24）：74 ~ 78。

扫一扫看彩图

一、基本概况

（一）新江村概况

新江村位于哈尔滨市道里区新农镇，距离机场路 25km 处。北临松花江，南面和东面分别为新农镇的新立村与和平村，西侧与太平镇的太平村为邻，占地面积约 533.3hm^2（图 3-14）。其中，耕地 356.86hm^2，林地 7.3hm^2，水面 104.6hm^2，居民点及工矿用地 38.9hm^2（其中宅基地 35.86hm^2，企业建设用地 3hm^2），交通用地 9.8hm^2，未利用土地为 9.26hm^2。

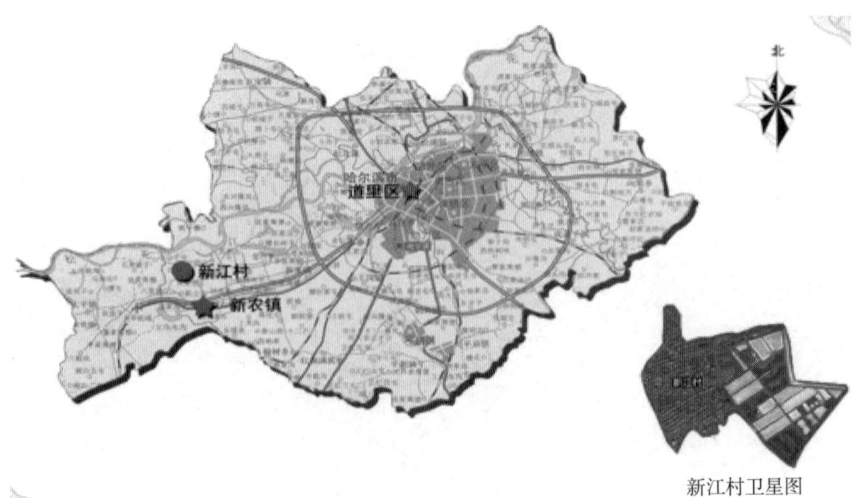

图 3-14 区位分析图

新江村现有村民505户，2018人。村内现有学校1处，卫生所2处。主要企业有哈尔滨市松江空调机械厂和松花江渔场。当地农民收入以种植夏菜和玉米为主，另有一部分人在空调机械厂和渔场工作，人均年收入6500元。

新江村地处松花江边，景色优美，生态环境良好。目前，当地农民已开始自发地从事旅游接待活动，村内有渔船30余条，渔馆2～3家，旅游季节每天接待50人左右，日收入近千元。另外，每船日均销售鲜鱼收入约5000元。

（二）旅游开发条件分析

1. 优势（Strength）

新江村休闲渔业的发展具有地缘、交通、资源、市场和技术五大优势。

（1）地缘优势

新江村的地缘优势突出表现在两个方面：一是靠近机场路，易成为来哈尔滨旅游的游客的首选之站；二是位于哈尔滨郊区，远离市中心的喧嚣，但对哈尔滨人休闲度假来说距离又相对较短，是周末出游的好去处。

（2）交通优势

新江村离省道较近，公路网络延伸到村，交通较为便利。

（3）资源优势

新江村地处松花江边，景色优美，生态环境良好。其主要旅游资源包括松花江风光、沙滩、渔船、小岛、湿地、渔池、树林等，野趣十足，可以使哈尔滨人的三野习俗（即野餐、野浴和野游）得到满足。同时，也能使游人品尝到美味的江水炖江鱼和地道的农家菜。

（4）市场优势

随着人们生活水平的提高，人类膳食结构发生了很大变化，对水产品的需求量逐年呈上升趋势。

（5）技术优势

渔业生产、综合养殖和饲料生产技术来源于东北农业大学，并对科研成果进行转化。东北农业大学为国家“211”重点建设大学，具有全国领先水平的动物营养研究所、农业部重点开放实验室和水产试验中心，资源优化，仪器设备先进并齐全，试验条件良好，科研技术力量雄厚。渔业生产全过程按无公害渔业生产标准操作，各项指标完全达到国家食品标准、行业标准和地方标准。

2. 劣势（Weakness）

（1）基础设施差

新江村的休闲渔业游玩项目依靠渔民个体投资，基础设施建设相对较差，以餐饮、住宿为代表的接待能力较弱。

（2）休闲项目单一

除了开展垂钓活动和室内棋牌活动以外，再没有什么可参与性的活动，只能吸引少量的游客，忽视了其他潜在的市场，如女性、儿童等的多方面、多层次需求。

（3）没有稳定的客源市场

村内没有形成较有影响力的休闲渔业中心区，没有挖掘出文化内涵，对资源优势的利用有待开发。另外，新江村周围缺少有影响力的旅游景点来带动村内休闲渔业的发展，未形成稳定的市场和客源。

（4）从业者技能水平低

从业者大多缺乏专业技能的培训，文化程度普遍较低，开发的后续力量不足。

3. 机遇（Opportunity）

（1）居民闲暇时间增多，经济富足

目前我国已融入整个国际休闲社会的大背景中，有法定假日 114 天，休闲产业、旅游经济的社会支持条件系统正在建立，为休闲渔业的迅速发展提供了机遇和市场。

（2）哈尔滨松花江湿地旅游开发

目前，哈尔滨旅游局着力打造“万顷松江湿地，百里生态长廊”，开发“游松江美景，赏湿地风光”的松江湿地游活动。充分利用松花江水系资源丰富的优势，着力开发哈尔滨市滨江湿地旅游项目，积极打造“人水和谐”的生态旅游环境，为市民和国内外游客提供具有“北国水城”特色的旅游休闲地。

（3）新农村建设

哈尔滨政府提出了建设新江村旅游示范村，计划对新江村村内泥草房进行改造，推动新农村建设发展的同时，也为其休闲渔业的发展带来了一定的机遇。

4. 挑战（Threat）

目前，哈尔滨休闲渔业的发展较为散乱，从事休闲渔业的经营者较多，在环城市带和城郊接合部，零散分布了很多农家鱼塘、垂钓基地，竞争较为激烈，这无疑会分流部分客源。再加上休闲渔业管理缺乏条例，整体质量不高，这些都将对新江村休闲渔业的发展带来一定的威胁。

哈尔滨休闲渔业项目的开发缺乏文化底蕴，档次低，质量差，重复建设现象严重。如何提升新农村休闲渔业建设的档次，以及如何摆脱雷同，走出创新之路，对于新江村休闲渔村旅游开发和景观设计提出了新的挑战。

5. SWOT 结论

综上所述，新江村休闲渔业的发展取决于能否营造出具有特色的生态休闲旅游产品。对其发展来说，需要把它的项目进一步做精，做出特色，做到一个适度的价位。这需要寻找新江村本身具有的竞争优势和独特卖点，并准确定位其目标市场，进一步加强规划及宣传促销活动。这些都将成为其占领市场，吸引客源的制胜法宝，该村一定可以成为哈尔滨市郊的一个重要的乡村旅游点，丰富城市居民的假日生活。

二、旅游资源分类、调查与评价

（一）分类与调查

根据《旅游资源分类、调查与评价》（GB/T18972—2003）标准，通过对新江村旅游资源的实地调查（图 3-15），结合休闲渔业资源的特征，对新江村现有休闲渔业资源进行细分。

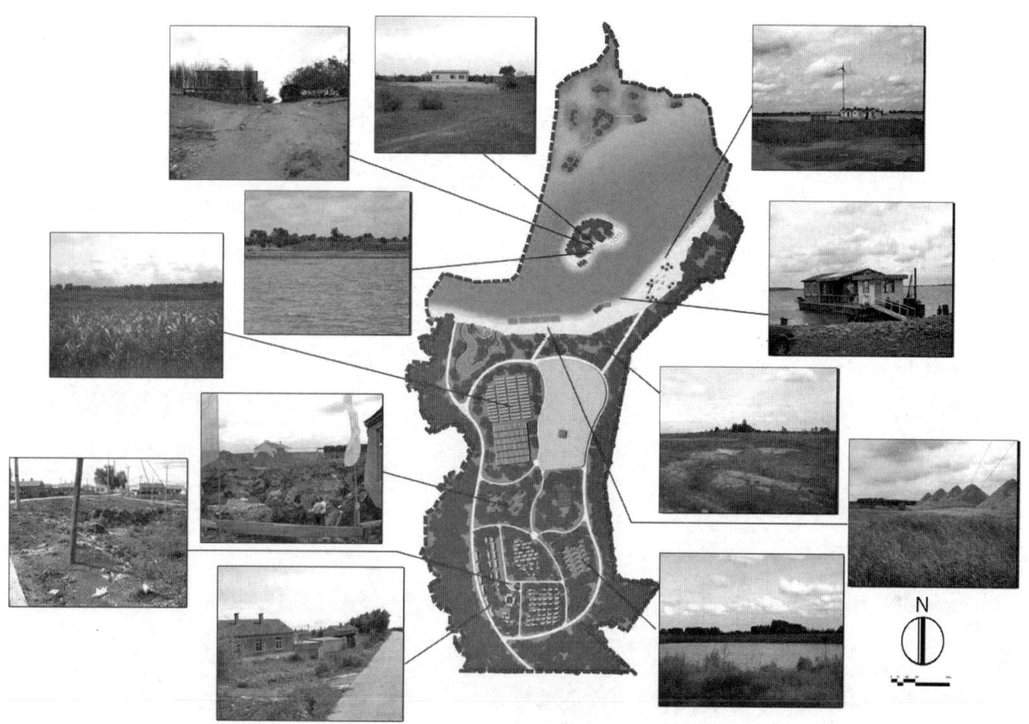

图 3-15　资源现状图

（二）评价

根据《旅游资源分类、调查与评价》中旅游资源评价赋分标准，进行评价。经过详细考察及广泛征求专家意见，最终得出新江村旅游资源质量等级评价结果（如表 3-3）。可知目前新江村的优良级旅游资源较少，占旅游资源总量的 9%，二级旅游资源占 27.3%，一级旅游资源占 18.2%，普通级旅游资源较多，占 45.5%。

各级旅游资源单体数量统计　　表3-3

等级	数量	旅游资源名称
三级旅游资源	2	江心岛；湿地
二级旅游资源	6	松花江岸滩；松花江观光游憩；拉林十大网场之一；渔村民俗；运粮河；渔业动物

续表

等级	数量	旅游资源名称
一级旅游资源	4	新江村村落；养殖场；渡口；钓鱼比赛
未获等级旅游资源	10	江鱼；笨鸡；江虾；河蚌；农家菜；榆树、银中杨；红皮云杉；苔菜；千屈菜等

（三）开发方向评价

通过对新江村现有休闲渔业资源情况的分类与评价，确定其开发方向如下：

1. 地文和水域风光景观开发方向

新江村的地文景观主要是江心岛和湿地景观。江心岛和湿地都是与大陆分离，并且独立于松花江的封闭区域，且有着独特的自然环境，不但具有较高的休闲旅游价值，还具有极高的科研价值。水域风光景观主要是松花江上美景的观光。依托这两类资源，适合开展观光、度假、水上运动、江水浴、赶江、珍奇生物保护等活动，成为休闲渔业的重要活动场地。

2. 生物景观开发方向

新江村休闲渔业开发项目中，不论是垂钓、观赏鱼的活动，还是网箱养殖都离不开水生生物。因它们种类繁多，形态各异，有着很高的观赏、娱乐、食用及科研价值，是休闲渔业必不可少的资源。植物资源在新江村休闲渔业开发中作为辅助性资源，对休闲环境起到陪衬和美化的作用。

3. 遗址遗迹景观开发方向

新江村的遗址遗迹景观一方面来源于与金源文化有关的运粮河；另一方面来源于松花江的渔文化。清代的哈尔滨是拉林十大网场之一，专门为皇帝捕打贡鱼，对这些文化的挖掘与利用，为新江村休闲渔业景观设计提供了文化底蕴。

三、客源市场分析

（一）客源市场现状调查

通过走访调查可知，新江村旅游季节平均日接待游客 50 人左右，客源以哈尔滨市及其周边游客为主，游客停留的时间一般都较短，一日游为主。

据了解，首届哈尔滨松花江湿地旅游文化节将于 2011 年 6 月 5 日开幕，湿地旅游系列活动时间将从 5 月 10 日持续至 10 月 10 日，预计今年湿地旅游接待人数 100 万人次，比去年翻一番，其中水上游人数 30 万人次，陆地游人数 70 万人次，这些都将为新江村休闲渔业旅游带来广阔的客源市场。

（二）客源市场定位

根据新江村旅游业发展的现状分析和发展条件的 SWOT 分析，确定新江村客源市场总体定位为：以哈尔滨市及其周边市场为主，以黑龙江省为依托，兼顾国内其他市场和部分海外市场。

四、指导思想与设计理念

（一）指导思想

在保护新江村自然生态环境的前提下，以渔业生产活动为基础，与农业、旅游业的总体布局相结合，进行开发建设，实现经济效益、社会效益、生态效益的同步提高和旅游业的可持续发展，推动新江村的休闲渔业向高深层次发展。建立起适合不同层次消费人群的，集观光、垂钓、品尝、体验、休闲、度假、教育、聚会、情感交流等多功能于一体的新型渔村。

（二）设计理念

1. 自然式设计

地形上利用新江村自然起伏的地势，从形式上追求自然；植物种植上让自然做功，并注重色彩搭配和情感的表达，合理配置；水体的驳岸设计模拟自然化，立足于将人工景观嵌入自然大环境中。建立“渔——耕”的生态循环，在新江村内部形成由鱼养田，由田养园的微循环系统。

2. 乡土性设计

通过对新江村自然环境、植被状况和民俗风情的调查研究，使设计的景观尊重地方的特色。植物上运用当地的乡土树种，构建稳定的生物群落；建筑上借鉴当地传统的建筑形式和布局。

3. 文化性设计

文化是在一个特定的空间发展起来的，是对于历史的投影，不同的生活环境有着不同的生产和生活方式，这些生产和生活方式带有独特的文化和地方特性。所以，新江村休闲渔业的设计要考虑当地的传统文化，展现当地的人文风貌和民俗特征，尊重并传承历史文化。

4. 保护和尊重性设计

科学分析新江村的生态因子和生态关系，合理设计，保护不可再生资源，提高资源和能源的使用效率，减少对自然的破坏。在设计中，尊重新江村的原有水系，并加以合理利用，对废弃的土地、植被、土壤、建筑材料等进行改造，使其服务于新的功能，减少资源和能源的浪费。

（三）定位

“鱼”作为中国文化的审美对象，在漫长的历史演进中，受社会和价值观念的影响，被赋予了各种文化内涵和象征意义，使得中国人有着深厚的鱼情结。因其“取之不竭，用之不尽”，有着富足的意义；因其“化卑为尊”，有着超越现实困境、追求更高精神境界的意义；因其繁殖能力强，有着“生命崇拜”的意义。在传统意义上福代表着富足和德善，禄代表着鱼跃龙门，化身为龙，寿则表示了生命的崇拜，这些都在中国人的鱼情结中诠释得异常完美。

五、总体布局

新江村休闲渔业旅游规划设计以中国人的鱼情结为基础，遵循“回归自然、再现乡野渔村田园景观”的理念，规划为“两环三区七大功能景区”。

“两环”：是指新江村的陆上游览路线和水上游览路线（图 3-16）。

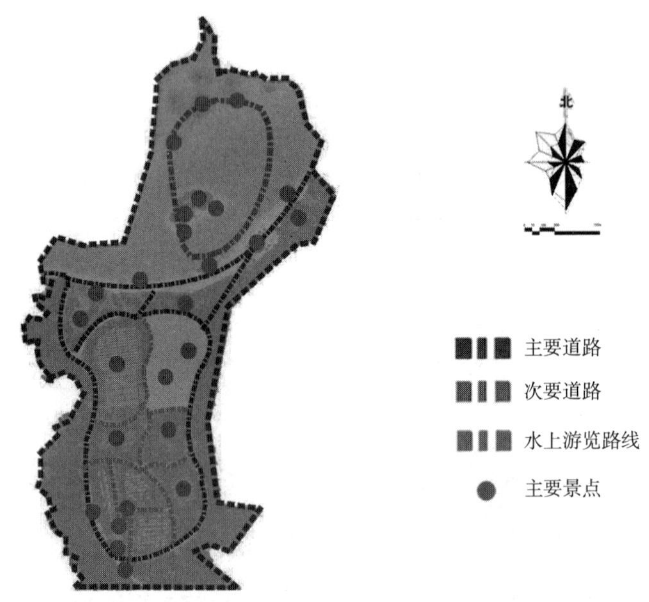

图 3-16　道路、游线设计图

“三区”：福区、禄区和寿区。“三区”分别围绕一定的主题展开，由福区——“富足”到禄区——“精神享受与升华”，再到寿区——“和谐共生、永续发展”，逐层推进，使新江村渔文化的意境不断深化。

“七大功能景区”：在“三区”的基础上细分而成，福区——新农村建设示范区、度假休闲区、农田景观区、温室大棚区；禄区——渔业养殖与垂钓区、江心岛水上游览区；寿区——湿地三野休闲区（图 3-17）。

在七大功能分区的基础上又细分为 25 个景点：入口标识、游客接待中心、渔歌唱晚广场、渔家风情博物馆、民俗餐饮街、渔父山庄、生态稻田观光、田园二人转、种植体验区、温室大棚区、网箱养殖区、风车乐园、忘渔潭、打渔体验、乐渔池、渔人码头、渔村嘉年华、渔宴（自助烧烤区和江上餐饮）、渔船野游、沙滩休闲、观景亭、绿野仙踪、野餐区、野营木屋和滨江浴场（图 3-18）。

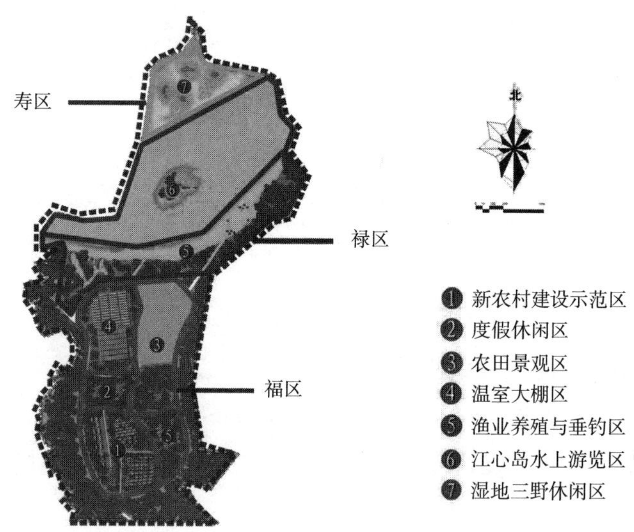

图 3-17　功能分区图

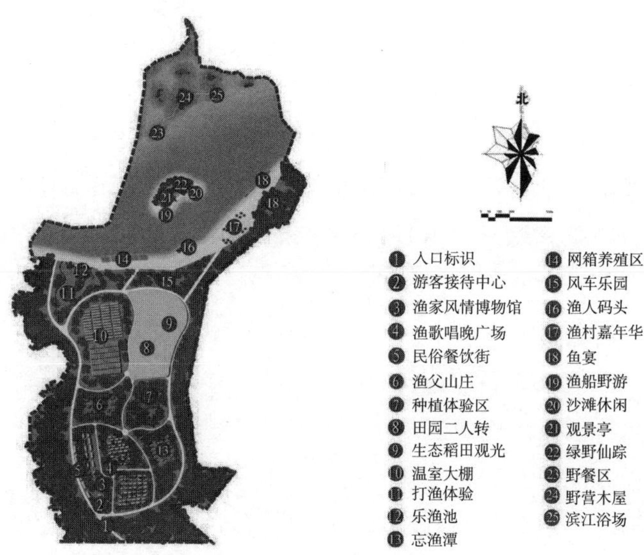

图 3-18　总平面图

六、功能分区与主要节点设计

（一）新农村建设示范区

1. 入口标识

入口标识犹如一张名片，体现着整个村子的形象。因此，标识的设计不仅要醒目、明了，还要具有一定的特色。

现状：新江村入口标识模糊，与邻村之间界限不清，仅以一颗老榆树作为分界线，且榆树与行车道距离较远，标识性差，不易引人注意。

设计在两村分界处设置一座形式上的大门，门的造型以渔船上的桅杆为雏形，并配以船舵，通过船舵让人联想到乘船起航，再从起航引申到捕鱼、吃鱼等，再加上船舵上鱼的悬挂，更加突出新江村的旅游主题，并运用门上的字体起到强调作用。路的左边设置一座鱼形的模纹雕塑，鱼头直指新江村，起到指明方向的作用，右边设置老渔翁垂钓的雕塑，烘托新江村旅游的主题，并吸引游客的目光。

2. 游客服务中心

新江村入口处有一座四层小楼，可通过村委会与村民协商，将其改造成游客服务中心，用于接待游客，提供村内通讯、旅游信息介绍、导游、环保宣教、游客投诉、安全与救护等旅游服务内容，满足游客各种需求。同时还可以出售或出租渔具、出售鱼饵，并作为游人选购园区生产的特色食品区，可以将特色鱼进行加工做成真空包装，出售给游人以作纪念。

另外，还可开辟一层楼的地方，出售专门定做的鱼类小饰物、鱼脸谱和“鱼拓”商品等文化产品。饰物和脸谱的图案或形状以鱼类和渔具为主，材料可以选择陶瓷、木质或塑料等。“鱼拓”产品可以有画、鱼拓衫、手绢等，鱼拓的制作过程是将鱼的身形用宣纸、墨汁或颜料拓下来，成为图画加以保存。墨汁鱼拓，有着稳重朴实之感；彩色鱼拓，更富有真实感与艺术性之美。制作鱼拓是一件很有意思的事情，每个人都能自己动手来做，完成后不仅有成就感的满足，还可以留做永久的纪念和见证。一张成功的鱼拓，既是纪念品，更是宣传品和艺术品，能增加更多人对鱼的兴趣和爱好。

3. 村屯改建

将村内的 78 栋泥瓦房进行改造，建成统一的北方农居，建筑色彩以明朗、和谐为主基调，既有田园特色又体现中国改革开放与三农建设的成果。游人可在其中参观、散步，体会社会主义的美好。

村屯改建主要景点有渔歌唱晚广场、渔家风情博物馆和民俗餐饮街。

（1）渔歌唱晚广场

纵观整个村子，建筑布局较密，开阔场地稀少，而该广场为村里唯一较为开阔活动之地。因此，广场的景观设计不仅要满足村民使用的需求，还需要体现渔村的主题，展示渔村的风貌，成为村内旅游的焦点，游客聚集之所。

设计用“鱼”的造型来搭建整个广场的平面骨架，“鱼头”为广场中心，因福区的主题为富足，而最能体现富足的莫过于与人们日常生活息息相关的钱财的富余，所以构图以古代铜钱为雏形，符合福区的整体氛围。在广场中心设置六艘船头相对的木质小型渔船，突出渔村主题之时，也可供游客夜间举行篝火晚会，在当地渔民的带领下对唱渔歌，凸显浓浓的渔村风情。广场上还可设置优秀农作物展示区，一方面体现渔业与农业的紧密相连，另一方面可通过在村民中开展种植大赛，增加村民务农的积极性，获奖的优秀农作物将在广场上得到展示，吸引游客的注意，增大游客的购买力度，增加农业收入。在园林小品的设计上，也应与“鱼”密不可分，通过鱼龙图腾柱和景观墙的设置，展示一定的渔文化内涵，加深游客对渔文化的了解。通过鱼形雕塑、龟背造型和贝壳造型座椅等的设置，增加广场的趣味性。

（2）渔家风情博物馆

在广场的附近，兴建一座渔家风情博物馆。在建筑的装饰上，多采用一些渔具和渔船用品来悬挂，也可以挂上几条大的鱼类标本或木制的模型。馆内配备精通垂钓、捕鱼和一般鱼类学知识的，穿着仿古渔民服装的工作人员进行讲解，通过图文并茂的方式展示世界各地的渔民风情、服装服饰、捕鱼工具等，以及中外渔文化、渔业生产的发展历史。

（3）民俗餐饮街

在主要景观轴线一侧，设置民俗特色餐饮一条街。因新江村有金源文化的成分，民俗餐饮街的打造也应融合渔文化与金源文化的内涵。房屋外观以“旗风古韵”为主题，室内装饰设置成渔船形式。饮食以“鱼”为主,并结合富含浓郁满族风情的“八大碗”，体现浓厚的乡土特色。还可在民俗餐饮街上融入作坊文化，开发铁锚作坊、网具作坊、船作坊、鱼加工作坊等，使其具有很强的参与性和观赏性。

（二）度假休闲区

在中外文化中，渔父的形象已深入人心，度假休闲区主要是建成渔父山庄。

自古以来的渔父所折射出的文化内涵是中国渔文化的主要内容之一,设计取其“宁静以致远，淡泊以养心”的意境，规划建设以接待中高档次游客为主的别墅式山庄——渔父山庄。装饰设计上运用救生圈突显渔村的特性，并配以红辣椒和金黄的玉米进行装饰，增加农家乐的气氛，并体现出渔父远离喧嚣，回归宁静的精神。通过室内斗笠、鱼画以及门窗上的鱼形剪纸，体现浓浓的渔村风情。

（三）农田景观区

农田景观区主要以稻田景观为主，玉米田景观为辅。为促进生产发展，新江村计划成立有机稻米生产合作社，种植有机水稻 100hm^2。年生产稻米 700000kg，收入 280 万元，并逐步形成新江村自己的有机大米品牌。

农田景观区主要景点有种植体验、田园二人转和生态稻田观光。

1. 种植体验

在农田景观区内可设置一个自主田，把土地划分为若干小块出租给城市居民个人、家庭或团体，让游人亲自耕作。在村民的指导下，学习了解一些农作物的种植过程。

平时由当地农民负责照料，收获物由租种者享用或自行处理（赠送、出售、交换等）。

2. 田园二人转

在种植体验区中开辟一片场地，结合水渠，搭建二人转舞台，使其更富有乡村韵味。在一片农田景观中，伴随着潺潺的流水声和二人转的表演，将劳作变为一种乐趣，使感官享受与体验得到满足。

3. 生态稻田观光

在生态稻田观光区内，可以进行稻田观光，也可以具体学习参观水稻的种植过程，学习到水稻生产的最新技术。秋日，水稻成熟时，一大片金色的稻田，秋风一扫，徐徐飘动，甚是美丽。收获季节还可以进行水稻收割比赛，既达到了体验劳作的乐趣，又达到了锻炼身体的目的。还可在稻田养殖螃蟹，为游人提供捉蟹的乐趣。

（四）温室大棚区

温室大棚区主要是进行温室大棚蔬菜和水果的栽培、采摘，还可参观、体验及交易。目标是建设日光节能温室 50 栋，长度 80m，跨度 7m。建设大棚 100 栋，长度 56m，跨度 12m。

1. 温室大棚蔬菜采摘

温室大棚中主要种植蔬菜品种有：人参果、荷兰彩椒、太空椒、微型番茄、转基因番茄、菊筐（包菜）、结球生菜、根芹（根洋芹）、香芹（洋芫姜、旱芹、荷兰芹）、番杏（洋菠菜），还可种植番茄、青花菜，花椰菜等蔬菜，并引进一些不同种类的山野菜，如老山芹、黄花菜、刺老芽、柳蒿芽、荠菜、蒲公英等。

2. 温室大棚水果采摘

温室大棚中的主要水果采摘品种有：西瓜、甜瓜、葡萄、草莓等。

3. 露地水果蔬菜采摘

露地主要利用温室和大棚之间的空地栽种小浆果，如树莓、紫莓（黑加仑）、蓝莓、灯笼果（醋栗）、羊奶子（蓝靛果）等，以及四季特菜，供游客采摘和识别。

（五）渔业养殖与垂钓区

哈尔滨市道里区新农镇新江村将建设成为示范、推广黑龙江土著鱼类新品种，哈尔滨市道里区渔业苗种饲养及推广基地，又是集科研、养殖、示范、推广、休闲于一体的多功能民营企业，并将成为东北农业大学动物科学技术学院试验、实习、实训、教学及成果转化基地。

项目垂钓区池塘面积 20hm^2（其中垂钓面积 8hm^2，养殖水面 12hm^2）。网箱养殖区 30hm^2，设置网箱（规格 5m × 5m × 2.5m）40 箱，将达到年产优质商品鱼 89000kg、常规鱼类 20000kg 的生产能力。预计创产值 1464.0 万元，实现利润 898.8 万元。

1. 渔业养殖区

主要进行网箱养殖，实施生态渔业，养殖的鱼类主要用以出售，同时也可让游客参观学习网箱养殖技术，同时识别各种北方名优特鱼类。

采取生态养殖黑龙江省名优鱼类，如兴凯湖翘嘴鲌、乌苏里拟鲿、唇鱼骨、花鱼骨、细鳞斜颌鲴、黑龙江鳑鲏鱼、青鱼、黑龙江野鲤和鲇吻鲟等。并配养一部分常规鱼类养殖品种，如鲤、鲫、鲢、鳙、草鱼、团头鲂等（主要用于垂钓）；在渔业生产中建立常规实验室，跟踪检测水化学指标、对水产品和饲料原料进行初步检测。渔业生产技术来源于科研技术力量雄厚的东北农业大学。

2. 垂钓区

网箱养殖区的鱼类主要用于出售，垂钓区则作为游客游玩的重点，所有的活动都集中于此。垂钓区靠近江边，目前该区域仅有一艘餐饮渔船和若干棋牌室，还未进行开发，在此处设置垂钓区，让人们体会到“渔”的乐趣。

垂钓区的主要景点有风车乐园、忘渔潭、打渔体验、乐渔池、鱼宴、渔人码头、渔村嘉年华和寒江雪（冰上捕鱼）八个景点。冬季是北方捕鱼、吃鱼的黄金季节。由于北方冬鱼的鲜美，吸引了历代的帝王将相来此游玩，亲自品尝冬鱼的美味。冰上捕鱼可分为集体捕鱼和个人垂钓，同时，村内提供厚厚的羊皮大衣、狗皮帽子、高筒毡靴等服饰出租。通过服饰的变换，让游客更加深刻地感受到原汁原味的乡野冬捕。

（六）江心岛水上游览区

江心岛占地 4hm^2，目前岛上仅有一所民房，尚未进行开发，空气清新，环境自然，给人世外桃源之感。设计中可将此处民房改造成江心岛小型的游客服务中心，为上岛游玩的游客提供导游服务，还可在内设置小卖部和一些小型的娱乐项目，如飞镖、原生态保龄球等，通过这些小型娱乐项目为游客带来趣味感和新鲜感。

为了保证江心岛旅游的可持续发展，保护岛上的生态环境，根据旅游地容量的面积公式，预测江心岛旅游环境容量。当旅游活动空间取 1hm^2，一天开放 12h，每人游览时间取 2h，人均最低空间标准 60m^2 时，江心岛极限时容量为 100 人，极限日容量为 600 人次。

江心岛上打造的重要景点有：观景亭、绿野仙踪、沙滩休闲和渔船野游。

1. 观景亭

江心岛上靠近江边有一处全岛制高点，在此设观景亭。

2. 绿野仙踪

岛上游步道设计为木栈道。通过木栈道与凉亭的搭配，形成可游可憩的环岛路线。

3. 沙滩休闲

设置一定数量茅草亭，在哈尔滨炎炎夏日的照耀下，为游客提供乘凉之所，又不妨碍游客感受沙滩的风情。同时，也传达出禄区的主题思想——精神的享受和升华。

4. 渔船野游

在江心岛上设置 30 条小型渔船，供游客自行出游，游客可自驾小型渔船环绕江心岛浏览其美丽的景色。同时，为了保证游客出行的安全，岛上提供救生衣供游客使用，并为每艘渔船配备专业人员随船游行，保障游客的人身安全。

（七）湿地三野休闲区

设计利用松花江天然形成的湿地景观，根据寿区的主题思想——和谐共生、永续发展，设置了三野休闲娱乐，即野餐、野营和野浴活动。让平日处于紧张状态的城市人们，在此处得到放松，与大自然进行交流和沟通。为了保持这种自然的状态，不建固定的人工景观。

1. 野餐区

本区内提供一些游人野餐的场地，使游人充分体会到在大自然中放松身心的乐趣。同时游人自助烧烤，由园区出租器具。设置烧烤亭及管理房。烧烤亭或野餐亭为可移动式，建筑形式主要是六角草亭，柱和栏杆采用原木制成，屋顶为圆形攒尖草顶，亭内还可设置原木制成的桌凳，供野餐之用。

2. 野营区

现代社会提倡多与自然交流和沟通，此区留下平整干净的地域，供人们在此进行帐篷野营。

3. 野浴区

在滨江水质较好的沙滩地建设一个滨江浴场，供人们夏日前来游泳，同时还可结合野餐和野营，使人们充分欣赏自然湿地景观的同时，体验在其中休憩、娱乐的乐趣。

（八）园林小品和道路、游线设计

1. 园林小品

（1）文化小品

文化小品点缀在渔村的各个位置，赋予渔村无限的意义和魅力。渔村中的园林小品在不同的环境中演绎不同的角色，体现不同精神文化意蕴。如入口处垂钓的老渔翁搭配鱼形模纹花坛和大门的设置，反映的是整个新江村旅游的核心；渔歌唱晚广场中“景墙”、“鱼龙图腾柱”的设置，体现的是一种渔文化的内涵和精神；渔宴（自助烧烤区）的“鱼形雕塑”、垂钓区的“钓鱼翁”、农田区的玉米小品等的设置表达的是景点的主题和灵魂。

（2）指示牌

渔村中指示牌的设置标识明显，体现渔村的特色，以“鱼”、“船舵”、“锚”等造型出现，形态各异，展现渔村的多样化。在材料上，多采用铸铁、不锈钢、防水木、石材等，可以起到很好的防水、防晒、防腐蚀的效果。

其他如座椅、灯具、垃圾箱等，也要与总体的渔村环境相协调。

2. 道路、游线设计

（1）停车场

在村子的入口处设置 $2000m^2$ 树林式停车场。为了保证渔村旅游的原汁原味，整个村内，除非服务性需要外，原则上不允许车辆进入，但游客可以通过骑马或乘坐驴拉车来进行观光游览，更显乡村本性。

（2）道路设计

道路是联系各景点的纽带，是构成村屯景色的组成部分。村内道路分为主要道路、次要道路和小路。

（3）游线设计

游览路线的设计分为陆上游览路线和水上游览路线。陆上游览路线由主要道路和次要道路进行引导。

村屯主路游线设计：入口标识——游客接待中心——民俗餐饮街——渔父山庄——温室大棚——打渔体验——乐渔池——网箱养殖区——风车乐园——渔人码头——渔村嘉年华——渔宴。

村屯次路游线设计：游客接待中心——渔家风情博物馆——渔歌唱晚广场——忘渔潭——种植体验区——田园二人转——生态稻田观光。

水上游线设计：渔人码头——渔船野游——沙滩休闲——观景亭——绿野仙踪——野营区——野营木屋——滨江浴场。

（九）树种选择

在绿化景观上多采用观叶植物和观花观果植物。

乔木：银中杨、榆树、红皮云杉、绦柳、京桃、白桦、色木槭。

灌木：连翘、榆叶梅、毛樱桃、暴马丁香、金银忍冬、茶条槭、锦带花、紫丁香。

草花：鸢尾、藿香蓟、万寿菊、一串红、美人蕉。

果木：杏树、李树、梨树。

水生：菱角、芦苇、睡莲、荇菜、萍蓬草。

七、旅游形象策划

（一）旅游形象设计

1. 理念形象设计

新江村根据其所处的地理位置，所具有的资源，定位为渔村进行开发，则其理念形象的设计需紧扣“渔”的主题，围绕着“渔”设计一系列的主题口号和宣传口号。

（1）主题口号设计

——当渔家客，宿渔家炕，尝渔之鲜，品渔文化。

（2）系列宣传口号

1）针对儿童的口号设计：抓住儿童天真活泼、好奇的特性。

——来新江村，和鱼一起呼吸。

——秀美新江，鱼的乐园，孩子的天堂。

2）针对青年人的口号设计：抓住青年人热情活力的特点。

——碧水蓝天，鱼跃新江。

——新江鱼儿等待您的亲密接触。

3）针对中年人的口号设计：抓住中年人对休闲的追求和生态文明高品位的要求。

——人文新江、生态新江，期待您的到来。

——新江渔村，休闲天堂。

4）针对老年人的口号设计：抓住老年人怀旧的情节。

——阅古时渔之情，访今日新江村。

——走进新江，体验乡野渔村生活。

2. 行为形象设计

（1）行为规范

建立统一的行为规范标准，对新江渔村内部的旅游服务人员和当地居民进行培训，引导教育。

（2）环保思想

工作人员要有保护渔村环境的生态意识，并通过系统的、循序渐进的方式引导和教育游客的生态旅游素质，培养成熟的旅游环保思想。

3. 视觉形象设计

新江村的视觉形象设计包括景区的大门、徽标、交通设施以及景区的指示系统（路标、门标等）、工作人员着装、旅游纪念品等。

总之，新江村视觉形象上的设计，一切围绕着“渔”做文章，强化渔村生态旅游的主题，给游客留下深刻的印象。

4. 味觉形象设计

味觉形象的设计分为两个方面，一是宣传“渔之好”，二是渲染“鱼之鲜”。

（二）营销策略

新江村休闲渔业旅游营销首先应建立目的地营销系统，推动旅游信息网络化建设。其次，依靠政府支持，广告媒介，进行宣传推介。最后，创新旅游促销方式，如通过参加旅游交易会，把品牌促销与组合推广结合起来，实施整合营销。

在营销过程中打好四张牌：亲情牌、价格牌、综合牌和活动牌。

案例 5 七棵松屯乡村旅游规划与设计

项目特色： 水库风光与农家乐的结合

规划时间： 2008

团队成员： 王崑、徐淑梅、李刚、李文革、赵庆等

相关成果： 阿城七棵松乡村旅游规划设计，王崑、徐淑梅等，北方园艺，2008（2）

扫一扫看彩图

一、基本概况

（一）区位与交通状况

七棵松屯位于哈尔滨市阿城区东部，隶属于哈尔滨市阿城区平山镇双河村，地处阿城区西南部平山旅游区内，距离省城哈尔滨市 60km，距镇政府所在地 14km，距省内著名的西泉眼水库库区 2km。

该屯东临西泉眼水库旅游风景区，北临平山旅游区，西临阿什河漂流段，南临金泉国家森林公园。较高等级的景区公路在村边通过，旅游区位和交通条件较为优越。在《哈尔滨市阿城区旅游发展总体规划》中，七棵松屯处于规划建设的平山环湖度假带中（图 3-19），本次规划面积 $28hm^2$。

图 3-19　区位分析图

（二）自然与人文风貌

七棵松屯是一座风光优美的小乡村，全屯46户人家，180口人，拥有耕地25.3hm^2。房屋砖瓦率高达80%，程控电话率达30%。

七棵松屯自然资源十分丰富，西、南、北三面均环山，山体植被蓊郁。屯南面临西泉眼水库，开阔静谧的水面，宛如一面镜子镶嵌在屯的东入口处。该屯拥有多处奇特的自然景观："元宝山"、"馒头山"、"望佛岭"、"背阴洞"、"狐仙洞"，每一个景点都有一个神奇的传说。群峦叠翠，怪石嶙峋，拥有秀丽的万亩人工林，植被密布，气候宜人，遍地奇花异草。屯的东西两头均有一条缓慢流淌的小河，清澈的河水增加了村庄的灵气。屯南边一条道路从村东头，直抵村的西山脚下。道路两旁一派田园风光和北方农家景致。这里是不可多得的回归大自然、旅游度假、避暑、保健、疗养的理想场所。

七棵松的山产品和农副产品极为丰富。山产品如榛蘑、刺老芽、蕨菜等，都是天然的绿色食品；清凉甘甜的山泉水中含有多种对人体有益的矿物质。农副产品如大豆腐、干豆腐、绿色无公害蔬菜等，尤其值得一提的是该屯具有加工饼类食品的悠久历史和独特技术，七棵松屯的酥饼远近闻名。

二、旅游资源特色分析

（一）浓郁的黑土地乡村文化

七棵松屯民风淳朴，乡情浓郁，黑土地乡村文化丰富。其独特的山产品及农副产品如刺老芽、蕨菜、大豆腐、酥饼等，可以给予游客不同的美食体验。其乡土气息浓郁的文化娱乐活动，如乡村秧歌、东北二人转等，可以给游客带来别样的生活体验。古朴的民居、纯朴的民风和悠然的风光构成了令人向往的田园生活。

（二）有力的政策支持

七棵松屯是社会主义新农村建设试点村，开发七棵松乡村旅游具有政策上的优势。如果全力打造，将会成为一处更加美丽，更能体现北方乡村特色，更加富裕、和谐，更加充满人文关怀的富有人情味的社会主义新农村和乡村游的典范。

（三）优越的自然山水风光

七棵松屯自然资源丰富，三面环山，一面邻水，背山面水，植被丰富，生态环境优越，具有很大的旅游开发价值。

三、产品及形象定位

（一）产品定位

以田园风光和乡村生活为特点的农家乐旅游；以周边山水和乡村生活为主的游览

观光；以良好的生态环境为依托的休闲度假。

（二）形象定位

七棵松旅游主题鲜明，可分为三方面，即：黑色的——黑土地乡村文化；红色的——社会主义新农村景象；绿色的——自然山水风光。三种颜色概念代表了三类旅游产品。可根据不同的客源市场，采取不同的形象定位进行推广。

总体形象：风景中的村庄

借助山村居于西泉眼水库、金泉国家森林公园、平山旅游区之间的优越地理位置，打造“风景中的乡村”形象。

国内宣传形象：黑土乡风，绿色山庄，北方画家村。

主要考虑哈尔滨农村带有北方黑土风情，七棵松屯又在风景之中。

区内宣传形象：社会主义新农村，山乡渔村，烧饼屯。

七棵松是新农村试点村，居山中又近水，村人以到南方做烧饼闻名。

四、客源市场分析

七棵松旅游客源主要为来平山旅游区、西泉眼水库风景区、金泉国家森林公园旅游的省内外游客或是省内各地乡村旅游的专项爱好者。

据统计，每年来平山旅游区、西泉眼水库风景区、金泉国家森林公园的游客大约15万人左右，这对于七棵松农家乐旅游区来讲是较为乐观的客源市场基底。未来七棵松屯乡村旅游开发建设成功，必将成为一个拉动周边旅游区全面发展的新亮点。

五、景观总体规划及主要节点设计

（一）景观总体规划设计

1. 规划设计理念

（1）遵循“回归自然、再现田园景观”的理念，本着友善对待环境的设计观，以简朴的造园手法，运用天然、环保的造园材料，营建充满乡土气息的休闲山村。体现人与自然间和谐、原始、简单、质朴的关系，在密集的城市之间，留出一片空旷之地，填抹一笔绿色，用来盛放乡谣和梦幻，重做一回桃源梦中人。

（2）根据群落生态学原理营造植物景观，植物材料的选择体现生物多样性，充分考虑植物的生态习性，以生长中速、健壮、茂盛的乡土植物为主要材料，充分模仿和营造自然生境、自然群落，避免使用娇贵、难养的植物，力求以粗放管理为主，减少人工养护的工作量和费用，真正体现自然生态的理念。

（3）体现人性化设计，注重人的参与，为人们提供丰富的活动场所，创造人与环境互动的空间。设计互动参与性的旅游项目，如躬耕垄田、割韭摘瓜、踞塘垂钓、牧养鸭鹅等，让心灵被数字、程序编码填满的久居都市的人们蓦然解脱，游弋于草叶之上，有缘追随一只蝶影的轻盈，有缘亲近一颗晨露的澄澈，有机会嗅一嗅泥土的气息，体验一下田间劳作的乐趣。

（4）从功能、结构、景观三个方面确定乡村规划发展目标，保护集中的农田斑块，因地制宜地增加绿色廊道的数量，提高廊道质量，补偿景观的生态恢复功能。

（5）景观规划建设以破与立的方式而非传统的农业生产建设，以城市——农田作为一个城市整体出发点，强调与城市生活的对话，形成“可览、可游、可居”的环境景观，构筑出“城市—郊区—乡间—田野”的空间休闲系统。

2. 规划设计思路

从宏观上把七棵松屯划分为四个功能区，即生态农业观光区、休闲娱乐区、农家乐园、生态风景林，构成园区的主体框架。四大区以季节性的小溪贯穿始终。其中生态农业观光区划分四大亚区，即：水田亚区、旱田亚区、采摘亚区、密林寻溪亚区（图 3-20）。同时，不局限于规划区内的旅游项目策划，将在周边山地及西泉眼水库可开展的活动一并加以考虑，以丰富本区的旅游项目。利用周边山地开展春、夏、秋三季的登山活动、冬季的戏雪项目，西泉眼水库的垂钓、库区打鱼项目等，都是很有吸引力的旅游活动。

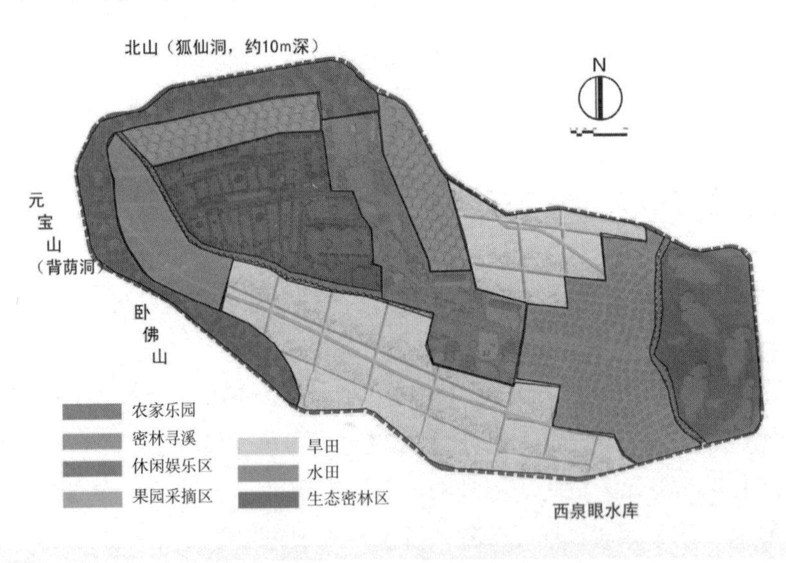

图 3-20　功能分区图

规划设计目标

（1）规划期限

2007 ~ 2010 年：为近期建设阶段。

2011～2015年：为中期建设阶段。

2016～2020年：为远期建设阶段。

（2）发展目标

近期（2007～2010年）：确立七棵松屯在哈尔滨市乡村文化展示地的地位，将七棵松屯建设成为乡村生态旅游精品，成为哈尔滨市农业旅游示范点。

中远期（2011～2020年）：继续优化乡村生态环境，完善旅游区的各项设施，将其建设成为功能完善、环境优美的A级旅游区，成为黑龙江省著名的乡村旅游胜地。

（二）主要景区节点设计

主要景区节点设计如下（图3-21）。

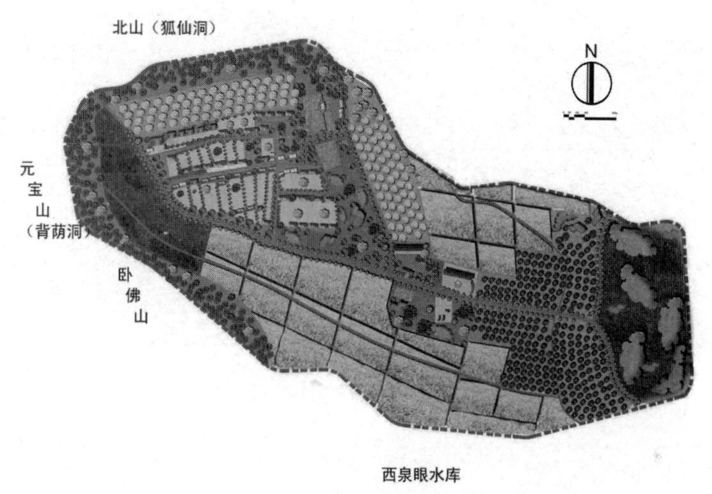

图3-21　总平面图

1. 主入口大门

主入口大门设计了三套方案，分别采用写实或抽象的手法，来体现七棵松乡村旅游的特色，突出旅游主题形象。

方案1：用富有农家特色的造型大门迎接广大游客的光临。

方案2：采用抽象的手法，用变形的七棵松树，来象征七棵松屯。

方案3：用鲜活的鲤鱼、南瓜及葡萄等点出景区的特产。景区靠近西泉眼水库盛产各种鱼类，农家的新鲜蔬果会令城市中人流连忘返。整体造型丰富热闹，充满了丰收的喜悦。

2. 生态农业观光区

此区划分四个亚区，即：水田亚区、旱田亚区、果树采摘亚区、密林寻溪亚区。

（1）密林寻溪亚区

此区利用季节的溪水来营造景观环境，建议采用工程措施，形成宽窄多变的溪流景观。

布局沿用陶渊明“世外桃源”的思维模式，以绿树、溪水为主景，或疏朗或郁闭，形成不同的景观空间。进入园内，观溪水、穿绿林、过木桥、沿溪行，路线曲折，时隐时现：绕过浓郁葱绿的落叶松林，走过茂密的阔叶林，通过曲折有序的透景线，向远处望去，一片绿油油的稻田，生机盎然，渐远处隐约可见红墙青瓦的农家小院，一派世外桃源的景象，顿感豁然开朗。在两条道路的交界处设置七棵松标志性景观（图 3-22）。

图 3-22　七棵松标志性景观效果图

（2）果树采摘亚区

种植北方特色果树，如李、杏、梨、樱桃及小浆果等。春季观花，夏、秋季摘果，同时可组织相应的节庆活动。

（3）水田亚区

在西沟改种水田，建田间小路、水车、小草屋等，营造环境艺术和水田风光。

（4）旱田亚区

1）大田观赏

主要观赏玉米、大豆、谷子等大田风光。

2）瓜菜园品香

靠近乡村一侧，种植以西瓜、香瓜、番茄等为主的特色蔬果，形成瓜菜园，供游客品尝。可设简易的草屋及瓜窝棚等景观。

3）示范田

划出 $2hm^2$ 耕地，采用农业现代化科技手段，种植优良品种，形成农业示范田。

4）代耕田

把土地划分为若干小块出租给城市居民个人、家庭或团体。农田主人负责向租种者提供农具，传授耕种知识，并指导租种者进行整地、播种、施肥、浇水、除草、收获等环节的劳动。平时由农田主人负责照料，收获物由租种者享用或自行处理（赠送、出售、交换等）。

3. 休闲娱乐区

（1）绿之园之花园

绿之园农庄为现已开发旅游的农庄，其东侧的大部分绿地在保持原有树种的同时，栽植丁香、忍冬、榆叶梅、连翘等花灌木形成丰富的竖向层次变化、季相色相变化，四季皆有景可观。精心规划出两条蜿蜒曲折的林间小路，从东侧的停车场可以漫步进入绿之园农庄，两侧进行疏密有致的种植，林下草地配合色彩丰富的花灌木，未见绿之园，先赏绿之美令游人心情舒畅。西侧在园路上设置一条长 10m 的花架，上面盘植南蛇藤、五叶地锦、牵牛等，在开花时节可形成花团锦簇的景观花廊。地面进行一年生花草栽植，利用麦秆菊、黑心菊、波斯菊、小丽花等形成色彩丰富的草本植物景观。

（2）绿之园之垂钓园

垂钓园与丰收广场相对，园内清香荷风扑面，满池的荷花映照，荷叶摇曳，芦苇丛生荡漾池中，如同原本就生在那里一般，增添了郊野气息。在岸边设置亲水平台，游客可以在此一边垂钓，一边欣赏园内景色。

（3）游客服务中心及丰收广场

绿之园农庄东侧为一所废弃小学，可将学校建筑外观进行改造，形成游客服务中心。建筑部分加高为二层，既可在立面外观上增加变化，又可满足部分餐饮、娱乐及住宿的需要。学校周围的场地改为集散广场，取名为丰收广场。在广场西侧设置停车场，地面采用嵌草砖铺装，在炎热的夏季不会因为地面过热而对车体造成损害，停车场周边植高大落叶乔木。广场东侧设一花架，供游人纳凉休憩。广场外围在树池中种植杏树，既有粉色的杏花可观，又有采摘果实的野趣。丰收广场中心设置由七棵云杉组成的种植池，作为广场中心标志性景观。另一方案是将种植池换成露天舞台，可以进行传统文娱节目如二人转等表演。可将游客服务中心外墙设计成乡村文化墙，以浮雕墙形式展示我国农耕文化的历史画卷。

（4）水上游乐园（纪家山庄）

水上游乐园位于农家乐园区的东侧，原纪家山庄（进行改造）。古人择地，得水为上。迎面的湖水，碧绿清澈，使人顿感身心沉静，美不胜收。水中设一岛屿，两边设置木桥与岸边相连。湖的一侧设置小型码头，面向水面敞开，出租游船，增添趣味。岸边设置水车，倍添野趣。另一侧枕木平台伸出水面的，为饮茶品茗、小憩观景之佳处，一眼望出去，湖面开阔，荷花摇曳，小木船浮在岸边，鸭鹅悠闲地游来游去，此时，在湖面吹来的徐徐凉风前，饮一道绿茶，一切恍如隔世。

4. 农家乐园

农家乐园为现有农民住宅区，本规划对现有民房的院落进行了典型设计，分别为番茄采摘园、草莓采摘园、黄瓜采摘园、烧饼作坊、葡萄采摘园（图 3-23）、油菜地景观（图 3-24）和樱桃采摘园（图 3-25）等。每家每户可以根据自己的特长选择一类庭院，也可以形成其他特色的庭院，如食用菌种植、煎饼作坊、葡萄酒作坊等。使人们在观光采摘、制作的过程中感受乡村生活的丰富多彩，在休闲旅游中体验农村生活的质朴和欢愉。

产权农庄：选择几户农家老屋出售给城里人，使之在乡村拥有一片小农庄作为躲避喧嚣、增进家庭成员感情的好去处。

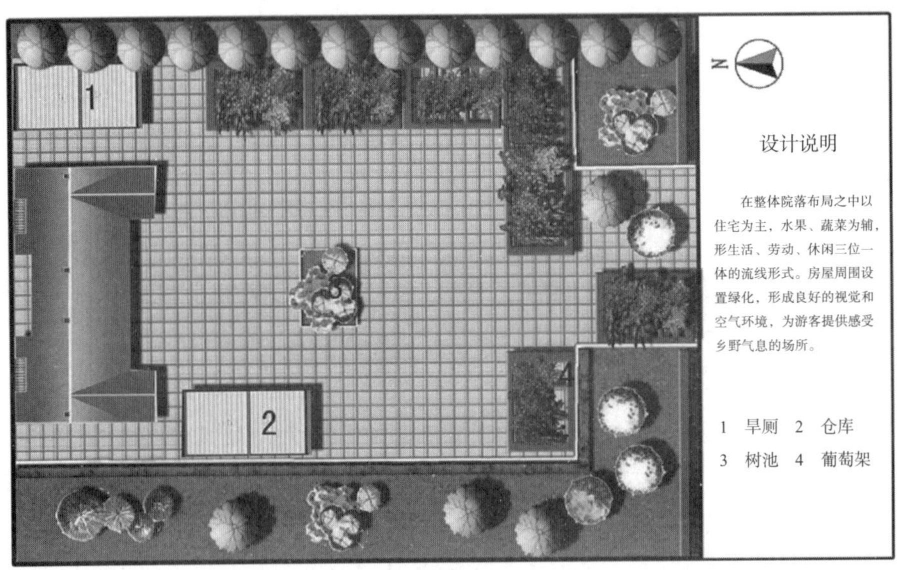

图 3-23 葡萄庭院平面示意图

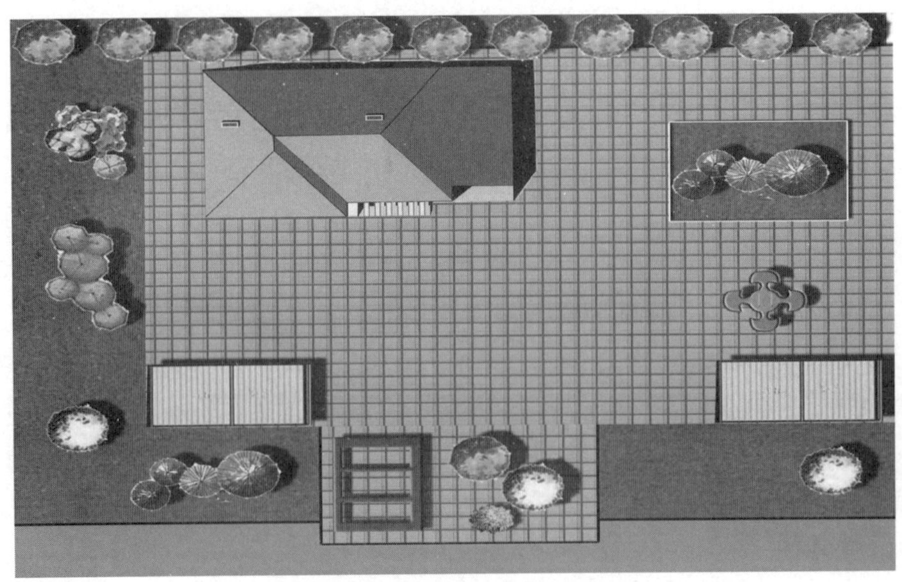

图 3-24 油菜地庭院平面示意图

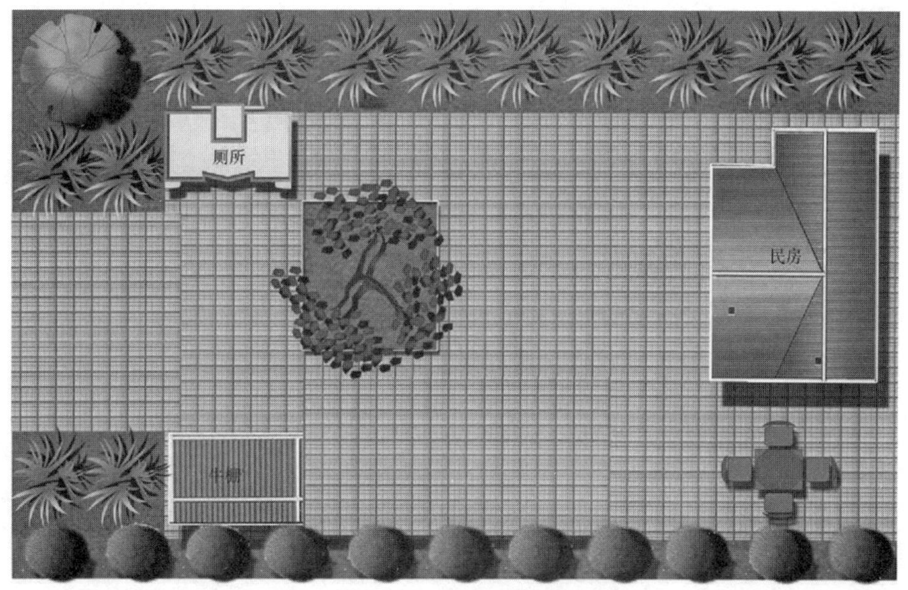

图 3-25　樱桃庭院平面示意图

5. 生态风景林

主要集中在北山、元宝山、卧佛山山脚与园区入口处，起到分割空间、调节气候的作用。与周围山地景观有机衔接过渡，既和谐地融入大自然，又独立于大自然，成为一处富有特色的景观。风景林以生态与美学观赏为主要功能，以红皮云杉为主要树种，间植阔叶树种，尽量做到林相整齐、优美，这样可引发游客观光兴致。同时经过人工艺术开发形成人们乐于游憩的空间环境。高低错落的植物，互相组合，形成观赏效果极佳的绿海景象。其中可设置：

（1）戏雪场

建于山北坡，开展山地戏雪活动。可以考虑小型滑雪场、雪橇、雪圈、雪地自行车等。

（2）放牧区

在元宝山或北山脚下放养几十只系铃的牛羊，利用叮当的铃声和牛羊的叫声，营造乡村风情。

（三）植物景观设计

1. 植物景观设计原则

植物配置要符合生态原则，根据植物生态位、园林美学、季相变化进行搭配，营造三季有花、四季各有特色的生态景观，争取做到在不同时节都有宣传亮点。使人们时刻都感到七棵松旅游区"可览"、"可游"、"可赏"，达到终年游客不断的目的。

2. 植物景观设计

（1）休闲娱乐区

主要采用以下植物种类：红皮云杉、樟子松、白桦、银中杨、旱柳、榆叶梅、紫丁香、山杏、李子、毛樱桃、葡萄、金银忍冬、连翘、紫椴、京桃、锦带花、黑心菊、小丽花、麦秆菊、波斯菊、百日草。

（2）生态风景林

主要采用落叶松、红皮云杉、樟子松、蒙古栎、白桦，形成纯林或混交林景观。

（3）农家乐园

白桦、山槐、梓树、旱柳、山杏、李子、毛樱桃、紫丁香、榆叶梅、连翘、京桃、黑心菊、小丽花、麦秆菊、荷包牡丹、芍药。

（4）生态农业观光区

1）采摘亚区

小苹果、李子、杏树、梨树、山里红、樱桃、葡萄、小浆果类等。

2）密林寻溪亚区

杜松、落叶松、银中杨、钻天杨、垂柳、梓树。

（四）道路系统规划

将旅游区道路分为三级（图 3-26），每条道路具有相应的名称与特色。一、二级道路的景观主要以简洁、整齐的行道树为主景。行道树的选择遵循因地制宜、适地适树的原则，以当地树种为主。

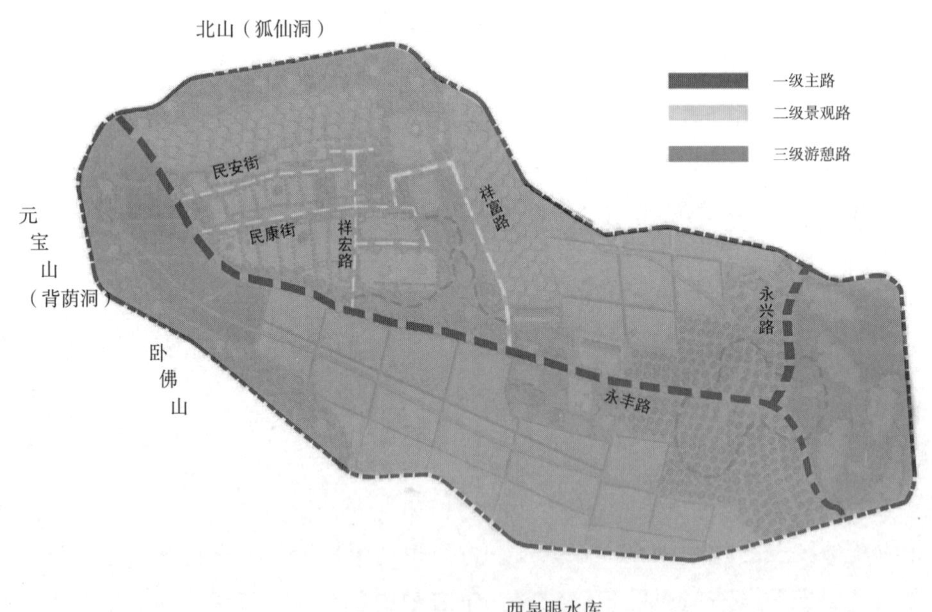

图 3-26　道路分级示意图

一级主路：连接园内的主要景区，路面宽度为 4.5m，道路纵坡一般小于 8%。以复叶槭或榆树为行道树。

二级景观路：深入各景区，路面宽度为 2 ~ 4m，地形起伏可较主路大些，坡度大时可做平台、踏步处理。以白桦、五角枫、梓树为行道树。

三级游憩路：为各景区内的游玩、散步小路。布置自由，形式多样。主要以紫丁香、京桃、锦带花、榆叶梅、金银忍冬、连翘、黑心菊、小丽花、麦秆菊等点缀道路两侧。

休闲露台：建设在村中视野开阔的地段和田园漫步道上。以亭的形式出现，用材以草木为主，色调与村落和谐。露台能提供休憩、驻足和观景等功能。

（五）建筑及小品景观设计

1. 建筑外观设计

民居的建筑设计上采用了太阳房、太阳能热水器、室外生态厕所等生态节能技术和设备。太阳房是通过建筑朝向和周围环境的合理布置，内部空间和外部形体的巧妙处理，以及建筑材料和结构、构造的恰当选择，使其在冬季能集取、保持、贮存、分布太阳热能，从而解决建筑物的采暖问题；同时在夏季又能遮蔽太阳辐射，散逸室内热量，使建筑物降温。生态旱厕不仅卫生，而且可以将粪便降解为肥料。这些环保节能的设计十分符合新农村的建设要求。在建筑装饰上，运用了大量的红灯笼、红辣椒和金黄的玉米来呼应民居暖色的外观设计，增加农家乐热闹的气氛。

2. 景观小品设计

景观小品经过详细设计，结合自然，协调景观，为旅游区增色，使之成为与整个旅游区环境相映衬的人文景观。指示牌、解说牌、导游图、休息亭、休闲椅、生态厕所、垃圾箱等景观小品，统一采用七棵松造型的主要指示性标识，使七棵松品牌深入游客心中。

六、旅游服务设施规划

（一）服务设施规划

1. 门区与游客服务中心

在主干道通村主入口处设立景区大门。旅游区主大门设计要有北方乡村气息。游客服务中心设在核心景区入口处，其设施建设突出景区管理功能，设有售票处、景区管理处、生态厕所。提供旅游区交通车辆、通讯、旅游信息介绍、导游、购物、环保宣教、游客投诉、安全与救护等旅游服务内容，满足游客各种需求。

2. 停车场

设于丰收广场内。

3. 垃圾回收和污水处理

游客进入景区时，倡导游客每人领取一个印有景区标志的塑料袋或纸袋，出景区时，将垃圾交给垃圾回收站统一处理，并对于表现好的游客给予奖励，如发给“您是一个合格的生态旅游者”精致纪念章等礼品，对旅游者进行生态旅游教育与鼓励。此外，景区内还要设置数量足够的垃圾箱，并要标识明显、布局合理，造型与乡村景观相协调。垃圾要及时清扫，日产日清，不留陈旧垃圾。采用统一的污水处理系统，达标后统一排放。

4. 设立“救援中心”

配备人员、车辆、马匹、专用消防器材等，应对旅游者可能出现的突发事件。设立专职安全员，一律上岗培训，向游客宣传安全防范知识。设立安全须知说明牌和危险路段、地点警示标志。在游客服务中心设立医疗急救中心，及时处理急症。配备常用药品，并与镇中心医院签订救护合同。

（二）住宿

旅游住宿设施建设的总原则是以低档次为主，配置少量中高档次房间，两个山庄内可改造几间高档次标房和套房。近期中低档住宿设施应占 80% 左右，随时间推移逐步提高档次。

1. 预测

预测公式为：游客的数量（每一单位时段）× 逗留时间（以夜为单位）/ 过夜的数量（每一单位时段）× 入住率

游客总数：近期末（2010 年）为 1 万人次，中期末（2015 年）为 3 万人次，远期末（2020 年）为 5 万人次。

住宿人数占游客总数百分比：近期为 50%，中期为 60%，远期为 70%。

游客平均逗留天数：近期为 1.0 天，中期为 1.5 天，远期为 2.0 天。

床位利用率：近期按 50% 计算，中期按 70% 计算，远期按 80% 计算。

全年可旅游天数为 200 天。

根据公式计算各规划期末旅游住宿接待所需床位数：

近期（2010 年）——约 50 张床位；

中期（2015 年）——约 193 张床位；

远期（2020 年）——约 438 张床位。

2. 布局

（1）近期可利用现有两处山庄，改造高档住所解决 20 张住宿床位。其余可在农家院中增设住宿设施予以解决。

（2）中远期扩大度假山庄的接待规模，尤其是鼓励更多农户参与旅游接待服务。

（三）餐饮

1. 总的原则：突出北方民族风情，以北方饮食为主要特色，也可利用旅游区内生产的绿色蔬菜、土特产、山野味、水产品，推出生态保健食品。

2. 餐饮项目

（1）鱼宴：以西泉眼水库特产鱼类为主，包括平山花泥鳅等。

（2）林蛙（平山特产）。

（3）农家大炖，可取名“双河炖菜”。

（4）烧饼、酥饼、油饼、玉米大饼、粘米饼、煎饼等特色主食。

（5）平山豆制品（大豆腐、干豆腐、小豆腐、豆汁、豆浆、豆腐脑、豆腐干、豆腐酱、豆芽菜等）。

（6）笨鸡、笨猪（包括杀猪菜）。

（7）青菜类等绿色蔬菜。

（8）山野菜。

逐步引导沿街分布的餐厅、度假山庄、“农家乐”餐饮设施向着“田园餐厅”方向转变，用餐区尽可能地接近田野、森林，或者有很通畅的可以触及自然环境的视觉廊道，提升乡村餐饮的环境质量。

（四）娱乐

1. 乡村舞台

地点选在游客服务中心前的集散广场。是一种以村民为主、游客参与的乡土气息浓郁的文化娱乐活动。如乡村秧歌、东北二人转、乡村说书等。

2. 乡村运动会

（1）钓鱼比赛

利用现有的“绿之园度假村”鱼池或西泉眼水库，设比赛场地，开展钓鱼比赛，设奖项。并择时举办全区或面向哈市钓鱼发烧友的邀请赛。

（2）农业生产比赛

春天：犁地、播种；夏天：锄地、浇地；秋天：采摘比赛、收割比赛。游人在导游或当地农民的指导下进行。

（3）农村生活比赛

担水比赛、骑马比赛（主要由游人参与）、登山比赛（可考虑登元宝山或北山）、推独轮车比赛（主要由游人参与）、挖宝比赛（在村中或山野中进行）。

（4）文娱比赛：跳绳、踢口袋、抓嘎拉哈、丢手绢等。

（5）动物比赛：小猪赛跑（训练几只小猪，设计专门路线，可有跳水、越障碍、钻网等）、山羊顶架、牛拉车比赛、狗拉爬犁比赛、斗鸡、鸭子飞、儿童和兔子赛跑等。

（五）购物

开发七棵松标识纪念品系列、柳编、草编、木制工艺品、小型木制用品等。此外，还可出售山野及农产品。

七、投资估算

项目总投资金额约 329 万元。

第四部分

农家乐景区旅游规划与设计类

案例 1 霜雪滑雪场旅游规划与设计

项目特色：滑雪场与农家乐的结合

规划时间：2010

团队成员：王崑、王超、韩慧英、朱琳等

相关成果：哈尔滨市阿城区乡村旅游规划研究，朱琳，2013，东北农业大学硕士论文。

扫一扫看彩图

一、基本概况

玉泉霜雪滑雪场隶属于阿城区玉泉街道办事处，坐落于玉泉南山脚下，始建于1992年，经过18年的发展和完善，如今已成为滑雪爱好者的乐园（图4-1）。

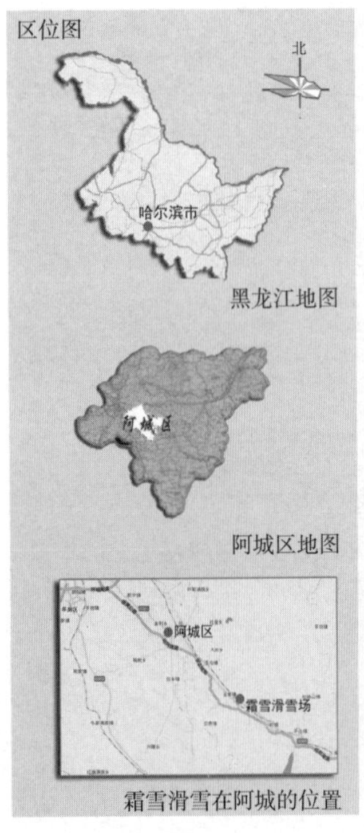

图4-1 区位与现状分析图

玉泉霜雪滑雪场以李霜、李雪姐妹名字命名，属个人经营。目前已形成集滑雪、餐饮、娱乐、休闲为一体的产业。

二、旅游资源特色分析

霜雪滑雪场四面环山，气候宜人，自然资源优越，是夏季避暑和冬季滑雪的理想去处。

李霜、李雪的母亲何玉兰女士是京城满族索尼的后裔，滑雪场在饮食、住宅、宗教、祭祀等方面都具有独特的满族文化特色，是一个具有满族风情的滑雪场。

此外，由于滑雪场地处乡村之中，纯天然绿色的有机食品，如肉、蛋、奶、菜、果瓜，以及舒适的气候条件为此地夏季旅游项目的开展提供了得天独厚的优势。

综上，此景区可开展以滑雪、避暑、休闲度假、满族文化体验为主的旅游活动。

三、主要产品及形象定位

产品定位：以冰雪资源为依托，以满族文化为底蕴，打造集滑雪、避暑、休闲与娱乐为一体的满族风情特色滑雪场。

形象定位：银山素裹，冰雪圣地；穿越古今，风情雪场。

四、客源市场分析

霜雪滑雪场游客主要为哈尔滨市及周边市县的居民、大专院校的学生等。目前的客源市场主要集中在冬季，以滑雪为主，季节性明显。可利用其自然和文化资源优势，开发夏季旅游产品，延长旅游周期。

五、景观总体规划与主要节点设计

（一）项目定位

霜雪滑雪场定位为以冬季滑雪为主，结合满族特色文化及夏季避暑项目，形成集滑雪娱乐、休闲度假、特色餐饮、果菜采摘、满族文化风情体验于一体的综合性旅游景区。

（二）功能分区及主要节点设计

通过对滑雪场旅游资源及场地特点的分析，进行景区的总体布局，划分为娱乐服务、露地蔬菜采摘、瓜果采摘和运动休闲四个区。并在规划中增加旅游项目，做到四季都有不同的旅游产品，增加经济效益（图 4-2、图 4-3）。

1. 娱乐服务区

将现在霜雪宾馆在内的大院部分规划作为娱乐服务区。可为游人提供滑雪用具、

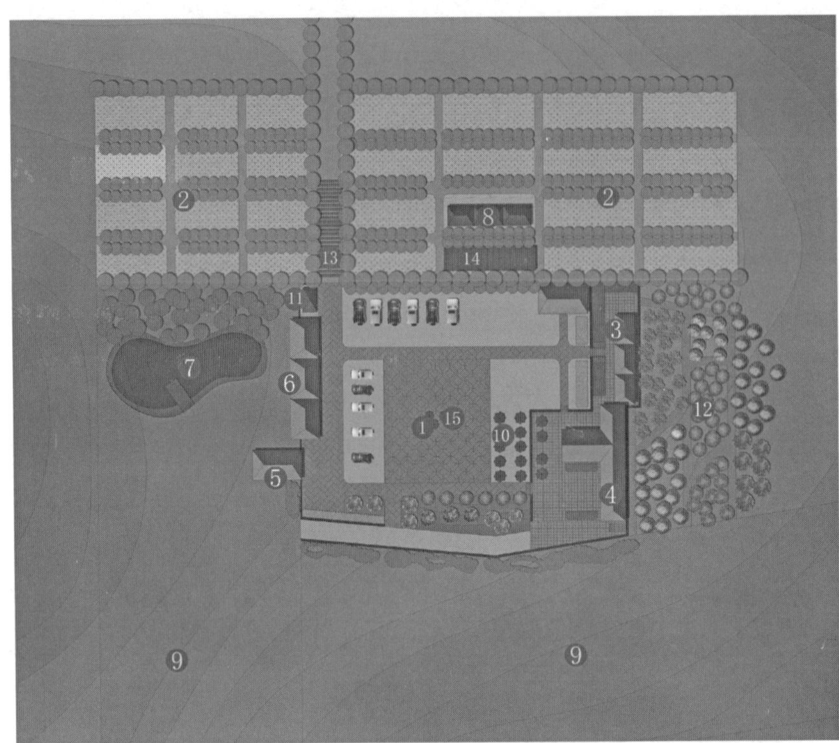

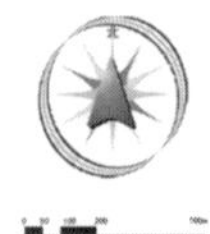

❶ 篝火广场
❷ 露地蔬菜采摘区
❸ 满族特色农家院
❹ 霜雪宾馆
❺ 游客服务中心
❻ 农家餐厅
❼ 垂钓池
❽ 特色木屋
❾ 滑草、滑雪道
❿ 露天烧烤区
⓫ 门卫
⓬ 采摘园
⓭ 瓜果观赏长廊
⓮ 牲畜养殖房
⓯ 园林建筑小品

图 4-2　总平面图

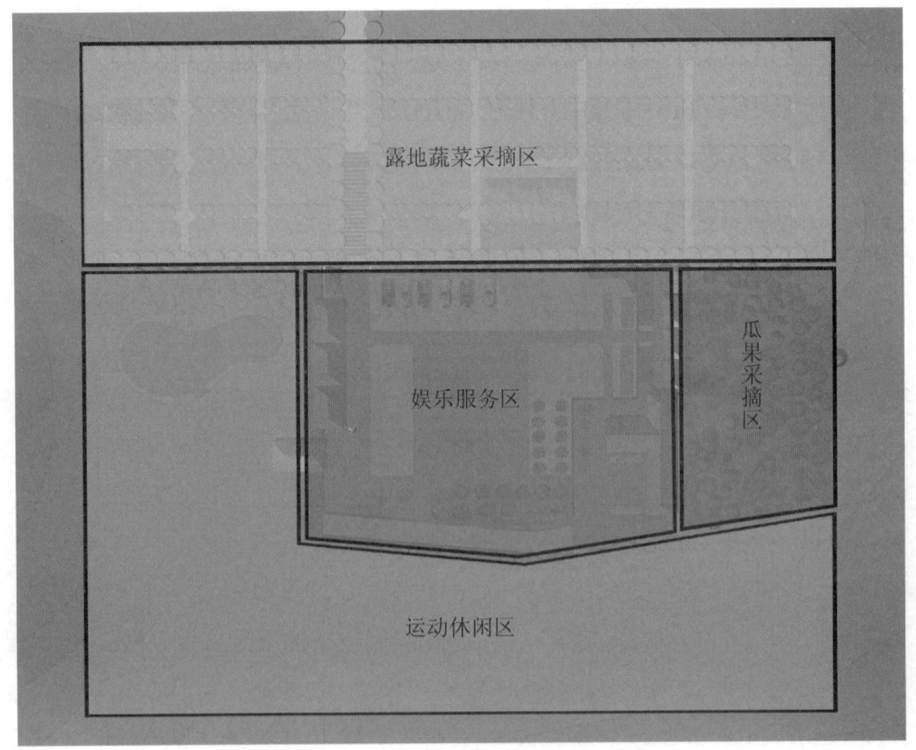

图 4-3　功能分区图

教练、餐饮、住宿、娱乐、停车等服务。

（1）霜雪宾馆

主要提供餐饮客房服务，为游客提供优良的用餐和休息环境，客房可分为高、中、低三档，游客可根据自己需要自行选择。设有台球、卡拉 OK、迪吧、飞镖、健身等游戏项目。建筑外观建议采用橘红色，这样冬季在白雪的映衬下格外醒目漂亮。

（2）满族特色农家院

由于李霜、李雪的母亲何玉兰女士是京城满族索尼的后裔，所以农家院的建筑完全是按照满族建筑风格来设计，在这里住宿，游人不但可以体会真正的满族文化，还可以感受“口袋房、万字炕、烟囱出在地面上”的满族农家生活。

（3）农家餐厅

在现有入口旁边的废弃木房处建农家餐厅，餐厅装潢具有北方特色，主推满族风情的饮食（如著名的“八大碗”）、东北农家菜，以及雪场自创的具有满族特色的餐饮，增加游人的餐饮乐趣。

主要餐饮项：

满族的“八大碗”。八大碗往往用于宴客，每桌八个人，桌上八道菜，上菜时都用清一色的大海碗，看起来爽快，吃起来过瘾，具有浓厚的乡土特色。

东北特色菜，如窝头、饭包、笨鸡、笨猪（包括杀猪菜），辅以自家菜地中的绿色蔬菜。

此外，还可以根据游客的要求制作菜肴，即使用游客带来的亲手采摘的水果为材料进行制作，如冰糖蒸梨、用西瓜做容器煲汤、桂花雪梨明虾球、鲜榨果汁、水果甜品等。

（4）篝火广场

在广场中心位置设篝火广场，晚间给游客提供一个户外的聚会空间。广场中间在夏季可以摆放可移动式的亭子，如以南瓜和西瓜为原型而制作的盛花容器，庆祝丰收的小蘑菇亭等，不仅具有观赏性而且还有庆祝丰收的深刻涵义，使得广场具有一定的可观性和趣味性。周边是可移动式的木质花箱，里面栽植应季的花卉，如太阳花、霍香蓟、千屈菜等。

（5）露天烧烤

在露天烧烤区设置一定数量的桌椅，利用可移动的植物种植池围合独立的空间，晚上游人可以在这里喝酒聊天。同时游客可以烧烤自己采摘的玉米、捕捞的鱼类等，酒店提供烧烤用具。

在植物配置方面，通过乔、灌、草本植物高低、疏密、远近的合理搭配，错落有致，跌宕起伏，体现层次美和整体的韵律美，提高环境多样性和自然性，虽由人作，宛自天开，让久居城市“水泥丛林”中的人们领略霜雪的自然美，满足人们回归自然的心里渴望。

在选择树种方面，以乡土树种为主。如在停车场后面以银白杨和红皮云杉形成绿色的竖向背景，在娱乐区的周边，可配置疏密相间的丁香、黄刺玫、榆叶梅、金叶复叶槭等落叶小乔木、灌木和翠菊、孔雀草、波斯菊等草花，以形成不同的植物景观和增加绿色空间层次。利用有生命的植物材料来软化硬质环境，意在营造幽静、雅致、绿意盎然、花团锦簇的气氛。

2. 露地蔬菜采摘区

位于滑雪场的入口处，现为农业用地，规划为露地蔬菜采摘体验区。既是对进入霜雪滑雪场的过渡，具有场地标识作用，又可以结合生产发展充满农趣的旅游项目，主要有：

（1）特色种植

种植玉米、柿子、黄瓜、香瓜、彩椒、茄子、南瓜等，游人可以通过掰玉米、摘黄瓜等农活，体验农家的生活乐趣，同时形成滑雪场的第二产业，吸引游人的同时，增加效益。

甜瓜类型：薄皮甜瓜类型、厚皮甜瓜类型、网纹甜瓜类型。

蔬菜品种：北方传统蔬菜、观赏性蔬菜等不同种类。

经济作物：玉米、土豆等。

（2）农业体验园

现代城市居民远离农业种植环境，普遍缺乏对农业生产知识的了解，设置农业劳动体验园，让游客有机会参与农业生产各个环节，如翻地，播种，浇水，施肥，收割等，体会劳动的乐趣，丰富人生经验。

（3）农家木屋

位于该区的中心处，建筑为具有北方特色的农家木屋。为游人提供休息及住宿。游人在采摘之后可以在这里休息、吃果、品茶，享受劳动的乐趣。

（4）瓜果观赏长廊

在进入滑雪场的主路上建百米长的瓜果观赏长廊，种植丝瓜、吊瓜、长柄葫芦、观赏玩具南瓜、迷你小冬瓜等，在提高景观性的同时，让游人体会采摘带来的乐趣。

3. 瓜果采摘区

位于满族特色农家房的后侧。采摘园定位为休闲体验型，通过游客亲身参与、体验，感受收获劳动成果的喜悦，游客还可以认养果树，体验另一种乐趣。采摘园内细分成多种果园，苹果园——种植各种小苹果，如东风、东光、田丰等；梨园——种植不同品种的梨，如伏香梨、秋香梨、香水梨、北海道、苹果梨、520、大头梨等；樱桃园主要种植樱桃；瓜果园种植西瓜、香瓜、草莓等。

4. 运动休闲区

利用玉泉南山的良好资源，夏季滑草、登山、露营，冬季滑雪、戏雪。同时还可以在暑假的时候举办青少年夏令营，充分利用玉泉山良好的自然优势，增加夏季娱乐项目的同时增加经济效益。

（1）滑雪

霜雪滑雪场拥有两条优质的雪道，配有完善的滑雪器材和先进的缆车，并有专业教练进行指导，是滑雪爱好者及初学者的乐园，同时还有雪爬犁、雪圈、雪地自行车等具有北方特色的娱乐项目。

（2）滑草

冬季滑雪夏季滑草。这种风行欧美的休闲新方式自传到中国以来就受到越来越多的人喜爱。此外，还可以设计垂钓、野外露营、登山等项目。

六、旅游服务设施规划

（一）保障设施规划

1. 游客中心

游客中心的设施建设突出景区管理功能，是游客集散的主要场地设于霜雪宾馆内。提供滑雪、滑草用品，租帐篷，安全与救护等旅游服务内容，满足游客各种需求。

2. 停车场

由于该景区夏季客流量较少，所以夏季仅规划广场入口旁用来停车。冬季客流量较多，广场可全部用来停车。

3. 入口大门

入口大门以木质结构为主，体现北方农家特色。建议将大门移到大路附近，提高注意力和吸引力。

（二）住宿

现有满族特色农家房和霜雪宾馆可提供住宿，共有 100 张床位。游人既可以选择在农家房的农家火炕住宿，体验农家风情。也可以选择住在宾馆的标准间，享受星级服务。

（三）旅游项目

主要有满族婚俗体验、农事体验（春天:犁地、播种;夏天:锄地、浇地;秋天:采摘、收割;冬天:杀年猪，过大年）、登山、青少年（冬）夏令营、采摘、雪上活动体验（滑雪、雪爬犁、雪圈、雪地自行车等雪上运动,还可以享受打雪仗、堆雪人、泼雪等戏雪的乐趣）、满族特色农家乐、亲子活动等。

七、投资估算

总投资：约 155 万元。

案例2 舍利街道办事处太平村旅游规划与设计

项目特色：以杀猪菜为特色的农家乐

规划时间：2010

团队成员：王崑、杜爽、于广治、朱琳等

扫一扫看彩图

相关成果：哈尔滨市阿城区乡村旅游规划研究，朱琳，2013，东北农业大学硕士论文。

一、基本概况

舍利街道办事处太平村（以下简称舍利）位于哈尔滨市阿城区西北 2km 处，地处阿城城北工业开发区腹地，亦处在阿城——新华——香坊工业走廊的前沿，是阿城城市重心向西北延伸的重要区域。舍利地缘优势明显，哈红公路、301 国道、滨绥铁路穿境而过，交通十分便利。生态人居环境良好，极具发展潜力，是哈市近郊的投资宝地和人居福地，是有识之士投资兴业的首选之地。

舍利农业资源丰富、物产丰饶。依托得天独厚的地理位置和文化背景已成为阿城和哈尔滨居民"菜篮子"工程的绿色食品供应基地。种植业、养殖业、加工业各业竞相发展，初具规模。

二、旅游资源特色分析

根据国家标准《旅游资源分类调查与评价》，本区及周边范围主要旅游资源为以杀猪菜为主的特色餐饮，以及以二人转为特色的民间演出等。另外，本区距离阿城金源文化旅游区只有五分钟的车程，可以将杀猪菜这一特色餐饮与金源文化旅游区联系起来，共同开发。

舍利杀猪菜因其物美价廉在阿城、哈尔滨市区等都有一定的知名度。作为舍利的特色餐饮杀猪菜，原本是东北农村每年接近年关杀年猪时所吃的一种炖菜。过去，人们没有条件讲究什么配料、调料，只是把刚杀好的猪的血脖子斩成大块煮熟后切成大片放进锅里，然后边煮边往里面放以经处理好的干白菜，加水和调料，等到肉烂菜熟后，再把灌好的血肠倒进锅内煮熟。上菜时，一盘肉，一盘酸菜，一盘血肠，也有的是把三者合一。这种菜不是刚做的好吃，而是多做，以后吃的时候一热，那才是最好吃的。

舍利目前的主要杀猪菜馆有：俺家、百乐、万家、宏福、新农村、张记、德福、

赵记利丰等多家，尽管已有十多年的历史，但餐馆各自为政，没有统一的标识，没有形成规模效应。

三、客源市场分析

客源主要为来往于松峰山、横头山、红星水库旅游区的省内过往游客或者是省内各地的美食爱好者。总体上来讲，舍利已基本形成自己的特色市场格局。

凭借良好的地缘优势，每年来往于阿城旅游区的游客必经于此，在疲惫的行程之余，品尝地道的东北特色菜肴，体验东北民情风俗，为旅程增色不少。

根据舍利的地理区位、交通、历史背景、旅游资源类型和品味各方面的状况，可将舍利旅游客源市场定位为：以哈尔滨和阿城地区为主；外地客人主要是来哈尔滨旅游、考察、公务、商务的人群。

未来舍利餐饮旅游的陆续开发，定将成为阿城乡村旅游的一个新亮点。

四、景观总体规划及主要节点设计

（一）总体规划设计

从目前舍利杀猪菜馆的分布出发，结合当地的实际条件，重点打造杀猪菜一条街，即从新农村到赵记利丰这条街道，并结合街道和场地改造形成景观节点。杀猪菜一条街亦为村内主要干道，沿街分布众多杀猪菜馆（图 4-4）。通往赵记利丰方向以乡村大舞台为景观节点。同时在规划中辅以菜馆内部装修改造和建筑外观改造，使建筑及内外环境在整体风格上体现关东儿女热情豪迈、东北民风爽朗质朴的特色，融入东北特有民俗风情进行改造规划。

（二）主要节点设计

1. 入口标识

（1）现状

现舍利杀猎菜的广告牌设在通往哈尔滨的方向，为单面简易标牌，并且标牌指示内容仅针对赵记利丰一家杀猪菜馆，没有起到整体宣传作用。另外这条街入口路面坡度较大，给来往车辆造成一定程度的不便，需进行改造。

（2）景观改造方案

在哈尔滨——阿城交通干道双向设置仿木标识，宣传舍利“杀猪菜发源地，关东美食第一街”整体旅游形象，使双向过往车辆、游客清晰了解舍利旅游特色。运用仿木材料，更加贴近东北民俗风情，辅以独特的餐饮文化吸引游客。平整杀猪菜一条街入口坡路（图 4-5）。

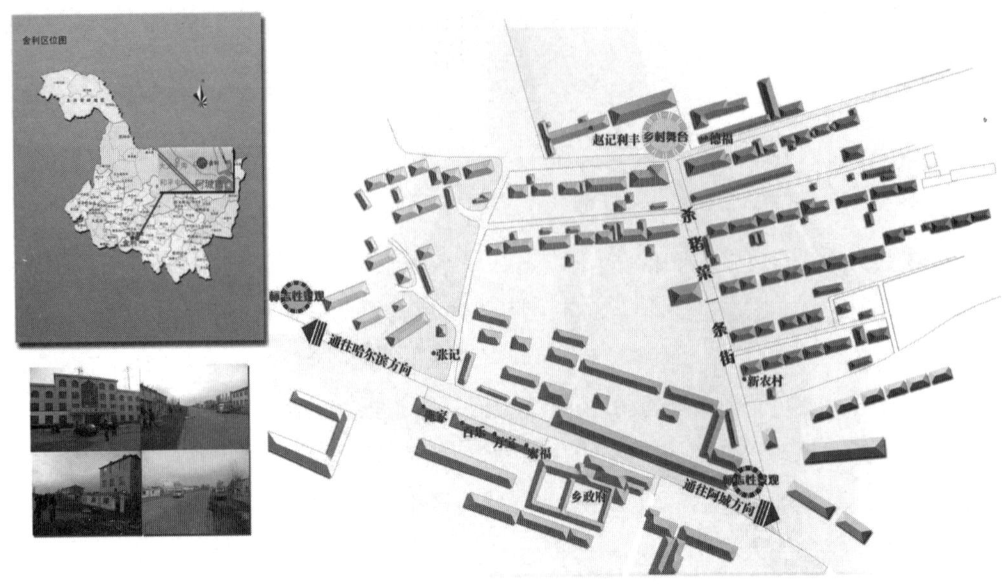

图 4-4　平面布局示意图

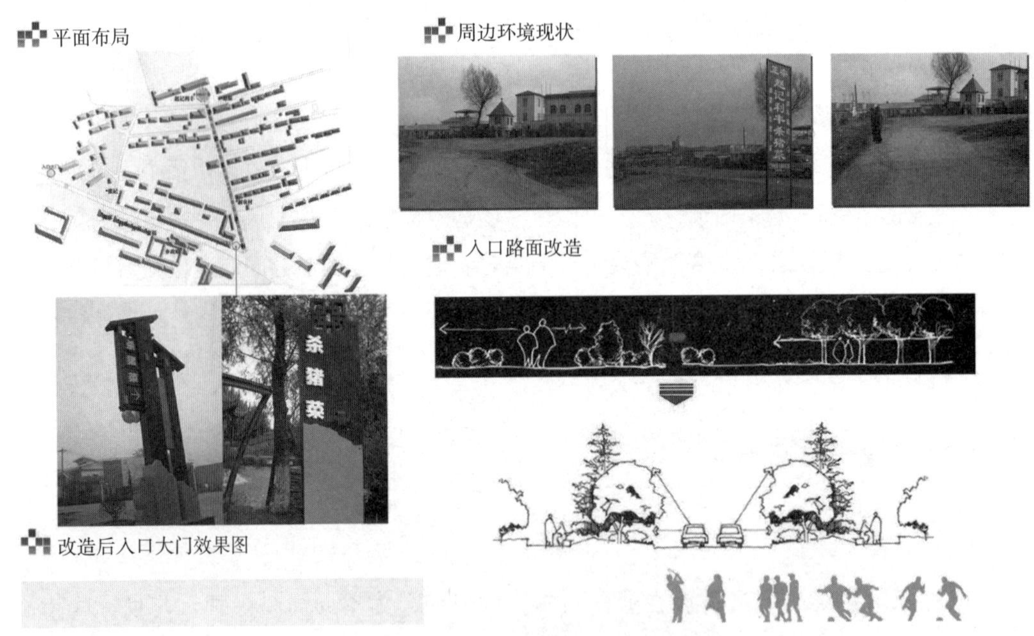

图 4-5　入口标志性景观改造

2. 杀猪菜一条街改造

（1）现状

此街第一家菜馆为新农村，沿街向里至赵记利丰，规划为杀猪菜一条街。目前，沿街房屋破旧、杂乱，无秩序感，影响了舍利的整体形象，没有形成杀猪菜一条街的规模效应。

（2）景观改造方案

作为规划中的杀猪菜一条街，从长远发展的角度看，应将杀猪菜馆主要集中于此，包括现在主干道上的杀猪菜馆，也应逐步搬迁到此街上，形成餐饮特色一条道。改造房屋外立面，形成整洁有序的餐饮一条街，并且在装修中融入东北民俗风格，将民俗餐饮作为旅游特色来发展。家家高挂大红灯笼，门前挂蒜辫子，浓郁的东北风情油然而生，充分展现东北劳动人民开朗的性格和丰富的生活情趣。另外，也可将杀猪菜馆的房屋按满族民居风格进行改造，取得与金源文化相一致的景观效果（图 4-6）。

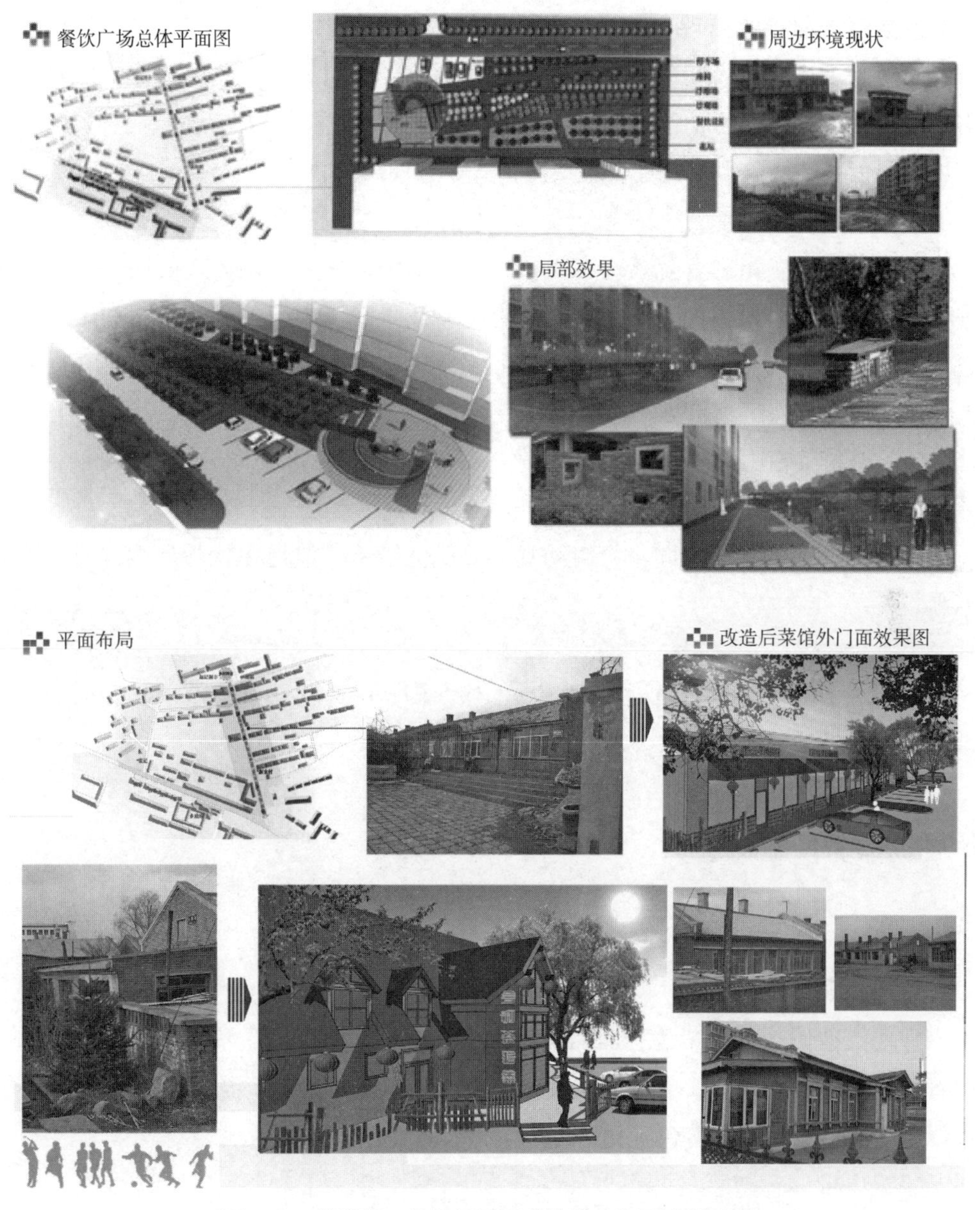

图 4-6　杀猪菜一条街街面景观改造、街面建筑改造

3. 乡村大舞台景观节点

（1）现状

杀猪菜一条街的尽头是阿城市纺织厂、德福、赵记利丰杀猪菜馆及超市等低矮民房，并且在纺织厂楼前存在部分空地。

（2）景观改造方案

充分利用纺织厂楼前的空地展现东北民俗风情，并且打造乡村大舞台，满足功能上的需要。根据规划范围的不同，考虑两套景观改造方案。

A. 方案一

不包括赵记利丰餐馆现有院落，在纺织楼前设立乡村大舞台，舞台高挂红灯笼，进行二人转等中型演出。在冬季寒冷季节，舞台前可组织具有东北民俗风情的扭秧歌等集体性活动，丰富当地居民的业余生活。在广场四周设置舍利小猪的卡通形象雕塑，进一步强调舍利的特色。将树池设置成座椅式，方便游人休息。

B. 方案二

包括赵记利丰餐馆现有院落，在设置大舞台前考虑到东北做火炕的民俗特点，对其进行演绎和室外应用，设置两米宽石座进行营造景观。为避免影响赵记利丰游客的就餐环境，采用绿篱景墙的方式进行分隔，但是并不闭塞，具有一定的通透感。沿墙设置相应的活动座椅，满足各类游客的需要。

4. 精品杀猪菜馆内部装饰建议

（1）现状

现有舍利的杀猪菜馆大同小异，初具东北民俗风情，但是在就餐环境方面普遍档次不高。

（2）改建建议

对赵记利丰和俺家杀猪菜馆进行精品杀猪菜饭馆的改造，满足具有较高要求、较高层次的游客需求，营造既体现东北民俗的同时又彰显“雅”的环境。

五、旅游服务设施规划

（一）餐饮

1. 总的原则

当现代人疲倦于都市喧嚣，回归质朴乡村的时候，更加注重优美的饮食环境和健康的餐饮原料。所以在餐饮项目策划时，体现东北民俗的同时，也要时刻把好卫生关，强调绿色、无污染的东北特色食物来源。

2. 餐饮项目

杀猪菜特色餐饮、龙江菜系列、绿色蔬菜、满族饮食系列。

（二）购物

随着舍利餐饮旅游影响的进一步扩大和阿城金源文化旅游区的进一步开发，来此的游客必将不能仅仅满足于品尝此地的杀猪菜，购买相应的乡村绿色食品，馈赠亲友也将成为一种趋势，所以要设置相应的旅游服务中心进行超市式管理，满足游客需要。

主要种类：干菜、山野菜、酸菜、蔬菜、鲜肉、禽、蛋等农副产品半成品、成品；将杀猪菜，如血肠等进行密封包装，形成特色商品；玉米、粘豆包等乡村食品；乡村工艺品。

（三）娱乐

规划后的乡村大舞台主要为娱乐场所（俺家和赵记利丰室内空间较大，也可设置室内舞台，进行相关的演出活动），是进行东北地区喜闻乐见、具有浓郁地方色彩的民间艺术——二人转中型演出表演场所。根据东北城乡平民百姓在振兴东北老工业基地和新农村建设过程中异彩纷呈的社会实践和心理历程编排语言通俗易懂、幽默风趣、健康向上、充满生活气息的节目，讴歌东北老百姓热爱生活、追求人性真善美的品格和倔强、善良、豪爽、真实的性格特征，进而反映新时代人们的精神面貌伴随着社会文明发展的变化。

另外，可以设置趣味动物比赛，主要是举办小猪赛跑项目，增加娱乐性效果。

（四）环保

舍利街道办事处位于阿城城区，其垃圾和污水处理均可并入城市相应的处理系统，不会产生环境污染问题。

六、投资估算

舍利街道办事处太平村旅游区投资概算，包括规划区中的交通工程、景点建设、环境保护、征用土地、植物景观营造等各方面的费用。根据舍利街道办事处太平村旅游区的功能取向，考虑当前物价造价及劳资水平，估算出其的总投资约为 715 万元。

案例3 海古寨旅游规划与设计

项目特色：金源文化与农家乐的结合

规划时间：2010

团队成员：王崑、于广治、李刚、朱琳等

扫一扫看彩图

相关成果：哈尔滨市阿城区乡村旅游规划研究，朱琳，2013，东北农业大学硕士论文。

一、基本概况

海古寨位于料甸乡大海沟村，海沟河畔（图4-7），占地面积约20hm^2。

阿城区是省级文化保护名城，拥有体现金源文化的众多历史空间，而海古寨更是其众多历史文化资源的一个重要组成部分，可以依靠金源文化的独特魅力和优美的自然生态资源发展旅游业。

料甸因为海古水、海古寨，成了金源之源，这里的山川鱼米养育了完颜部，使其逐渐发展壮大起来。海沟河、金上京、中原，是女真人崛起和大金国发展的三部曲，没有海沟河的养育，就没有金上京的辉煌，就没有入主中原的显赫。

海古寨目前以满族特色餐饮为主，属个人经营。

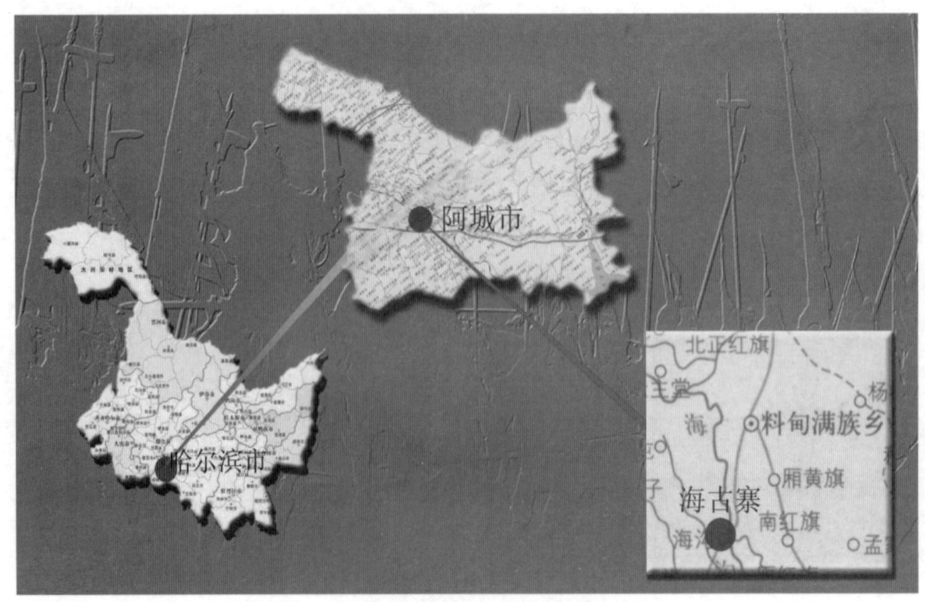

图4-7 区位图

二、旅游资源特色分析

据说海沟河为金兀术诞生地，而海古寨坐落在海沟河边，为料甸满族乡核心地带，体现了女真后代满族的风情特色，在饮食、住宅、宗教、祭祀等方面都具有独特的文化特色。现在的乡村旅游大多是纯粹体现乡土气息、乡村风情的景点，而海古寨位于金源文化发源地，是兼备生态旅游和文化旅游的人文景点，独特的文化特色使海古寨区别于其他的乡村旅游景点，成为吸引附近城市游客及省外游客的一个亮点。

满族在漫长的历史时期内信仰和继承着与通古斯人古老的多神信仰一致的萨满教。萨满，被称为神与人之间的中介者。他可以将人的祈求、愿望转达给神，也可以将神的意志传达给人。青年满学家王松林在黑龙江宁安地区调研考察时，发现宁安满族文化传人傅英仁掌握大量满族萨满面具图谱。满族面具以反映女神为主，其形成时间大约为原始母系社会的繁荣时期。满族面具是萨满教的活化石，其涉及历史久远，内涵丰富，神秘粗犷，色彩明快，稚美可掬。满族面具是满族文化的稀世珍贵遗产，它不仅为民族学、民俗学、考古学、语言学、美术、戏剧等方面的学术研究提供了新的研究方法和新的启示，并开启了新的研究领域和方向，它也为旅游和民间工艺美术提供了巨大的开发商机。

满族称萨满舞为“跳家神”（请家宅之神）或“烧旗香”（旗人请神，以区别于汉人）。表演时，萨满腰系长腰铃，手持抓鼓或单鼓，在击鼓、摆铃声中，延请各路神灵，请来神灵（俗称“神附体”）后，即模拟所请之神的特征作各种神灵的表演。

海古寨代表性的旅游资源为金兀术的诞生地以及观光农业资源，其他旅游资源包括垂钓池、果树、海沟河、满族婚礼民俗、满族八大碗餐饮等。这是阿城的旅游形象之一，也是海古寨的主题旅游形象。

三、客源市场分析

海古寨旅游业目前处于尚未合理开发的状态，游人属自发观光游览型。游客主要为来自阿城周边地区的居民，属传统的近距离市场，中远距离市场尚未开发。现有客源市场主要是以满族的特色饮食，品尝农家风味餐饮及垂钓为主，主要集中在4～9月份，大体属生态旅游，文化旅游所占的比例很小。

四、景观总体规划及主要节点设计

（一）总体规划设计

从场地和旅游资源上分析，海古寨的规划以金源文化为主，围绕着金源历史文化形成功能分区及各个主要景点。功能分区包括:滨水娱乐区、果林寻香区、林荫休闲区、入口服务区、休闲广场区、园艺体验区和放生池。主要景点有:兀术祠、放生池、滨河景观带、满族四合院、休闲广场、果林、菜畦等(图 4-8、图 4-9)。

(二)主要景点设计

1. 兀术祠、院墙及寨门

本区域为入口景区,利用原有的建筑(目前为文化活动站和餐厅),改造成兀术祠,

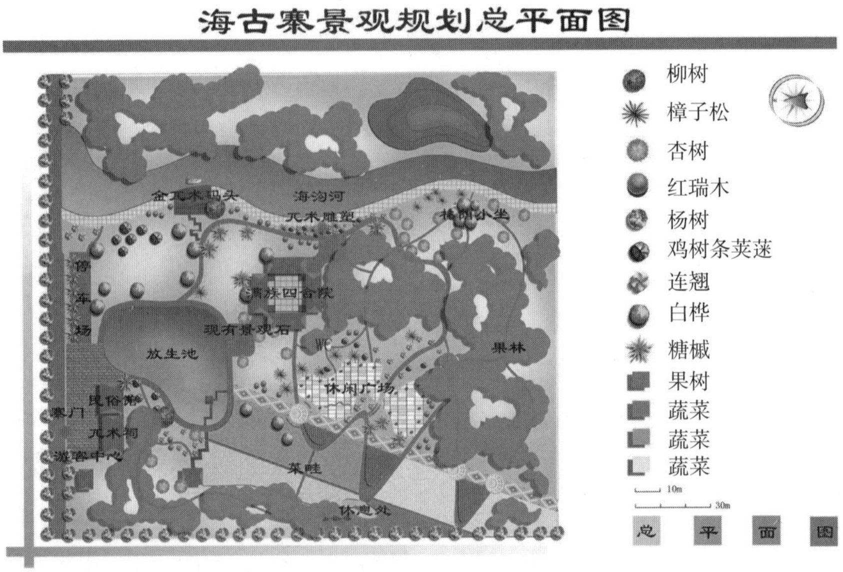

图 4-8 总平面图

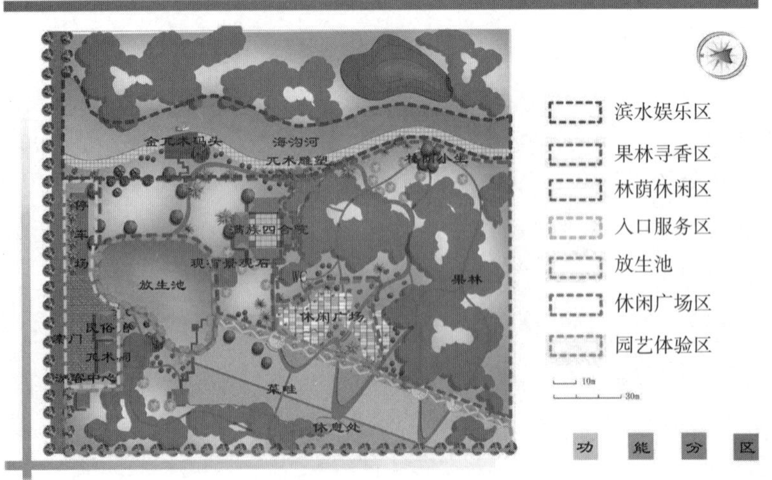

图 4-9 功能分区图

以供游人朝觐、祭拜，并适当收集金代文物，结合一些满族的图腾等，陈列祠内，塑兀术像（坐像）于祠内，供祖宗木匣于西屋西墙上（兀术祠可作文化活动站）。兀术石像（站像）立于院内空地东侧。用花岗岩石料，仿金代石人大小，按金兀术相貌制作。砖砌矮墙，墙上绘图，表现金兀术从诞生到死亡几段主要经历的场面和故事。寨门用朱漆，显出威严肃穆。

2. 滨河景观带

园内绿化要结合海沟河，沿河进行恢复自然的绿化，并适当建立休憩设施，以河为主体景观，拥有木桥、汀步、岸线、石阶、座椅、石桌、各种树木花草的自然河岸与园林相依，具半自然半人工的景观特点。

3. 客栈（满族四合院）

建于水池对岸的空地。以满族四合院为主题，供经营者家住和游客食宿。与西岸带状滨河绿地区域相连。

4. 放生池（也做荷花池）

利用原垂钓池加以改造，种植荷花，养殖观赏鱼（食用鱼可用海沟河蓄一小水面，用网箱养殖），并作为祭拜者放生用。该池在游人心理上，应成为神水池，具有神圣的宗教含义。

5. 果林、菜畦及休闲广场

种植一些果树和蔬菜，供游人观赏、采摘，增加田园风情和怀旧的热情及乐趣。休闲广场位于其中，游人采摘之余可来此休息、交流、赏景。图腾柱阵及青砖的设计，会让游人充分体会到满族风情。休闲广场的东侧则为海古寨历史浮雕景墙，与主体广场中心区域相对，展昔日古韵。

6. 农事活动体验场

农事活动体验场旨在打造一个“都市人生态菜园”，发展开心农场自助生态菜园项目。对农活生疏的城里人，在“农事活动体验场”里将体验到最原汁原味的农耕生活。“农事活动体验”不仅可以参观、采摘蔬菜，还可以自己认租、耕种。全家人一起施肥耕种，享受田园乐趣。该项目主要采取会员制的形式。

7. 温室大棚采摘

主要种植葡萄、桃等水果和各种特菜。大棚葡萄主要栽种京亚、京优、京秀、无核白鸡心等品种。

主要蔬菜品种如：人参果、荷兰彩椒、太空椒、微型番茄、转基因番茄、菊筐（苞菜）、结球生菜、根芹（根洋芹）、香芹（洋芫姜、旱芹、荷兰芹）、番杏（洋菠菜等），还可种植樱桃番茄、青花菜，花椰菜等蔬菜。引进不同种类的山野菜，如老山芹、黄花菜、刺老芽、柳蒿芽、荠菜、蒲公英等。

8. 码头和船只

在海沟河边砌一个石码头,放一只金代风格的木船,立一石碑,刻上“金兀术码头”字样。

9. 公厕

易址改建，迁至后屋，西侧，建成水冲厕。

（三）植物种植规划

植物种植分为以下几种类型：

1. 以樟子松、云杉为主要树种的针阔叶混交林，主要分布在各景点周围以及其他用以分隔空间的区域内。

2. 区域内观景林带以银中杨为主，强调其挺拔的姿态。

3. 行道树以复叶槭、垂榆为主，结合道路所在地区景观进行布置。

4. 广场庭荫树以复叶槭为主，遮阴和观赏性相结合。

5. 滨水植物以柳树、丛生柳树、丁香、白茅为主,配以观赏性湿生、水生植物,如荷花、睡莲、芦苇、香蒲等。

6. 果林中果树以樱桃、梨、李子、山杏等观花观果类果树为主，让游人在体验农家采摘的同时，再一次陶醉在乡村美景之中。

（四）地面铺装

地面铺装要体现生态性的特色，以石、砂等天然材料为主。

五、旅游服务设施规划

（一）保障设施规划

1. 游客中心

游客中心设在景区入口处，利用现有管理房改造，其设施建设突出景区管理功能，是游客集散的主要场地。提供旅游区通讯、旅游信息介绍、导游、购物、环保宣教、游客投诉、安全与救护等旅游服务内容，满足游客各种需求。

2. 停车场

从寨门进入景区的一侧设置生态停车场，为游人进入景区后停车带来便利舒适的环境。

3. 垃圾回收和污水处理

景区内要设置数量足够的垃圾箱，并要标识明显，布局合理，造型与人文景观相协调。垃圾要及时清扫,日产日清,不留陈旧垃圾。污水处理采用统一的污水处理系统,达标后统一排放。

（二）住宿

考虑到海古寨距离阿城市很近，来此投宿者较少，只有部分完颜家后人、对金史和文化有情愫的游人。因此只规划了少量固定住宿设施，即满族四合院，能满足 50 人左右的住宿需求。其余可以考虑帐篷等户外方式解决，让游人体会“金戈铁马”般的金代生活方式。

（三）餐饮

主推满族风情的饮食，如著名的“八大碗”，辅以本地的各种绿叶菜。可以将采摘园中的果菜加以烹饪，使游人尽享采摘之趣。

主要餐饮项目

满族的“八大碗”：雪菜炒小豆腐、卤虾豆腐蛋、扒猪手、灼田鸡、小鸡胗蘑粉、年猪烩菜、御府椿鱼、阿玛尊肉。

八大碗的做法有粗细之分，细八大碗指：熘鱼片、烩虾仁、全家福、桂花鱼骨、烩滑鱼、川肉丝、川大丸子、松肉等；粗八大碗有：炒青虾仁、烩鸡丝、全炖蛋羹蟹黄、海参丸子、元宝肉、清汤鸡、拆烩鸡、家常烧鲤鱼等。八大碗往往用于宴客之际，每桌八个人，桌上八道菜，上菜时都用清一色的大海碗，看起来爽快，吃起来过瘾，具有浓厚的乡土特色。

可以烧饼、酥饼、油饼、玉米大饼、粘米饼、煎饼等为特色主食，并辅以东北的特色菜，如笨鸡、笨猪（包括杀猪菜），采摘园中绿色蔬菜也是其中一大亮点。

（四）娱乐

1. 竞技

设置金朝全国盛行的射柳、击球等与骑射密切相关的竞技项目，在这里游客可以学骑马、看赛马、参加各种游乐比赛项目，增强观赏性，提高参与性，让游客亲身体验其中的乐趣。

2. 婚俗

结合满族特色文化，开展满族婚礼活动。

3. 农事体验

春天：犁地、播种；夏天：锄地、浇地；秋天：采摘、收割比赛；冬天：杀年猪，过大年。

4. 采摘

享受回归自然、自由采摘的乐趣。

5. 萨满舞表演

（五）购物

1. 民俗馆

民俗馆紧邻兀术祠的西侧，屋顶为观池台，屋内则为民俗馆。既可参观，也可购物，陈列金源时期的古玩字画、小装饰品、纪念品。

2. 采摘超市

采摘园内品种多样的时令果蔬都是旅游者喜欢的绿色食品，产品销售采用自助与水果超市相结合的模式，由导游简单介绍采摘步骤及工具使用方法，游客自行采摘，最后在采摘园出口结算。

六、投资估算

海古寨旅游区投资概算规划区中的交通工程、景点建设、环境保护、征用土地、植物景观营造等各方面的费用。根据海古寨旅游区的功能取向，考虑当前物价造价及劳资水平，估算出其总投资为 200 万元。

第五部分

农庄规划与设计类

案例 1 双城市金满农家旅游观光园总体规划

项目特色：金源文化与农庄体验的结合

规划时间：2008

团队成员：王崑、王小雨、王鹏瑾等

相关成果：哈尔滨休闲农业旅游开发和景观规划研究——以哈尔滨双城市金满农家旅游观光园为例，王鹏瑾，2012，东北农业大学硕士论文

扫一扫看彩图

一、基本概况

双城市位于黑龙江省省会哈尔滨市西南 30km 处的松嫩平原上，是黑龙江省的南大门。该市是东北历史文化名城，“白山黑水帝业兴，金源右翼古双城”，京哈、拉滨两条铁路和同三、京哈、哈前、哈大四条公路穿境而过，交通发达、运输便利。

金满农家旅游观光园（以下简称农庄）建设地点在双城市五家镇双井村附近，东侧靠金兀术运粮河，西面靠近五家镇双井村，北面临近哈大铁路专用线，南面靠近去京铁路专线和 102 线，俯卧于哈大高速公路线（图 5-1）。规划区总面积为 60hm²。

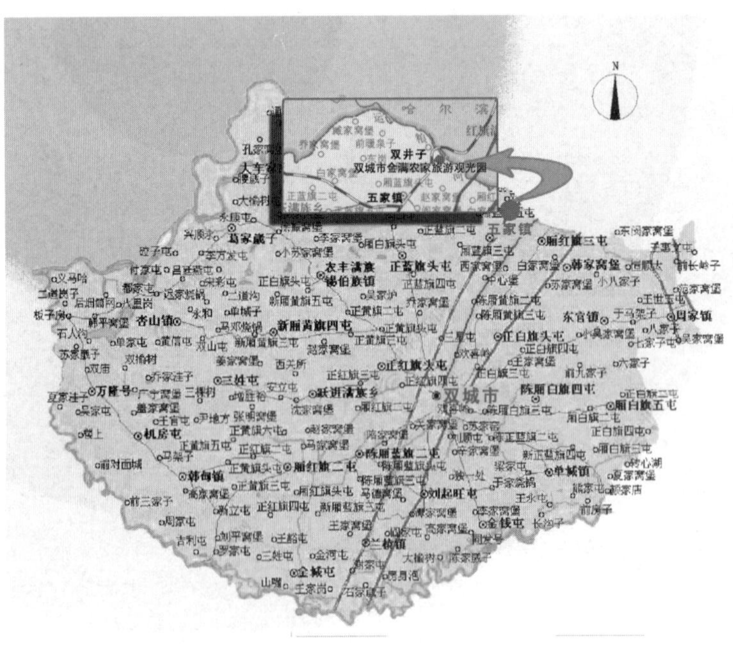

图 5-1 区位图

全年无霜期为 140 天，年降雨量为 481.5mm，10℃以上积温为 2798℃，生育期日照时数为 1220h。地处松嫩平原，地势平坦，土壤肥沃，为典型的黑钙土区，适宜农作物及果树生长。

二、开发条件分析

（一）旅游资源特色分析

双城市是金源文化的发源地之一，满族风情浓郁，人文历史景观丰富。目前主要的旅游景点有：双城堡火车站、第四野战军指挥部旧址、观音寺、承旭门楼、承恩门楼、魁星楼、七宝佛塔、道源禅寺等。

农庄内目前具有如下旅游资源：金兀术运粮河、影视基地、地主大院、杨树林、农田、菜地、果树、垂钓池、冰雪资源等。景区生态环境良好，空气清新，无噪声，适合开展采摘、参与体验、休闲度假等活动。

（二）客源市场定位

农庄旅游产品的定位是以蔬果采摘、体验、特色餐饮和良好的生态环境为依托的休闲度假，是城市近郊型乡村度假旅游区。

客源市场定位为哈尔滨市区及双城、阿城等景区周边的市民，利用周末等假日进行休闲度假，享受特色餐饮。另外，来哈旅游的省内外游客及乡村旅游的专项爱好者也可能成为客源。

三、规划期限与目标

（一）规划期限

2009 ~ 2012 年：为近期建设阶段。

2013 ~ 2015 年：为中远期建设阶段。

（二）旅游发展目标

将农庄建设成为乡村旅游的精品，成为哈尔滨市乡村旅游示范点和功能完善、环境优美的国家 A 级旅游区。

四、景区景点规划设计

（一）规划设计理念

1. 遵循“回归自然、享受乡村原始风貌”的理念。

2. 体现金源文化的特点。

3. 体现人性化的设计，注重人的参与，为人们提供丰富的活动场所，创造人与环境互动的空间。

4. 尽量保留现有杨树林，使景区充满浓郁的自然乡土特色。

（二）规划设计原则

生态性原则、经济性原则、参与性原则、突出特色的原则、多样性原则、注重细节原则。

（三）总体布局

根据以上规划设计原则和理念，从总体上把农庄划分为九大功能区（图 5-2）和一条水上游览线。九大功能区，即管理服务区、疗养区、互动游乐区、木屋休闲度假区、棚室蔬果采摘区、露地蔬果采摘区、影视基地、垂钓区和戏雪区；一条水上游览线，即由运粮河、金水垂钓池及水渠形成，构成农庄的主体框架。

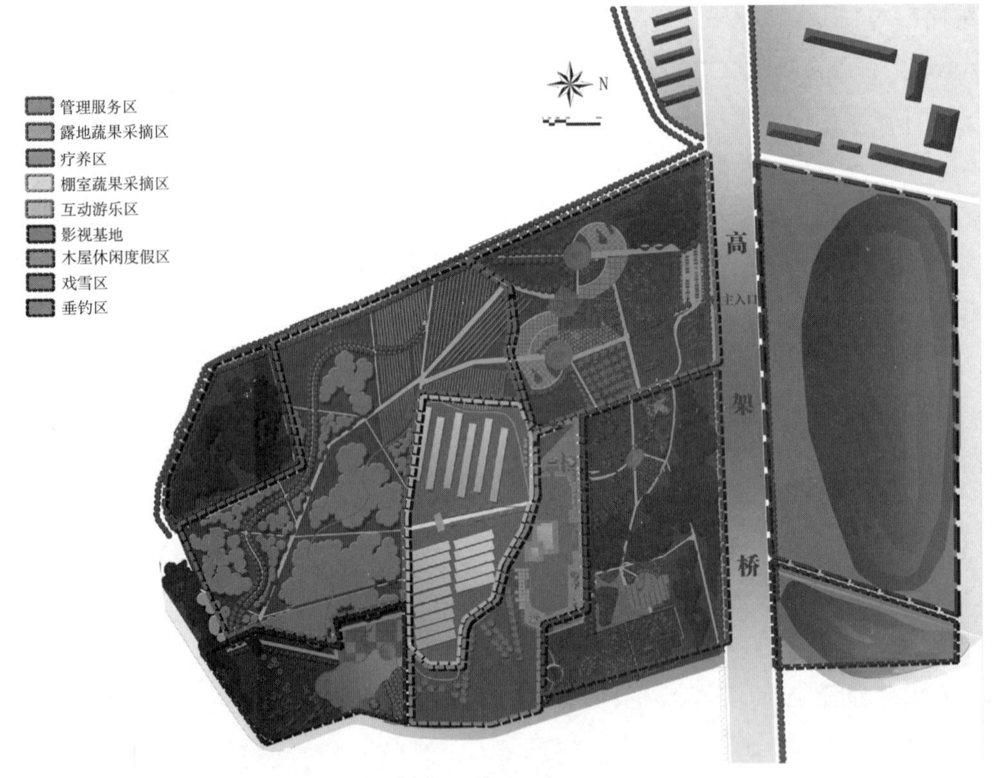

图 5-2　功能分区图

（四）各景区景点设计

主要景区景点如下（图 5-3）：

1. 管理服务区

位置范围：位于主入口的右侧，占地面积约 7.8hm^2。

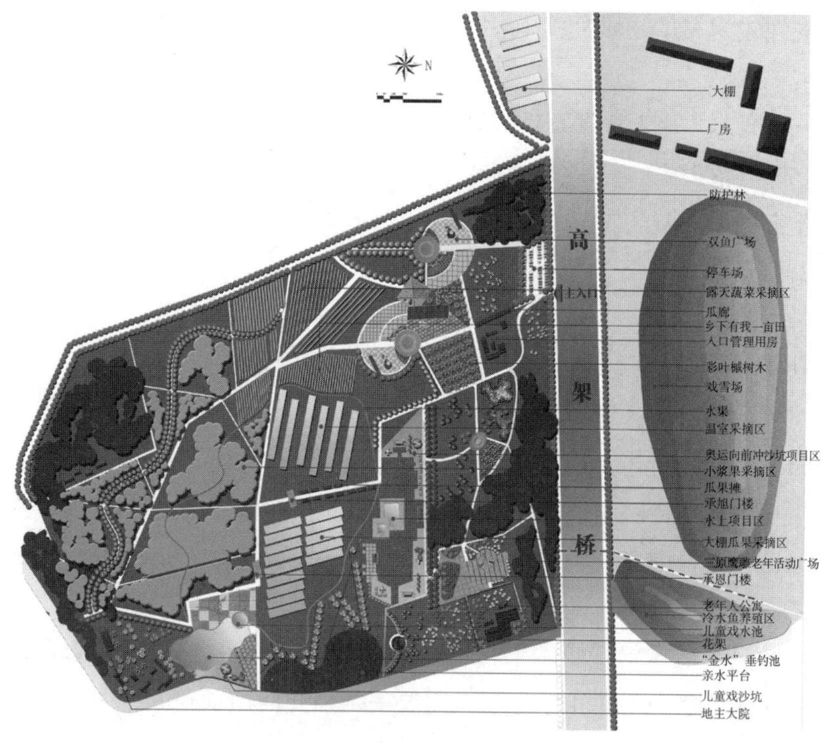

图 5-3　总平面图

功能：展示景区形象、游客接待、停车、游人集散等。

主要设置项目：

（1）入口大门

木质，与园区整体环境协调，体现采摘和金源文化特点。

（2）游客接待中心

改造现有房屋，使其具有满族建筑风格。游客中心提供宣传介绍资料索取、影像介绍、导游、医疗等服务。

（3）生态停车场

采用树林式生态停车场：地面采用嵌草砖铺装，停车场周边植高大落叶乔木。

（4）双鱼广场

为入口的集散广场，起到组织人流的作用。地面铺装采用双鱼图案（双鱼为金代的吉祥图案）。

（5）彩叶槭树林

以规则方式种植以茶条槭为主的秋色叶植物，形成秋季彩叶林，丰富季相景观。林中设小路可进入观赏。

（6）防护林

防护林主要为现状杨树林。由于树种单一，所以考虑在林下种植野生花卉；在疏林下光线较为充足处种植开花果树，既可春季赏花，又可秋季摘果。

（7）瓜廊

在观光园主路上设置百瓜长廊，形成入口处的一道美丽风景。

（8）其他设施

生态厕所、园区导游图、垃圾回收站、救援中心等。

2. 疗养区

位置范围：位于入口主路的左侧，与金兀术运粮河相邻。占地面积约 7.6hm^2。

功能：老年公寓、菜园、活动广场、滨水休闲等。

主要设置项目：

（1）老年公寓

采用满族四合院的形式建设，建筑面积为 1000m^2。注重现实的硬件设施和以人为本的规范管理，创造一个有文化素养特色的老人乐园。

（2）怡情广场

老年公寓前设置广场，为老人提供各种活动场所，广场周边布置休息设施和植物种植，一侧设置花坛。由于老年人需要一定独立的活动空间，所以此区内宜设计动静分离的老年活动区。

（3）菜园

设计蔬菜园，通过自种自收的方式，让老年人在体验丰收乐趣的同时也可以强身健体。

（4）花架

在菜园一侧设置花架，既为景点，又是三五个老人休息和聊天的地点。在此处设置的木花架，以其自然逼真的表现，给疗养区增添浓厚的艺术气息。

（5）防护林

防护林的设置意义同管理服务区。在疗养区与互动游乐区之间设置密密的植篱，减少两区之间的相互干扰。

3. 互动游乐区

位置范围：位于疗养区的南面，处于金兀术运粮河和水渠的环绕之中，占地面积约 4.1hm^2。

功能：参与性娱乐活动、亲水休闲、水上娱乐、体育健身等。

主要设置项目：

（1）智勇大冲关

将水上运动与比赛巧妙结合，增加游客的参与性，提高景区的人气。冬季变为雪上项目，可以吸引大量的游人。

（2）健身区

在奥运向前冲广场的周边设置健身设施，让不同年龄的人都可以进行相应的健身活动。

（3）亲水平台与水上运动

靠近金兀术运粮河设置木质的亲水平台作为码头，在水中设置水上活动项目，如水上自行车、脚踏船等。水中种植荷花，园内清香荷风扑面。

4. 木屋休闲度假区

位置范围：在景区的西南部，占地面积约 2.8hm^2。

功能：休闲度假、生态防护等。

主要设置项目：

（1）度假木屋

此区原为杨树林，在林中点缀少量木屋，让喜爱大自然的游客可以在这里听虫鸣、观星星，感受亲情。

（2）野花采摘区

划定固定区域让游客体验一下采摘野花野草的乐趣，其他区域不能采摘。

5. 棚室蔬果采摘区

位置范围：在水渠围合范围内，占地面积约 4.7hm^2。

功能：瓜、果、菜采摘、品尝，休息等。

主要设置项目：

（1）温室大棚采摘

设置温室 14 个，大棚 6 个。主要种植葡萄、桃等水果和各种特菜。

（2）门楼

双城的东城门为承旭门，西城门为承恩门。将其仿建于此区道路两侧。让人们记住双城的历史。

（3）仿古一条街

外观仿双城的一条具有满族特色的古街。其内容可以为一条商业购物街、DIY 制作街。如利用亲手采摘的水果自制果汁、果酒、果酱、水果捞、水果冰淇淋等；制作豆浆、豆汁、豆腐；制作陶艺作品；让儿童体会动手制作的乐趣。

（4）水渠

此区周边为水渠，方便灌溉，同时具有景观效果。

6. 露天蔬果采摘区

范围：位于影视基地、休闲度假区和棚室蔬果采摘区之间，占地面积约 11.7hm^2。

功能：水果采摘、蔬菜采摘、滨水体验、戏水等。

主要设置项目：

（1）果品采摘

种植北方特色果树，如李、杏、梨、樱桃及小浆果等。春季观花，夏、秋季摘果。

本区特色是以小浆果为主，主要种植树莓和黑豆。其他李、杏、梨、樱桃也是以单纯林的形式成片种植，形成早春花海，让游人乐而忘返。

（2）瓜菜园品香

以西瓜、香瓜、番茄等为主，形成瓜菜园，供游客采摘、品尝、购买。

（3）“乡下有我一亩田”（代耕田）

主要是针对具有自驾车，希望能吃上放心的有机绿色蔬菜的市民而设置的项目。可为每户市民提供大约一亩田，种植各种有机绿色蔬菜，市民可以自己定期来耕种管理，也可以委托当地农民种植、管理，定期前来收获。这样，市民和当地农民都可以从中获益。

（4）休闲设施

休闲绿廊、凉亭等，以木质和草质为材料，简洁、自然，与乡村风光相协调。主要供游人休息、清洗、品尝瓜果之用。

（5）水渠

水渠在果树丛中穿过，既方便灌溉，又形成美丽的景观，游人可以沿水渠漫步，在果园中采摘，怡然自乐。

7. 影视基地

位置范围：占地面积约 3.3hm^2。

功能：影视基地、摄录影、化妆拍照、住宿、休闲、垂钓、烧烤、亲子乐园等。

主要设置项目：

（1）影视基地

由东北不同时期的老房子组成：泥土房、青砖房、地主大院等。可以结合周边的农田形成拍摄东北地方影视剧的场所，完全采用市场化运作。

（2）地主大院

俗话说“皇家有故宫，民间看大院”。利用现有民房院落，将地主大院打造成餐饮休闲好去处，以泉水茶、柴火饭、地主菜为主要特色。打出“我是长工，你是地主！”的旅游口号，打造双城餐饮、休闲第一院！

（3）金水钓鱼池

以金水命名，表现金满特色，寓意金之源头。金水钓鱼池提供了现代人与自然亲密接触和感性认知的最优方式。

（4）动物比赛：山羊赛跑（训练几只小羊，设计专门路线，可有跳水、越障碍、钻网等）、顶架、牛拉车比赛、狗拉爬犁比赛、斗鸡、鸭子飞、儿童和兔子赛跑等。

（5）儿童戏沙坑：儿童可以在此玩沙、玩泥巴，体验农村孩子独有的乐趣。

（6）亲水烧烤

在室外搭木质草顶的圆形或长方形的亭子，游人可以在其中烧烤，可以烤鱼、肉、烧玉米、土豆等。

（7）儿童戏水池

在垂钓池周围设置一处戏水池，由于儿童喜水的天性，设置戏水池主要是为避免因设施不得当发生危险。通过儿童戏水池的童趣布置，戏水池与垂钓池同池，老少同欢，流连忘返。

8. 垂钓区

位置范围：在高架桥的东北部，占地面积约 2.7hm^2。

功能：冷水鱼养殖、垂钓、休闲、餐饮等。

主要设置项目：

主要以冷水鱼养殖为主，设置垂钓活动内容，游人可以在此进行钓鱼比赛，进行户外烧烤，体验野外的生活与乐趣。

9. 戏雪区

位置范围：位于高架桥的北面，垂钓区的西面。

功能：冬季戏雪

主要设置项目：

如打雪仗、堆雪人、扔雪球、抽冰尜、狗拉爬犁、雪橇、雪地足球、雪地摩托车、雪圈以及 DIY 形式的雪雕等，结合杀年猪、过大年等活动形成丰富的冬季旅游项目。

10. 水上游览线

位置范围：由运粮河引水入金水垂钓池，然后形成环棚室蔬果采摘区和露地蔬果采摘区的水渠，加上运粮河靠近景区的河段，共同形成滨水游线。

功能：水上娱乐、滨水游乐、金源文化的展示等。

主要设置项目：

（1）水上游船

游船的外形和里面的设置都体现出东北民俗的独特韵味，船上可开设古典民乐演奏、茶艺表演等特色服务，使水上观光成为全园的旅游亮点。

（2）水上儿童乐园

（3）木盆漂流

水上游览线结合各区特点设置项目，可以在水渠里设置木盆漂流项目，形成趣味浓厚的水上项目。

（4）滨水游步路。滨运粮河设亲水平台，设计与金源文化有关的雕塑形成滨水景观。

（5）景观桥：由于水渠穿过多个景区，因此，陆上交通要靠各种景观小桥进行连接，形成十余座各具特色的木质或石质小桥，形成本景区的一大特色。

（五）旅游线路组织

1. 农庄内游线

（1）管理服务区——互动游乐区（疗养区）——露天蔬果采摘区（木屋度假区）——

棚室蔬果采摘区——影视基地

（2）管理服务区——戏雪区——垂钓区——管理服务区——互动游乐区（疗养区）——露地蔬果采摘区（木屋度假区）——棚室蔬果采摘区——影视基地

2. 农庄外游线

哈尔滨——双城（金满农庄）——哈尔滨

五、旅游服务设施及交通道路规划

（一）住宿

本农庄现有住宿主要集中在影视基地，其中的土房、砖房及地主大院等可以满足不同层次游客乡村体验的需求。

另外，根据市场调研，拟建设建筑面积 1000m^2 的老年公寓，满足银发市场的需求。其他住宿需求通过营造度假木屋解决。此农庄大约可解决 300 人的住宿需求。

（二）餐饮

东北是一个多民族杂居的地方。东北人对饮食的要求是丰盛、实惠，以多为敬，以名为好，故以炖菜为主打菜。所以农庄餐饮以“八大炖”等东北特色菜肴和关东饮食文化为主打品牌吸引游客。

（三）购物

农庄内通过出售金满特色手工艺品，使旅游纪念品成为金满旅游观光园的名片。另外，农庄生产的各种农副产品也是重要的旅游商品，如各种无公害的水果、蔬菜、有机米、果酱、果汁、豆制品等等，可以起到宣传农庄的目的。

（四）娱乐

通过种菜、采摘蔬菜、水果、垂钓、玩沙、玩泥巴、智勇大冲关游戏、健身运动、水上游乐、戏雪、拍电视剧、拍剧照、观看小动物比赛等，使老少互动，各得其乐，并达到健康旅游，强身健体的最终目的。

（五）交通道路规划

1. 交通道路现状

该农庄交通道路现状是：

（1）进入本农庄的外部交通道路

路况良好，可进入性强。

（2）农庄内的道路

农庄内目前只有一些简易道路，需要进行规划建设。

2. 区内交通道路规划

（1）道路交通设计内容

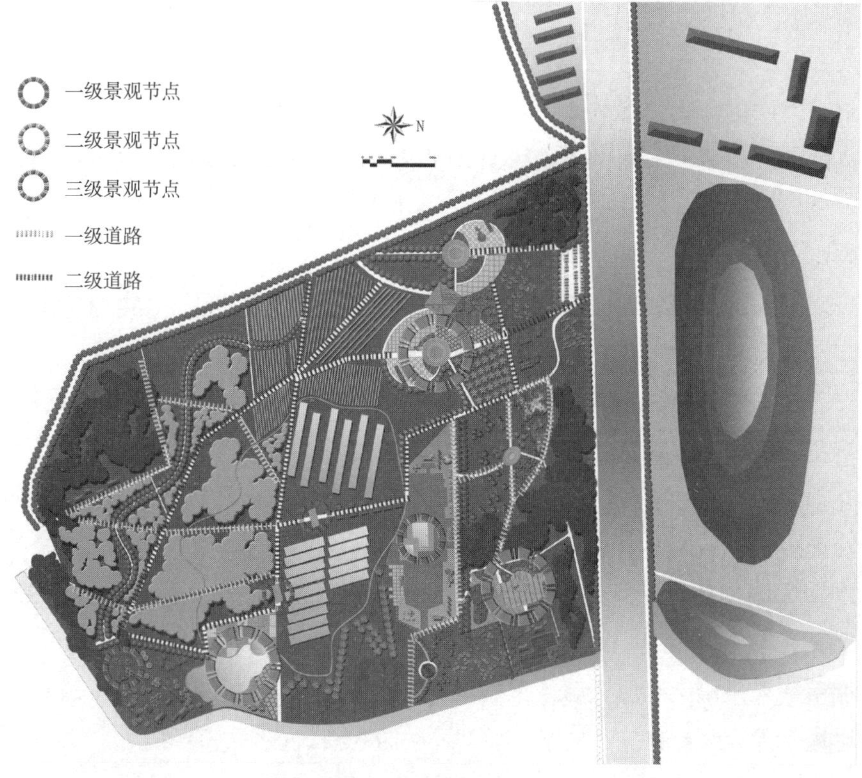

图 5-4　交通道路规划图

将农庄道路分为二级（图 5-4）。

一级主路：连接农庄内的主要景点，生态路面（车道为石块，其他部分铺草，见意向图），路面宽度为 4.5m，道路纵坡一般小于 8%。

二级景观游憩路：深入各景区，立面砖路或砂石路，路面宽度为 1.5 ~ 3m，地形起伏可较主路大些，坡度大时可做平台、踏步处理。布置自由，形式多样，为各景区内游玩、散步小路。

（2）交通车辆

1）现状

目前农庄没有接待游客的车辆，通过本次规划解决区内交通问题。

2）交通车辆规划

农庄内主要交通工具为马车、牛车、驴车等，也可以采用自驾电瓶车或单人、双人、三人自行车等，但建议景区内以步行为主。

（3）停车场

农庄内主要停车场设在主入口门区。采用生态型树林式停车场。为保证景区内生态环境的质量，所有外来车辆不能进入景区内部，必须停在停车场。景区内只能进入环保型的交通工具。

六、植物景观规划设计

整个农庄以植物造景为主，充分展现具有特色的植物材料，选择适应性强、观赏价值高的花卉树木，有机的组合，合理的搭配，形成参差错落、疏密有致、季相变化明显、景色独特的自然景观。

农庄主路行道树：白桦、榆树等。

管理服务区：乔灌木——白牛槭、茶条槭、蒙古栎、紫丁香、榆叶梅、连翘、红瑞木；花坛草花植物——太阳花、百日草、银叶菊、矮生向日葵等。

疗养区：乔灌木——樟子松、蒙古栎、毛樱桃、紫丁香、榆叶梅、连翘、红瑞木；花坛草花植物——醉蝶花、五色椒、凤仙、矮牵牛等。

互动娱乐区：乔灌木——白桦；花坛草花植物——矮牵牛、三色堇、太阳花、矮生向日葵等。

木屋休闲度假区：野花采摘植物——波斯菊、黑心菊、卷丹百合、芍药、翠菊、麦秆菊等。

棚室蔬果采摘区和露天蔬果采摘区：见前文。

影视基地：乔灌木——白桦、紫丁香、榆叶梅、连翘、杏等。

垂钓区：乔灌木——柳树、山梨、连翘、紫丁香等。

七、环境保护规划

重点是垃圾回收和污水处理。

农庄内要设置数量足够的分类垃圾箱，每天进行统一处理。污水采用统一的污水处理系统，达标后统一排放。

八、投资估算

本项目经测算固定资产投资 782.9 万元。

案例 2 ▶ 逊克果酒庄园规划设计

项目特色：欧式风情——酒庄园

规划时间：2013

团队成员：王崑、赵广宇、王鹤兴等

相关成果：本规划

扫一扫看彩图

一、基本概况

（一）自然概况

逊克农场位于黑龙江省黑河市逊克县，是黑龙江农垦系统大型农场之一，是国家重要的粮食生产基地。农场地处小兴安岭北坡，海拔高度为 200 ~ 400m。地势南高北低，具有丘陵山地、平台大岗等地形。耕地 4/5 在岗上，1/5 在江河的冲积平原上。场内河流纵横交错，树木资源丰富、药材品种繁多，还有珍贵食用菌类和野菜野果等。

该地区地理坐标为东经 127° 34′ ~ 129° 03′，北纬 48° 58′ ~ 49° 35′，属于寒温带大陆季风性气候，年降水量一般在 450 ~ 650mm 之间，冬季降雪量大，年平均日照 2000 多 h。逊克果酒庄园位于逊克农场第五分场，规划面积为 4.8hm^2，位置紧邻库尔滨河。

（二）历史沿革

逊克农场 1960 年由黑河专署建立，1962 年改为逊克军马场，隶属解放军总后勤部，1976 年移交给农管局黑河分局，1978 年改为逊克农场。农场现有 5 个分场，47 个生产队，总户数 2863 户，总人口 13015 人，职工 6536 人。逊克农场幅员辽阔、资源丰富，但由于多年来经营单一，经济效益不高，近年来开始着力调整产业结构，以农业为基础，建立农、林、牧、副、渔和工业综合经营模式，积极挖掘农业发展的潜力。逊克果酒庄园在这样的契机下应运而生，探索果酒发展的绿色、特色、果色的“三色”一体的具有欧式风情的现代酒庄。

二、旅游资源特色分析

庄园所在农场空气清洁，春、夏、秋三季气候适宜。周边旅游资源特色鲜明：一是库尔滨水库的雾凇景观，二是伊春大平台的杜鹃花景观。两大著名景区在春季和冬

季吸引了无数的摄影爱好者，夏季和秋季也是当地旅游旺季，因而，该区年适宜游览天数较长，约为 240 天。

三、客源市场分析

近期市场主要以冬季来水库看雾凇及拍摄雾凇的摄影爱好者为主，因需早起拍摄雾凇景观，所以要在周边食宿。春季大平台的杜鹃花虽然也会吸引大量游人，但停留食宿的相对较少。

中远期市场在巩固近期市场的前提下，发展果酒爱好者和休闲度假人群市场。逊克因其位置较伊春更为偏远，游客量少，所以，可以吸引喜欢清静的客源。

四、景观总体规划及主要节点设计

（一）总体规划设计

1. 项目定位

逊克果酒庄园整体设计自然、休闲，渗透欧式田园风格。依托酒堡的果酒加工产业，打造品酒、采摘、会客、娱乐、度假等多功能为一体的欧式庄园。庄园既具有私家别墅特有的安逸、舒适的氛围，又具有大气、开放的庄园外环境，两者融为一体，塑造出充满绿色、果色和特色“三色”一体的果酒别墅庄园（图 5-5、图 5-6）。

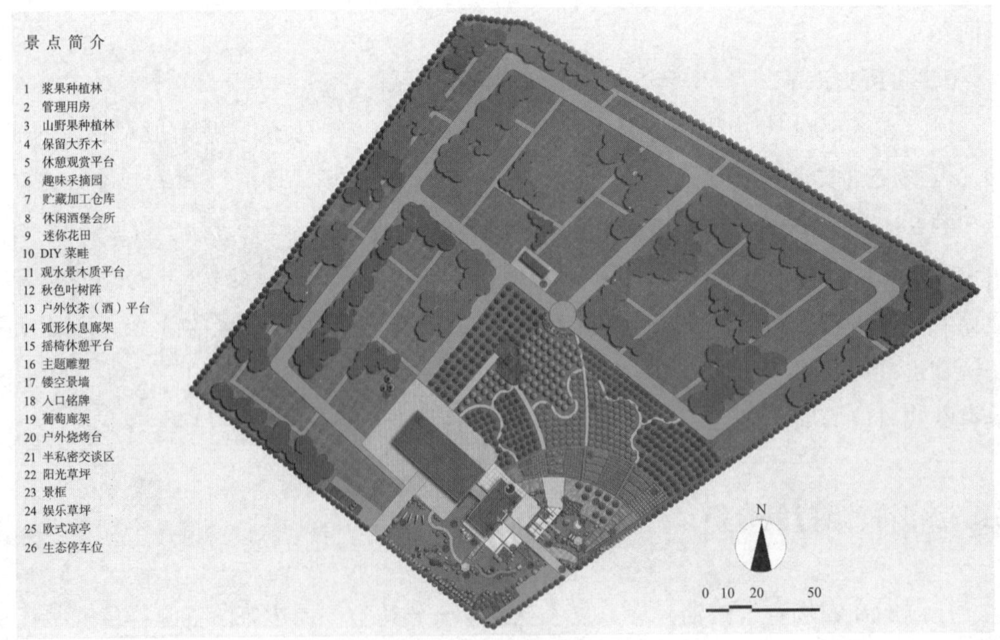

图 5-5　总平面图

图 5-6　鸟瞰图

2. 总体规划布局

庄园基于果树种植及酿酒的主要功能，重要景观设计围绕酒堡（别墅）展开。庄园外环境划分为五个功能区，分别是：浆果种植区、果树种植区、体验采摘区、加工贮藏区和综合休闲区。整体实现果酒加工、果品生产、休闲度假等多方面功能（图 5-7）。

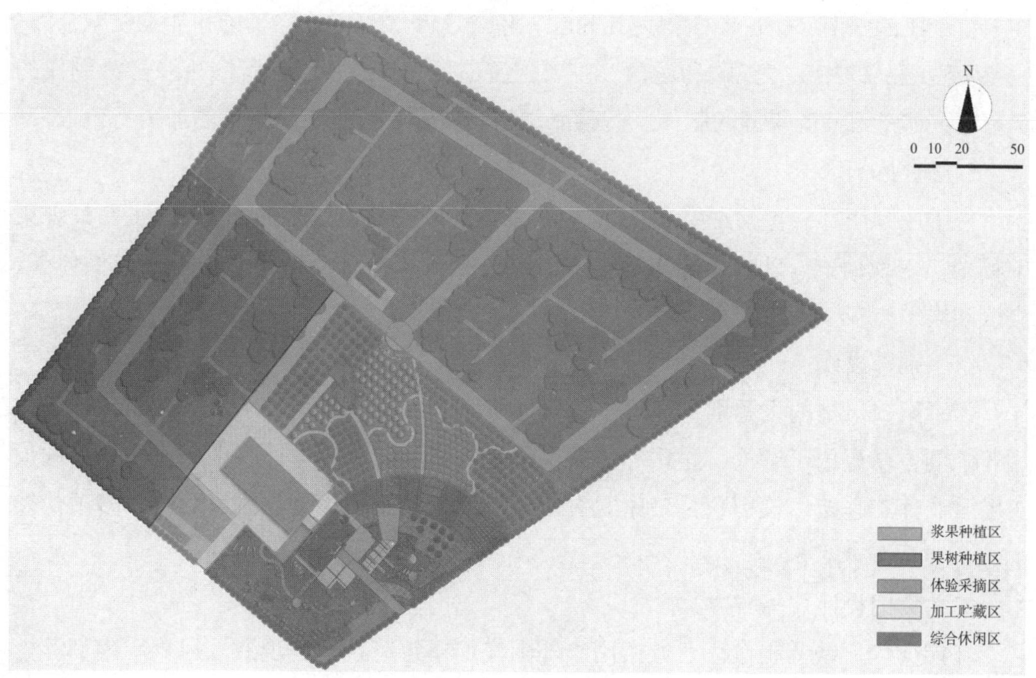

图 5-7　功能分区图

（二）景观节点设计

1. 浆果种植区

位于庄园东北部，占地面积约 2.4hm^2，主要种植蓝靛果和其他寒地特色小浆果。主要功能为生产加工果品。游客可以在其中观赏、散步等。

2. 果树种植区

位于庄园西北部，占地面积约 1.0hm^2，地形西北高、东南低，主要种植核桃、山楂、山梨等乔木果树。主要景观节点：

（1）春花大道

利用毛樱桃和榆叶梅打造春花大道，营造属于寒冷地区特有的春花景观，塑造东北的浪漫春天。

（2）百果标本园

百果标本园内种植山核桃、山楂、山梨、山杏、山桃、毛樱桃、沙果等寒地果树，春季可观花，秋季可采摘果实。可组织游客参观果园，开展树木识别、树木认养等多种活动，科普寒地果树知识。

3. 体验采摘区

位于浆果种植区和果树种植区的南部，占地面积 0.6hm^2。主要种植不同种类适合鲜食的果树及西瓜、香瓜、草莓等，满足游客采摘体验的需求，是游客与果品互动交流的区域。主要旅游项目为采摘、休息等。

4. 加工贮藏区

位于庄园西南部，占地面积为 0.3hm^2，包含庄园次入口、停车场和加工贮藏仓库。主要负责酒品的加工、贮藏和运输。主要旅游项目为果酒加工过程参观及酿酒制作的学习等，如学习蓝靛果酒的制作、蓝莓冰酒的制作等，具有寒地果酒的加工特色。

5. 综合休闲区

位于庄园南部，包括别墅、主入口大门、停车场及由此围合而形成的主要景观集中场地，占地面积 0.5hm^2，设置凉亭、廊架、秋千、休息场地等，为人们提供休憩、交谈和娱乐等多项功能。

（1）别墅设计

设置欧式风格的主题别墅建筑，包含地下室共三层建筑面积 500m^2 左右。地下室用于贮酒，一层用于餐饮、娱乐等，二层用于住宿。在北面设计一个后门与一层的加工贮藏仓库相连接。该别墅是一座既有度假功能，又有宴请、品酒、会议等多项功能的综合型会所（图 5-8）。

（2）大门设计

庄园大门，铁艺制作，大方实用，外围修饰精致花纹，体现欧式风格。内部种植剪型绿篱、花卉等园内景观，作为大门的背景，在入口设置特色标识牌，引导游人游

图 5-8 别墅效果图

园路线。

（3）入口西侧——休息区

木质廊架上攀援葡萄藤，增加立面景观，还可以在廊架下进行室外烧烤、休憩纳凉。

（4）入口东侧——活动区

休闲活动区设置弧形长廊呼应休息区的葡萄长廊，在弧形长廊下部设有座椅，游客可以纳凉赏景，弧形长廊对应围合的是一个活动平台，供游客进行户外锻炼、集会等活动。种植自然式和规则式花草点缀活动空间。

（5）别墅西侧——交谈区

半私密交谈区，由半弧形围墙分割内部空间和外部空间，内部空间设置带有凉伞的桌椅，并种植观赏花卉，增加亮色。人们可以在此品酒茗茶、促膝长谈，围墙的一部分用绿篱围合，柔化文化石贴面围墙的坚硬之感，增加围合的形式，洁白的木质栏杆连接绿篱和混凝土围墙，增加西洋气息，提高景观效果。

五、景观小品设计

庄园内部大门、围栏、亭、廊、种植容器以及标识等设计均采用欧式风格。

六、道路系统规划

（一）道路系统规划设计（图 5-9）

一级道路：宽 6m，主要用于行车，满足果品、果酒的运输需要。

林间道路：宽 3m，满足果品采摘、林间管理需要，实际宽度按照果树种植间距调整。

游园道路：1.5 ~ 3m，主要满足游客的采摘、观赏需要。

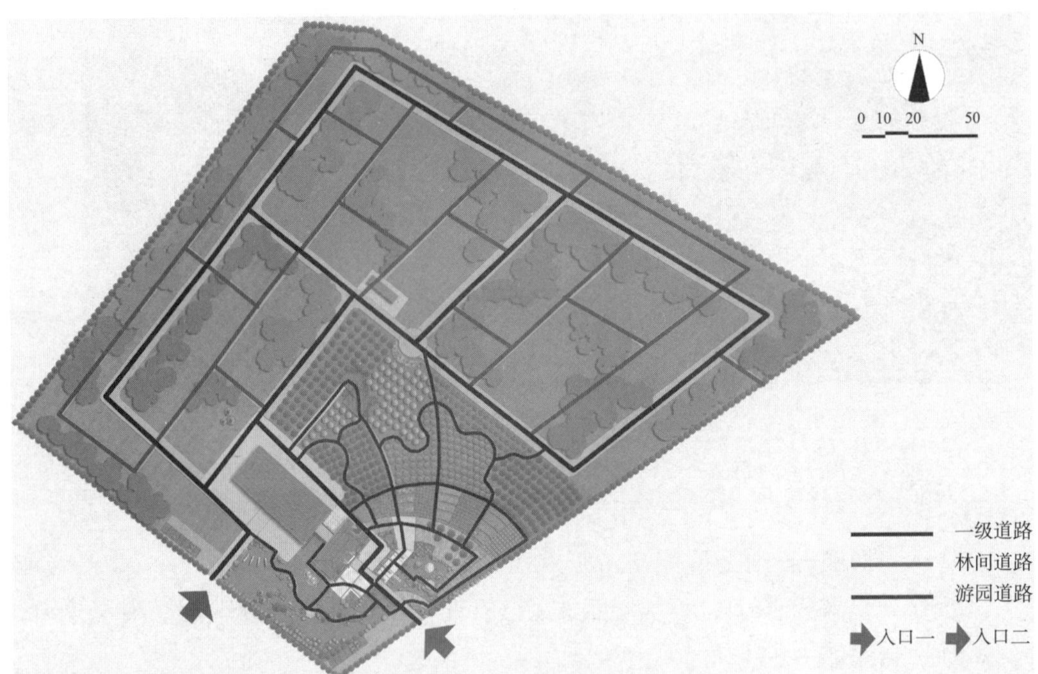

图 5-9　道路分析图

（二）道路铺装设计

生态停车场：停车场采用嵌草铺装，地面为混凝土结构。建筑周边铺装：国产石材的铺装材料，颜色可以灵活运用。园区一级道路：行车干道，采用水泥道路。林间作业道路：简易砂石即可，路面耐用性强，适合林间作业。采摘区道路：增加趣味性，可以采用砂石路、沥青路和多种石材相结合。景观广场：选择颜色、样式符合欧式风格的广场砖。有木栈道和木质景观台。草坪内采用踏步石材，游览小路采用碎石铺装。

第六部分
现代化农场旅游规划类

案例1 红灯记文化旅游区旅游景观规划设计

项目特色：非物质文化景观与现代化大农业的结合

规划时间：2009

团队成员：王崑、于崧、于广治、林晓英、李刚等

相关成果：1. 基于非物质文化景观的现代旅游规划设计研究，于崧，2010，东北农业大学硕士论文。

2. 再现与传承：基于非物质文化景观的区域旅游开发——以龙镇《红灯记》文化旅游区为例，于崧，张翼飞，王崑（通讯作者）等，生态经济，2011（10）：133～140。

3. 黑龙江省现代化农场景观旅游开发对策研究，王崑，常玺强，张金丽，东北农业大学学报社会科学版，2010（4）：14～17。

扫一扫看彩图

一、项目背景

样板戏是中国现代革命文化发展到特定历史时期，在文学上具有代表性的非物质文化的表现。自1964年在全国京剧现代戏会演中敲响了它的开场锣鼓，至今已经走过整整40年的历程。40年间，作为"文革政治"的对应物，它有过大红大紫的辉煌，也曾一度陷入声名狼藉的难堪境地，但耐人寻味的是，在经过急剧的大起大落之后，它最终没有被"彻底否定文化大革命"的历史巨掌一笔抹去。它那为人们熟悉的、也极易勾起人们颇多情感体验的旋律，依然回荡在中国大地，时隐时现，不绝如缕。

在近年来掀起的"再创红色经典"的高潮中，诸多样板戏中的核心唱段甚至整剧重现舞台，重要的是它们不仅拥有观众，而且也确实得到了不少观众发自内心的喜爱。其中《红灯记》、《沙家浜》、《红色娘子军》、《白毛女》、《智取威虎山》等作品将十年内战、抗日战争、解放战争等历史时期的革命生活搬上舞台，再现现代人的革命生活风貌，其题材方面的革命意义是不可低估的。这些作品中具有英雄主义气概的新人物典型，也是戏剧舞台人物画廊里的新奉献。其他如雄伟、豪放、具有阳刚之气的审美效应也具有不同于传统戏曲的艺术魅力。

中国戏剧团的《红灯记》（图6-1）是一部歌颂在抗日战争时期，我国人民与敌人不屈不挠进行抗战的现代京剧作品。钢琴伴唱《红灯记》把京剧这一我国传统艺术和钢琴这一外国传统艺术有机地结合在一起，既保留了京剧的唱腔和打击乐队的基本特

点，又充分发挥了钢琴宽广、气势雄伟、富于表现力的特长，是中西艺术结合的成功尝试。然而，《红灯记》的创作背景和故事原型也曾一直是个谜，倍受人们关注。经过业内人士多方考证，黑龙江龙镇被认定是《红灯记》故事的原型地。据史料记载，龙镇及其周边地区是当年抗日联军抗战的活动基地，为抗日战争的胜利做出了重要的贡献。目前现代京剧《红灯记》故事原型地商标注册工作已经完成，进入设计规划立项阶段。

图 6-1 《红灯记》

本项目在实地调研和资料整理的基础上，进行龙镇旅游开发现状及 SWOT 分析。通过对现状旅游资源的梳理，结合龙镇现有的非物质文化旅游景观资源，对其旅游资源特色进行分析。分别从红灯记文化旅游区意境场产品体系的打造、功能分区与布局、旅游形象策划，意象点的详细设计，以及意境流的形成三方面进行旅游景观规划设计，并对旅游区的旅游营销及线路、文物保护及生态建设、旅游服务设施建设进行了详细规划。

二、研究区概况

（一）自然地理概况

1. 位置及境域

龙镇位于黑龙江省西北部，五大连池市东部，地理坐标为：北纬 48° 40′，东经 126° 41′。龙镇是五大连池市东部的政治、经济、文化、交通、信息中心，与国家级风景名胜区——五大连池风景区、国家级水利风景区——山口湖风景区毗邻，处在北安市、五大连池市和孙吴县金三角中心地带，是黑龙江省北部第一重镇。龙镇农场位于五大连池市东北部，场部设在龙镇，地理坐标为：北纬 48° 40′，东经 126° 42′（图 6-2）。龙镇行政区域总面积 1136km^2，城区面积 5.39km^2，本次红灯记文化旅游区规划包括龙镇建成区（含农场场部）范围和发展村及农场的部分用地，占地面积约 10km^2。

2. 自然环境及植被

龙镇地处小兴安岭天龙山脚下的丘陵起伏地带，有引龙河、讷谟尔河、二道河自东向西流过。现有水资源主要用于渔业养殖，较好保持了原始自然状态。

区域属于寒温带大陆性季风气候。冬季漫长而严寒，夏季短促而炎热，春季多风而干旱，秋季多雨而低温。降雨多集中在 7 ~ 9 月，年降雨量为 383.7 ~ 842.1mm。年

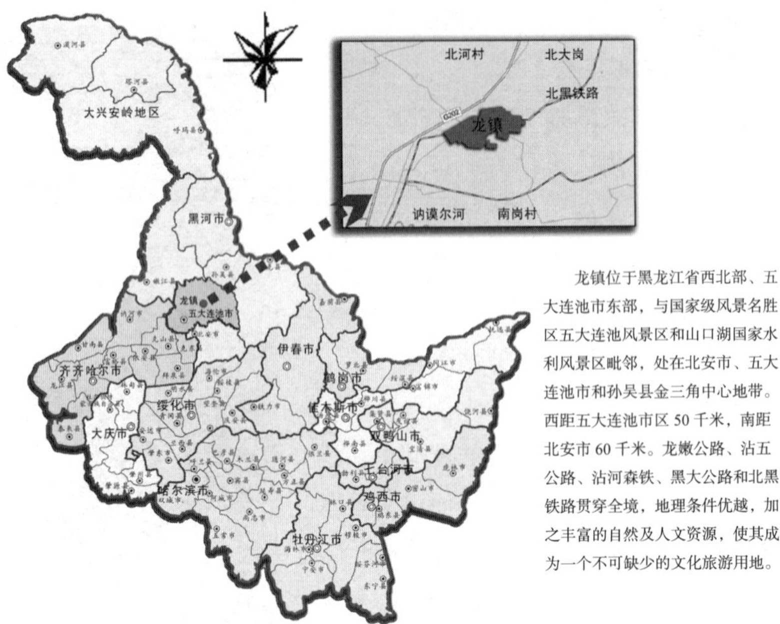

图 6-2　红灯记文化旅游区区位图

平均气温 2.5℃ ~ 1℃之间，最热月为 7 月份，气温平均为 19.8℃，极端最高气温为 29.9℃ ~ 34.4℃。极端最低气温为 –34.6℃ ~ –43℃，多出现在 12 月 ~ 1 月份。终霜期多年一般为 5 月 25 日左右。初霜期多年一般为 9 月 14 日左右，无霜期多年平均为 110 天。最大冻土深度为 3.3m，平均为 2.3m。

全镇耕地面积 41964hm^2，以黑土为主，讷谟尔河流域有部分碱土，农田作物以小麦、玉米、大豆、马铃薯等粮食作物为主。全镇集中林地面积 62100hm^2，占林地植被 61%，林木有柞树、杨树、柳树、榆树、榛树等。全镇草原面积 10816hm^2，草原类型主要为草甸草原，有数十种豆科及禾本科类杂草，种类繁多，生长茂盛，没有较明显的优势种，每到开花季节，五花十色，通常称“五花草塘”，具有一定的观赏价值。

（二）社会经济概况

龙镇辖 9 个行政村，4 个社区（其中 4 个行政村在政府所在地），总人口 2.7 万人，耕地 9.5 万亩。行政区域内有 5 个国营农场，6 个部队农场，7 个国营林场和沾河森工总局，驻省、市直单位 31 家，总人口 10 万人。龙镇是国家级小城镇建设综合改革示范镇，是首批省级小城镇建设网络工程示范镇，也是黑河市首批综合改革试点镇，2008 年被省批准为环境优美型乡镇。哈黑铁路和 202 国道贯穿全境，物流业较为发达。著名京剧《红灯记》故事原型地为龙镇赋予了深厚的非物质文化内涵。2008 年，全镇地区生产总值达到 1.76 亿元，农民人均纯收入 5651 元。

目前，龙镇及农场重点产业主要为农林种植业、工业生产。镇区形成政治、经济、文化中心。

三、SWOT 分析

龙镇及农场的旅游开发现处于起步阶段，尚没有成形的景区景点，旅游活动也仅限于知青的返乡游。但龙镇政府已经意识到，龙镇作为样板戏《红灯记》原型地具有非物质文化的旅游价值和经济价值，因此决定进行红灯记文化旅游区的打造，期望旅游业能成为龙镇经济发展新的增长点。

（一）优势（Strengths）

1. 交通区位优势

龙镇与国家级风景名胜区——五大连池风景区和山口湖国家水利风景区毗邻，处在北安市、五大连池市和孙吴县金三角中心地带。西距五大连池市区 50km，南距北安市 60km。龙嫩公路、沾五公路、沾河森铁、黑大公路和北黑铁路贯穿全境，距 202 国道仅 1.4km，优越的地理条件，使龙镇成为黑河市南部地区的重要交通要道，也是各类农副产品和重要物资集散地。镇内现有铁路客货站和公路客运站各一个。龙镇农场交通便利，哈黑铁路、哈黑公路、沾五公路由场部通过，是北上黑河、南下哈尔滨的交通要道。

2.《红灯记》故事原型发生地区域优势

现代京剧《红灯记》曾响遍中国大地的每一个角落。“我家的表叔数不清”、“浑身是胆雄赳赳”这些脍炙人口的唱段，给人们留下了多少回忆、感伤与盼望。而《红灯记》中的“龙潭车站”就是龙镇车站。这一历史事件以其独特的不可复制性增添了龙镇的非物质文化内涵，也成为旅游发展的一项重要资源。

3. 资源优势

龙镇及农场具有丰富的人文及自然资源。如八卦街、日本军官别墅、兵营、日军烟囱、广袤的田野、大片的湿地等，都为红灯记文化旅游区的打造提供了有利的资源支撑。

（二）劣势（Weaknesses）

1. 非物质文化旅游资源丰富但可见的少

龙镇非物质文化特色中的主线——抗联文化以文字记载形式居多，可见资源较少，我们不能直观体会感知到。如何将底蕴深厚的非物质文化积淀转化为旅游观赏娱乐的一系列景观项目，将无形的非物质文化旅游资源对象化为有形的景观，做到自然景观与人文景观相互交融，将是一道难解的题目。保护典型景观及其环境，避免不良景观的影响，形成统一有序的景观，也是一项艰巨的任务。

2. 基础设施不完备

随着客源市场的不断开发，旅游接待、教育、展示功能及其他相关配套设施和设备需求量会有所上升，现有基础设施远远不能满足旅游业发展需求。

3. 管理体制的限制

镇政府和农场、铁路的多头管理，导致政出多门、景区分隔、管理不便的尴尬局面，制约了旅游资源的开发和旅游业的发展。

4. 季节性因素的制约

北方农业旅游的旺季主要集中在6～9月份，而冬季客人很少，存在半年闲的情况，所以在旅游开发过程中应该充分考虑并合理开发利用。

（三）机遇（Opportunities）

1. 国家及地方政府对发展红色旅游高度重视

2. 建设社会主义新农村和小城镇的历史机遇

3. 全球气候变暖时代下蓬勃发展的避暑旅游带来的机遇

4. 五大连池市生态旅游“六区一带”的推动作用

五大连池市全市划分为六区一带，即：五大连池市中心旅游区、龙镇次中心暨红灯记非物质文化旅游区、五大连池风景区、朝阳山红色旅游区、山口湖生态旅游区，沾河森林漂流旅游区和农业观光旅游带。为“六区一带”重要组成部分的红灯记文化旅游区的建设及发展带来了新的契机。

（四）挑战（Threats）

受近邻旅游地替代性竞争的挑战。五大连池风景区在给龙镇红灯记文化旅游区带来机遇的同时，也带来了挑战。在龙镇开发建设红灯记文化旅游区，将龙镇旅游与历史传统文化资源整合，旅游开发以非物质文化旅游资源为主，其他旅游资源为辅，可有效地延长龙镇地区旅游的周期，使产品更充实，更具有独特性和吸引力。所以如何将龙镇旅游与当地历史文化脉络整合，把龙镇历史文化发展的传承性和地域文化的独特性展现给游览者便成为急需解决的问题。

（五）SWOT 结论

红灯记文化旅游区的开发建设优劣势并存，潜力大，制约因素多。但红灯记文化旅游区凭借其所在地龙镇及农场自身的非物质文化旅游资源优势，良好的区位交通条件，更因邻近五大连池风景区，坐拥良好的客源市场条件，如虎添翼，若要保证其旅游业的蒸蒸日上，既能弘扬当地的非物质文化内涵，又发挥其带动区域经济可持续发展的巨大潜力，则必须从观念、体制、管理、人才、环境等方面整体改革，进行合理开发，景观规划设计上要精心打造，充分满足人们目标明确、特色鲜明、专一而集中的非物质文化主题旅游消费的需求。同时带动区域内其他旅游资源的开发建设，实现区域经济的可持续发展。

四、旅游资源评价

（一）旅游资源调查与分类

根据国家《旅游资源分类、调查与评价》GB/T18972—2003 中旅游资源分类标准，通过对龙镇及农场旅游资源的实地调查，确定其旅游资源具有地文景观、水域风光、生物景观、天象与气候景观、遗址遗迹、建筑与设施、旅游商品、人文活动等 8 个主类、20 个亚类和 41 个基本类型。其中，主类占全国标准数目的 100%，亚类占全国标准数目的 64.52%，基本类型占全国标准数目的 26.45%（图 6-3）。

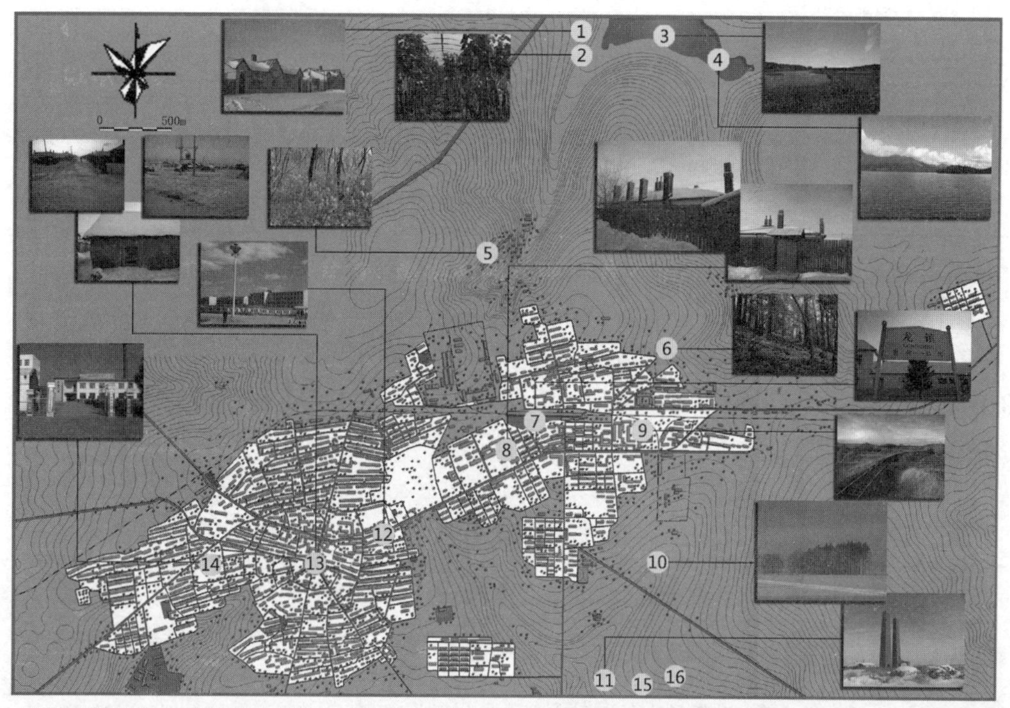

1 发展村影视基地　2 现代化温室大棚　3 湿地　4 发展水库　5 林间花卉　6 森林　7 火车站　8 日本房子　9 废弃铁路线
10 冰雪景观　11 原日军烟囱遗址　12 文化广场　13 八卦街　14 学校　15 原日军飞机包遗址　16 原日军飞机修理厂遗址

图 6-3　红灯记文化旅游区资源现状图

在旅游区所有旅游资源中，非物质文化景观旅游资源（表 6-1）主类占旅游区旅游资源主类总数的 37.5%，亚类占旅游区旅游资源亚类总数的 25%，基本类型占旅游区旅游资源基本类型总数的 29.27%。这些非物质文化景观旅游资源类型丰富，特点突出，具有较强的垄断性。

红灯记文化旅游区非物质文化景观资源　　**表6-1**

主类	亚类	基本类型	名称
遗址遗迹	社会经济文化活动遗址遗迹	历史事件发生地	《红灯记》故事发生地
		军事遗址与古战场	龙镇农场一队：日本军用飞机场、飞机修理厂、飞机库、龙镇农场场部的日军军官别墅、兵营
		废弃生产地	龙镇农场十三队：日军烟囱
		交通遗址	废弃铁路线

续表

主类	亚类	基本类型	名称
旅游商品	地方旅游商品	菜品饮食	东北地方菜系精品、山野菜、野生鱼、绿色有机食品、鲁菜、朝鲜菜等
		传统手工产品与工艺品	农耕器具及技术、民间饮食（如粘豆包、酸汤子、玉米煎饼等）
人文活动	人事记录	人物	李玉和、李铁梅、李奶奶等红灯记人物
		事件	抗联事迹、红灯记故事原型地
	民间习俗	民间风俗	东北大秧歌、天象习俗、物候习俗、节气习俗、节日习俗等
		口头民俗	二人转
		民居建筑	东北乡土民居建筑
	艺术	文学艺术作品	《红灯记》京剧、电影、电视剧

（二）旅游资源等级评价

经过调查组的详细考察及广泛征求专家意见，确定各评价指标权重值，并使用AHP法对龙镇区域旅游资源质量进行等级评价，最终得出红灯记文化旅游区旅游资源质量等级评价结果（表6-2）。

各级旅游资源单体数量统计 表6-2

等级	四级旅游资源	三级旅游资源	二级旅游资源	一级旅游资源	未获等级旅游资源
旅游资源名称	龙镇—《红灯记》发生地、《红灯记》人物	八卦街、垦荒事迹、日军军官别墅、发展村影视基地、抗联人物事迹	铁路线遗迹、发展水库、日本军用飞机场、飞机修理厂、飞机库、农场内日军烟囱遗址	龙镇农场、文化广场	讷漠尔河、二道河几处湿地、植被一年四季季相变化、文化广场、文体中心等

从表6-2可见，红灯记文化旅游区无特品级旅游资源，非物质文化旅游资源独具特色，最高具有四级旅游资源，即龙镇——《红灯记》发生地、《红灯记》人物。优良级旅游资源也较少，占旅游资源总量的12%；普通级旅游资源较多。因此，龙镇红灯记文化旅游区应该充分利用区域非物质文化旅游资源优势，在此基础上开发独具地方特色的、国内独有的、多样的旅游产品，以吸引国内外客源市场。

（三）旅游资源特色分析

通过对龙镇及农场旅游资源的分类与调查分析，从定性角度来看，龙镇旅游资源总体特征是：旅游资源较为丰富，类型齐全；非物质文化旅游资源具有较高的开发价值。

1. 非物质文化旅游资源特色鲜明

在诸多类型的旅游资源中，极具开发价值的资源特色十分鲜明，其代表性的旅游资源为《红灯记》的发生地，并且红色旅游资源影响深远。这是红灯记文化旅游区的主题旅游形象。

2. 非物质文化旅游资源多样

龙镇及农场具有丰富的历史文化、民俗文化、驿站文化、垦荒文化、知青文化和劳改文化等非物质文化旅游资源，这些非物质文化之间有一定的联系，是旅游开发中不可缺少的成分。

3. 旅游资源类型多样、布局广泛

旅游资源类型丰富，在东、中、西三部分都有所分布，且资源类型全面，8 个主类齐全，可作为辅助产品进行开发。

（四）红灯记文化旅游区与周边红色旅游资源横向比较分析

1. 红灯记文化旅游区旅游目的地的特色突出

旅游者在非物质文化主题旅游中，要寻求差异，差异造就一个目的地的特色。如果说特色是红色旅游之魂，那么文化就是特色之基。就红灯记文化旅游区旅游目的地发展而言，依赖《红灯记》的良好宣传效应使得龙镇具有非常鲜明的旅游特色。避免了景点打造的“模式化倾向”和“趋同化倾向”。

2.《红灯记》的故事性与抗联文化的生动结合

相对说教性而言，具体的故事更容易再现历史。《红灯记》戏剧帮助红灯记文化旅游区用更加生活化的语言，更加专业化的方式来演绎高尚但又纯粹的政治内涵，对和平时期长大的年轻人产生较大的吸引力，同时红灯记文化旅游区也借《红灯记》增加旅游的影响力和震撼力。

五、客源市场分析

（一）客源市场开发现状

龙镇旅游业现处于尚未开发状态，游人属自发的观光旅游。游客主要为来自五大连池、北安等周边城市的市民及返乡知青，属传统的近距离市场，中远距离市场尚未开发。现有客源市场主要是以品尝农家风味餐饮、垂钓及现代化大农业观光为主，主要集中在夏秋季。总体上来说，游客数量较少，逗留时间较短，区内尚未形成有规模、有组织的接待体系，没有建立起具有自身特色的市场格局。

（二）客源市场细分

待建的红灯记文化旅游区属于非物质文化主题旅游。目标市场确定在以下几个细分市场上:《红灯记》爱好者、京剧文化的热爱者、城市的富裕阶层、北大荒的知青、城镇及农场学生、历史文化考察团体、离退休职工市场、入境游客市场、五大连池景区市场、现代化大农业观光旅游市场。

（三）客源市场定位

总体上分析，近期内，红灯记文化旅游区的游客客源仍以国内客源为主，海外客源市场在中后期能有一定的发展。根据龙镇的地理区位、交通、历史背景、旅游资源类型和品位等各方面的状况，可将其客源市场定位为：以国内客源市场为主体，海外客源市场为补充；近期以近程客源市场为主，逐步扩大中、远程市场份额；一级客源市场定位为五大连池市、北安市等周边城市为主的地区；二级客源市场为黑河市其他地区、哈尔滨市、齐齐哈尔市、大庆市、伊春市等黑龙江省内区域；三级客源市场为东南沿海及内陆夏季高温区域。海外一级客源市场为俄罗斯市场，二级市场为日本、韩国、港澳台市场，三级为其他国际客源市场。

六、规划总则

（一）规划理念

1. 突出特色，文化为魂

以红色文化为核心，深入挖掘抗联文化、影视戏剧文化、乡村文化、垦荒文化等文化资源，理清脉络，有重点地开发建设。使《红灯记》文化旅游特色更加鲜明，形象更加突出，成为龙镇人的精神追求，成为五大连池市的旅游拳头产品、黑河市的旅游精品、黑龙江省的旅游重点产品，中国的红色旅游经典景区。

2. 概念引领，精品支撑

红灯记文化旅游资源品位较高，但组成产品的资源量较少，需靠概念打造确立重点支撑，以带动整体发展。

3. 以人为本，科学发展

充分考虑规划中的人性化，所规划的项目必须以人的发展进步为前提，并坚持科学发展观，实现发展的可持续性。

（二）主题与性质

红灯记文化旅游区的旅游主题是“红色文化，戏剧经典”。

作为特色旅游区，根据资源确定其旅游性质为：黑龙江文化经典和红色旅游区、地域民俗文化旅游区。

（三）红灯记文化旅游区意境流规划设计概述

红灯记文化旅游区意境流规划就是以龙镇与龙镇农场为时空背景，以《红灯记》故事内容中所描述的场地和人物为基础，通过有限的非物质文化景观遗迹的展示，以及非物质文化的景观加载及对象化，营造新的非物质文化景观，并在这种新旧非物质文化景观交融的场景中，以《红灯记》、抗联文化主题为线索，展开旅游活动，组织旅游线路，为旅游者创造出一系列意境单元，并使它们相互有机地组合成一个整体，形成具有内在联系的、跨越时空的景观意境流。游客通过对遗址、文物等原有非物质文化景观及新非物质文化景观的观赏参与感知，在导游有计划地引发下，对以《红灯记》、抗联文化为主的非物质文化进行发散性的意象构思，并逐渐熟悉或了解到一定的文化知识，从而引起人们的共鸣和联想，最终达到为旅游者提供一种体验意境流的旅游过程。

红灯记文化旅游区意境流旅游规划设计是适应区域非物质文化物质性资源遗存不多却又意义重大的特殊情况下的产物，是现代旅游业迅猛发展与旅游规划设计实践探索中产生的全新理念。其特点是打破传统旅游规划设计按旅游资源的空间分布或是按资源之间的逻辑联系而形成的单一的、直线发展的结构。红灯记文化旅游区意境流旅游规划设计的旅游产品和主题不是按照时间顺序依次直线前进的，而是由眼前随机的景物所引发，通过人的意识活动或自由联想来组织“故事”。“故事”的安排和情节的衔接，一般不受时间、空间或逻辑、因果关系的制约，往往表现为时间、空间的跳跃、多变，前后两个场景之间无需时间、地点方面的紧密的逻辑联系，时间上常常是过去、现在、将来的交叉或重叠。

在红灯记文化旅游区意境流旅游规划设计中，首先必须建立意境流旅游所依托的三个意境流层次库，即意境场、意象点和意境流。在红灯记文化旅游区中，意境场指游客来到龙镇旅游，对旅游区游览空间对象的认知场、心理场或审美场，这里强调的是红灯记文化意境场。游客形成的这个红灯记文化意境场是由一个个意象点构成的意象群，每个意象点自身也可以包括意境流，但对于旅游区的主题来讲，它是下一个层次的流，它与主体的关系如同主流与支流的关系，如果说红灯记文化旅游区是一首优美的乐曲，那么意象点就是一个个音符，意境流就是它的旋律，而红灯记文化的意境场则是整个乐章最重要的那个章节。

七、意境场——情境的营造

（一）产品体系的打造

1. 主打情感性旅游产品——红灯记文化旅游

《红灯记》作为一出著名的戏剧艺术作品，在那个特殊的年代，产生了广泛的影响，神州大地家喻户晓，甚至在海外都有一定的影响力。其本身的文化艺术价值和广泛的影响力就是最好的旅游形象。而作为《红灯记》故事原型地的龙镇红灯记文化旅游区，要想快速走向市场，树立旅游地的形象，首先就是要借助这个“名气”，发展以红灯记文化为中心的文化旅游，规划建设好景区，改善基础设施和周边整体环境，营造红灯记文化意境场，进而树立一个旅游地在人们心目中所形成的、反映其资源特色和服务水平的总体印象。

红灯记文化的广泛影响、故事原型地的特殊性和龙镇红色旅游资源的丰富性及价值，就是红灯记文化旅游区红灯记文化情境营造的基础，也是该主题文化旅游区和龙镇、五大连池乃至黑河旅游发展的前提。龙镇的旅游资源表现比较单一，整体旅游开发滞后，只有以《红灯记》为主的红色旅游资源较为丰富，这样反而使得主题情境更为明晰，容易确定旅游的主打产品，树立起鲜明的标志和形象。目前看，龙镇能开发的旅游产品最主要的就是以《红灯记》文化为核心的红色旅游。

它包括两个层次：

独特的戏剧表现形式——即风靡一个时期的革命现代京剧；

戏剧所表现的内容——即以中国共产党领导下的抗日战争为大背景的党的地下组织、人民群众、抗日武装的英雄事迹和鱼水关系——红色旅游的大主题。

2. 辅助旅游产品

一是其他文化旅游：历史文化——包括日伪时期的遗址遗迹、抗联的峥嵘岁月；影视文化——以红灯记故事为背景的各类影视作品、发展村影视基地；拓荒文化——包括知青文化、农场拓荒史、各类名人等；关东风情——民间与民俗文化；

二是红灯记文化旅游区所处的龙镇是以农业为主的乡镇，且又与国营农场毗邻，既有北方乡村的自然淳朴，又有现代化农场的规模化生产资源，可以开发乡村旅游和农业观光产品。

（二）功能分区与布局

资源和项目的特色是情景营造的前提，红灯记文化旅游区的文化特色是鲜明的，但又离不开周围的旅游环境，必须形成与其他资源的互补和互相关联，使旅游区的意境场不管多大，都能形成整体。

1. 原则

（1）紧扣主题，再现历史，突出营造红灯记文化的情境

红灯记文化旅游区要绝对突出非物质文化的主题——即《红灯记》所在的那个时代的背景和英雄气概，一定要突出规划《红灯记》的文化内容，营造红灯记文化的主题情境。使用所有的建筑、表演、活动都应鲜明地展示红灯记文化主题。尽可能通过非物质文化的对象化，通过加载后的非物质文化景观真实地再现、表达《红灯记》故事中的主要情节；尽量最大限度地挖掘与红灯记文化主题紧密联系的潜在的非物质文化景观资源，组合与主体意境相似的意象点，运用多媒体等高科技手段来渲染气氛、增添情调，实现情境交融，创设美的旅游氛围。对于与主题不相关的、相抵触的景点进行删除，或通过设计手法将其转型，向主题靠拢。

（2）尊重地域文化、民俗风情，注重节俭实用

红灯记文化旅游区从总体布局、建筑风格到室内陈设、用具的选用，应尊重地域文化和民俗传统习惯，并有效利用标志物，形成旅游区的标志景观。旅游区的规划应尽可能体现节俭，不做无意义的奢华、排场和故作新奇，一切尊重地域文化，尊重当地文化旅游发展的需求。

（3）坚持整体与局部的辩证关系，呈现文化和谐美

利用水库和湿地，作为旅游区整体当中的部分景观；利用田野，做出一定的艺术效果；利用广场和镇内的街道、水沟进行景观美化；通过艺术化处理，使非物质文化景观遗址及新建成的非物质文化景观都能形成整体的环境美及文化和谐美。

（4）以人为本的原则

充分考虑游人的便利和人性化的需求，满足游人在游览、食宿、娱乐等方面的多层次需求。

2. 布局结构特点

根据旅游区的资源情况、交通设施和文化特色及与周边资源的联系性，将旅游区规划为包括“一心”、“一带”、“两轴”、四区、九个意象点的意境场。

这种布局结构主要考虑了目前地区整体的旅游发展思路和以红灯记文化旅游区为核心的整体和近期开发特色，既考虑整体的布局，又突出非物质文化旅游资源，同时兼顾其他旅游资源特色，包括龙镇与农场的结构关系，镇内与镇外的联系，公路与铁路的联系，城镇与乡村的联系，特别是发展村的文化与旅游区的联系。

3. 功能分区

总体布局是“一心”、“一带”、“两轴”、四区、九个意象点（图 6-4）。

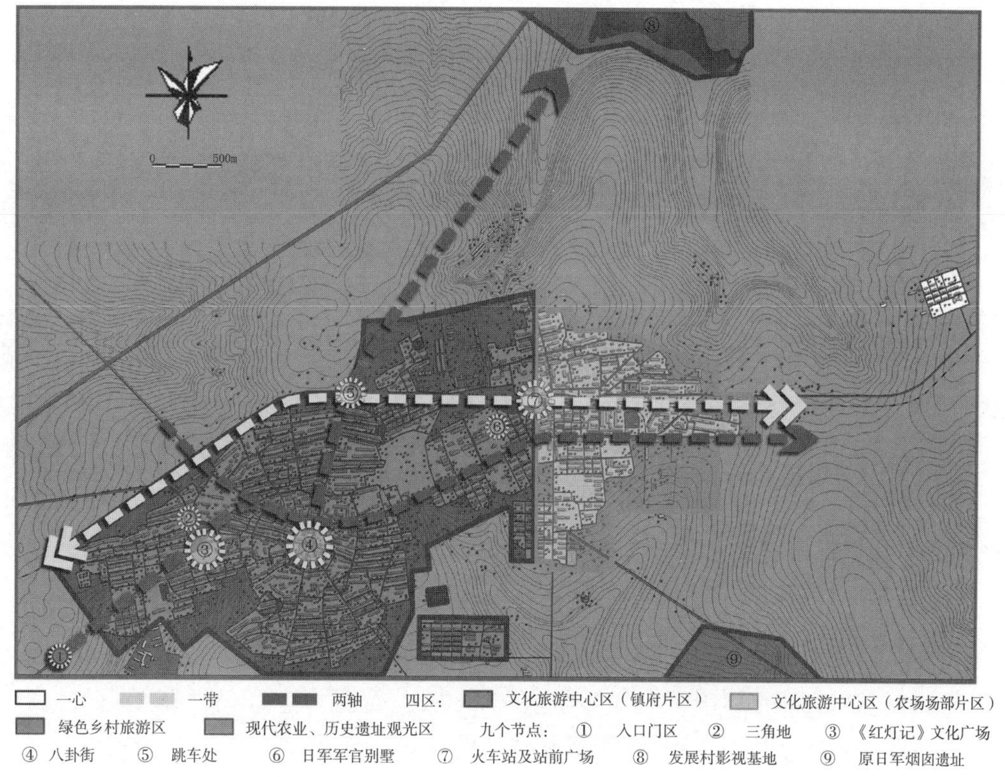

图 6-4　红灯记文化旅游区功能分区图

具体功能分别是：

（1）“一心”——一个中心，即龙镇旅游和文化中心。以八卦街为核心的红灯记文化旅游中心区位置范围：镇区及农场场部建成区，面积约 540hm^2。

资源依托：红灯记文化旅游涉及的最主要的八卦街、火车站、跳车处、日军军官别墅，以及镇内的市政公用设施，包括商店、饭店、旅店、银行、文化广场（闲置）、学校校园及建筑、田地和镇内土地资源。

主要功能：旅游核心区、交通枢纽、集散地、住宿、餐饮、娱乐、参观、购物、红灯记文化体验等。

（2）“一带”——一条旅游景观带，主要是以铁路为依托的资源组合形成的贯穿全镇的铁路线景观带。位置范围为境内铁路沿线两侧各 50m，铁路线在镇内长度约为 5400m。

资源依托：岔路口（跳车处）、铁路线、车站及周边附属建筑、广场、水塔、遗址遗迹等等。

主要功能：旅游交通、景观观赏，在此基础上可形成动态的历史文化体验意境流。

（3）“两轴”——两条轴线，即东西方向贯通镇区与农场场部的公路和南北方向穿过铁路沟通高速和发展村的公路。

位置范围：西起高速公路，东到农场场部东部边缘；南起龙镇小学和西南入城口，北至发展村，东西横轴长度为 4500m，南北纵轴长度为 5300m。

资源依托：沿两条轴线分布的主要景观、建筑和公用设施、公路等。

主要功能：出入口、交通干线、游览通道等动态的文化体验意境流的基础。

（4）“四区”——四片区域，即红灯记文化旅游中心区（龙镇镇政府片区）、红灯记文化旅游中心区（农场场部片区）、绿色乡村旅游区（发展村片区）和现代农业、历史遗址观光区（农场片区）。

1）《红灯记》文化旅游中心区（镇府片区）

位置范围：龙镇建成区，镇政府管辖部分。即向西延伸过铁路，至公路边；向东至与农场的边界，向北和向南至规划红线，约 380hm^2。

资源依托：红灯记文化的主要发源地八卦街、跳车处、火车站（部分）、站前广场（部分），可利用的学校（文化广场和博物馆）、出入口、铁路（大段）、城镇公用设施（大部分）、部分住宿和餐饮设施、镇政府行政中心等。

主要功能：旅游中心，文化设施建设中心，群众文化活动中心，游客接待、住宿、餐饮、购物、娱乐活动中心，主要参观点集合区。

2）《红灯记》文化旅游中心区（农场场部片区）

位置范围：农场现区划范围（场部建城区内），约 150hm^2。

资源依托：日军军官别墅、日本兵营、火车站（部分）、站前广场（部分）、城镇公用设施（农场区部分）、农场自身公用设施、住宿和餐饮设施、银行和保险等机构，市场、商场（部分），农场广场和空闲场地等。

主要功能：旅游咨询中心，部分参观点，旅游接待集散和补充，农场文化展示。

3）绿色乡村旅游区（发展村片区）

位置范围：北至发展村村部北，南至发展水库南，西至湿地西边，东至试验区东边，约 260 hm^2。

资源依托：村部民居、影视基地、水库、湿地、公路、农业示范区、乡村别墅等。

主要功能：乡村旅游、绿色生态游《红灯记》文化旅游区接待功能的补充和辅助旅游。

4）现代农业、历史遗址观光区（农场片区）

位置范围：农场一队、十三队部分地区，占地面积约 210hm^2。

资源依托：现代农业设施（包括温室、农机设备、科学种田和规模经营方式）、原日本烟囱遗址、飞机场和原军械所旧址等。

主要功能：现代农业观光，历史遗址遗迹参观，《红灯记》文化旅游的延伸与扩展，对主中心区的补充、支持，对未来发展的预备。

四者关系体现为：龙镇镇政府片区是中心区域和文化旅游的主体；农场场部片区是与镇政府片区紧密联系不可分割的部分，同时又有现代农业旅游的资源作为辅助产品，其双方的发展方向和结构布局不同，镇政府是向西、向北，农场是向东、向南，并且都有一定的发展空间；发展村则因与中心区较远，又有水库、湿地和影视文化基地资源，相对具有独立性，是乡村旅游开发与影视文化结合的最佳选择；农场片区在文化上与主题联系，同时在现代农业观光上形成项目支撑。四片区域各有特色和资源特点，龙镇旅游必须是四片区域的联合，方能形成整个龙镇旅游的支撑，使形象更加丰富丰满。

（5）九个意象点——即九个形成红灯记文化旅游区的关键意象点，是最重要的构成。包括：龙镇火车站、跳车处、八卦街、文化广场、三角地、门区、日军军官别墅、发展村影视基地、原日军烟囱遗址。之所以先考虑九个意象点，主要是近期需要优先开发红灯记文化区，这也是最典型、最具特色和必须具备的几个点。中远期还可以考虑与发展村的点、农场片区的日军遗址、遗迹的点相衔接。

（三）意境场旅游形象策划

1. 整体主题形象定位

龙镇旅游主题根据不同的客源市场，可采取不同的形象定位进行整体包装和针对性的推广。

（1）总体形象——红色的故乡，绿色的田园，文化名镇

红色，指红色革命，即抗战的历史；绿色，指乡村风情和田园风光以及所形成的乡村旅游、现代农业观光；名镇，指龙镇历史悠久，是黑龙江较早有建制的城镇之一，又是抗联集中活动的地区，具有光荣的革命历史。

（2）国际形象——中国最北方的风情小镇，二战时期一段悲壮故事的发生地

突出中国最北，表明地理上的关系和吸引力；提“二战”能够引起国际关注，具有普遍性意义。

（3）国内形象——五大连池近旁，《红灯记》的故乡

强调龙镇坐落在五大连池景区旁边，增加了产品的组合效应；家喻户晓的革命样板戏《红灯记》，曾令亿万人痴迷，几个字便是最完美的概括。

（4）区内形象——风景中的田园，现代化的北大荒

龙镇既有着北方壮美的风景，又有着北方乡村与现代农场结合的特点，体现了地方与国营农场合作的成果与典范。

2. 意境场形象系统策划

（1）象征物和吉祥物——红灯

即《红灯记》戏剧中那盏铁路工人用的信号灯。

（2）标志建筑——嵌有红灯的龙门

龙镇古称龙门，以龙门为标志，代表历史和文化的内涵；装饰红灯表明突出的是红灯记的故乡。

（3）旅游标志徽章

由红灯、龙门、八卦街、田野共同组成。

（4）旅游宣传口号设计

1）红色文化旅游

龙镇——《红灯记》的故乡

《红灯记》——黑龙江的红色名片

抗日英雄谱，革命三代人

抗日传奇在龙镇，革命自有后来人

到黑龙江龙镇，寻找李玉和身影

革命样板戏，最属《红灯记》

八大样板戏，第一《红灯记》

龙镇——红色经典，文化名镇

革命传统要牢记，红色故乡——龙镇欢迎你

2）绿色乡村旅游

龙镇——中国拓荒历史发源地

龙镇——传统与现代结合的农业观光地

（5）行为形象

保持革命人斗志，形成积极、乐观、向上的朝气和精神风貌；讲究文明礼貌，讲究卫生清洁，避免乡村陋习；展现龙镇人的文明礼仪，突出北方人的热情好客；统一着装（男

性为李玉和式铁路工装，女性为李铁梅式北方乡村服装），佩戴徽章，举止文雅，行为规范。

（6）环境氛围

大门——用龙门造型嵌红灯；

雕塑——街心、广场、花园、路边等皆用《红灯记》场景和人物；

路灯——皆采用红灯造型；

建筑——多用《红灯记》场景中的北方民居风格；

音乐——循环播放《红灯记》片段和唱腔，形成《革命人永远是年轻》的状态和氛围；

交通工具——人力车，用当时风格车型。

八、意象点——情绪的诱发

意象点就是能够引起游客感想的一件具体事物或场景。它可以是整个八卦街，也可以是李玉和家，甚至仅仅是一件家中的陈设物品，由于其中蕴含着丰富而又值得旅游者们追随、怀念的非物质文化，从而启发人们的联想与追忆。红灯记文化旅游区意象点的营造主要依托物质性的非物质文化景观，可以是非物质文化景观遗存，或是新建的加载非物质文化的景观，也可以是二者的交融设置（图 6-5）。

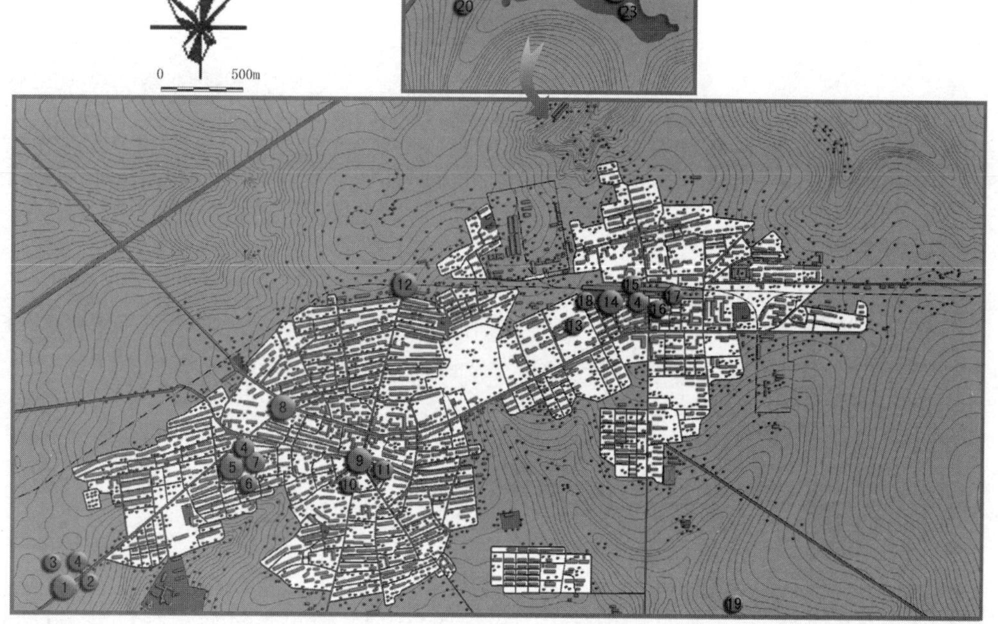

1 入口大门　2 游客中心（1）　3 生态厕所　4 生态停车场　5《红灯记》文化广场　6 游客中心（2）　7 抗联纪念馆　8 三角地　9 八卦街广场　10 戏楼　11 李玉和家　12 交通员跳车处　13 日本军官别墅　14 站前广场　15 火车站站台　16 李玉和等铁路工人值班休息室　17 王连举值班室　18 游客中心（3）　19 原日本烟囱遗址　20 农业采摘园　21 发展村影视基地　22 发展水库　23 湿地观光

图 6-5　红灯记文化旅游区重点项目分布图

（一）八卦街

恢复性重建。八卦街是最具传统文化特点的街区和活动中心区，历史上的八卦街就是非常具有《易经》八卦风格特点的街。八卦街呈辐射状从中心广场向外等距延伸，之间的北方民居建筑中规中矩，让开八条道路，呈八边形。现今所有部分得以保留，可作为旧时建筑的典型和文物，因此整个八卦街必经加快规划和保护，开发成红灯记文化旅游区的核心区第一大项目。

1. 广场的利用

按文化休闲区设计。可立一石柱于广场中央，作为北方民族共有的图腾，应具10m以上高度；将广场划分为可移动的若干单元，以绿化方式分割。每个单元一个特色和风格，并围绕单元区域设休闲设施，如座椅等，使广场可变化大小，根据情况机动使用。

2. 风味饮食和购物

利用广场的边缘地带和几条街巷，建设乡村风味饮食区和特色商品、纪念品服务区。首要是根据《红灯记》故事情节设计粥棚、商铺、酒馆、大车店、客栈、缝纫铺、理发馆、说书场、人力车铺等。粥棚、人力车要重点突出。

3. 戏楼（民俗文化表演）

建于主要街口对面的边缘，背南向北，不需太多装饰，用于表演《红灯记》革命样板戏、地方戏、二人转等。

4. 李玉和家

在广场后边合适的地方，利用旧房改造成李玉和、李奶奶、李铁梅家，并同时考虑邻居的家做配合和附属建筑。建筑物要尽可能体现时代特色，与剧中的布景接近，外部要有引导标识。小院和住宅要设计标识，设计好参观通道，室内的陈设要符合时代背景，简洁、实用。

5.《红灯记》剧中人物扮相及表演

设计《红灯记》剧中人物扮相。主要依据京剧《红灯记》人物，平时旅游接待日在八卦街活动，定时表演。表演场次之外不得卸妆，可与游人合影拍照。

（二）红灯记文化广场

闲置的龙镇小学校园是红灯记文化广场理想的选址。这样的文化广场作为主题文化广场，也是红灯记文化旅游区不可缺少的项目，具体策划思路如下。

（1）景观化的广场

采用自然式设计手法，形成山水园，尽可能体现山林野趣。此外还要有石阶、台地、休闲桌凳和凉亭。登假山的石阶可设计成60级，寓意距今60周年。

（2）浮雕文化墙

以假山为中心向两侧延伸墙壁，利用作为浮雕墙，雕塑《红灯记》各场次的场景和人物，完整再现剧情。

（3）三代人雕塑

以三代人的剧照雕塑图像，比例 1 : 2，立于土石山之上，并配以几组游击队、磨刀人、人民群众的雕塑，形成土石山上的主要景观之一。

（4）红灯造型

土石山的青松上，挂一盏铁路信号灯，比例要比实灯大些，突出“红灯记”主题，红灯就是一个形象和代表物，但同时，这盏红灯要作为一种信号、一种标志和具有实用性的照明工具。

（5）下沉式沙盘

建于广场入口处，面积 60m^2。沙盘模拟龙镇及周边文化景区和红色旅游资源分布图。

（6）休闲区

集中于土石山一侧树林和主入口处一侧的树林中，可设棋牌、健身等娱乐区。

（7）抗联纪念馆

抗联纪念馆主要陈列和展示抗联第三路军征战史和《红灯记》故事以及龙镇历史（包括农场的垦荒发展史）。展馆占地面积应为 2000m^2 左右，展出面积应达 3000m^2 左右，分为抗联三路军纪念厅、《红灯记》展示厅、龙镇自然历史展示厅和垦荒文化展示厅、多功能演艺厅。多功能演艺厅可放映影片、表演节目、举行报告会，还可以做讲坛、会客等。

（8）环境绿化

沿广场周边种树，增加春季观花和秋季观果、秋色叶树木种类，形成色彩丰富、季相变化明显的复层林相结构。

（9）停车场

占地面积约 1000m^2，为周边式生态停车场。

（10）游客中心

建于入口处，也可利用抗联纪念馆，面积 500m^2。主要设接待处、咨询台、投诉、医疗、宣教、休息、小型购物、纪念品、邮寄、通讯、订票等功能和业务。

（三）火车站

火车站及站前区分别占据镇府和农场的地面，应当共同合作，且需铁路部门的通力合作，形成三方共管的局面。

（1）站台

可在几处设立说明牌，说明此站是《红灯记》故事原型地的龙潭车站，以及与抗联三路军的关系，日军在北满尤其是黑河一带的活动，大的抗日背景等；设置几处当年铁路使用的物件；寻找并标示出当年的历史遗迹、遗物等。

（2）机车及车厢

利用旧式蒸汽机车和两节车厢，停在备用线上，可短距离开行，作为参观体验旅行的载体，供游人登车参观并乘坐。

（3）李玉和巡查路段

确定李玉和作为铁路巡线工的巡查路线和路段，作为参观内容，设立说明牌和指示牌。

（4）李玉和等铁路工人值班休息室

设立说明牌和指示牌。

（5）王连举值班室

找到王连举作为铁路巡警的工作室，设立说明牌和指示牌。

（6）水塔、仓库和旧房屋的保护

加强对原有的旧水塔、仓库、旧式房屋的保护，包括其他旧式的铁路设施，以供游人参观。

（7）站前广场

站前广场目前比较混乱，建筑物不规范，广场入口狭小，应予以拆迁和整饰，开辟出较合理的集散广场（图 6-6、图 6-7）；广场设施应当包括照明用的红灯，在广场用的照明用灯，皆采用铁路信号灯造型；广场设立第二游客中心，负责接待和管理来自各地的乘坐火车的散客、团队；广场上的停车场面积应不小于 1000m^2；广场到镇内的交通可用人力车代步。

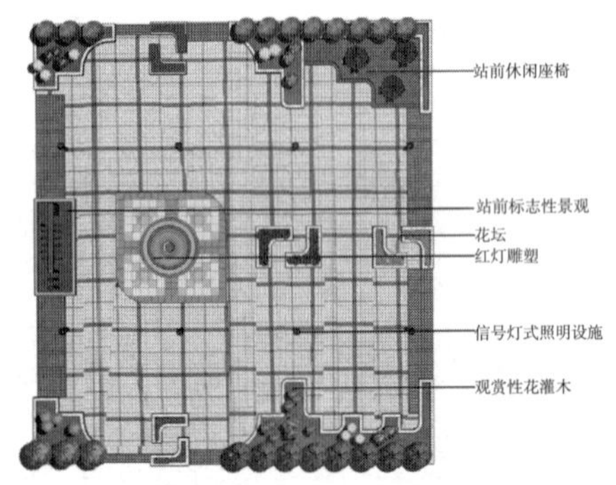

图 6-6　站前广场平面图

图 6-7　站前广场效果图

（8）雕塑

在候车室门前广场北部中心位置设立一雕像，高度约 6m，为三代人手举红灯之原型。雕塑极具景观效果，更重要的是作为红灯记旅游区的文化特色，一种形象，也可供游人拍照。雕塑座下要有文字说明。

（四）日军军官别墅

在农场家属区，现仍被用作退休干部的住宅。策划将别墅利用作为鸠山的宪兵队长住宅，可以吸引游人参观。别墅的建筑特色突出，结构结实耐用，建议迁出原住户，作为旅游接待和参观用途。别墅内可布置宪兵队和日军军官图片、《红灯记》剧照等。

（五）三角地

三角地两条公路入镇区的交汇处所形成的三角形区域。该区域可策划进行街头绿化，拆迁原有的楼房，建一大型雕塑（李奶奶与铁梅高举红灯造型）。该区域也可做小型休闲区。

（六）交通员跳车处

选址在龙镇至黑河的铁路和公路交汇处附近。可修筑一段铁路复线，停一节旧车厢，作为该景点的接待处和景观体验地，并在这里设立说明牌。文中除介绍剧情，还要介绍交通员的故事原型——李升这位革命老人的事迹。立一石碑，一面雕刻跳车处纪念，另一面镌刻革命老人所写的《革命人永远是年轻》歌曲。

（七）门区

选址于原小学校园南，哈尔滨至黑河公路进镇处的镇外边缘。

1. 大门

“龙门”式的造型，以符合历史上“龙门镇”的地名。“龙门”顶端以铁路信号灯为主体造型，作为“明珠”，并具有实际照明的功能，门柱上刻写有关《红灯记》主题蕴意的楹联。

2. 附属建筑

大门两侧建矮墙，似龙身，200m 长，上面浮雕《红灯记》剧中人物和场景。矮墙要有蜿蜒感，似巨龙盘旋。寓意龙镇的兴隆和腾飞，也使游人自然产生敬畏之意。

3. 停车场

面积 10000m^2，采用树林式生态停车场，设一定的休息设施。

4. 公厕

公厕为水冲式，面积 300m^2 左右，造型仿旧时北方民居，内设休息室、管理间和小卖店。

5. 游客中心

主要设接待处、咨询台、投诉、医疗、宣教、休息、小型购物、纪念品、邮寄、通讯、订票等功能和业务。

九、意境流——情感的形成

相对于意境场和意象点强调空间性和静态性的特点，意境流强调时间性和动态性。在红灯记文化旅游区中游览是一个时、空、人的动态过程，游客在一个强化了红灯记文化的景观空间里游览，其心理活动中必然会形成有关红灯记文化的意境流，产生跨越时空、亲临其境的审美体验。这种体验又随着游览进程中游客不断增长的红灯记文化知识与更多的好奇而逐层递进，并伴随着一个个红灯记文化意境单元的串联与跳跃而发生动态性的变化，从而引导游客产生最佳的审美效应。照此模式，结合旅游区内的“两轴”、“一带”，可以初步构建以下意境流库。

1. 龙门及停车场——《红灯记》文化广场（游客中心、博物馆）——八卦街（民俗街、表演区）——岔路口（跳车人、跳车地）——军官别墅（鸠山住宅）——火车站。

2. 镇域内双向铁路景观带。

3. 红色旅游线 + 农场场部观光——现代农业示范区——老龙门农场旧址——发展村乡村旅游区——湿地观光。

4. 新增游线：中期考虑增加农场范围内的日军兵营、修造厂、飞机场遗址。

十、旅游营销规划及线路设计

（一）旅游营销规划

1. 建设旅游门户网站

2. 设立红灯记文化旅游节

3. 重大活动策划

如重拍电影、电视剧《红灯记》，策划走进中央电视台，组织八大样板戏巡展及承办中国红色旅游发展论坛等。

4. 旅游形象整合传播计划

（1）联合营销

组成八大样板戏联合体，进行整体策划营销。包括联合进行媒体宣传，组织互访、交流、学习等。

（2）旅游主题宣传片创意

形象广告片：公选旅游形象大使，或者邀请名人担任旅游形象大使。以旅游形象大使做导游，进行宣传推介；

促销宣传片：从欢乐、祥和、体验的角度，通过对旅游资源、产品、线路、消费形式等进行传播，以专题片的形式突出反映红灯记文化旅游区的形象。

（3）印刷宣传品设计规划

导游图：将红灯记文化旅游区包含的吃、住、行、游、购、娱等方面信息通过地图的形式向游客进行传播，便于游客了解旅游消费场所位置，导游图可直接对游客进行销售。

旅游海报：根据旅游品牌形象理念，通过图片组合及电脑特技处理形式，精心设计充分体现红灯记文化旅游特色的招贴画，从而便于旅游组织在参加相关展览展销会、产品推介会、促销活动时使用。

（4）户外广告宣传计划

通过公路广告牌、街道广告牌及车体广告等进行宣传。

5. 积极参加各种旅游交易会

积极参加国内举办的各种类型的旅游交易会、中国旅游投资洽谈会、国际旅游交易会以及国际旅游博览会等，设计独具特色的“《红灯记》展区”。

6. 针对重点区域开展的市场营销计划

以哈尔滨为重点的周边市场：实施与哈尔滨、黑河及其周边地区旅游联合促销。与黑河市、五大连池共建旅游精品线路并对外推广，实现客源分享和联合促销。构建精品旅游线路，并在以省城为重点市场的周边地区进行推广和市场运营。

以大庆为重点的北部和西部地区：重点拜访大庆、齐齐哈尔、伊春、绥化等地的旅游销售代理商、新闻媒介等；邀请新闻媒体与著名旅游企业等赴龙镇踩线、采风、考察等。

以经济发达城市为重点的地区：重点是华北、华东、华南、东北等地主要城市的营销。

以样板戏原型地城市为重点的地区：主要进行联合营销、访问营销。

（二）旅游线路设计

1. 周边游线

（1）黑河：红灯记文化旅游区——五大连池——黑河（一日）

（2）黑河——瑷珲古城——孙吴——胜山要塞——红灯记文化旅游区——五大连池——二龙山农场——山口湖——黑河（二日）

（3）五大连池——沾河——红灯记文化旅游区——五大连池（一日）

2. 省内游线

（1）哈尔滨——五大连池——红灯记文化旅游区——哈尔滨（一日）

（2）哈尔滨——五大连池——红灯记文化旅游区——哈尔滨（二日）

（3）哈尔滨——五大连池——沾河——红灯记文化旅游区——山口湖——哈尔滨（三日）

（4）牡丹江——威虎山影视城——哈尔滨——五大连池——红灯记文化旅游区——牡丹江（三日）

（5）齐齐哈尔——五大连池——红灯记文化旅游区（一日）

（6）佳木斯——伊春——五大连池——红灯记文化旅游区——佳木斯（二日）

3. 外部游线

（1）北京（火车）——哈尔滨——五大连池——红灯记文化旅游区——哈尔滨——北京（四日）

（2）北京（飞机）——哈尔滨——五大连池——红灯记文化旅游区——哈尔滨——北京（三日）

（3）北京及其他城市（飞机）——五大连池（建机场后）——红灯记文化旅游区——五大连池——北京及其他城市（二日）

4. 专项游线（红色文化、革命样板戏戏迷、知青、怀旧、考察、农业观光）

（1）各地——红灯记文化旅游区——五大连池（疗养）——各地（境内三日以上）

（2）各地——红灯记文化旅游区——五大连池（观光）——各地（境内二日）

（3）八大样板戏之间的文化考察专线（专门考虑）。

十一、旅游区生态环境保护与建设

红灯记文化旅游区属于非物质文化主题旅游性质，主要区域是龙镇建成区（含农场场部）范围、发展村及农场的部分用地，由于此范围内没有污染性的工业企业，因此环境质量总体保持良好状态。但在景区的建设过程中和景区开放后都会对生态环境造成一定的影响。主要体现在：生活污水对水体环境的影响；旅游服务设施供热、供暖对空气质量的影响；道路、停车场、旅游服务设施建设对动、植物的影响；固体废弃物、垃圾污染等。对于这些可能的影响要进行细致的分析，同时制订科学合理的环境保护和生态建设规划，以实现对旅游区生态环境的保护和旅游业的可持续发展。

旅游区生态环境监测系统的建设要考虑可操作性，选择本旅游区必测的项目进行监测，以实现旅游环境的可持续性。本景区监测主要包括：大气质量监测和噪声监测。监测仪器尽可能采用国内外最先进的设备。环境质量监测项目要与当时国家统一监测的项目相一致。

十二、旅游服务设施建设规划

（一）旅游服务设施建设原则

旅游服务设施的建设（图 6-8）应遵守以人为本、因地制宜的原则，正确处理旅游开发与环境保护的关系，遵照可持续发展的原则来进行。

1. 游客服务中心

本旅游区设游客服务中心三处，分别位于火车站站前广场、门区和红灯记文化广场上。其设施建设主要突出旅游区管理功能，设有售票处、景区管理处、生态厕所等。提供旅游区交通车辆、通讯、旅游信息介绍、导游、购物、环保宣教、游客投诉、安全与救护等旅游服务内容，满足游客各种需求，按 AAAA 级标准建设。

结合游客服务中心设立“救援中心”。

2. 餐饮

旅游餐饮是旅游开发的一项重点产品，应形成不同特色，高中低档相结合。对餐

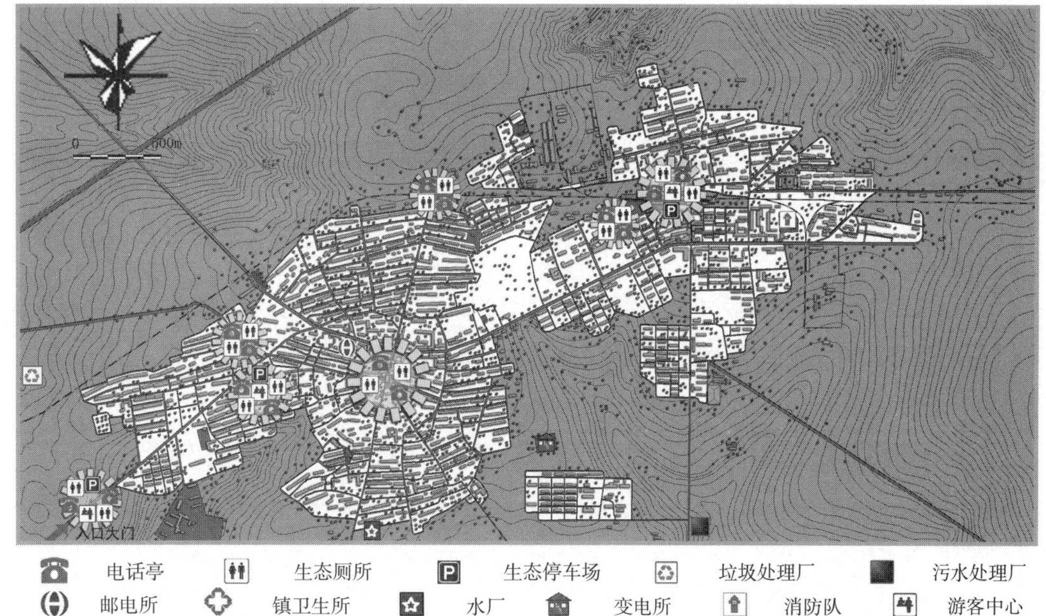

图 6-8　红灯记文化旅游区旅游服务与基础设施规划图

饮的开发提出以下构想。

（1）对旅游区的特色餐饮进行开发

挖掘整理特色饮食菜系，如东北地方菜系精品、抗联饮食、站人饮食、农家菜系、山野菜系（山珍野味）、野生鱼（发展水库）、鲁菜、快餐系列等，开发民间满汉相结合的特色食品，如酸汤子、玉米煎饼等，突出红灯记文化旅游区的饮食文化特色。

（2）开发绿色有机食品系列

利用当地产的优质粮食作物（米、玉米、小麦、黄豆、马铃薯等）、食用菌、无土栽培的蔬菜、山野菜、畜禽等制作具有地方特色、无公害、无污染的绿色有机食品，开设生态饭店，突出生态食品，形成黑土地特有的餐饮风格。

（3）采取品牌经营战略

旅游区内独具特色的饮食可采取品牌经营的形式。如可以以《红灯记》或故事里的人物注册商标，打出自己的品牌。

3. 娱乐

（1）文艺舞台

红灯记文化旅游区的特色就是展现红灯记文化，向游客讲述《红灯记》故事，为游客挖掘《红灯记》精神，这就是旅游区的精髓所在，也是文化旅游的主题。此外，充分利用八卦街的戏楼展示让游客了解《红灯记》故事原型地龙镇的民俗风情，编排出独具浓郁乡村风格和黑土气息的文艺娱乐节目。

1）以各种方式演绎《红灯记》，上演《红灯记》剧目，也可轮流上演其他 7 个样板戏，体现文化旅游区旅游的文化实质。

2）组织一些具有乡土特色的文艺节目，如乡村秧歌、二人转、龙江剧、皮影戏等，让游客体会龙镇的风土人情。

3）可定时或不定时邀请民族歌舞音乐表演、民间艺术展演等，使龙镇居民和游客都自发地参与进去，充分体现龙镇人民的精神风貌。

（2）文化广场篝火晚会

晚上在文化广场举办篝火晚会，要有《红灯记》的活动内容，可让游客扮演剧中人物，与扮演角色的景区演员进行联欢，也可露天放映《红灯记》电影等。

（3）休闲娱乐

完善娱乐设施，改进管理。设置棋牌室、乒乓球室、台球室等康体娱乐设施；完善镇内的文体活动站，此外还需建一处拥有保龄球、游泳、网球、电子游戏等多项活动场所的娱乐中心。

（4）旅游节庆

除传统节日，还要策划创办红灯记文化旅游节，有目的地开展主题营销。

4. 购物与旅游商品生产

在三处游客服务中心及龙镇内的主要购物场所销售旅游商品，旅游商品应具有纪念性、观赏性和实用性，突出《红灯记》的品牌。商品以本旅游区或周边地区的原材料为主，突出《红灯记》文化与北方地方特色，利用环保材料制作、包装各种旅游商品的原则进行设计。

案例 2 嫩江农场旅游总体规划

项目特色：现代化大农业景观与旅游的结合；规划中提出资源有价和资源保护的观点；旅游活动避开保护区的核心区和缓冲区。

规划时间：2005

团队成员：王崑、刘爽、李想等

相关成果：1. 嫩江农场乡村旅游规划研究，刘爽，2006，东北农业大学硕士论文；

2. 黑龙江省观光农业的开发优势与发展对策，刘爽、王崑（通讯作者），中国林副特产，2006（3）：81～82。

一、旅游开发背景条件分析

（一）自然条件概况

嫩江农场位于黑龙江省西北部嫩江县东南境内，九三分局东北部，场部距嫩江县38km，距九三分局57km。地理坐标：北纬48°53′54″～49°12′3″，东经125°33′～125°58′36″，总面积48941.7hm²，其中耕地面积24276.7hm²，林地面积6362hm²。农场位于小兴安岭山脉南麓边缘向松嫩平原过渡地带，场区西南环山，总的地势为西南较高，逐渐向东北降低，多为丘陵漫岗，海拔高度在259～388.9m之间。水资源总量为12578万m³，场内最大的水源是科洛河，为嫩江水系的一级支流。农场大面积土地属全国著名的黑土地带，腐殖质含量高，潜在肥力强，素以土中之王著称。农场植被主要分为两大类：一是森林植被、包括天然次生林和人工林；二是草原植被。动物资源相对丰富。

农场属于温带大陆性季风气候，气候特点是冬季漫长而寒冷，春季风大雨少、气候干燥，夏季短促而炎热、多雨、光照充足，秋季气温升降剧烈、昼夜气温变化较大。年平均降水量498.2mm，历年平均气温为-0.4℃，年均蒸发量1191.6mm，无霜期为114天，年平均日照时数2660h。

（二）社会经济状况

农场下辖10个生产作业区，22个生产队；4个工业企业，18个工商、运、建、服单位。截至2003年末全场总户数4229户，总人口11671人，职工总数3119人。

根据《黑龙江省农垦总局九三分局小年鉴（2004年）》提供的基础资料统计，本场2003年农、林、牧、渔业总产值16975.3万元（现行价），其中：农业产值12934.5万元，林业产值203万元，畜牧业产值3820.8万元，渔业产值17万元，工业产值2076万元，人均收入 5005 元。国内生产总值 15040.3 万元，其中第一产业增加值 10918 万元，第二产业增加值 755.4 万元，第三产业增加值 3366.9 万元。

现代农业机械化处于全国领先水平，种子加工、物资供应、粮食烘干处理、水利设施等服务体系健全。

交通比较便利，现有公路总长 144.8km，其中省道鹤嫩线 30.8km，技术等级为三级公路；县道 45.4km，技术等级为四级公路；连接各生产队和居民点的乡道 68.6km，为等外公路。有至嫩江县、九三局、哈尔滨的往返客车。场内有农用飞机场一座，场部距嫩江县火车站 38km，与全国铁路网相通，鹤嫩公路由北向南贯穿场区。东距黑河市 230km，南与五大连池市相距 88km。本场开通了光缆通讯，与国际接轨，信息进入国家级高速公路。

（三）机遇与挑战

1. 旅游业将成为黑龙江省支柱产业，黑龙江农垦农业观光旅游业方兴未艾。

2. 嫩江农场领导十分重视小城镇建设和旅游开发，领导超前的旅游意识，使农业旅游区建设迈出了坚实的一步。农场主动自发地将资金投入到开发旅游建设项目中来，与农场小城镇建设紧密结合，通过项目建设，不仅改变了农场场部的环境面貌，而且增加了生态旅游功能。

3. 旅游资源的多样性，为农业旅游的综合开发提供了优越的自然条件。嫩江农场旅游区既有场区园林式花园，又有让游人流连忘返的自然景观。

综上，旅游资源的多样性，为本区旅游综合开发提供了良好的自然条件。

（四）旅游业发展的制约因素分析

1. 大旅游观尚未形成，农业旅游者需要培养。

2. 农业市场单一，产业结构需要进一步优化升级。

嫩江农场经过产业调整，目前三产比例大体为：一产占 70% ~ 83%；二产占 5% ~ 6%；三产占 12% ~ 24%。可见，二、三产业比较薄弱，需要进一步结构调整和优化升级，扩大产业链，适应旅游业发展的需要。

3. 旅游专业人才短缺，“亦农亦旅”队伍还未形成。

4. 气候因素的制约。嫩江农场地处高纬度地区，冬季寒冷漫长，农业旅游适宜期较短，将出现一年半年闲的状态。因此，必须扩大冰雪旅游项目。

5. 缺乏资金投入，多元化开发格局尚未形成。

6. 缺乏全民参与意识，社会共建乏力。

二、旅游资源综合评价

（一）旅游资源类型及赋存量

根据国家标准《旅游资源分类、调查与评价》GB/T 18972—2003 中旅游资源分类标准，嫩江农场旅游区旅游资源包括地文景观、水域风光、生物景观、天象与气候景观、遗址遗迹、建筑与设施、旅游商品、人文活动8个主类、18个亚类和35个基本类型。其中，主类占全国标准数目的100%，亚类占全国标准数目的58.1%，基本类型占全国标准数目的22.6%。旅游资源主类齐全，其中地文景观有2个亚类，2个基本类型；水域风光有2个亚类，3个基本类型；生物景观有4个亚类，7个基本类型；天气与物候景观有2个亚类，5个基本类型；遗址遗迹有1个亚类，1个基本类型；建筑与设施有4个亚类，12个基本类型；旅游商品有1个亚类，3个基本类型；人文活动有2个亚类，2个基本类型。

经过调查的主要旅游资源景点有78处，其中地文景观4处，占5.1%；水域风光类7处，占9.0 %；生物景观类15处，占19.2%；天气与物候景观类9处，占11.5%；遗址遗迹类1处，占1.3%；建筑与设施30处，占38.5%；旅游商品类6处，占7.7%；人文活动6处，占7.7%。从以上数据可以看出旅游区旅游资源种类齐全、数量较为丰富，为旅游区旅游活动的全面开展奠定了基础。

（二）旅游资源质量等级定量评价

经过调查组的详细考察及广泛征求专家意见，最终得出嫩江农场旅游区旅游资源质量等级评价结果。

从表6-3中可以看出，本旅游区无特品级旅游资源，优良级旅游资源也较少，占旅游资源总量的16.7%；二级旅游资源占6.4%；一级旅游资源占39.7%；未获等级旅游资源占41.0%；普通级旅游资源较多，占87.1%。本旅游区的资源特点决定了其将以嫩江县周边及黑河市近程客源市场为主。

各级旅游资源单体数量统计　　**表6-3**

等级	三级旅游资源	二级旅游资源	一级旅游资源	未获等级旅游资源
数量	10	5	31	32
旅游资源名称	火山及火山石、科洛河、老虎滩附近湿地、现代化农田作业、开发北大荒、知青下乡、二人转、龙江剧、踩高跷	避暑气候地、脱毒马铃薯原种繁育基地、科洛河、现代化大型农机具、传统农具	云雾多发区、水上公园附近湿地、森林、林间花卉、鸟类栖息地、水生动物栖息地、陆地动物栖息地、日月星辰观察地、物候景观、景物观赏点、极端与特殊气候显示地、温室、大棚、园林游憩区域、动物与植物展示地（现代化奶牛场、温室、大棚）、水产品与制品、扭秧歌、九三豆油、各种水库、一里河、二节河等	观光游憩湖区、丛树、疏林草地、苗圃、建筑小品、康体游乐休闲度假地、优质面粉、奶粉、“畜丰牌”动物饲料、堤坝、广场、农场招待所、体育场、南山、北山、天壹亭；森林公园内的亭子、雕塑等

（三）旅游区资源、资产价值初评

进行旅游区旅游资源资产评估的主要目的是为进行资产核算提供基础，为确定合理的旅游价格提供依据，为观光农业旅游走上科学化、规范化的管理提供明确的指标体系。由于旅游区资源、资产价值评估是一项较为复杂的课题，目前，国内还是尝试着进行相关方面的研究，因此，本规划对旅游资源进行初步评估，给出常见的评估公式，以利于正确认识各种旅游资源的价值。

1. 森林资源价值评估

森林资源价值评估常采用林木占有值评估法，林木占有值采用林价来表示。由于森林旅游区的林木使用目的不一样，一般不能砍伐，但可以模拟在正常经营条件下，应确定的每年木材采伐限额来进行替代。可采用如下公式进行简单评估：

林木占有值 = 计划采伐商品材数量（m^3/ 年）× 木材市场价格（元 /m^3）

2. 水资源价值评估

水资源价值包括发电、养鱼、灌溉及游憩活动等的相加量。发电价值采用每年发电总量乘以每度电的价格估价；养鱼以每年产鱼量乘以每公斤鱼的价格来估价；游憩活动价值用每年水上活动的收费总额来计算。

3. 生态环境评价

生态环境资产评估可用森林卫生保健值评估法来计算。采用下式计算：

森林疗养保健值 = 评估区总面积（hm^2）× 每公顷可提供疗养的人数（人 / hm^2）× 每年每床位疗养费 [元 /（人·年）]

4. 综合游憩娱乐值评估

综合观赏、游憩娱乐值 = 合理接待能力（人·天 / 年）× 游人平均每天旅游花费 [元 /（人·天）]

（四）旅游资源特色和开发潜力分析

1. 现代化农业生产为观光农业的开展奠定了坚实的基础

嫩江农场拥有目前世界上最先进的农机具 159 台套，实施立体化作业。空中实行飞机喷肥、灭虫，地上耕作实行世界上最先进的大马力农用机械耕种管收，采用固土测深施肥和少翻深松技术。让人们充分了解在率先实现农业现代化进程中的国营农场及农业现代化的示范作用。这种北方地区特有的现代化农业生产方式为观光农业旅游活动的开展奠定了基础。

2. 休闲农场，避暑度假胜地。

3. 风景秀丽的科洛河自然保护区。

4. 植被优良，动植物种类资源丰富。

5. 科学研究与青少年素质教育基地。

6. 各种水体为开展水上活动及冰雪运动提供了天然场所。

7. 独特的火山地貌提供了科考探险的功能。

综上所述，嫩江农场旅游度假区旅游资源丰富、多样，适宜开展以现代农业观光和休闲度假为主的多种旅游活动。

（五）旅游区资源与周边地区旅游资源比较分析

黑河市现辖爱辉区、北安市、五大连池市、嫩江县、孙吴县、逊克县，旅游资源丰富。嫩江农场度假区资源与黑河其他地区旅游资源相比，具有极强的互补性和不可替代性，若恰当组合，可以形成互为辐射的旅游范围，增加黑河市旅游区的旅游延伸点，丰富内容和线路，放大旅游活动时空。

表 6-4 为黑河市已建成或正在建设的主要旅游区。

黑河市已建成或正在建设的主要旅游区　表6-4

旅游景点	性 质
大西江农场旅游区	观光农业、休闲度假
五大连池地质公园	科考求知、观光游览、健身运动为方向的世界级地质科普公园
瑷珲历史博物馆	以历史教育为方向的国家级爱国主义教育基地
逊克狩猎场	以当地特有的野生动物为基础，包括人工繁育在内的国际狩猎场
孙吴胜山要塞军事遗址	爱国主义教育与军事娱乐旅游基地
黑龙江沿岸边境旅游带	兼具观光游览与文化旅游的旅游带
山口湖水库	生态型的休闲度假区
胜山狩猎场	中高档次、娱乐性的狩猎旅游项目
高峰林场森林公园	休闲型国家级森林生态公园
五道豁洛历史凭吊 / 影视基地	历史遗址与现代文化型观光旅游点
嫩江流域湿地生态旅游区	湿地生态旅游区
瑷珲新生鄂伦春民族风情旅游区	融观光娱乐与特色购物于一体的观光型旅游点
古窑岛民族风情休闲度假区	休闲度假旅游区
大黑河岛休闲度假区	娱乐购物休闲型度假区
沾河漂流旅游区	惊险水上运动特种旅游项目
黑龙湖（卧牛湖）景区	运动型度假区
俄罗斯风情园	休闲度假、文化旅游

三、客源市场分析

资源的独特性为客源市场提供了基础。嫩江农场的旅游资源可以开发适应市场需求的休闲、度假、科普、观光、健身等旅游产品，并具有良好的市场前景。

该旅游区近期主要客源市场定位在嫩江农场 100km 以内，车程在 2h 以内。中、远期定位在黑龙江省及东北地区其他市场。

此旅游区目前的主要问题是客源不足，需加强宣传营销，利用与周边地区景区的资源差异，形成区域联合，成为黑河生态旅游线路的重要节点。

四、规划总则

（一）基本原则

1. 突出农垦人的创业精神，坚持拓荒文化与现代化农业旅游相结合的原则。

2. 突出精品意识，实施精品战略，坚持高起点规划、高标准建设、高水平管理的原则。

3. 突出生态旅游特色，坚持旅游资源合理开发与生态环境保护并重，农业自然景观与人文景观相协调的原则。

4. 突出实效性，坚持统筹规划、近详远略、分期实施、滚动发展和适度超前的原则。

5. 突出旅游服务生态化，坚持旅游开发与农场相关产业协调联动发展和旅游服务生态化与绿色食品生产相结合的原则。

6. 树立大旅游观，突出大农业旅游，坚持嫩江农场农业旅游区规划与省、黑河市及农垦系统旅游发展战略规划相衔接，与嫩江县、九三分局及周边景区和农场旅游协调发展的原则。实施资源共享、客源互流、产品互补、共同发展。

（二）规划性质

本规划区是以农业和生态旅游资源为依托，以幽静、清新、秀美的田园风光和现代化国营农场立体化先进作业方式为特色；集现代农业观光、休闲度假、体育健身、科普教育、参与性生产、采摘、品尝于一体的现代农业旅游区。

（三）规划期限与目标

规划期限：近期（2005 ~ 2009），为基础建设阶段；中期（2010 ~ 2012），为全面发展阶段；远期（2013 ~ 2015），为完善提高阶段。

总体目标：在规划期内，本旅游区将达到国家农业旅游示范区标准和 AAA 级景区水平。成为全国闻名的现代化农业旅游区，使旅游业成为嫩江农场的支柱产业。

五、旅游功能分区与项目策划

（一）布局方案

在总体布局原则的指导下，在充分考虑和利用原有生产状况、植被状况和地形基础上，把嫩江农场旅游区分为六个功能区，分别为：游客服务中心区、森林冰雪度假区、水上公园娱乐区、高科技观光区、现代农业观光区、火山漂流区。

1. 游客服务中心区

位置范围：现嫩江农场场部所在地。结合场部办公楼、招待所、餐厅等服务设施，形成游客服务中心区，占地面积 170hm^2。

资源依托：现有建筑设施、服务设施、街道、绿化植物。

主要功能：游客餐饮、住宿、娱乐、信息、会议中心、停车场、旅游商品展销、运动健身等。

2. 森林冰雪度假区

位置范围：位于景区西南部，包括现有森林公园、苗圃、部分湿地和农田，占地面积 400 hm^2。

资源依托：山地、森林、苗圃、湿地、农田、冰雪。

主要功能：森林浴、休闲度假、观光游览、娱乐、滑雪、冰上运动、餐饮等。

3. 水上公园娱乐区

位置范围：包括水上公园及其周围湿地和堤坝，占地面积 701hm^2。

资源依托：水面、时进岛、桥、天一亭、湿地，堤坝等。

主要功能：水上观光、娱乐、休闲健身，垂钓、餐饮、生态养殖等。

4. 高科技观光区

位置范围：位于嫩江农场场部北侧狭长地带，包括现马铃薯原种繁育基地和种子科试园区，占地面积 85hm^2。

资源依托：脱毒马铃薯原种繁育基地、种子加工、温室、大棚、试验田、农田等。

主要功能：科学研究、农业高科技展示、青少年素质教育、采摘、绿色食品生产与加工。

5. 现代农业观光区

位置范围：位于景区东北部大面积农田区域，占地面积 1200hm^2。

资源依托：农田、菜地、瓜果园、现代化农业机械、奶牛场。

主要功能：农业观光、农业生产与体验、农业科普教育、现代农业技术展示、传统农具展示、知青生活体验等。

6. 火山湿地漂流区

位置范围：位于嫩江农场东北部，包括嫩江农场范围内的科洛河自然保护区和嫩江县临近农场的平顶山火山与湿地，占地面积 2100hm^2。

资源依托：科洛河、科洛河湿地、平顶山火山、火山石、丰富的动植物。

主要功能：火山地貌观光、科考、探险、漂流、湿地景观观赏、野外垂钓、餐饮。

（二）各功能区项目策划

1. 游客服务中心区

大门、3000m^2 树林式生态停车场、导游标识系统、游客服务中心、农家小院（鼓励农场职工利用场部周边的住房，改建成农家小院）、商业街、别墅区（别墅区占地面积 2hm^2，共有欧式别墅 12 栋，通过参观了解当代村民新的生活风貌）、运动场、陶艺馆、场部环境绿化、二十四节气广场、迷你生态花园。

项目建设时序：均为近期建设项目。

2. 森林冰雪度假区

功能区内森林面积为 100hm^2，主要树种有落叶松、樟子松、蒙古栎、白桦、黑桦和山梨等。此外，还有部分湿地和农田。规划建设如下项目：

滑雪场：长度为 650m，宽度为 90m，坡度为 15°，雪道下方为小型水库，可从事冰上活动，并可作为造雪的水源。此雪场主要服务对象是初级滑雪者。雪场两侧以种植针叶树为主，形成森林景观。夏季，可以在滑雪道上植草做一个滑草场或进行农田种植，在增加景点的同时提高土地利用率。要有拖牵索道、雪场机械和雪具商店。

此外，设计森林浴场、10 栋别墅、邀星阁（结合防火塔建设）、苗圃区（育苗技术及树木学知识的学习）、花卉迷宫、天线宝宝乐园、象棋广场、野营区、草原牧区、赛马场、烤肉区、野果采摘、休闲广场（已建成）、鱼戏区、生态养殖、水生植物园。

项目建设时序：均为近期建设项目。

3. 水上公园娱乐区

以现有水上公园为主进行完善与改进，主要包括：

时进岛

位于湖中心，占地面积 4600m^2 左右。此岛名称的寓意是与时俱进。

存在问题与改进措施：一是岛的形状过于规则，应逐渐进行改造，形成较为自然的岛屿。二是护岸处理建议为自然的驳岸，与周围环境协调。三是植物种植应该有疏有密，目前过于规则。植物种类以柳树、榆叶梅为主，突出春季景观。四是建议岛上的地面铺装以石头为主，自然古朴。五是桥体过长（183m），建设在中央作一些观景平台以丰富沿线景观。

另外设置下列项目：碧波泛舟、小型码头（两岸各一）、阳光沙滩、水中浮岛，在水中留出两处较浅的地方，夏季能够看到水生蒲草生长，既增加野趣，又暗含“一池三山”（取神仙三仙岛之意）、羡鱼台、观景平台、观鸟长廊。冬季可利用冰面开展冰上运动。建议水上公园周边应该补植一些柳树、丁香、榆叶梅等乔灌木，丰富沿湖景观，布置方式要采用自然式。堤岸处理建议采用植物材料自然护岸。

项目建设时序：均为近期建设项目。

4. 高科技观光区

现有马铃薯基地与种子科试园区结合，形成高科技观光区，体验高科技带来的科学成果。项目包括：

马铃薯脱毒生产过程参观

嫩江农场马铃薯园区始建于 2000 年，占地面积 33hm^2，引进了国内外先进的无基质气雾化栽培技术，现已建成无基质气雾化栽培温室 18 栋，共 7000m^2，每年可生产脱毒原种 300 万粒，原种一代种薯 5500t，种薯远销山东、河北、云南等十多个省市。主要品种有荷兰七号、大西洋、松嫩一号、早大白、东农 303、克新一号、克新二号、克新三号、克新四号、克新十二号、诺兰尤金等。2002 年经国家绿色食品发展中心审核认定，该基地生产的脱毒马铃薯被命名为 A 级绿色食品。

游人在此可了解种薯的整个生产过程，从组织培养、气雾化栽培到大田试验区。同时，还可了解不同品种的不同加工方式，增长相关知识。

在此可设一个马铃薯产品专卖店：出售薯条、薯片、淀粉等特色产品。同时将宣传品发给游客，以扩大种薯生产基地的知名度。

此外设置种子科试园区、基因广场、温室大棚采摘区、药洲、有机绿色食品生产区、有机绿色食品加工区和芳香植物区。

项目建设时序：均为近期建设项目。

5. 现代农业生产观光区

现代农业观光区面积较大，以种植粮食作物为主。通过游客的参观、参与，不仅可以让游人享受到优美的田园风光，也可以让游人感觉到科技在农业生产中的广泛应用，反映出现代农业的发展方向。项目包括：观光大道、停车场、农业观光区（主要种植大豆、小麦、甜菜、玉米、向日葵，高粱等）。游人坐在电瓶车或绿色观光巴士上，可以欣赏到绿油油的麦苗、金色的向日葵、火红的高粱。在不同的时节，游人可以看到机械耕作（飞机喷洒农药、肥料及收获等现代农业的壮观景象）、蔬菜瓜果采摘区、瓜果长廊、流金岁月（知青点）、农作体验区、亲子度假园、野菜园、市民植树区、现代化奶牛场、特色养殖区。

项目建设时序：均为近期建设项目。

6. 火山湿地漂流区

此景区分为科洛河漂流、平顶山火山风景观光和湿地景观三个亚区。

六、形象策划与旅游线路组织

（一）旅游区主题形象定位

嫩江农场旅游资源丰富，农田风光优美，适合休闲度假和观光游览。所以旅游区的主题定位为：现代化农业观光、休闲农场、健康福地。

（二）旅游区形象系统策划

1. 吉祥物：小麦和大豆结合的卡通形象。

2. 旅游区标志徽章

以金色的麦浪和大型收割机的变形作为主题形象，体现现代化农场的特点，也可以与农场或北大荒品牌产品使用相同的标志，以加深人们的印象和认知程度，同时起到宣传促销的作用。

3. 宣传口号

昔日嫩江北大荒，今日现代化观光农场！休闲农场，嫩江独好！踏破青山人未老，风景嫩江独好！流金淌玉黑土地，健康福地在嫩江！嫩江农场——龙江的明珠，黑河的骄傲！四季美景农场赏，勤劳好客嫩江人。纵情嫩江农场，享受健康时尚！物华天宝，世外桃源——嫩江农场。

（三）市场开发规划

1. 抓好目标市场客源地营销。

2. 寻求嫩江农场特色旅游产品与特定客源市场的最佳结合，形成互动合力。

3. 将面对旅游者的推销和面向旅行商的营销结合，形成立体的促销复合效应。

4. 与周边旅游地（黑河市和齐齐哈尔市的众多旅游区）资源共享、产品互补、客源互流、联点成线、串线成网，形成区域合力。

5. 举办旅游与文化、商贸相结合的节庆活动。

（四）旅游线路组织

1. 区域内旅游线路

（1）游客服务中心区——森林冰雪度假区——高科技观光区——水上公园娱乐区——现代农业观光区——火山漂流区。

（2）游客服务中心区——高科技观光区——现代农业观光区——火山漂流区——水上公园娱乐区——森林冰雪度假区

2. 区域外旅游线路

（1）哈尔滨——扎龙——嫩江农场——黑河——瑷珲——呼玛——漠河（北极村）

（2）哈尔滨——扎龙——五大连池——嫩江农场

（3）哈尔滨——伊春——五营——黑河（瑷珲）——嫩江农场

（4）齐齐哈尔——扎龙——五大连池——嫩江农场

（5）齐齐哈尔——扎龙——五大连池——黑河（瑷珲）——嫩江农场

（6）黑河市——瑷珲——孙吴——逊克——嫩江农场。

七、交通道路规划

进入本区的外部交通道路主要是省级公路鹤嫩公路，通过本场 30.8km，三级路面。鹤嫩公路由省公路部门纳入计划，统一修建。区内道路为通乡公路。

八、资源环境保护与生态建设规划

（一）生态环境现状评价

目前，嫩江农场旅游区内生态环境质量良好，空气清新，景色优美，旅游环境达标率为 90%，达到国家二类地区标准，适宜开展旅游活动。

（二）各旅游功能区环境容量测算与环境标准

环境容量测算主要有三种方法：线路法、卡口法和面积法。本次测算主要采用面积法和线路法，测算结果见表6-5。

心理健康指数指游人心理可以承受的游客容量。一般以每10m游道容纳2名游客为限值，且旅游区环境容量（承载能力）大于瞬间游客数，满足者为合格。通过以上对整个旅游区各景区环境容量的测算，能够满足游人的心理健康指数，达到或多数已超过要求的标准。

环境质量达标指数指水、气、噪声、固废排放的达标情况，全部达标者为合格。通过上述指标的本底值监测，目前，都达到了标准。

所以，嫩江农场旅游区目前旅游环境是达标的，在开发和建设过程中，也要严格执行相关环境保护标准，使旅游景区环境质量符合相应的旅游景区质量等级标准。

理论环境容量测算　　**表6-5**

序号	功能分区	测算法	可游览面积（m^2）/游览道路长度（m）	人均指标（m^2/人）/（m/人）	周转率	容量（人次/日）
1	游客服务中心区（含场部）	面积法	169，8000	500	1	3396
2	森林冰雪度假区	面积法	400，0000	3000	2	2667
3	水上公园娱乐区	面积法	73，8000	3000	2	492
4	高科技观光区	面积法	85，3333	400	4	8533
5	现代农业观光区	面积法	1200，0000	5000	4	9600
6	火山漂流区	卡口法	10m/2人	1000	1	1000
	合计					25688

第七部分
休闲农场旅游规划类

案例 1 暖泉禅宗休闲农业园景观规划设计

项目特色： 禅宗思想与休闲农业园规划的结合

规划时间： 2013

团队成员： 王崑、王御、孙慧等

相关成果： 1. 禅宗思想对现代园林设计的启示作用研究，王御，2013 东北农业大学硕士论文。

2. 该论文荣获 2014“园冶杯”风景园林（毕业作品、论文）国际竞赛规划设计论文组鼓励奖。

扫一扫看彩图

一、项目认知

（一）场地区位

暖泉禅宗休闲农业园拟建于黑龙江省哈尔滨市双城市五家镇暖泉村，占地面积约 400hm^2，周边村屯密集，属城市近郊，地处八一水库区域，运粮河横穿其中，具有优美的滨水环境和田园风光，土地肥沃，排灌条件优越，具有发展现代农业和旅游度假的基础条件（图 7-1）。

项目所在地交通便利，距离太平国际机场约 17.7km，距离哈尔滨中央大街约 34km，距离哈尔滨火车站约 34.3km，距离哈尔滨西站（高铁）约 33.7km，距离老机场路约 5km。

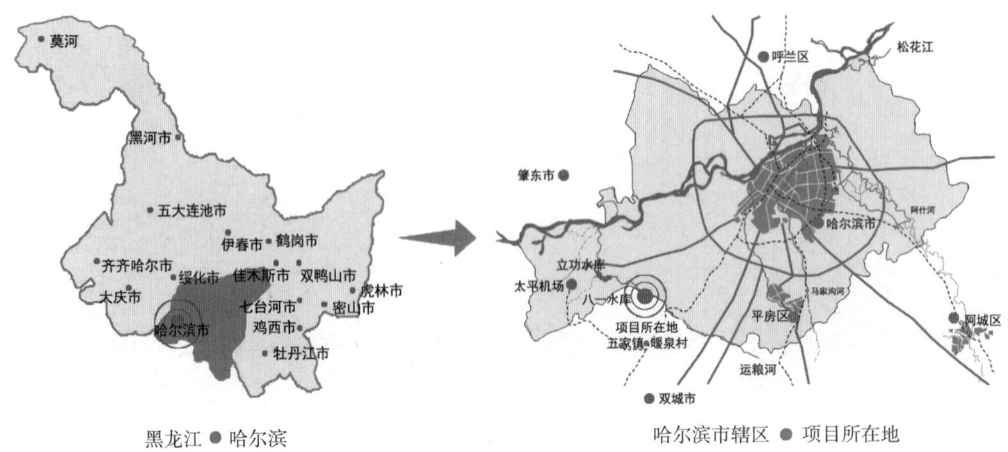

图 7-1　区位分析图

距项目所在地约18km以内的村屯数量包括暖泉村、后暖全村、后唐家窝堡、民泉村、榆树镇等大小村屯30余个，是园区实现传统农业向现代农业转型、发展科技农业、有机农业的主要承载者，也是园区进行农业科技示范和新品种普及的重要市场。

（二）现状条件

项目所在地属于寒温带大陆性季风气候，季节气候变化明显，春季较短，气候多变，大风干燥；夏季温暖湿润，雨量充沛；秋季降温急剧，常有霜冻；冬季漫长而寒冷。1月平均气温–17.2℃，最低气温–30.3℃；7月平均气温24.3℃，最高气温36.5℃；年降水量700mm左右，夏季占全年降水量的60%，全年盛行南风和西南风。

项目规划设计区域地形西南较高，东北较低，地形起伏平稳，土地肥沃，区域内有八一水库，运粮河从园区穿过，水面最宽处达0.5km以上，具有优质的水体资源，包括宽阔的水面和狭窄的河道，以及水上交通、驳岸、水坝，对利用水体营造园林景观具有巨大优势。此外，场地具有地形起伏变化的农田地和大量的树木林带，是营造园区景观和自然田野风光的基础。

（三）用地分析

场地本身具有自然的田园风光和充沛的水系，总占地面积约400hm^2。场地用地现状包括一般农田约184hm^2、基本农田约77hm^2、滨水绿地75hm^2、八一水库水系64hm^{2}及林带，其中滨水驳岸长度北侧约2.9km，南侧约3.2km，处于暖泉村、后暖泉村、后唐家窝堡的中间区域（图7-2）。因此，在园区建设上，紧密结合四个村屯的区位特点进行合理规划，选择能够促进四个村屯发展的有力位置，保留基本农田的农用耕地功能，在一般农田上开展棚室区、科技示范区、采摘区、生产区等功能分区的建设，在滨水绿地中开展旅游度假项目，实现土地的多种使用功能。

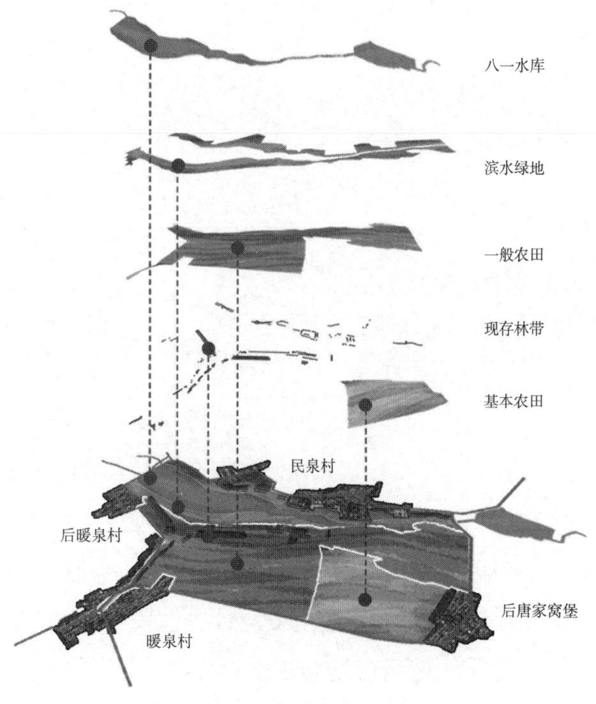

图7-2　用地现状分析图

二、项目定位

（一）规划理念

暖泉禅宗休闲农业园的建设理念，从禅宗思想的生态观、审美观和发展观中提取规划思路，提炼出“生态农业，田园生活，自然禅境，科学发展”的规划理念，即以恢复田园滨水生态环境、发展循环农业、有机农业的生态观为基础，符合禅宗思想所倡导的人与自然的和谐共生，营造可持续的园林景观环境；以纯朴自然的田园风光，富有禅意的景观环境为审美载体，贴合禅宗思想倡导的化繁为简的园林景观环境；以建立相关机构的合作共建体系，不断总结创新，秉承可持续的人性化、科技化的设计为发展思路，着力从禅宗文化创新这一角度增加休闲农业园区的文化内涵，开发禅意居住空间和禅宗文化旅游，强调科技与农业、生态与农业、旅游与居住、生活与文化的结合。

此外，园区在规划理念上提取禅宗思想中的农禅思想开阔规划思路，扩展农业活动的文化内涵。农禅思想是中国佛教禅宗文化的一部分，也是项目依托禅宗文化建设农业园区的基础。农禅思想发端于道信，开拓于弘忍，直到怀海，将禅行与农作融合为一，强调“劳动入禅”和“农禅并作”，在农事活动中感悟禅悦。

（二）规划目标

暖泉禅宗休闲农业园区的建设目标以促进传统农业向科技农业、循环农业、有机农业、休闲农业转型，拉动农村经济、缩小城乡差距为基本目标，以建立依托城市客源市场、结合休闲农业特点、融合禅宗文化，具有休闲度假、商务会议、健体养生、餐饮、禅修研习、心理治疗、摄影观光、农事体验、绿色农产品种植与采购等多种功能的综合型休闲农业园区为远期目标，其具体目标如下。

1. 实现园区生产功能的同时，着力培养农产品加工企业，指导周边农户科学种植，推广科技及新品种等，带动周边农村的经济增长，使传统农业向有机农业、科技农业发展。

2. 与科研高校及相关机构，建立合作共建体系，培养和吸引优秀人才，建立技术培训和服务网络体系。

3. 营造具有禅意的园区环境和休闲度假居住空间，融合禅宗文化于旅游开发，弘扬传统文化，建立集休闲农业功能和旅游度假功能的综合型农业园区，成为哈尔滨周边重要的休闲度假胜地。

（三）客源市场

1. 客源市场定位

根据其地理区位条件和交通位置及设计理念等各方面因素，将其客源市场定位为：以国内市场为主，以海外市场为辅；以休闲农业体验客源为主，以禅宗文化度假旅游体验客源为补充，并重点进行禅意景观营造和旅游项目开发，作为吸引客源的创新点。

国内客源市场：一级客源市场为哈尔滨市各区、双城市及肇东市为主的区域；二级客源市场为大庆市、绥化市、牡丹江市、齐齐哈尔市等黑龙江地区的主要城市及吉林、辽宁等省市；三级市场为东南沿海及内陆夏季高温区域。

海外客源市场：俄罗斯、日韩、信奉佛教的东南亚国家等。

2. 客源市场细分

其他农场及农业园区学习交流者；学生及摄影爱好者；休闲度假的城市居民；禅宗文化爱好者及入境游客等。

三、规划格局

（一）功能分区

暖泉禅宗休闲农业园的功能分区按照用地现状、场地的地形特点、周边环境及使用功能，采用“四带六区”的规划模式（图 7-3）。

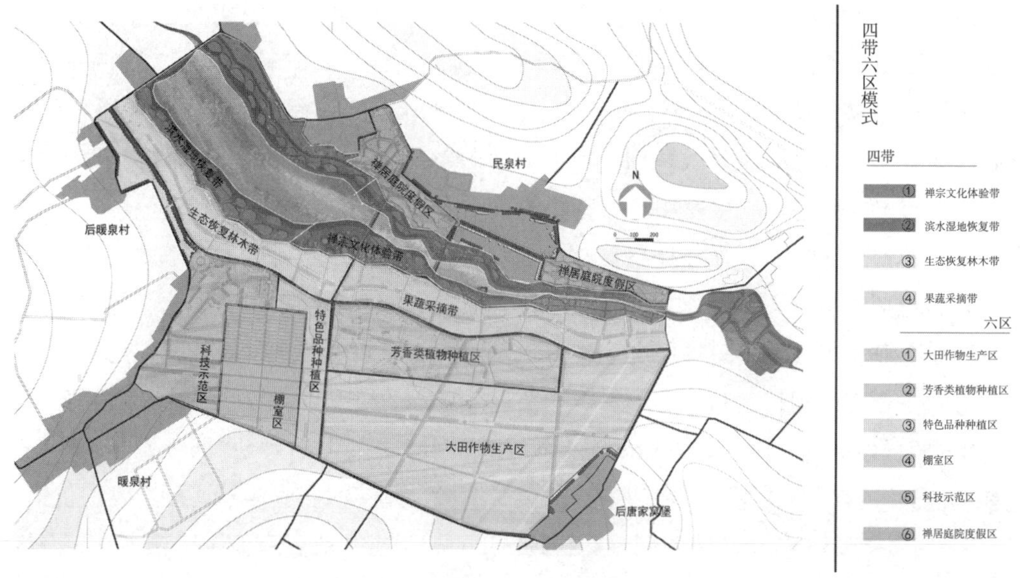

图 7-3　功能分区

“四带”——禅宗文化体验带、滨水湿地恢复带、生态恢复林木带、果蔬采摘带。

“六区”——大田作物生产区、芳香类植物种植区、特色品种种植区、棚室区、科技示范区、禅居庭院度假区。

1. 禅宗文化体验带：位于园区东北区域，八一水库两侧，滨水狭长形，面积约 35hm²，是利用滨水的景观环境和田园风光设计景点，采用富有禅宗文化气息的设计元素进行景观营造，是园区内的主要景点分布区域，主要功能为旅游、度假、观光。

2. 滨水湿地恢复带：位于园区西北区域，八一水库两侧，滨水狭长形，面积约 38hm²，是利用滨水的湿地环境营造园林景观，丰富园区景观内容，有助于实现园区的远期规划目标——成为哈尔滨市周边旅游度假胜地。同时也是禅居庭院度假区和周边村屯的绿地公园，是园区工作者、周边农民、游客感受自然的重要场地，主要功能为恢复生态、吸引和繁育野生鸟类资源。

3. 生态恢复林木带：位于园区西侧，主要与滨水湿地恢复带和科技示范区相交，面积约 32 hm^2，是园区重要的苗圃基地和生态恢复林带，配合滨水湿地恢复带，集旅游观光和苗圃种植等功能于一体，主要功能为恢复生态和苗圃繁育。

4. 果蔬采摘带：位于园区东侧，与禅宗文化体验带和芳香类植物种植区相交，面积约 36 hm^2，以果树种植为主，蔬菜种植为辅，通过游人亲自的采摘体验，获得劳动乐趣，进而产生消费行为，主要功能为实现园区的生产、加工、进行鲜果采食活动等。

5. 大田作物生产区：位于园区东南区域，面积约 107hm^2，种植北方常见的农作物，包括玉米、高粱、大豆、冬小麦、马铃薯等，形成纯朴的自然农田景观，主要功能为农作物的大面积生产。

6. 芳香类植物种植区：位于大田作物生产区与果蔬采摘区的相交位置，面积约 40hm^2，是园区的花卉繁育基地和芳香类乔灌木种植基地，形成花海景观，花卉种植如福禄考、向日葵、矮牵牛、非洲菊、美女樱、彩叶草、瓜叶菊等，芳香类乔灌木种植如紫丁香、山丁子、山楂等，同时设计几处养蜂基地，丰富园区的商品种类，增加相关科研项目的实验基地，主要功能为花卉繁育生产、科研实验、旅游观光等。

7. 特色品种种植区：紧邻棚室区东侧，面积约 18hm^2，以蔬菜种植为主，果树种植为辅，蔬菜种植有彩椒、紫甘蓝、穿心莲、油豆角、苦麻菜、红菇娘儿、迷你黄瓜、球茎茴香、刺五加等，果树种植有毛樱桃、蓝莓、蓝靛果、沙果、山梨、葡萄、山杏、李子等，主要功能为特色品种展示、识别及种植方式的科普宣传等。

8. 棚室区：位于科技示范区东侧，面积约 32hm^2，其中温室 90 栋、大棚 136 栋，主要功能为开展四季农业，打造四季有蔬菜、瓜果、鲜花的产业链条，创造经济价值。

9. 科技示范区：位于园区西侧，面积约 35hm^2，设有智能温室、展览馆等，是园区科技示范的核心，设置农业育种中心、科技成果展示中心，是园区与农民、科研院所技术交流区域，实现园区特色品种、种植模式、育种、科学的灌溉技术、种植模式以及生产工具到生产模式的革新等科技产品的展示，主要功能为实现科技对农业的指导和示范作用，科普教育功能等。

10. 禅居庭院度假区：位于园区北侧，与禅宗文化体验带相交，面积约 27hm^2。目前，民泉村的滨水区域，已经有一定数量的别墅存在，是城市居民的个人行为，其别墅规模和风格都不统一，配套设施不够全面，禅居庭院度假区在已有别墅建筑的基础上，通过仿照古典私家园林庭院和日本枯山水庭院，营造具有禅意的居住环境，开展桑拿、汗蒸、园艺疗法、心理治疗等多种养生项目，并逐渐与民泉村的新农村建设结合，主要功能为居住、旅游、度假。

（二）景观结构

暖泉禅宗休闲农业园的周边围绕暖泉村、后暖泉村、民泉村、后唐家窝堡（图 7-4）。

因此，在进行园区总体景观结构规划上，紧密结合村屯的具体位置和场地用地现状，共划分为三个主要景观区域。

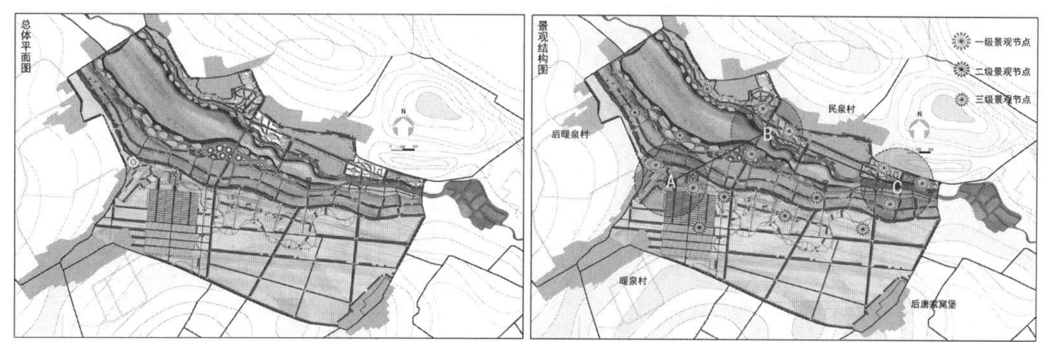

图 7-4　总体平面图和景观结构图

景观区域 A：位于暖泉村和后暖泉村的交界处，是为实现新农村建设，改善农民生活而建设的村民活动场地，以及科技示范区的主要活动空间，增加园区工作人员与农民的交流活动，并使园区的景观风格融入农村建设和村民的生活意识中，使园区更加亲近农民生活，有利于开展园区工作。

景观区域 B：位于民泉村西南侧，靠近滨水绿地，水面较宽，属于禅居庭院度假区的开发项目，主要针对高档的别墅区域，内设各种特色茶馆、酒馆、斋菜馆以及汗蒸、桑拿等康体修身项目，属于二期旅游开发项目。

景观区域 C：位于民泉村东南侧，靠近滨水绿地，水面较窄，属于禅居庭院度假区的开发项目，是园区进行旅游度假活动的主要入口，其景观特色鲜明，入口服务设施完善，同样具备茶馆、酒馆、斋菜馆等特色服务项目，属于一期旅游开发项目。

一级景观节点：主要围绕重点景观区域设计景点，包括各类富有禅宗文化精神的景点以及休闲农业园区具有科技示范作用的景点。

二级景观节点：主要针对棚室采摘和露地采摘项目设计的景点，以纯朴自然的农田环境、花海景观等为主要设计对象。

三级景观节点：针对滨水湿地和林带设计的景观节点，同时也是野生鸟类繁育的重要基地，是园区工作者、周边农户、游客亲近自然环境的重要场所。

（三）道路交通

1. 道路系统

暖泉禅宗休闲园的道路需要满足园区日常农作生产、管理、运输和游客游览的需求，根据场地特点、使用功能和入口位置，可以划分为三个级别的道路系统（图 7-5）。

暖泉禅宗休闲农业园可以设置三个主要入口：一是休闲农业体验主入口，是暖泉禅宗休闲农业园进行农业示范等科技展示项目的主要入口，通过生态恢复林木带，直

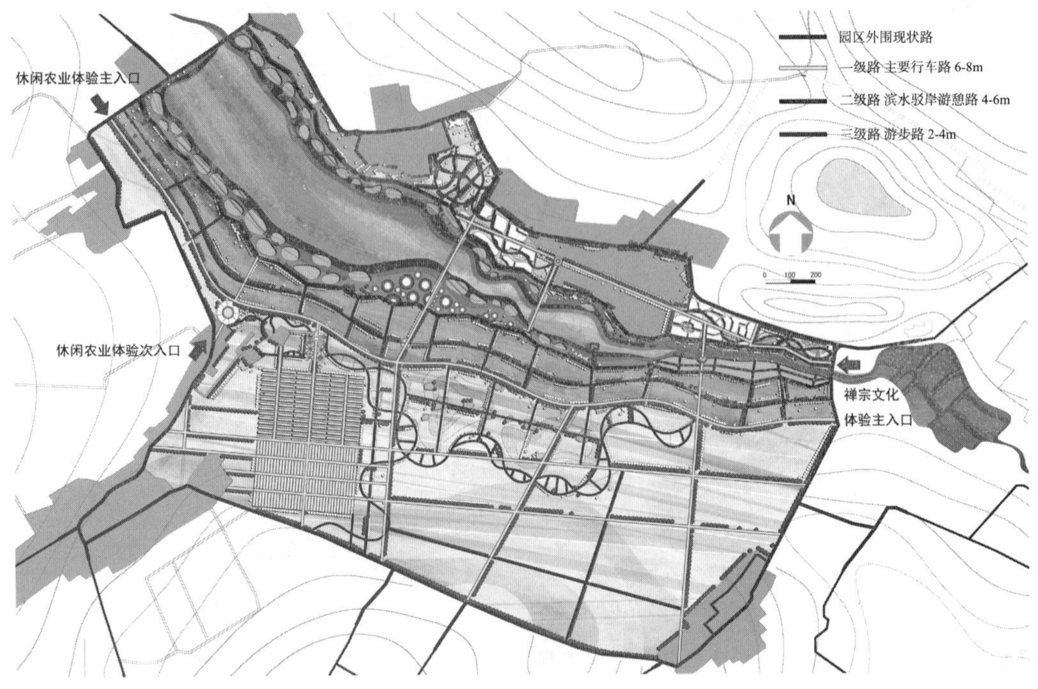

图 7-5　道路系统规划图

接进入园区的科技示范区；二是休闲农业体验次入口，是暖泉村和后暖泉村进入园区的主要入口，也是面向农民开放的主要入口空间；三是禅宗文化主入口，是禅居庭院度假区的主要入口，以开展旅游为主要目的。

暖泉休闲农业园的道路系统结合各个入口空间位置及场地功能，划分为三个级别：一级道路宽 6 ~ 8m，主要是车行道，连接园区外部交通及串联园区的各个功能分区；二级道路宽 4 ~ 6m，滨水驳岸游憩路，针对滨水旅游互动，通过地形的起伏、铺装材质的不同营造道路两侧环境，属于园区的景观路；三级道路宽 2 ~ 4m，为主要的田间道路和游步路，是游客进行徒步活动和自行车骑行的主要道路。

2. 交通工具

园区设计理念强调自然的生态观，因此，在交通工具的选择上，选择无污染的交通工具，如电瓶车、牛车、马车、驴车，尤其后三者的使用，不仅具有回归古朴自然的田园生活的气息，也是园区建设的一大特色。在游览方式上，除了牛车、马车、驴车，这种独具特色的游览方式外，还采用自助自行车的形式，进行景区游览，通过游客的运动体验，增加园区的娱乐内容。

四、融合禅宗思想的园林景点设计

暖泉禅宗休闲农业园的景点分布紧密结合总体景观结构，依托各功能分区的使用特点，主要可以分为融合禅宗思想的景点和休闲农业景点两大类，景点主要分布在禅宗文化体验带、禅居庭院度假区、果蔬采摘带、科技示范区，在融合禅宗思想的景点设计部分，将自然元素、人文元素、佛教元素抽象提取，进行景观设计，试图营造一种朴素简单、富有禅意的园林环境，主要通过看禅、听禅、嗅禅、品禅、触禅、悟禅，这六个方面进行景点设计（图 7-6）。

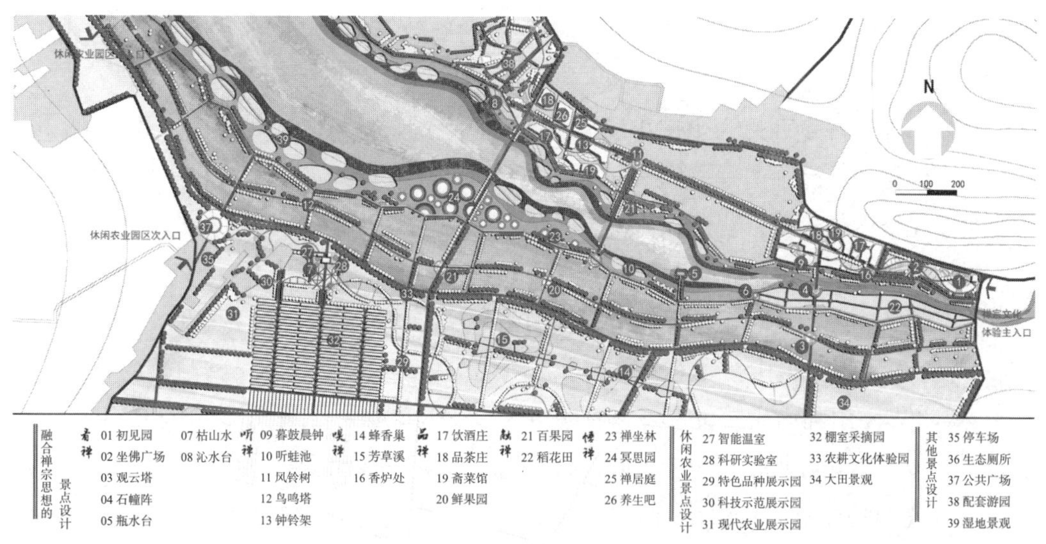

图 7-6　主要景点分布图

（一）看禅

看禅景点，通过利用上文提出的自然元素中的光、风、石、水营造园林环境，采用传统的建筑形式，并通过引用诗词的命名原则，营造富有禅意的景点。

1. 初见园：位于禅居庭院度假区的主入口。其名“初见”源自清代纳兰性德的《木兰词·拟古决绝词柬友》：“人生若只如初见，何事秋风悲画扇？等闲变却故人心，却道故人心易变。”其诗表现一种时过境迁、物是人非的情感特征，运用在禅居庭院度假区的主入口，未入景区之前，点名“若只如初见”，引人深思。

初见园的入口景观，也是禅居庭院度假区的入口，采用红色仿古牌楼和提取石窟景观元素的镂空白粉墙形成园林景观。此外，在白粉墙上采用“扇形”的漏窗，与诗中的“扇”相呼应，仿古牌楼下散置几块未经雕琢的黄山石，高低错落，是用自然元素形成一种朴素、纯粹的园林风格。

初见园以“初见”园林小品、月亮门框景、仿古垂花门、禅宗文化博物馆为主要建筑物，其中禅宗文化博物馆，采用传统建筑的简单白粉墙形式，墙上采用“扇形”的漏窗，在建筑内部设禅宗文化展示、餐饮中心和园区的特色纪念品销售区，如禅宗的传统字画、香包、香囊等，外部园林以传统古典园林的造园手法，通过障景、漏景等营造景观，并设计枯山水景观，营造一种古韵古香、富有禅意的公共空间环境，属于动态的空间类型。

2. 坐佛广场：引用佛教元素营造的园林景观。采用下沉的“卍字纹”广场来划分空间，外围通过高大乔木及木质围栏进行空间围合，木质围栏采用佛教元素“卍字纹”进行设计，其下沉设计源自禅宗思想强调即心是佛，即人和佛是没有分别的平等思想，坐佛广场中间为坐卧的佛像，八面刻有“佛教八苦”的文字，即“生、老、病、死、怨憎会、爱别离、求不得、五阴炽盛”，具有一定的佛教气息，营造的空间环境为私密的禅修空间，属于静态的空间类型。

此外，坐佛广场西侧为坐佛小屋，设置停留空间，房屋采用传统的中式屋顶，房间外采用传统的造园手法——障景，利用木质的镂空景墙，创造虚实相间的景观效果，利用自然元素中的景石，营造纯朴天然的景观效果。

3. 石幢阵：源自佛教元素中的石幢，在桥的两侧，共有四栋，体量较大，在视觉上给人一定的震撼力，桥边设置船型的枯山水景观，营造清幽神秘的意境。

4. 观云塔：以常见佛教元素中塔的形式出现，为禅宗文化体验带的制高点。

5. 梦客榭：引自南唐后主李煜《浪淘沙令·帘外雨潺潺》：“梦里不知身是客，一晌贪欢”，“流水落花春去也，天上人间”。通过唐后主李煜人生境遇的巨大差距，增强环境中人生变幻的禅意，水榭瓦当上采用佛教元素连珠纹中的佛像瓦当，木质花纹镂空采用“卍字纹”进行设计。

6. 风月轩：引自大龙智洪禅师云：“风送水声来枕畔，月移山影到窗前”。意思是说修禅者的内心应不被外物所扰，应顺其自然，如同风将水声传入耳畔，月亮照射将山影挪移到窗前一样，在于一种心境的追求。

7. 瓶水台：源自《宋高僧传》卷十七“云在青山水在瓶”。为亲水平台，水中采用佛教元素中的净瓶为简单构筑物，设置在水中，为静态的观赏景观，廊架下设置佛教莲花形状的座椅，为游人提供休息停留的场地。

8. 光影林：利用人造树木枝干所形成的倒影营造景观，高低错落形成斑驳的光影效果，从水中延伸到陆地，丰富景观效果。

（二）听禅

听禅景点，通过自然界的风声、水声、蛙声、鸟声，以及人造的钟声、风铃声、音乐声等营造听觉的禅境。

1. 暮鼓晨钟：运用鼓声、钟声，增加人的参与性。钟声的悠远感给人心灵的沉静。将钟鼓作为园林小品，更增加游人的趣味性。

2. 听蛙池：依托佛教放生的宗教习惯，放生池、放生林的设置，为宗教的放生行为提供场地，更增加园区的生物多样性和趣味性。

3. 风铃树：挂在树上的风铃，利用风的力量产生玄妙的风铃声，表现人们的愿望。

4. 钟铃架：通过佛教元素中的钟与廊架结合营造景观，廊架下设置休息桌椅。钟玲架为进入禅居庭院度假区次入口的主要景观节点。

5. 鸟鸣塔：设在生态恢复林带内，为野生鸟类栖息地恢复的重要场地，内置观光塔和休息廊架。

（三）嗅禅

嗅禅景点，通过嗅觉进行景区项目策划，采用芳香类植物及香炉等产生嗅觉的景点设计。

1. 蜂香巢：位于芳香类植物种植区，进行花蜜的收集和食用，在景观造型上，利用蜂巢及提取蜂巢元素作为景观原型，设计景点。

2. 芳草溪：大面积的花海景观，在下文植物景观设计中，有详细的植物品种选择介绍，主要功能是观光、生产、科研等。

3. 香炉处：摆放具有康体修身功能的香炉，通过嗅觉刺激人的神经。

（四）品禅

品禅景点，通过茶、酒、素食、鲜果等开展园区的项目策划，包括饮酒庄、品茶庄、斋菜馆、鲜果园等，饮酒庄和品茶庄通过营造富有禅意的景观环境，为游人提供放松身心的场地，斋菜馆开展素食养生项目，食材选择景区内的绿色无污染农产品。鲜果园是鲜果加工场地，通过对园区现有果实的加工，使用游客亲手采摘的鲜果制作食品，如冰激凌、酸奶、蛋糕等。

（五）触禅

触禅景点，采用不同形态质感的景观材料，给人触觉的不同感受，如抚摸佛手、莲花座椅等。主要有百果园和稻花田等景点，其中百果园以果品采摘活动，触摸果实为主要活动，通过进行果品采摘来体会劳动的快乐，提高生活情趣。稻花田则通过水稻田纯朴自然的田园环境营造景观，与大自然亲密接触。

（六）悟禅

悟禅，主要是为感悟禅理、禅趣等思维活动提供场地，主要有禅坐林、冥思园、禅居庭、养生吧。

1. 禅坐林：通过模拟植物枯枝以及利用光、风等元素营造景观环境；

2. 冥思园：景点空间简洁明了、通过大面积的留白空间和简单的几何构成，使人身处其中，感受一种静谧的氛围。

3. 禅居庭：游客主要的休闲度假的居住场所，提供各种饮食、娱乐设施、包括健体修身、减肥养生等活动，有助于游人感悟禅的意境及生活情趣的提高。

4. 养生吧：开展养生等理疗措施，如桑拿、汗蒸等，并通过香薰等具有科学方法的养生项目，实现园区的养生康体功能。

五、园林植物景观设计

园林植物是园区打造景观的重要构成要素，暖泉禅宗休闲农业园的植物配植选择常见乡土树种，根据植物的季相、大小、质感，结合农业园区中的田野风光，营造具有田园气息的纯朴自然景观。

（一）四季景观的营造

春季：以春花树种为主，且大部分带有芳香气味，通过相同树种的大面积种植形成群花景观，或设计在道路两侧，形成特色景观。如滨水道路种植京桃和柳树，配合滨水环境，形成桃红柳绿的景观环境，选择白色花系植物如山楂、山丁子、文冠果、稠李、华盖梨，粉色花系植物，如京桃、榆叶梅、毛樱桃、山杏，及其他花色植物，如连翘、紫丁香等。

夏季：夏季植物景观包括开花的乔灌木种植和草本植物的种植，主要体现在芳香类植物种植区的花卉繁育基地，常用的开花乔灌木包括木绣球、绣线菊、珍珠梅、黄刺玫、刺玫蔷薇、锦带花、金银忍冬、兴安杜鹃、东北山梅花、暴马丁香、树锦鸡儿等；常用草花类种植包括美女樱、鼠尾草、丛生福禄考、向日葵、矮牵牛、百日草、醉碟、彩叶草、荷兰菊、金盏菊、万寿菊等各类一二年生草本植物，通过大面积的种植，形成不同的花海景观。

秋季：以观果树种和秋色叶树种为主，包括桃叶卫茅、百花花楸、金银忍冬、鸡树条荚蒾、接骨木；彩色叶树种包括茶条槭、复叶槭、金叶榆、紫叶李、白桦等。

冬季：以常绿树种、观干树种和枝形姿态优美的树种为主，常绿树种包括红皮云杉、樟子松、红松、油松、杜松，观干树种包括红瑞木、白桦等，观植物姿态树种包括皂角、水曲柳、核桃楸等。

（二）大田作物的运用

大田作物的运用，是指利用大田作物营造具有田园气息的田野景观，常用的大田作物包括水稻、冬小麦、玉米、高粱、大豆，通过大面积的农作物种植和起伏的地形变化，给人一种视觉的冲击力。

案例 2 哈尔滨金牛岛休闲农场生态旅游规划

项目特色：基于 GIS 空间分析功能的生态旅游规划

规划时间：2015

团队成员：王崑、张新妍、王彻、赵广宇等

相关成果：基于 GIS 空间分析功能的湿地生态旅游规划研究，张新妍，2016 东北农业大学硕士论文。

扫一扫看彩图

一、基本概况

（一）自然地理概况

金牛岛位于松花江流域上游段，地处哈尔滨市道里区与肇源县、双城市的交界处（图 7-7）。该区域为哈尔滨道里区的一部分，东部靠近哈尔滨太平镇，西侧临近双城市永胜乡，北面与肇源县隔江而望，南部与哈尔滨太平国际机场临近，总面积 19.83km^2，研究区域内湿地总面积约 10.8km^2。金牛岛湿地为松花江的河漫滩地，其地貌特征为寒

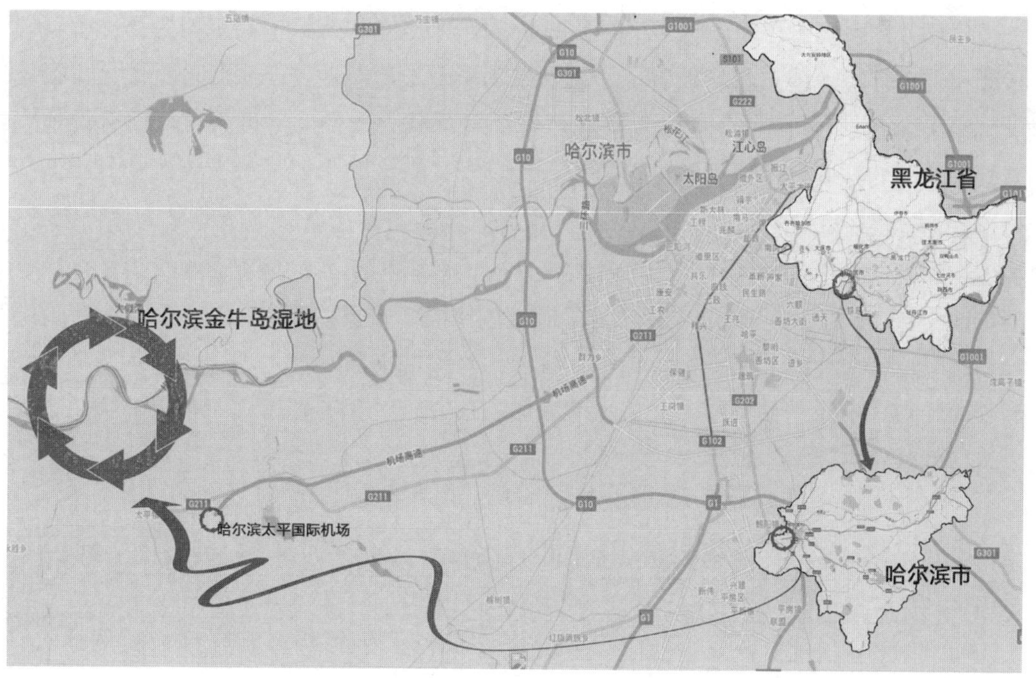

图 7-7 哈尔滨金牛岛湿地区位分析

温带平原河流原生湿地，包含七种类型，分别为河流湿地、泛洪平原湿地、藓类沼泽湿地、沼泽化草甸湿地、草本沼泽湿地、灌丛沼泽湿地和人工湿地。金牛岛湿地由沼泽土、草甸土、沙土等多种复杂的土壤类型构成，因此，形成了多样性的天然植被群落，主要包括乔灌混交林、疏林草地、草甸草丛、沼泽草甸、水生植被等；湿地中还有一些人工植被，如农作物、苗圃等。据多年对松花江哈尔滨段湿地动物的调查研究与标本采集统计，其野生动物资源极为丰富，脊椎动物有 58 科 190 种，其中鱼类共有 7 科 37 种；两栖类共有 4 科 6 种；爬行类共有 3 科 5 种；鸟类 35 科 122 种；兽类 9 科 20 种，代表动物有花尾榛鸡、太平鸟、中国林蛙等。

（二）旅游资源概况

金牛岛旅游资源主要包括松花江、湿地、岛屿、鸟类、农舍、田园风光、冰雪等。旅游资源具有突出的典型性、丰富性和完整性，较高的科学价值、科普价值、游憩价值为生态旅游规划提供了先决条件。

（三）客源市场现状

尚未开发，主要以自发的游客为主，到岛上摄影、观鸟、垂钓及品尝农家餐饮、鱼宴等。

二、基于 GIS 的金牛岛生态旅游适宜性评价

（一）评价指标的选取

综合考虑湿地生态旅游适宜度评价指标的选取原则和方法，从湿地生态旅游资源状况和生态环境承载力两方面着手，选取哈尔滨金牛岛湿地生态旅游适宜性评价指标（表 7-1），在生态旅游资源质量较高和生态环境承载力较强的地区，比较适合湿地生态旅游活动的开展。湿地生态旅游资源评价因子的选取，参照《旅游资源分类、调查与评价》标准（GB/T 18972—2003），从水域风光的角度选取湿地资源作为评价因子，从生物景观的角度选取植被资源和鸟类资源作为评价因子。湿地生态承受力评价因子的选取，基于相关文献研究结果以及湿地生境特征，选择了高程、坡度、水域湿地缓冲距离、植被覆盖类型四个评价因子。基于 GIS 空间分析功能的湿地生态旅游规划中的空间数据、遥感影像分析及实际调查结果，因此，各相关评价因子依据地表覆盖分类方法进行解译。

生态旅游适宜性评价指标体系 表7-1

评价目标（A）	评价项目（B）	评价因子（C）	指标描述
湿地生态旅游适宜度	生态旅游资源	湿地资源	不同湿地类型旅游资源价值不同
		植被资源	不同植被类型旅游资源价值不同

续表

评价目标（A）	评价项目（B）	评价因子（C）	指标描述
湿地生态旅游适宜度	生态旅游资源	鸟类资源	鸟类栖息地适宜地鸟类资源丰富
	生态承受力	高程	高程越低越接近湿地水域，承受力越差
		坡度	坡度越大，越容易水土流失，修复能力差
		水域湿地缓冲距离	越靠近水域湿地缓冲范围内，敏感性越高
		植被覆盖类型	不同的植被覆盖类型抗干扰能力不同

（二）评价指标权重的确定

1. 建立层次结构模型

本文采用我国学者开发的软件 yaahp（Yet Another AHP）建立层次结构模型，并计算评价因子权重。基于对哈尔滨金牛岛湿地生态旅游适宜性评价指标选取结果，在确定指标体系中各因子层次关系的基础上，启动 yaahp 创建哈尔滨金牛岛湿地生态旅游适宜性层次结构模型。

2. 计算指数权重

（1）构建判断矩阵、输入数据。yaahp 软件根据已构建的层次结构模型解析结构，自动构建生成判断矩阵。通过鼠标推动柱状滑块，在生成的数据表中依次录入专家对评价因子重要性的两两比较的打分数据。

（2）矩阵一致性判断及修正。由于专家打分的主观性及客观事物的复杂性，一次性构造出满足一致性要求，即一致性比例小于 0.1 的判断矩阵很难实现。yaahp 的不一致判断矩阵自修功能，最大程度的保留了专家决策数据的合理性，且解决了人工凭经验和技巧调整判断矩阵带来的盲目性。

3. 权重确定

在判断矩阵一致性符合要求的情况下，yaahp 可以自动计算出各影响因子对目标的权重。本研究共发放适宜性评价因子相对重要性的专家打分问卷 30 份，回收有效且满足一致性要求的问卷 26 份。分别录入每一个专家的两两比较打分情况，计算出相应的权重值，最后，计算每一个评价指标平均值，作为该因子的最终权重（表 7-2）。

适宜性评价指标权重　　**表7-2**

评价目标	评价项目	权重	评价因子	权重
湿地生态旅游适宜度	湿地生态旅游资源	0.4826	湿地资源	0.2081
			植被资源	0.0899
			鸟类资源	0.1846
	湿地生态承受力	0.5174	高程	0.0782
			坡度	0.1005

续表

评价目标	评价项目	权重	评价因子	权重
湿地生态旅游适宜度	湿地生态承受力	0.5174	水域湿地	0.1789
			植被覆盖类型	0.1598

（三）综合评价

首先，将各单因子的分析评价的像元数据 value 值按 1 ~ 5 重分类，输出满足叠加要求的栅格数据，栅格的分辨率为 30m。通过 GIS 中地图代数命令下的栅格计算器功能，输入地图代数表达式，地图代数表达式为将所有乘以权重值的各个评价因子的栅格数据叠加，从而计算得到哈尔滨金牛岛湿地生态旅游适宜性评价图。适宜性评价数据值在 1 ~ 5 之间，值越高表示金牛岛湿地生态旅游开发适宜性越高，最后使用重分类功能将其分为五个等级，划分不同的适宜性区域（图 7-8），综合各评价等级区域面积及比重，将研究区分为最适宜区、较适宜区和不适宜区（表 7-3）。

湿地生态旅游适宜性分区 **表7-3**

适宜性分区	适宜性类别	适宜性指数	类别面积（m^2）	分区面积（m^2）	占研究区面积比重（%）
最适宜区	最好	5	539100	3745800	19.02
	良好	4	3206700		
较适宜区	较好	3	8057700	8057700	40.95
不适宜区	一般	2	6487200	7880400	40.03
	较差	1	1393200		

1. 最适宜区

最适宜区主要分布在研究区东南部、南部区域，且在其他区域内有部分小区域，占研究区总面积的 19.02%，形成了哈尔滨金牛岛南部远水域旅游适宜区。从生态旅游资源条件分析，该区域生态旅游资源以湿地植被、草地及少量滩涂为主，旅游资源价值比较高；从生态承受力角度分析，该区平均高程大于 50m，坡度小于 8°，用地类型以裸地为主，且在自然湿地 150m 缓冲距离之外，生态承受力较高。该区域生态旅游适宜度较高，主要生态威胁有两个方面：一是裸地面积较大，植被类型中缺少林地灌丛，亟需增大植物绿化面积、丰富植物种类以科学合理地恢复生态；二是距离湿地敏感区比较近，虽然划分了 150m 的缓冲区域，但大面积的适宜区域环绕不适宜开发区域分布，对湿地核心区有一定的潜在干扰威胁。规划开发时可以在保护生态环境的前提下，建设旅游设施、开发对环境干扰相对较强的生态旅游项目，同时，加强旅游规划管理和重点旅游区的生态建设。

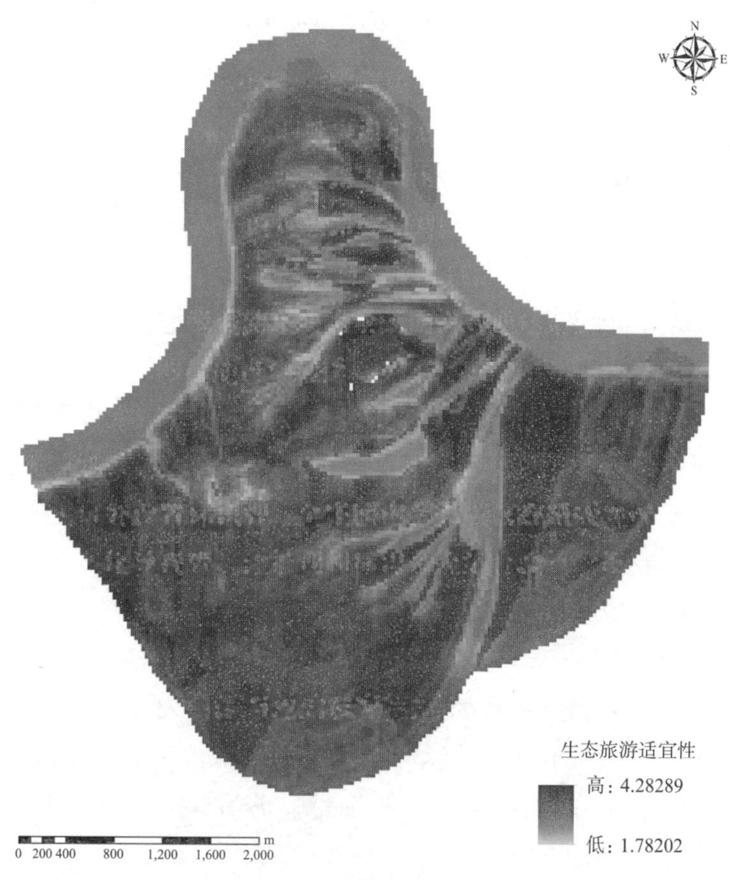

图 7-8　哈尔滨金牛岛湿地生态旅游适宜性分析

2. 较适宜区

较适宜区主要分布在研究区的东南角、中部和西部松花江沿岸地区，占研究区总面积的 40.95%，形成了哈尔滨金牛岛近水、近湿地的旅游较适宜区。从生态旅游资源条件分析，该区靠近大面积的水域湿地资源，植被类型丰富，有一片混交林，且有大面积的农田景观；从生态承受力角度分析，该区近水域高程较低且坡度变化相对较大，生态承受力相对一般。该区生态旅游资源丰富，但生态承载力相对较弱，主要生态威胁是水域湿地的污染和破坏，亲水资源丰富带来较大旅游价值的同时，对环境的承受能力和恢复能力提出了更大的考验。规划开发时应选择生态环境破坏较小的旅游项目，注重保护性的开发和利用，还需要严格控制环境容量，适当地保护性地开发利用湿地资源。

3. 不适宜区

不适宜区主要分布在研究区中部及中南部东侧区域，按照水流方向成带状分布，占研究区总面积的 40.03%，是研究区最不适宜开发的区域，生态敏感性最高。其主要用地类型为水域湿地，虽有较丰富的湿地资源，并且适宜鸟类栖息，但无论从地形坡度还是植被覆盖类型、缓冲距离等角度分析，其生态承受力均为最低，故不适宜开发利用。规划开发时，应将其作为湿地核心保护区，不进行任何湿地旅游活动。

三、总体布局与功能区划

（一）指导思想

湿地生态旅游规划要根据当地人口、资源和环境的特点以及不同人群对生态旅游市场的需求，以保护湿地功能和湿地生物多样性为核心，以有效保护资源和环境质量为前提，坚持"全面保护，生态优先，突出重点，合理利用，持续发展"的方针，充分利用当地资源优势和特色，有计划和可持续地开发湿地生态旅游资源。通过湿地生态旅游规划建立人与自然和谐发展的旅游模式，促进湿地资源的可持续利用，同时提高公众的科学素养和环保意识。

（二）保护分区

保护分区主要以湿地资源与环境保护为核心，保护湿地敏感性区域生物多样性，以保证整个生态旅游区湿地生态系统的安全与稳定。保护分区对于湿地自然资源、生态环境的保护，以及湿地生态旅游的可持续发展具有重要意义。根据湿地保护性开发规划的基本要求，以湿地生态旅游适宜性评价结果为指导，将哈尔滨金牛岛湿地分为三个区域：核心保护区、控制发展区和适宜开发区（表 7-4）。其中核心区主要为严禁建设区，不进行任何旅游活动；缓冲区控制性开发利用，进行少量的旅游活动；实验区根据旅游项目的需要以及可持续利用原则，建设旅游设施，承载主要旅游观光活动（图 7-9）。

金牛岛湿地保护分区概况　　表7-4

保护分区	面积（m^2）	面积比重（%）
核心保护区	4209423	21.13
控制发展区	8625833	43.31
适宜开发区	7082378	35.56

（三）功能分区

功能分区要依据湿地旅游资源、环境条件和文化背景等因素，又要结合地区经济基础、交通条件、客源市场等条件综合规划，合理科学的功能分区对于确定旅游活动类型和分布、生态旅游项目的策划具有重要意义。根据金牛岛保护分区情况，核心保护区不进行生态旅游项目规划；在控制发展区规划科普、观光等生态旅游项目，主要包括自然观光区、生态观鸟区；参与性、体验性较强的生态旅游项目重点在适宜开发

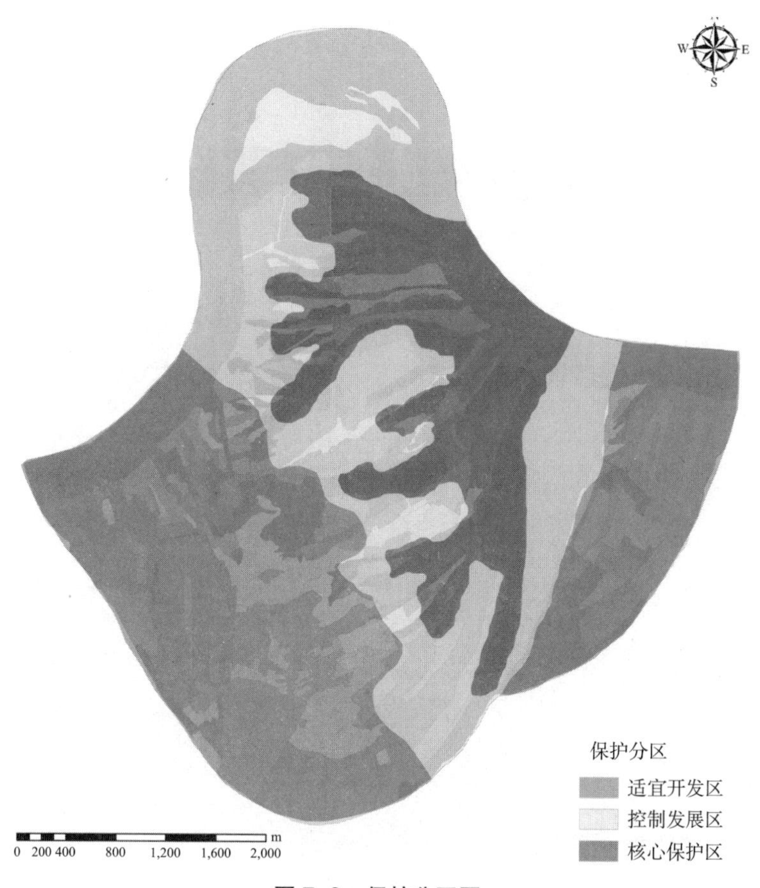

图 7-9　保护分区图

区进行分区规划，主要包括亲水游乐区、露营体验区、湿地科普区、休闲度假区、农业观光区、入口服务区（表 7-5，图 7-10）。

金牛岛湿地功能分区情况　　表7-5

景区规划	资源依托	主要功能	面积（m^2）	面积比重（%）
入口服务区	草地、库渠、农田	接待、服务	317480	2.02
自然观光区	河流、湿地、沙滩	自然观光、游览度假	4511848	28.73
生态观鸟区	湿地、水禽、鸟类	观鸟、科普	2570529	16.37
亲水游乐区	河流、混交林、灌丛	休闲娱乐、水上观光	1785893	11.37
露营体验区	林地、灌丛、草地	露营活动	1234015	7.86
湿地科普区	灌丛、草地、滩涂	夏令营、科普	687030	4.37
休闲度假区	湿地、疏林、农田、库渠	会议、度假、体验	2326245	14.81
农业观光区	农田、库渠、疏林	观光、采摘	1367201	5.76

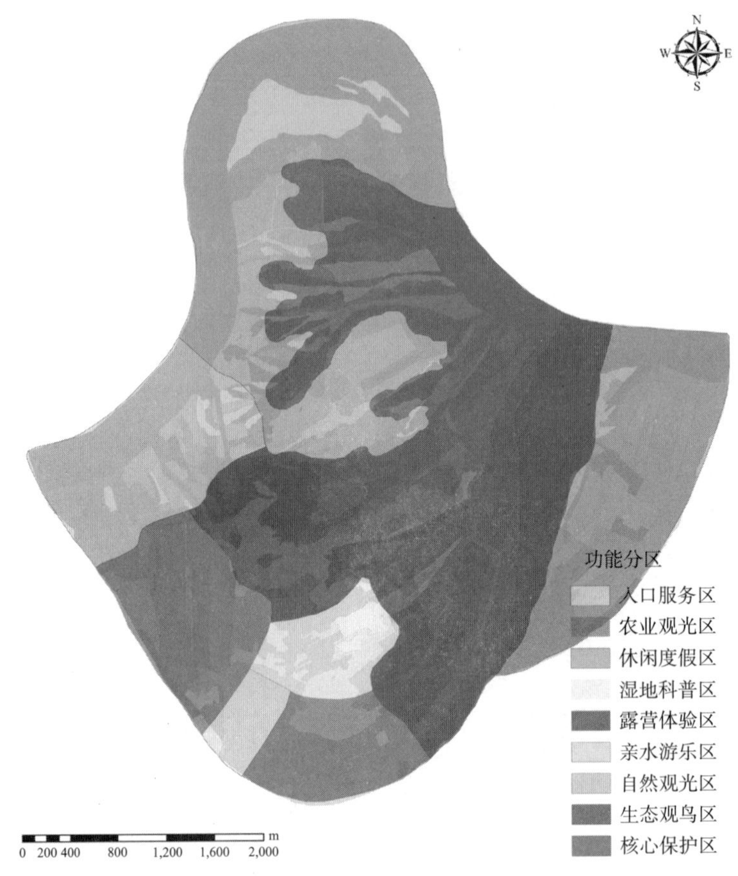

图 7-10　功能分区图

四、生态旅游项目规划

综合哈尔滨金牛岛湿地旅游资源特点及功能分区情况，将生态旅游项目分为四种类型：湿地观光型、科普教育型、亲水运动型和休闲度假型，根据不同类型进行项目规划（表 7-6，图 7-11）。

湿地生态旅游项目规划　　表7-6

项目类型	项目名称	项目说明
湿地观光型	湿地漫步观光	湿地之窗、滨江观日、湿地绿洲、芦花飞雪
	湿地亲水观光	芦苇荡探秘、渔人码头
	湿地鸟类观光	观鸟隧道、观鸟台
	森林自然观光	森林氧吧、植物迷宫
科普教育型	科学研究园	科学考察研究中心
	水鸟科普园	莺歌燕语、鸟类科普林、鸟类救助中心
	湿地植物园	水上花园、湿地影像馆、芦苇雕塑园

续表

项目类型	项目名称	项目说明
科普教育型	夏令营基地	夏令营接待中心、学习基地
亲水运动型	亲水游乐园	游艇码头、水上游乐园
	日光浴场	沙滩浴场、沙滩球场
	冰雪体验园	冰上娱乐、雪上娱乐、冰雪文化园
休闲度假型	农业观光园	瓜果采摘、农耕体验、民俗农庄、大地观光
	度假疗养园	欧式别墅、野趣木屋、湿地垂钓、瑜伽氧吧
	野营露营地	野营野炊、篝火晚会

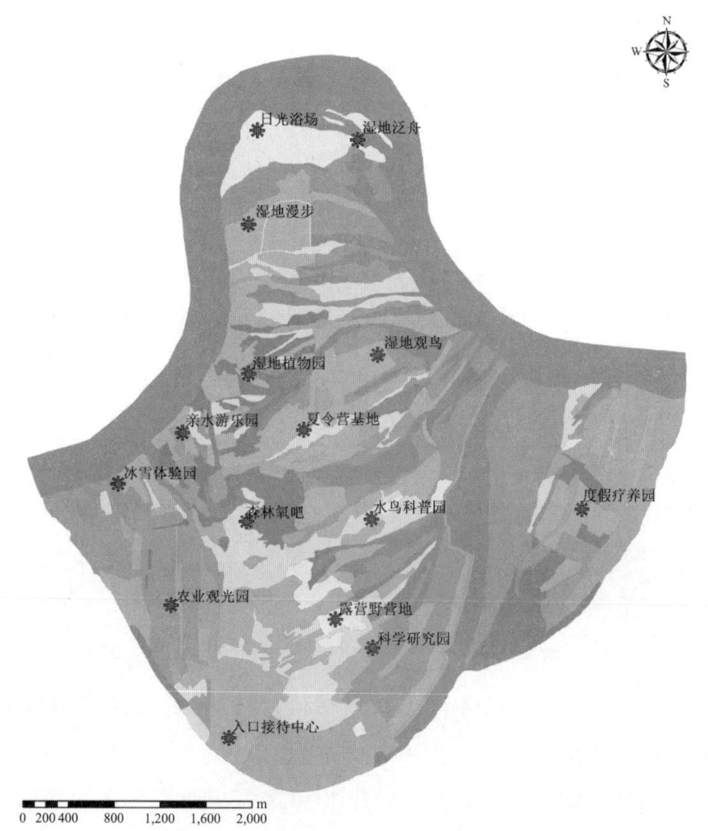

图 7-11 旅游项目分布情况

五、生态旅游线路组织

湿地生态旅游线路的规划组织，既要有明确的导向性，又要尽可能地满足游客利益最大化，同时还需要对湿地多样性及生态环境加以保护。旅游线路设计成功与否，直接影响湿地生态旅游区的社会效益、经济效益，科学合理、操作性较强的旅游线路会增加游客的体验感和满意度。

湿地旅游线路设计应具有明确的导向性，且主要考虑三个方面。第一，湿地旅游区用地性质复杂、生物多样性丰富、结构特征敏感脆弱，在湿地旅游线路设计中，应尽量减弱对湿地生态恢复区域的干扰；第二，最大限度地考虑游客利益，在时间和支出一定的条件下，尽可能满足旅游愿望；第三，旅游线路要结合不同特色景点，同时便于组织和管理。

（一）内部旅游线路组织

1. 旅游线路设计

（1）一日游线路组织

A 线：入口接待中心——水鸟科普园——湿地鸟类观光——湿地植物园——湿地漫步观光——湿地亲水观光——日光浴场

B 线：入口接待中心——夏令营基地——水鸟科普园——湿地鸟类观光——湿地植物园

C 线：入口接待中心——亲水游乐园——日光浴场——森林自然观光——野营露营地

D 线：入口接待中心——农业观光园——森林自然观光——野营露营地

E 线：入口接待中心——冰雪体验园——森林自然观光——度假疗养园

（2）两日游线路组织

第一天：入口接待中心——农业观光园——亲水游乐园——森林自然观光——度假疗养园

第二天：度假疗养园——湿地鸟类观光——湿地漫步观光——湿地亲水观光——日光浴场——亲水游乐园

2. 旅游线路说明

（1）A 线是一条以生态观光为主题的旅游线路，主要内容是欣赏游览湿地自然风情，并且对湿地鸟类以不同距离、不同方式进行科普认知，此线路具有浓郁的湿地风光，同时可以直观地感受自然、融入自然。

（2）B 线是一条以湿地科普为主题的旅游线路，主要服务于夏令营项目以及湿地认知型团体，旅游活动以湿地、鸟类、植被的认知科普为主，体验活动比较丰富。

（3）C 线是一条以亲水活动为主题的旅游线路，结合水域景观和露营项目，具有极高的参与性和娱乐性，该线路为游客在炎炎夏日带来丝丝清凉。

（4）D 线是一条以农业观光体验为主题的线路，农业观光园有丰富的农耕体验、瓜果采摘、民俗农庄等农事体验项目，辅以森林观光和露营野营，游客参与性较强，适合团体性出游活动，如拓展训练等。

（5）E 线是一条以冰雪体验为主题的冬季旅游线路，不仅能够体验冰雪项目，还能够回归自然欣赏冬季森林雪景，参与体验性较强且特色突出，为冬季旅游出行提供更多选择。

（6）两日游线路既能满足亲水、农耕等项目的娱乐需求，还可以充分体验湿地观光乐趣，具有较强的趣味性、多样性，是旅游观光价值较高的湿地生态旅游线路。

（二）区域旅游线路组织

（1）金牛岛湿地旅游区——中央大街——防洪纪念塔——斯大林公园——索菲亚教堂

（2）金牛岛湿地旅游区——哈尔滨极地馆——亚布力滑雪场

（3）金牛岛湿地旅游区——大庆林甸温泉欢乐谷——五大连池风景区

六、道路交通规划

（一）道路交通现状分析

道路交通的优劣直接影响游客的数量，是旅游业发展的先决条件。哈尔滨金牛岛湿地现有外部交通基本满足旅游区的需求，主要自驾线路为：从哈尔滨市区出发，沿机场高速或机场路行驶到尽头后进入哈双公路，行驶 6km 后右转，再行驶 2.5km 进入旅游区，如市区内以哈站为起点，到旅游区距离约 42km，全程基本以城市快速路和高速公路为主，交通便利。目前，哈尔滨金牛岛湿地的内部交通主要为机耕运输路，整体路况不太适宜旅游车辆出入。

（二）旅游区道路交通规划

1. 外部交通规划

外部交通主要以机场高速和城市快速路为主，由于出行游客对放松、舒适有更高的要求，故旅游交通要满足安全运行、正点运行、衔接性好、设备舒适、经济实惠等要求。

（1）道路规划。从哈双公路右转后至园区入口接待中心的道路，需要拓宽至 10m。基于园区的功能区划，改变旅游区原有入口，需重新修建一条长约 1.5km 的道路，路宽 10m。

（2）交通规划。设置哈尔滨火车站——哈尔滨金牛岛湿地旅游区观光度假旅游专线，并在哈尔滨国际机场、太平庄设置停靠站。根据实际情况，有四种进入旅游区的交通方式可供选择：一是自驾行；二是在火车站乘观光度假旅游专线；三是在机场观光度假旅游专线停靠点乘专线；四是在市区乘坐 335 路公交车到达太平庄站，换乘观光度假旅游专线。

2. 内部交通规划

内部交通规划时，道路的等级选择和确定主要根据不同道路的使用性质，依照道路标准，合理利用现有地形。道路布设要以满足湿地旅游区管理、观光游览、巡视防火、环境保护为目标，道路选线要因地制宜，减少土方量以及环境破坏，核心区内不修建道路。在满足工程标准和交通安全标准的基础上，还要注意道路景观规划设计（图 7-12）。

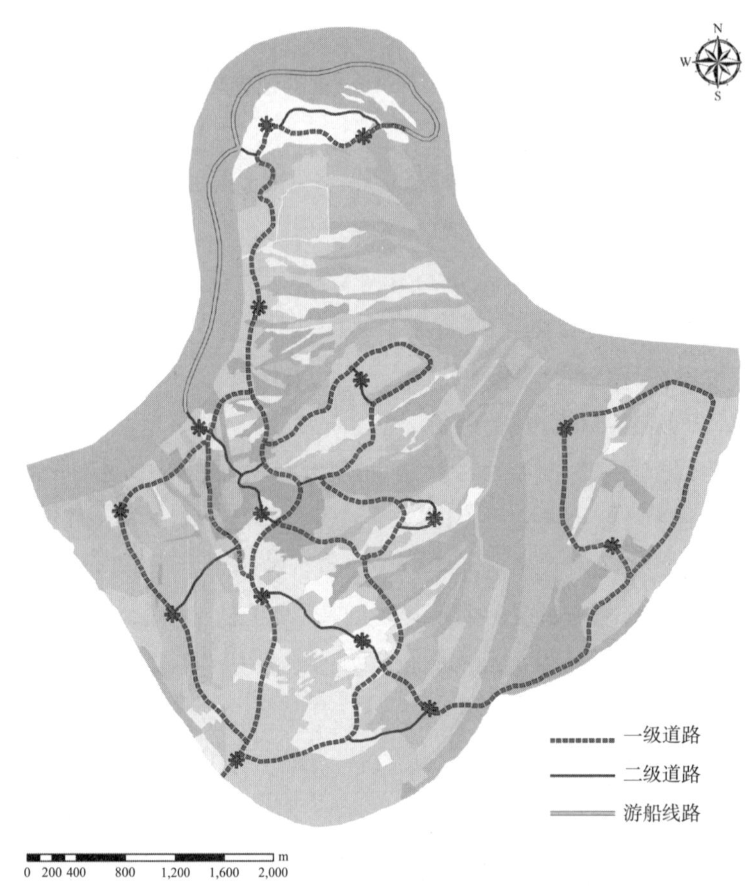

图 7-12　内部交通道路规划

（1）道路规划。道路规划分为三级：一级道路为主干道，路宽 8m，主要为水泥路面，形成旅游区内的道路系统骨架，主要游览车辆为旅游观光车；二级道路为次干道，路宽 4 ~ 6m，以水泥路面为主，连接旅游区各个景区、景点；三级道路为游览步道，主要功能为漫步游览，路宽 1.5-2m，路面材料主要以卵石、碎石镶嵌，其中包括一段 3 ~ 5km 长的湿地观光木栈道。

（2）交通规划。为减少湿地生态环境的干扰破坏，旅游区的内部选择旅游观光车、电瓶车、非机动车等交通方式，禁止机动车辆进入。旅游区交通车辆情况为：电瓶车 50 台；山地自行车 100 台；快艇 5 艘。在亲水游乐园和日光浴场设置两处游船码头，通过快艇的交通方式往返通行，增加水上观光项目的同时，便利交通，减少对湿地内部的干扰。

3. 生态停车场规划

根据湿地旅游区的规模和环境容量，规划生态停车场 5 处，总面积 5000m^2。其中入口接待中心生态停车场面积为4000m^2，容纳所有的进入旅游区的机动车，如中小型汽车和旅游巴士等；在农业观光园、度假疗养园、夏令营中心、日光浴场和亲水游乐园各设200m^{2}的旅游观光车、自行车停车场。

生态停车场通过采用透水、透气半绿化的铺装，在满足使用功能的前提下，增加雨水的渗透、滞留作用，同时对空气湿度的调节具有促进作用。

七、旅游服务设施规划

根据哈尔滨金牛岛湿地区位环境、客源市场等条件因素综合分析，将其年游客量预测估算为近期20万人次，中期40万人次，远期55万人次，以利于服务设施规模预测及规划。

（一）餐饮设施规划

旅游区的餐饮服务直接影响旅游区的吸引力和经济效益。餐饮设施总体规划原则为：突出东北饮食特色，满足不同层次游客需要，树立餐饮品牌形象，形成知名度。

（1）餐饮规模预测。哈尔滨金牛岛湿地生态旅游区多为一日游游客，需要在景区内用餐，餐位需求量预测公式：A=（R×B）/（K×T）。式中：A为旅游区餐位需求量（座位）；B为年游客量；R为游客就餐率，取60%；K为餐座周转率，取K=2；T为年旅游天数，取210天。综上可知，餐饮规模预测为：近期约300座位，中期约600座位，远期约800座位。

（2）餐饮设施规划。哈尔滨金牛岛湿地旅游区的主要餐饮服务设施分布在度假疗养园、农业观光园和夏令营基地，以实现不同层面的餐饮需求，并根据餐饮规模预测结果进行规划（表7-7）。

旅游区餐饮设施规划 表7-7

项目区	餐饮设施	座位（个）	规划期（个）			餐饮特色
			近期	中期	远期	
度假疗养园	度假餐厅	300	100	100	100	地方名菜
农业观光园	民俗农庄	400	100	200	100	农家饭
夏令营基地	团餐食堂	100	100			快餐

（二）住宿设施规划

（1）住宿规模预测。哈尔滨金牛岛湿地生态旅游区住宿规模预测，采用公式：C=（B×R）/（K×T）。式中：C为旅游区床位需求量；B为年游客量；R为住宿游比例，取R=20%；K为床位利用率，取K=80%；T为年旅游天数，取210天。综上，计算出住宿床位需求量：近期约为250个，中期约为500个，远期约为650个。

（2）住宿设施规划。哈尔滨金牛岛湿地住宿设施规划，基于住宿规模预测结果，主要分为三种类型：一是度假宾馆及别墅，主要服务于家庭度假和会议度假，具有团体性入住的特点，近期内可接待入住 150 人，中期和远期在提高服务质量和住宿条件的基础上，分别增加到 300 人和 400 人；二是民俗农庄的农家乐，主要以家庭式旅馆的方式体验农家特色，近期可接待游客 100 人，中期和远期根据湿地旅游区的发展，增设到 200 人和 250 人；三是野营露营地，既能调整住宿弹性，也满足了游客猎奇、体验的需求，对于缓解旅游旺季的住宿压力起到一定作用。

（三）游览设施规划

游览设施是湿地旅游区内不可或缺的重要设施，主要包括两个方面的内容：一是标识导向系统，为游客引导方向、提示安全性信息、告知各项规章制度；二是解说系统，以不同方式为湿地的认知、游览提供解说服务。游览设施的设计首先要科学引导、合理布局，其次造型、色彩设计上要与环境相融合，增强游憩度和观赏价值。

八、环境保护规划

（一）生物资源保护

1. 植物资源保护

（1）湿地植被防火。湿地植被以草本植物为主，生长多为密集型，秋季干枯状态的湿地草本植物极易起火，且火灾后果极其严重，必须制定严格的防患措施。首先，需要加强宣传力度，树立防火牌、防火标语，从根本思想上强化游客及工作人员的防火意识；其次，严格控制火源，禁止游客携带火种进入湿地旅游区；同时，在湿地四周挖掘 5-6m 宽、1m 深的防火带、防火水沟，既有防火作用，也可为湿地动物隔绝外界干扰，增加鸟类及水生生物的水源、栖息地。

（2）湿地植被管理。湿地植被管理不善，直接或间接地影响为湿地野生动物提供食物、栖息地的生境状态，也会减少湿地系统的物种多样性。湿地植物的管理办法有：冬天部分湿地的芦苇在确保安全的条件下，用火来加速其更新；人工收割可以保持湿地植被在第二年更好地生长，并避免植物腐烂影响水质；选择对环境影响较小的除草剂，除去对其他植物威胁较大的杂草。

（3）建立湿地恢复区。在湿地核心区外面建立湿地植被恢复区，既能满足游客的观光乐趣，对湿地也起到了有效的保护作用。

2. 鸟类资源保护

（1）营造安全环境。野生鸟类对自身安全的警觉性较高，一旦发现有危险存在，会迅速逃离，需要加强鸟类栖息地的保护，并在其附近种植高大的湿地植被增强隐蔽性，降低人为干扰。

（2）保障食物来源。丰富充足的食物来源是吸引鸟类栖息的主要原因之一，湿地植物和水域滩涂直接影响鸟类觅食，在湿地鸟类资源保护中，需要人为种植不同种类湿地植物以丰富食物供应的多样性，并且保留适当面积的水域滩涂。

（二）景观资源保护

1. 规范开发建设施工。

严禁在湿地旅游区内进行挖土、采沙等破坏湿地自然景观的活动；尽量采用地下电缆以避免高架线对景观的破坏。

2. 统一景观小品风格。

适当地建设景观小品，有助于游客观光游览，增强景点趣味性，但景观小品风格选择上，一要融入自然，选择与自然贴近材质和颜色，二要注重突出知识性和文化内涵。

（三）生态环境保护

1. 生态环境影响因子

湿地生态环境保护需重点关注生物、自然、文化三个方面的保护。目前，比较普遍影响湿地环境的因子包括三个方面：一是生活污水和垃圾；二是农业污染，农田中化肥农药的使用，直接影响湿地的水质及生物多样性；三是湿地观光项目和水上游乐项目的过度开发，这也是对湿地生态环境威胁最大的因素。

2. 生态环境保护措施

生态环境保护措施主要从法律制度、公众意识、科学管理、合理建设四个方面着手：将法律手段与规章制度相结合，严格控制对湿地环境造成影响的项目，避免“先污染、后治理”；提高公众的湿地环境保护意识，减少破坏湿地环境的行为及潜在因素；加强湿地生态环境管理措施，对湿地环境情况科学监测；湿地生态旅游设施建设时，尽量选择生态设施以及合理的规划选址。

（四）环境容量测算

根据心理环境容量测算，参考国家《旅游规划通则》（GB/T18971—2003）定量测算出旅游区的环境容量值，综合哈尔滨金牛岛湿地不同用地特征和分区情况，在 GIS 中查看属性统计面积，采用面积法计算环境容量（表 7-8）。

环境容量测算　　　　**表**7-8

类别	可游览面积（m^2）	人均指标（m^2/人）	日周转率	容量（人次/日）
天然湿地	7082378	10000	1	708
森林水域	2222665	1000	1	2222
度假娱乐区	1837051	200	1	9185
合计				12115

经测算，哈尔滨金牛岛湿地生态旅游区日环境容量为 1.2 万人次 / 日。根据公式

$C_{年}=C_{日}\times N\times K$，式中：N 为年适宜旅游天数，取 210 天；K 为游人系数，取 0.6。计算年环境容量为 151.2 万人次 / 年，远大于远期游客规模预测的 55 万人次 / 年，可以保证环境质量的基本稳定。在湿地旅游活动中，应严格监控实际客流量，加强环境容量调控，预防黄金旅游期、度假高峰期环境容量超标问题。

案例 3 哈南新城寒地休闲农庄旅游规划与设计

项目特色：寒地乡村景观意向融入休闲农庄规划

规划时间：2011

团队成员：王崑、王小雨、于锡宏、蒋欣梅、霍俊伟等

相关成果：1. 基于寒地乡村景观意象的休闲农庄景观规划研究，王小雨，2012，东北农业大学硕士论文。

2. 基于乡村景观意象的休闲农庄景观规划设计研究，王小雨，李婷婷，王崑（通讯作者），中国农学通报，2012，28（07）：297 ~ 301。

扫一扫看彩图

一、基本概况

（一）地理位置

项目地址位于黑龙江省哈尔滨市区南郊平房区平房镇的哈达村和曙光村柳条屯区域内（图 7-13）。地理坐标为东经 126° 33′ ~ 126° 48′、北纬 45° 30′ ~ 45° 40′，位于拉滨铁路线上，北连香坊区朝阳、黎明镇和市经济开发区，东邻阿城区，南为五常市和双城市，西为南岗区红旗乡。总规划面积为 667 hm^2，现有村屯 7 个，分别是张斌屯、哈达屯、后哈达屯、西代家屯、东代家屯、南代家屯和新胜屯。园区地形地势为半平原丘陵地带，无山。

图 7-13 区位图

（二）气候条件

平房区地处中纬度地区，属中温带大陆性季风气候。特点是：春季风多，少雨干旱，夏季高温多雨，秋季凉爽早霜，冬季严寒少雪。年平均气温在 2 ~ 3℃，全年平均气温稳定，无霜期 135 ~ 140 天。

（三）规划背景

哈南工业新城是哈尔滨实施“南拓”战略的空间依托，根据黑龙江省人民政府文件《关于建立哈尔滨生态农业开发区（省级）的批复（黑政函[2002]49号）》，在新城总体规划内，规划建设现代农业生态园区。为此，规划建设哈尔滨市哈南新城寒地休闲农庄。

二、旅游资源特色分析

（一）冰雪资源

该项目在中国东北部寒地地区，冬季漫长，降雪丰富。以雪为载体的表现形式有林海雪原景观、雾凇、冰水交融的水体、雪屋、冰屋、覆盖着白雪的农田、雪路、雪人、雪雕等，以冰为载体的表现形式有冰雕、冰灯、冰场、冰上游乐设施等。其中雪路是指由于受到冬季频繁的降雪，使公路、田间小路等交通道路覆盖着冰雪混合物，形成北方寒地特有的白色“浮雕”效果的路面景观。还有依据丰富的冰雪活动举办的大型冰雪游乐园，其中包括狗拉爬犁、冰上马车、马拉爬犁等冰雪活动。还有在雪地中踩雪时发出咯吱咯吱的响声，微距对雪花的观察，落雪时的多维空间感受以及人们通过打雪仗等活动对冰雪温度的感受等特色体验项目。

（二）民俗资源

项目所在地原有哈达屯和后哈达屯聚落拥有着浓郁的传统满族风情，原有民居建筑风格和建筑布局大部分符合北方满族民居的特点，至今当地还保留着一些淳朴的民俗活动，如剪窗花、满舞和皮影戏等。主要的民俗文化有：

1. 满族军事体育文化

满族长期从事狩猎，并且能征善战，因此满族活动项目众多。骑射是满族的一个重要文化特征，在八旗军营中，骑射是最重要的操练项目。赛马是满族人最热爱的运动项目之一，此习俗为沿袭清代八旗兵丁军事训练的项目而来。赛马场内可分别设置障碍马术场、技巧表演场、标准环形速度赛马跑道等。除此而外，满族的体育活动还有跳马、跳骆驼、冰嬉、秋千、滑雪、赛船、击球、采珍珠等。满族军事体育包括实用军事体育围狩、竞技军事体育冰嬉、军事游戏项目冰上蹴鞠、军事表演项目摔跤等。

2. 满族建筑文化

满族建筑文化分为两种：一种是满族宅院——满族传统的住宅形式。乡间宅屋多为草顶土墙，房顶茅厚尺许，居室多为敞间，颇似口袋，故俗称口袋房。现科尔沁右翼前旗满族屯满族乡、喀喇沁旗十家满族乡还保留不少此类旧舍。另一种是万字炕——满族传统居室中之火炕。满族传统居室为口袋房，一般为3间，中间开门，俗称外屋，两侧为里屋卧室。现代的万字炕还有人体理疗的养生功效，游客可以在此享受炕床的美好旅游体验。

3. 萨满宗教文化和酒文化

萨满教是在原始信仰基础上逐渐丰富与发达起来的一种民间信仰活动。它曾经长期盛行于我国北方各民族。一般认为，萨满教起于原始渔猎时代。但是，直到各种外来宗教先后传入之前，萨满教几乎独占了我国北方各民族的古老祭坛。它在我国北方古代各民族中间的影响根深蒂固。

满族人酷爱饮酒，满族先氏早就有饮酒风习。古籍中记载：女真人嚼米酿酒，饮能至醉。满族人以酒待客，战士出征以酒壮胆。

4. 民间艺术文化

满族民间工艺满族补绣，或称"钉线"，主要流行于东北地区农村，常绣于枕顶、荷包、幔帐、坐垫之上。满族人喜欢贴窗花，用各种彩纸剪成各种鸟兽花卉、古今人物，贴在窗户上，栩栩如生，充满活力。还有另外一种剪纸艺术，就是挂笺，或称挂钱。这些民俗文化是旅游规划中的宝贵资源，是游客体验民俗风情的重要参与形式。

（三）浆果资源

寒地特色浆果种植业是本项目中最重要的农业产业，东北地区浆果资源丰富，如树莓、蓝莓、黑加仑、蓝靛果等。营养价值高，是当今社会倍受欢迎的宝贵野生资源。以浆果形成休闲农庄的体验区，可以让游客可以体验到取之当地、还原当地文化的浆果种植业的乐趣。

三、客源市场分析

（一）客源市场开发现状

园区为新建，处于开发的起始状态，客源主要依赖于哈尔市太阳岛、中央大街等旅游景区的游客带动。

（二）客源市场定位

近期客源市场：哈尔滨市民。

中远期客源市场：以来哈尔滨旅游的游客为主。通过旅游线路整合，使其与中央大街、太阳岛等知名景区串连成一日游线路，带动哈南新城寒地休闲农庄的旅游发展。

四、景观总体规划及主要节点设计

（一）总体规划设计

1. 项目定位

尊重土地的浆果田园；传承文化的风情农庄；亲近冰雪的寒地雪域。打造以寒地浆果产业为主体，满族风情为记忆，冰雪文化为载体的特色休闲农庄。

2. 总体规划布局

项目总体布局可以概括为“一带、二心、三区”，形成点、线、面相结合的景观生态网络体系（图 7-14）。一带指休闲旅游观光带：以园区主路为线，穿过二个中心、三区中的主要景观节点；二心指旅游中心：一是张斌屯和后哈达屯及其周边部分农田和旅游次中心，二是西代家屯和东代家屯及其周边部分农田；三区指生产区：一是寒地特色浆果生产区，包括树莓、黑加仑和蓝靛果种植区及相关景点，二是寒地特色瓜菜生产区，包括棚室瓜菜及北方寒地露地瓜菜种植区及相关景点，三是寒地特色养殖区，保留现有的养殖场，形成分散的特色养殖区。以上布局由一条休闲旅游观光带串联，形成多个景观节点项目（图 7-15）。

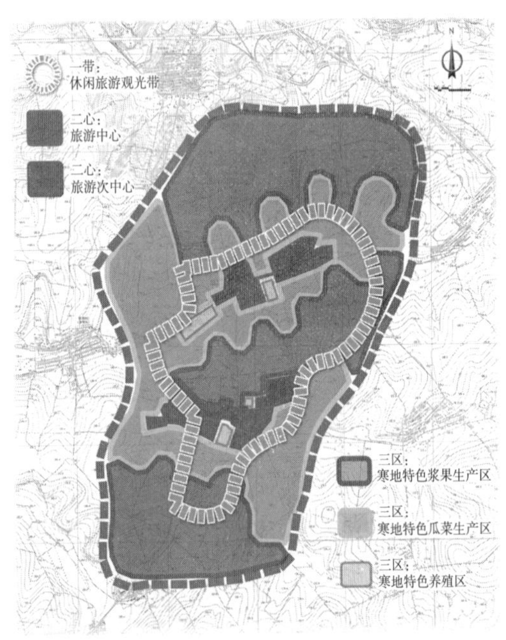

图 7-14　总体布局图

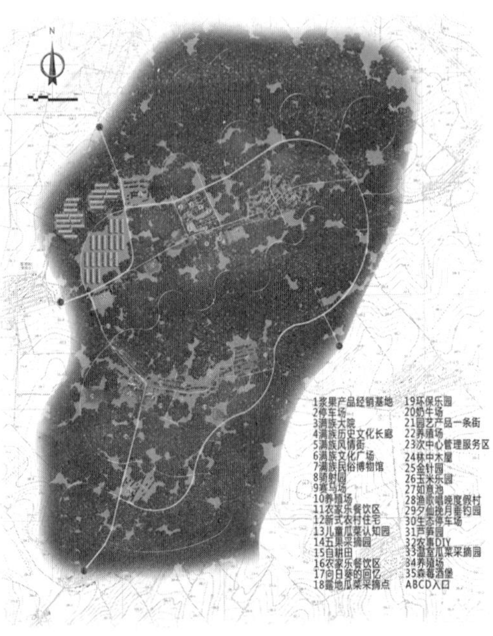

图 7-15　总平面图

（二）各景区节点设计

1. 旅游中心区项目建设

（1）现状分析

旅游中心区规划范围内包括哈达屯东部民居村屯 $13hm^2$ 和后哈达屯 16 hm^2，共 41 hm^2，其周边有幼林，哈达屯和后哈达屯之间有水池。处于地势较低且平缓的地带。

（2）规划构想

结合旅游中心区的管理工作和北方满族村屯的特色，规划在此建设满族民俗博物馆、满族风情街等项目。既有浓郁的满族民俗风情，又具有乡村建设的示范效应。项目开发主打民族风情和田园风光的结合产品，以提供满族民族文化观览，新农村考察，农家休闲体验为主，可设参观、骑射、休闲娱乐等项目。

（3）主要节点设计

此区主要包括：综合服务区（包括入口、生态停车场、游客服务中心等）、满族民俗博物馆、满族风情街、游戏竞技场、休闲广场、农家乐餐饮区及新式农村住宅等。

1）综合服务区

为方便整个景区的管理，在哈达屯东部建综合服务区。主要包括中心区入口、游客服务中心、生态停车场等，通过简洁明快的风格烘托服务区便捷的特点。

此区需将原有建筑拆迁，农民将统一搬入此区的新式农村住宅中。

入口位于村屯与主环路交汇处，可以修建满族风格的大门。入口左侧为生态停车场，占地面积约 5000m^2。另外，建设占地 200m^2 左右的游客服务中心，建筑采用满族风格。

2）满族风情街

此区含满族历史文化长廊、满族风情街、满族大院和续香酒坊等景点，占地面积约 5hm^2。

3）满族民俗博物馆

建筑面积约 3000m^2。通过实物、图片、雕塑、文字介绍等，从语言、史学、文学、艺术、体育、饮食、服饰、历法、数学、医药、军事、宗教等方面全方位展示满族的民俗文化，使其成为东北大型满族文化博物馆。根据分类可分设军事、生活、工艺、萨满宗教、农耕文化等不同展厅。

4）满族文化广场

主要景点包括：跌水、剪纸艺术景墙、花坛、花架、满族善射雕塑、景观廊、步石、置石等。打造现代的集休闲娱乐、歌舞表演、游戏活动功能于一体的集散场所。占地面积 1hm^2。

5）农家乐餐饮区

此区位于哈达屯东部，占地面积 10.5hm^2。主要建设任务是农家餐饮接待的规划改造，具体包括屯内建筑外观的改造、农家院门、院墙、庭院的改造、屯内道路的改造与绿化建设、公共活动场地、农家乐（农家餐饮、住宿等）的建设等。满族建筑的改造是屯内建设的重点，有利于突出其满族风格，增加旅游吸引力。

6）游戏竞技区

此区位于后哈达村屯，占地面积 4.1hm^2。用现代的做法仿效古代民间样式，营造可以进行射箭、赛马的骑射园和赛马场，为城市的游客提供回归历史、回归乡村的原生态体育环境。

7）新式农村住宅

由于服务区和满族风情街等对民居用地的占用，拟在此区东部建集中的新式住宅，可以建设 4 ~ 5 层的建筑，采用环保节能的建筑材料，安置被占用房屋的村民。住宅与旅游活动区相距较远，可以减少旅游活动对村民正常生活的影响。

2. 旅游次中心区项目建设

（1）现状分析

此地区包含有西代家屯和东代家屯，江南中环路西侧有度假村一座，内有林地 1.8 hm^2，水池 0.9 hm^2，自然风貌基础良好。

（2）规划构想

此园区位于规划范围南部中心地带，将其设为旅游次中心区，与北部旅游中心区呼应。该区北部为寒地特色瓜菜生产园，南部毗邻寒地特色浆果生产园。此区主要对西代家屯和东代家屯现有农居进行改造形成农家乐餐饮和住宿区（东北风格）；将现有度假村改造成渔歌唱晚度假村，形成高档的接待度假地（含垂钓园、水上娱乐等）；建设生态停车场、“向日葵的回忆”、游客服务中心、自耕田、休闲娱乐区及园艺产品一条街等。另外，要进行村屯环境的综合治理，使其能更好地满足旅游需求。

（3）主要节点设计

根据现状分析和规划构想，将旅游次中心区规划为五部分，即渔歌唱晚度假区、园艺产品一条街、休闲娱乐区、农家乐餐饮区、管理服务区和自耕田，打造以农村休闲度假旅游为主的旅游次中心区。

1）渔歌唱晚度假区

渔歌唱晚度假区设置在旅游次中心西侧入口处，分布于江南中环路左右，分设不同档次的度假建筑，为游客提供食宿场所和静心垂钓场所。主要景点有夕仙挽月垂钓园、如意池水上乐园、觅野木屋等。

2）管理服务区

入口设 3000 m^2 生态停车场。另外，利用现有农家改造成游客服务中心。

3）园艺产品一条街

沿村内东西主街两侧布置，将现有房屋改造，形成东北民居风格，为游客度假提供不同类型的旅游商品，除了出售新鲜的瓜、果、菜、葫芦之外，还可以出售各种精心制作的小工艺品，如草编的筐、帽子、垫子等，也可以让游人参与编制过程，增加游兴。

4）休闲娱乐区

此区位于旅游次中心区南部，占地面积 12.9 hm^2，此区主要旅游项目如下。

①“向日葵的回忆”——种植 4.8 hm^2 向日葵，花开时节，游人可以在其中摄影、漫步；果熟季节，可以从事采摘，增加别样的情致。

②环保乐园——在环保乐园中将旅游区周边的作物废弃物，如玉米秆、向日葵秆放置其中，将其组合成谷堆，儿童可以在其上进行迷宫、攀爬等游戏，增强其环保意识，有一定的环境保护教育意义。

③垂钓台——垂钓台视线较开阔，多采用乔木，较少采用低矮的灌木，既方便游人进行垂钓，也增加垂钓的安全性。

④林中吊床及木栈道：利用现有林带，设置吊床及木栈道，为游人提供安静的休息场所。

5）农家乐餐饮区

对现有农居进行改造，形成农家乐餐饮区，游客可以吃住在农家，体验农家生活。此区可以分期建设，随着游人的增加再增加开展农家乐的户数。

6）自耕田

占地 5 hm^2，设在农民住宅附近便于管理。可以分成小块田地，租给城市居民，平时由当地农民管理，租者有空时过来除草、收获，体验吃到放心瓜菜的感觉。

3. 园区休闲观光带建设

（1）现状分析

以江南中环路通过园区部分，加上规划的园区主环路，形成园区休闲观光带。江南中环路两侧植物茂盛，只有行道树和防护林及农田景观，沿途景观单一。

（2）规划构想

总体的规划以拓展传统天人合一理念，让自然做功，挖掘地方特色，展现“生态、休闲”的主题，以自然景色为主调，充分利用原有的村屯，打造一个自然、自己、自由的原生态旅游线路（图 7-16）。

（3）主要节点设计

1）浆果产品经销基地

在新胜村设置寒地特色浆果产品经销基地和浆果品种展示基地，主要经营浆果产品，占地面积约 1.2 hm^2。

2）棚室瓜菜采摘园

在棚室生产区靠近园区主环路的地方设温室、大棚瓜菜采摘园，可供游客观赏、采摘、品尝。

3）露地瓜菜采摘点

可以沿主环路设置若干瓜菜采摘或出售点，方便游人采摘或购买。

4）农事 DIY：周围种植土豆、

图 7-16　观光带项目图

黄豆、玉米等，设简易炉灶，游人可以体会自己烤玉米、煮毛豆的乐趣。

5）玉米乐园

在玉米园种植玉米并形成玉米迷宫，玉米迷宫的图案每年都有主题的变化，增加旅游的趣味性，并设有烤玉米的场地，游客可以自己亲手采摘、烤制玉米。

6）金针园

在金针园种植黄花菜，形成花田景观，增加浪漫气息。

7）芦笋园

在芦笋园种植芦笋，供游客观赏、食用。

8）森莓酒堡

利用南代家屯的部分宅基地建设森莓酒堡，酒堡为俄式建筑风格，占地 200 m^2，其内有酿制浆果的果酒车间，以及酒吧，还有其他辅助餐饮，供游客品食。游客可用采摘的浆果酿果酒，做果汁、果酱，体会 DIY 的乐趣。酒堡外设置小型停车场（占地 2000 m^2）和休闲广场（占地 1 hm^2）。

南代家屯集中建设新式农村住宅，解决哈达村农民的住宅问题及屯内酒堡建设的占地。

9）五果采摘园

主要种植树莓、黑加仑、蓝靛果、蓝莓、梨、杏、樱桃、李子、苹果、草莓等，春观花，夏秋摘果，占地面积约 30 hm^2。

10）儿童瓜菜认知园

种植北方特色的瓜菜品种，让儿童提高认知能力。同时在内部设置农村孩子常见的游戏项目以及葫芦园等。

此外，结合道路、广场绿化大量种植既可观赏，又可食用的植物，如石刁柏、黄秋葵等。

五、旅游服务设施规划

（一）交通道路规划

休闲农庄总体道路系统分三级（图 7-17）。一级道路主要为休闲观光带的路径基础，宽度在 6 ~ 8 m。道路为环状，串联所经的各个园区项目及观光带的观

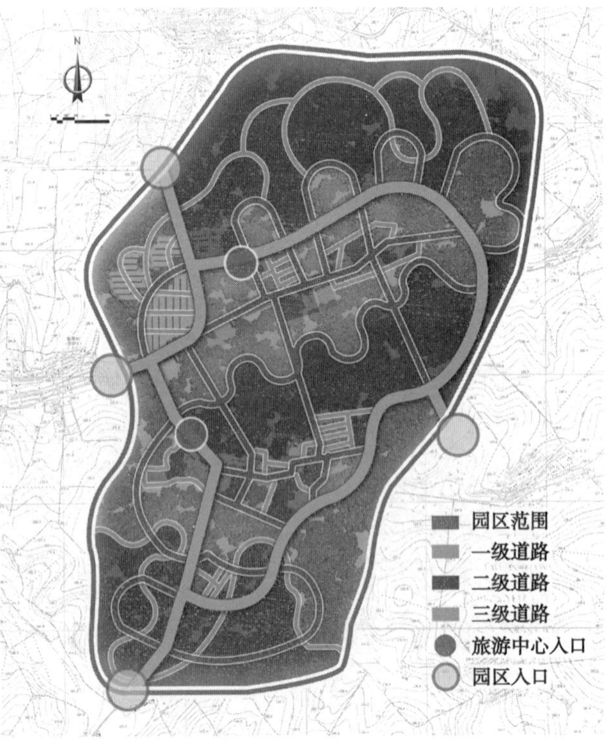

图 7-17　休闲农庄道路分析图

光景点。道路设计尽可能利用原有斜坡、树木、小山等自然地形特征，与地貌、地形相一致。在旅游中心区及次中心区中皆设置生态停车场。道路材料尽量避免清一色的沥青路、碎石路或水泥路以及常见的城市道路铺路面材。沿路悬挂标识牌提示游客景区的分布与方向以及应急方位。二级道路为分区主要界限以及沟通各景区的通道，宽 3 ~ 5m。主要为步行及非机动车的观览路线。铺路色彩选择自然色，有自然纹理的材料。尽可能使用原有道路基线。尽量使人行小径有自然弯曲的弧度，和车行路有所区分。在休息处设置休息设施。三级道路主要为景区内部的通达道路，宽度为 1 ~ 2m。道路建设材料主要根据所在区的功能进行选择。

（二）服务设施规划

1. 标识系统规划

在休闲农庄入口处设置标识牌，全庄园内部设置旅游路线导视系统，各项目处设置知识展板和特色文化导视牌，让景观和标识系统结合设计，新颖的导视牌给游客留下不一样的观光体验。

2. 餐饮设施规划

园区设置特色餐饮屋舍，让当地的农家特色菜上桌，既让游客品出家的温馨感，又能尝到不一样的美食。

（三）环保措施规划

农庄内部设置水体循环利用系统；垃圾分类回收处理，景区要做到定点投放垃圾，严禁乱堆、乱放、乱倒；合理控制游客数量，卫生管理措施安排妥当。

六、投资估算

项目总投资金额 720 万元。